Daniel Turcotte et Jocelyn Lindsay

# L'intervention sociale auprès des groupes

## 2e édition

**gaëtan morin éditeur**

CHENELIÈRE ÉDUCATION

**L'intervention sociale auprès des groupes**
2e édition

Daniel Turcotte et Jocelyn Lindsay

© 2008 **Les Éditions de la Chenelière inc.**
© 2000 gaëtan morin éditeur ltée

*Édition:* Sophie Jaillot
*Coordination:* Ludovic Glorieux
*Révision linguistique:* Nicolas Bélanger et Annick Loupias
*Correction d'épreuves:* Isabelle Roy
*Conception graphique:* Josée Bégin
*Infographie:* Emmanuelle Lemay (Transcontinental Transmédia)
*Impression:* Imprimeries Transcontinental

**Catalogage avant publication
de Bibliothèque et Archives nationales du Québec
et Bibliothèque et Archives Canada**

Turcotte, Daniel, 1952-

    L'intervention sociale auprès des groupes

    2e éd.

    Comprend des réf. bibliogr. et un index.

    ISBN 978-2-89105-978-7

    1. Service social des groupes.  2. Groupes sociaux.  3. Animation de groupes.  ı. Lindsay, Jocelyn, 1944-   .  ıı. Titre.

HV45.T865 2007        361.4        C2007-941940-2

 **gaëtan morin
éditeur**

CHENELIÈRE ÉDUCATION

7001, boul. Saint-Laurent
Montréal (Québec)
Canada H2S 3E3
Téléphone: 514 273-1066
Télécopieur: 514 276-0324
info@cheneliere.ca

**ISBN 978-2-89105-978-7**

Dépôt légal: 1er trimestre 2008
Bibliothèque et Archives nationales du Québec
Bibliothèque et Archives Canada

Imprimé au Canada

1  2  3  4  5  ITG  11  10  09  08  07

Nous reconnaissons l'aide financière du gouvernement du Canada par l'entremise du Programme d'aide au développement de l'industrie de l'édition (PADIÉ) pour nos activités d'édition.

Gouvernement du Québec – Programme de crédit d'impôt pour l'édition de livres – Gestion SODEC.

Tableau de la couverture:
**Nuit de songes**
Œuvre de **Nicole Payette**

Nicole Payette est née en 1953 à Saint-Jean-d'Iberville. Après avoir étudié et œuvré dans la haute couture, elle se consacre presque exclusivement à la peinture depuis 1988. Peintre autodidacte, elle travaille l'encre et l'acrylique.

Depuis 1987, l'artiste participe à plusieurs expositions à travers le Québec et en France. On trouve ses œuvres à la Galerie Michel-Ange, à Montréal.

**Sources des photos**

**chap. 1:** Onur Döngel/Istockphoto;
**chap. 2:** Petr Nad/Shutterstock;
**chap. 3:** Mikael Damkier/ Shutterstock; **chap. 4:** Lise Gagne/ Istockphoto; **chap. 5:** Ed Kashi/ Corbis; **chap. 6:** Alex Hinds/ Shutterstock; **chap. 7:** Cory Docken/ Istockphoto; **chap. 8:** Emrah Turudu/ Istockphoto.

Dans cet ouvrage, le masculin est utilisé comme représentant des deux sexes, sans discrimination à l'égard des hommes et des femmes, et dans le seul but d'alléger le texte.

# Avant-propos

Avec cette nouvelle édition, nous voulons actualiser et enrichir l'édition précédente par l'ajout de sections sur les habiletés d'intervention, le travail de groupe avec les personnes non volontaires, l'action avec les groupes multiculturels et l'intervention à court terme. L'orientation générale de l'ouvrage demeure la même : élaborer une introduction à l'intervention sociale auprès des groupes et répondre à la fois aux besoins des étudiants en formation et des intervenants désireux de rafraîchir leurs connaissances.

Cet ouvrage présente systématiquement les étapes du processus d'intervention auprès des groupes et les différentes actions qui les sous-tendent et les ponctuent. Toutefois, il n'a pas la prétention de couvrir toutes les dimensions du service social des groupes. En effet, maints aspects, dont la recherche sur l'intervention, les théories et modèles, et les particularités de l'intervention avec des populations précises, dépassent le cadre de cet ouvrage.

Plusieurs personnes ont collaboré à la première édition de ce livre et leur apport se fait toujours sentir dans cette nouvelle version. Isabelle Côté a rédigé la première version de la section sur la coanimation. Geneviève Lamonde a effectué des recherches documentaires et a participé à la structuration de plusieurs chapitres. Ginette Berteau nous a fait profiter de sa grande expérience de formatrice et d'intervenante grâce à une critique constructive. D'autres personnes nous ont apporté une aide qui mérite d'être soulignée. Nous pensons à Marie-Luce Garceau, Christine Filion et Micheline Potvin qui ont lu et commenté la première édition de l'ouvrage ainsi qu'à tous les étudiants qui, par leurs questions et leurs réflexions, nous ont amenés à structurer nos idées et à préciser notre pensée afin de rendre plus intelligibles les messages que nous souhaitons transmettre. Nous voulons également souligner l'apport des personnes qui ont utilisé cet ouvrage dans leurs cours et nous ont fait part de leurs remarques. Nous espérons que cette nouvelle édition ira dans le sens de leurs suggestions. Finalement, nous ne pouvons passer sous silence la collaboration étroite et soutenue du personnel de la maison d'édition ; leur aide nous a été d'un grand secours.

Tous ont apporté une contribution essentielle à la réalisation de cet ouvrage, non seulement par leurs observations sur le contenu, mais aussi par leurs propos encourageants et stimulants. Nous tenons à les remercier chaleureusement.

# Introduction

U ne méthode d'intervention aux domaines d'application diversifiés, le service social des groupes peut être utilisé tout autant pour des actions visant le changement personnel que pour des projets axés sur l'action sociale ou le développement organisationnel. Cette diversité provient des trois grands courants qui ont marqué les débuts du service social des groupes : le mouvement des *settlements* (centres communautaires), l'éducation progressiste et le développement par les activités récréatives (Breton, 1990, 2005 ; Paré, 1971). Le service social des groupes est caractérisé par trois préoccupations importantes. D'abord, les membres du groupe sont considérés comme des personnes dont les comportements sont influencés par leurs conditions sociales, économiques et politiques. Ensuite, la réalité des membres du groupe est abordée dans une perspective globale qui tient compte de leurs forces et de leurs compétences et ne s'arrête pas à leurs problèmes et à leurs limites. Enfin, le groupe est considéré comme un sous-système dans un environnement plus large, au sein duquel les membres entretiennent avec d'autres des relations multiples et diversifiées.

L'intervention de groupe est née de pratiques s'inscrivant historiquement dans le cadre de services offerts aux populations les plus démunies et se distinguant par une reconnaissance explicite de l'influence des conditions de vie sur l'intégration sociale et l'adaptation. Outre son approche des problèmes sociaux, cette intervention est caractérisée par le recours à une démarche d'intervention structurée et axée sur l'accroissement du pouvoir individuel et collectif. L'intervenant sera donc polyvalent et s'adaptera aux différentes situations ; il utilisera des processus de groupe et de l'aide mutuelle pour susciter le changement (Papell et Rothman, 1983).

Au cours des dernières années, l'intervention de groupe s'est enrichie de nouvelles modalités d'application, grâce à la multiplication des sites Internet et des possibilités de mise en relation de personnes géographiquement éloignées. Avec l'alourdissement des problématiques sociales et la mise à contribution de plus en plus importante des réseaux naturels dans la distribution des services aux personnes dans le besoin, l'essor de l'intervention de groupe devrait se poursuivre. D'autant plus que le potentiel d'entraide présent dans tout groupe rend cette méthode particulièrement intéressante pour aider les populations démunies à augmenter le pouvoir qu'elles peuvent exercer sur le plan collectif comme sur le plan individuel.

L'intervention de groupe doit, pour atteindre sa pleine efficacité, être soigneusement planifiée et mise en œuvre par des intervenants sensibles à ses enjeux particuliers et possédant les connaissances et habiletés nécessaires pour réagir adéquatement aux phénomènes produits en situation de groupe. Cet ouvrage a été élaboré dans le but de suggérer une préparation de base aux personnes intéressées par la pratique du service social des groupes. Il se veut aussi accessible à ceux qui n'ont aucune formation en intervention de groupe.

Cet ouvrage comporte huit chapitres. Le premier présente la méthode du service social des groupes au regard de ses fondements historiques et axiologiques, de ses particularités par rapport aux autres méthodes du service social et de ses domaines et modalités d'application. Après une définition de cette méthode d'intervention et des valeurs sur lesquelles elle s'appuie, nous abordons les moments charnières de son évolution, la nature des pratiques actuelles et les phases du processus d'intervention en groupe. Ce chapitre fait notamment ressortir l'importance que revêtent, dans cette méthode, la coopération, l'entraide, la démocratie et la liberté d'expression dans le respect des différences, et ce, que le groupe soit constitué à des fins d'action sociale, de prévention, de formation, de socialisation ou de thérapie.

Le deuxième chapitre porte sur les éléments à considérer afin d'analyser le fonctionnement d'un groupe et de donner un sens aux phénomènes qui se manifestent tout au long du processus d'intervention. La première section définit le groupe et en décrit les différents types. Les sections suivantes présentent les aspects d'un groupe qui doivent être examinés : le but, les éléments structurels, les normes, les rôles, le leadership, la vie socioaffective, la communication et les stades de développement du groupe.

Les chapitres suivants sont consacrés aux différentes phases du processus d'intervention de groupe (chapitres 3, 4, 5 et 7) ainsi qu'aux habiletés et attitudes de l'intervenant (chapitre 6). Quatre phases sont présentées : la planification, le début de l'intervention, la phase de travail et la dissolution du groupe. Chacun des chapitres traite de la façon d'interpréter la réaction des membres du groupe, des tâches de l'intervenant, des habiletés spécifiques de l'intervention de groupe et des principaux écueils que peut rencontrer le groupe, dans l'optique de bien préparer l'intervenant à faire face aux différentes situations possibles lors d'un intervention de groupe.

Ainsi, le troisième chapitre décrit les trois grandes étapes de la planification d'une intervention de groupe. Il s'agit de l'analyse de la situation, de la structuration initiale du groupe et de sa constitution. Bien que cela puisse sembler paradoxal de prime abord, une planification rigoureuse constitue généralement la meilleure façon de se préparer à montrer sa souplesse et sa spontanéité pendant le déroulement de l'intervention.

Le quatrième chapitre aborde le début de l'intervention. D'abord, nous y décrivons rapidement le vécu des membres au cours de cette phase pour aborder ensuite les trois objectifs de l'intervenant : établir un climat de confiance, faire prendre conscience aux membres de leurs forces individuelles et collectives, et favoriser l'émergence des dynamiques d'aide mutuelle. Ensuite, nous examinons les huit opérations pouvant conduire à l'atteinte de ces objectifs. Puis, nous présentons une section sur la prise de décision en groupe. Finalement sont abordés quelques-uns des motifs les plus fréquents d'abandon au cours des premières rencontres d'un groupe.

La phase centrale du processus d'intervention, ou phase de travail, fait l'objet du cinquième chapitre qui présente ce sur quoi l'intervenant doit alors se concentrer. Il s'agit de guider la démarche du groupe, notamment par la préparation des rencontres et le choix des activités, de soutenir les membres dans l'atteinte de leurs objectifs et d'évaluer le cheminement des membres et du groupe.

Le sixième chapitre aborde les habiletés et les attitudes en intervention de groupe. La première section porte sur les habiletés générales, soit les habiletés applicables à l'ensemble des situations de groupe. La deuxième a pour objet les habiletés utiles à la gestion des situations problématiques qui peuvent se présenter dans un groupe. Ces situations peuvent avoir pour cause le comportement individuel de certains membres, les rôles dysfonctionnels, la dynamique d'ensemble du groupe ou la présence de conflits au sein du groupe. Enfin, les facteurs qui influencent l'utilisation et la démarche d'apprentissage des habiletés sont brièvement exposés.

Le septième chapitre porte sur la phase de dissolution du groupe. Phase importante, car elle exerce une influence marquée sur les retombées de la participation au groupe. En effet, le souvenir que les membres conservent du groupe et leur capacité d'utiliser leurs acquis sont largement tributaires de leur façon de vivre la fin de l'intervention. Les principaux éléments qui doivent alors être considérés sont : les réactions à la fin des rencontres du groupe, le maintien des compétences acquises en groupe et leur transfert à des situations quotidiennes, ainsi que l'évaluation de l'intervention.

Enfin, le huitième chapitre aborde quelques modalités particulières de l'intervention de groupe : la coanimation, l'intervention en contexte multiculturel, l'intervention avec les personnes non volontaires et les groupes à court terme. L'essentiel de ce chapitre représente un ajout à l'édition précédente.

Tous les êtres humains font partie de groupes qui exercent sur eux une influence considérable, que ce soit dans le cadre de leur vie familiale, de leurs activités professionnelles ou de leurs loisirs. L'appartenance à ces groupes contribue à la construction de l'identité et à l'acquisition de compétences, car les groupes favorisent le changement personnel et social. Ainsi, le regroupement de personnes partageant des problèmes, des besoins ou des intérêts communs peut se révéler fort intéressant, car il permet à des individus en difficulté d'améliorer leur situation. C'est là l'idée sous-jacente de la méthode du service social des groupes.

Si nos indications concernent l'intervention en service social des groupes, elles peuvent cependant être transposées à d'autres contextes tels la famille, les groupes d'entraide, les assemblées délibérantes et le réseau social. Par conséquent, bien que cet ouvrage s'adresse en premier lieu aux intervenants sociaux, son contenu est susceptible de répondre aux questions de toute personne intéressée par les situations de regroupement d'individus.

# Table des matières

**Avant-propos** ....................................................... III

**Introduction** ....................................................... V

Chapitre 1
**Le service social des groupes** ..................................... 1

1.1   Le service social comme discipline professionnelle .............. 2
1.2   Le service social des groupes ................................... 3
1.3   Les valeurs de base du service social des groupes ............... 5
1.4   Les objectifs du service social des groupes ..................... 7
1.5   L'histoire du service social des groupes ........................ 8
      1.5.1   Le tournant du XXᵉ siècle : les débuts du
              service social des groupes .............................. 9
      1.5.2   Les années trente : la professionnalisation
              de l'intervention de groupe ............................ 10
      1.5.3   L'après-guerre : le développement de l'intervention
              de groupe en milieu clinique ........................... 11
      1.5.4   Les années soixante : la prépondérance de l'intervention
              personnelle sur la méthode de groupe ................... 12
      1.5.5   Les années quatre-vingt : la consolidation
              de la méthode de groupe ................................ 15
      1.5.6   Le début d'un nouveau siècle :
              l'émergence des groupes virtuels ....................... 17
1.6   La diversité des pratiques ..................................... 19
      1.6.1   Les groupes de tâche ................................... 20
      1.6.2   Les groupes de traitement .............................. 22
1.7   Quelques préceptes de pratique ................................. 28
1.8   Les phases du processus d'intervention ......................... 29

## Chapitre 2
## **L'analyse du groupe** ............................................................ **33**

2.1 La nature du groupe .......................................................... 34
    2.1.1 Définitions du groupe ............................................ 34
    2.1.2 Les différents types de groupes ........................... 35
2.2 Le but et les objectifs du groupe ................................... 37
2.3 Les éléments structurels ................................................. 39
2.4 Les normes ........................................................................ 42
2.5 Les rôles ............................................................................ 44
2.6 Le leadership ..................................................................... 47
    2.6.1 La différence entre leadership et pouvoir ............ 47
    2.6.2 Les différents styles de leadership ....................... 47
2.7 La vie socioaffective ....................................................... 51
    2.7.1 Le climat ................................................................. 51
    2.7.2 La cohésion ............................................................. 51
    2.7.3 La culture ................................................................. 53
2.8 La communication ........................................................... 54
    2.8.1 Les composantes de la communication ............... 55
    2.8.2 Les facteurs qui influent sur la communication ... 56
2.9 Les stades de développement du groupe ...................... 57
    2.9.1 Le stade de préaffiliation/confiance ..................... 59
    2.9.2 Le stade de pouvoir et de contrôle/autonomie ... 61
    2.9.3 Le stade d'intimité/proximité ............................... 62
    2.9.4 Le stade de différenciation/interdépendance ...... 64
    2.9.5 Le stade de séparation .......................................... 64

## Chapitre 3
## **La phase de planification** ........................................... **71**

3.1 L'analyse de la situation ................................................. 73
    3.1.1 L'étude de la demande .......................................... 73
    3.1.2 Le choix de la méthode d'intervention ................. 77
3.2 La structuration initiale du groupe ............................... 81
    3.2.1 La détermination du but et des objectifs ............. 81
    3.2.2 La définition du cadre général du groupe ............ 85
    3.2.3 La présentation écrite du projet ........................... 91
3.3 La constitution du groupe .............................................. 91
    3.3.1 Le recrutement des membres ............................... 92
    3.3.2 La préparation de l'intervenant ........................... 101

## Chapitre 4
## **La phase de début** ..................................................... **105**

4.1 Les caractéristiques de la phase de début ................... 106
4.2 Les objectifs de la phase de début ............................... 107
    4.2.1 Établir un climat de confiance ............................. 107

4.2.2 Faire prendre conscience aux membres
de leurs forces individuelles et collectives ............... 107
4.2.3 Amorcer les dynamiques d'aide mutuelle ................. 108
4.3 Les activités de la phase de début ............................ 111
4.3.1 La présentation des membres ........................... 111
4.3.2 La description des réalités individuelles ................. 112
4.3.3 La spécification des objectifs du groupe ................. 113
4.3.4 La détermination de la position de l'organisme
et de l'intervenant ..................................... 115
4.3.5 L'établissement des bases du fonctionnement du groupe ... 116
4.3.6 La structuration du groupe ........................... 117
4.3.7 La stimulation de l'espoir et de la motivation ............ 118
4.3.8 La formalisation du contrat ........................... 119
4.4 La prise de décision en groupe ........................... 121
4.4.1 Les méthodes de prise de décision ...................... 121
4.4.2 Le processus de prise de décision ...................... 124
4.4.3 Les caractéristiques des prises de décision efficaces ....... 125
4.5 Les abandons ............................................... 127

Chapitre 5
La phase de travail ............................................ 131
5.1 Guider la démarche du groupe ................................ 132
5.1.1 Préparer les rencontres ............................... 132
5.1.2 S'adapter aux membres du groupe ...................... 137
5.2 Aider les membres à atteindre leurs objectifs ................. 140
5.2.1 Favoriser le développement des compétences ........... 140
5.2.2 Miser sur les facteurs d'aide ........................... 142
5.3 Évaluer le cheminement des membres et du groupe ............ 152
5.3.1 Les procédures d'évaluation .......................... 153
5.3.2 Le dossier ............................................ 155

Chapitre 6
Les habiletés et les attitudes
en intervention de groupe ..................................... 163
6.1 Les habiletés génériques ..................................... 164
6.1.1 Les habiletés ayant trait au groupe comme entité ........ 164
6.1.2 Les habiletés utilisées pour l'animation de réunion ........ 169
6.1.3 Les attitudes dans l'intervention de groupe .............. 171
6.2 Les habiletés relatives à la gestion des situations problématiques .. 172
6.2.1 Les comportements individuels problématiques .......... 173
6.2.2 Les rôles dysfonctionnels ............................. 176
6.2.3 Les situations problématiques dans
la dynamique du groupe ............................... 178
6.2.4 Les conflits au sein du groupe ......................... 180
6.3 Les facteurs de mise en œuvre des habiletés .................. 190
6.4 L'acquisition des habiletés ................................... 190

Chapitre 7
**La phase de dissolution du groupe** .......................... **193**

7.1  Les réactions à la dissolution du groupe ....................... 194

7.2  Le maintien et le transfert des acquis ........................ 196

7.3  Les suites du groupe .................................... 198

7.4  L'évaluation de l'intervention .............................. 199
    7.4.1  Les actions de l'intervenant .......................... 199
    7.4.2  Le cheminement du groupe .......................... 200
    7.4.3  La satisfaction des membres ......................... 201
    7.4.4  Les changements individuels ......................... 203
    7.4.5  Les changements relatifs au groupe comme entité ........ 210

7.5  La fin de la participation dans les groupes ouverts ............. 211

Chapitre 8
**Quelques situations particulières
en intervention auprès des groupes** ........................... **215**

8.1  La coanimation ....................................... 216
    8.1.1  Les avantages de la coanimation ...................... 216
    8.1.2  Les limites de la coanimation ........................ 219
    8.1.3  Les éléments à prendre en considération en coanimation ... 220

8.2  L'intervention de groupe en contexte multiculturel ............. 224
    8.2.1  Les assises de l'intervention adaptée aux
           réalités culturelles multiples ........................ 225
    8.2.2  La planification de l'intervention en contexte multiculturel .. 226
    8.2.3  Les particularités de l'intervention
           en contexte multiculturel ........................... 228
    8.2.4  Quelques principes de pratique ...................... 232

8.3  L'intervention avec les populations non volontaires ............. 233
    8.3.1  L'intervention de groupe : une méthode pertinente
           avec les personnes non volontaires ................... 235
    8.3.2  Les particularités de l'intervention avec
           les personnes non volontaires ....................... 237

8.4  Les groupes à court terme ............................... 242
    8.4.1  Quelques enjeux .................................. 243
    8.4.2  Faire de l'intervention de groupe ou non ? .............. 244
    8.4.3  Les habiletés et les groupes à court terme .............. 245

**Conclusion** ............................................ **251**

**Bibliographie** .......................................... **255**

**Index des sujets** ....................................... **269**

**Index des auteurs** ...................................... **273**

## CHAPITRE 1

# Le service social des groupes

Tous les êtres humains font partie de groupes qui exercent sur eux une influence considérable. Que ce soit dans le cadre de la vie familiale, des activités professionnelles ou des loisirs, une proportion importante de l'activité humaine se passe en groupe. Il n'est donc pas étonnant que notre identité personnelle soit fortement influencée par la façon dont nous sommes perçus et dont les autres se comportent avec nous dans les groupes auxquels nous appartenons. Si le groupe constitue le principal contexte d'apprentissage, de construction de l'identité et d'acquisition des compétences, il peut également se révéler un puissant catalyseur de changement personnel et social. Les connaissances permettant d'analyser et de comprendre les phénomènes de groupe, de même que les habiletés facilitant l'action au sein des groupes, sont donc essentielles à tout intervenant social. Dans un contexte de multiplication des problèmes sociaux, de diminution des services institutionnels et d'effritement du tissu social, le recours à des stratégies d'intervention fondées sur le regroupement de personnes partageant des problèmes, des besoins ou des intérêts devrait être une préoccupation centrale pour les travailleurs sociaux. Ce chapitre vise à fournir une vue d'ensemble du service social des groupes. Les premières sections fournissent des précisions sur la nature, les valeurs et les objectifs du service social des groupes, de même que sur les grandes étapes de son histoire. Ensuite, une section présente plusieurs pratiques en les distinguant selon qu'elles sont réalisées dans des groupes axés sur le développement personnel ou sur l'accomplissement d'une tâche. Enfin, les deux dernières sections suggèrent des préceptes de pratique et présentent les quatre phases du processus d'intervention en service social des groupes.

## 1.1 Le service social comme discipline professionnelle

Le service social est une discipline professionnelle qui s'appuie sur un ensemble de connaissances et qui prend forme à travers des activités particulières socialement reconnues. Cette discipline professionnelle vise, d'une part, à aider les personnes à atteindre le meilleur fonctionnement possible dans leur environnement social et, d'autre part, à faire en sorte que l'environnement soit le mieux possible adapté aux besoins des personnes. L'intervention en service social est principalement axée sur le développement des capacités individuelles et sur la mise en place d'institutions sociales qui permettent à chaque personne de se réaliser selon ses propres aspirations (Reid, 1997 : 2).

Le service social s'intéresse aux aspects intrapersonnels et interpersonnels du fonctionnement humain. Il examine avec attention à la fois la personne, avec ses caractéristiques physiques, intellectuelles, spirituelles, psychologiques et économiques, et son environnement social, c'est-à-dire l'ensemble des structures physiques, sociales, politiques et économiques qui ont une influence sur elle. En ce sens, le service social souscrit à la perspective écologique (Bronfenbrenner, 1986 ; Garbarino et Stocking, 1980 ; Whittaker et Garbarino, 1983), puisqu'il reconnaît la nécessité de porter une attention particulière non seulement aux milieux de vie qui exercent une influence directe sur la personne, c'est-à-dire l'environnement proximal (famille, amis, voisinage, milieu de travail), mais également aux structures de l'environnement (exosystème et macrosystème) dont l'influence est généralement moins directement perceptible. Ces structures de l'environnement distal correspondent aux organismes de services, aux politiques sociales et aux valeurs dominantes d'une société, et peuvent être circonscrites dans l'analyse de la situation d'une personne, d'un groupe ou d'une collectivité.

Ephross (2004), de même que Farley, Smith et Boyle (2006), s'appuie sur les écrits de Boehm (1959) pour attribuer trois objectifs au service social : 1) la prévention des problèmes individuels et sociaux ; 2) la mise en place de ressources susceptibles d'optimiser le fonctionnement social ; et 3) la réadaptation. Les actions visant l'atteinte de ces objectifs s'inscrivent dans un cadre qui comporte quatre composantes : 1) une pratique centrée sur les personnes et sur les problèmes ; 2) le recours à des interventions directes et indirectes ; 3) des actions orientées vers des transactions démocratiques et enrichissantes entre les personnes et leur environnement ; et 4) l'utilisation de connaissances issues de la recherche dans l'articulation de stratégies d'intervention (Schatz, Jenkins et Sheafor, 1990).

Lecomte (2003), quant à lui, considère que le service social nord-américain repose sur quatre composantes : 1) la volonté d'œuvrer auprès des personnes, des groupes et des communautés qui vivent ou qui sont susceptibles de vivre des situations d'oppression, de discrimination et de désorganisation ; 2) le souci de comprendre la personne dans son contexte social ; 3) la grande diversité des pratiques sociales en ce qui a trait aux méthodes d'intervention, aux problématiques et aux milieux de pratique ; et 4) la relation particulière avec l'État et les organismes, qui sont les principaux employeurs des travailleurs sociaux, d'où une tension entre la double préoccupation de servir les besoins des usagers et de satisfaire aux exigences de l'organisme. Ces composantes prennent forme au cours de trois principales méthodes d'intervention : l'intervention individuelle, l'organisation communautaire et le service social des groupes.

## 1.2   Le service social des groupes

Selon Toseland et Rivas (2005), l'intervention de groupe se définit comme une action réalisée auprès d'un groupe afin d'aider les personnes à satisfaire leurs besoins sociaux et émotifs ou à accomplir certaines tâches. Cette action s'inscrit dans le cadre des activités d'un organisme de distribution de services et elle est orientée autant vers les membres comme individus que vers le groupe comme entité. Cette définition situe l'intervention de groupe comme une activité orientée vers un but et composée de tâches planifiées, ordonnées méthodiquement et exécutées dans le cadre d'une pratique professionnelle. L'expression « groupe » souligne l'occasion qui est offerte aux personnes de s'engager dans des interactions directes et de partager des idées et des émotions au moyen d'une communication verbale ou non verbale. La définition souligne également que le groupe permet de répondre à des besoins ou d'accomplir certaines tâches. Ainsi, il est possible qu'un intervenant aide simultanément des membres à satisfaire des besoins personnels et à réaliser certaines actions à portée sociale.

L'intervenant a deux centres d'intérêt quand il travaille avec un groupe : les membres pris individuellement et le groupe pris dans son entier. Ces deux composantes (les membres et le groupe) ont des besoins, des objectifs et une dynamique qui leur sont propres et l'intervenant se doit d'être à l'affût à la fois des réactions individuelles et des processus de groupe. Enfin, comme le groupe n'existe pas isolément, il est essentiel de tenir compte de l'influence des autres systèmes avec qui il est en contact, particulièrement de l'organisme au sein duquel il prend place. Cette définition rejoint celle proposée par Barker (1999), pour qui le service social des groupes correspond à une méthode d'intervention auprès d'un petit nombre de personnes qui partagent des intérêts similaires ou des problèmes communs, se rencontrent régulièrement et s'engagent dans des activités visant l'atteinte de leurs objectifs communs.

Certains auteurs estiment cependant que le service social des groupes présente des aspects qui vont au-delà de cette définition. Ainsi, pour Northen (1988), le service social des groupes se caractérise par l'attention particulière qui est accordée à l'aide mutuelle dans les relations entre les membres du groupe. Heap (1994) abonde dans le même sens : il souligne que l'intervention de groupe en service social s'appuie sur l'idée que les membres peuvent à la fois s'aider eux-mêmes et aider les autres en partageant des idées, des suggestions, des solutions, des sentiments et des informations, en comparant des attitudes et des expériences, et en entretenant leurs relations.

Pour Home et Darveau-Fournier (1980), l'intervention de groupe en service social se distingue des pratiques de groupe présentes dans les autres disciplines de plusieurs manières :

> Elle s'en différencie par sa clientèle variée, son contexte de milieu de vie quotidienne, son utilisation de diverses ressources intérieures et extérieures au groupe et par le rôle du travailleur social axé sur l'utilisation consciente et polyvalente de soi et de son activité et sur la recherche de l'autonomie de l'individu et du groupe (p. 30).

Papell et Rothman (1983) relèvent également certaines caractéristiques du service social des groupes : la présence d'un objectif commun, de l'aide mutuelle et d'expériences variées, l'utilisation de l'évolution spontanée du groupe, l'extériorité du groupe, l'encouragement à l'autonomie des membres et la flexibilité d'action de l'intervenant.

Dans un même ordre d'idées, Middleman et Goldberg (1987) distinguent le service social des groupes de la thérapie de groupe. Ils estiment que l'intervention auprès des groupes de rencontre et des groupes de thérapie ne peut être considérée comme du service social, bien qu'il soit par ailleurs possible de trouver une dimension thérapeutique dans le service social des groupes. À leur avis, pour être rattachée au domaine du service social des groupes, une intervention doit respecter quatre critères :

1. L'intervenant doit aider les membres du groupe à construire un système d'aide mutuelle ;
2. Il doit comprendre et utiliser les processus de groupe tout en aidant les membres à en faire autant ;
3. Il doit faire en sorte que les membres soient le plus autonomes possible ;
4. Au terme de l'intervention, il doit permettre aux membres de prendre conscience de ce qu'ils ont vécu au sein du groupe afin qu'ils puissent utiliser leur expérience dans d'autres situations.

Il se dégage de ces différents points de vue que le service social des groupes adopte une perspective d'intervention fondée sur les notions d'aide mutuelle, de responsabilité partagée et de solution collective aux problèmes, les membres du groupe pouvant à la fois s'aider eux-mêmes et s'aider les uns les autres

(Brown, 1991 ; Heap, 1994 ; Middleman, 1990 ; Northen, 1988 ; Shulman, 2006). Tout en reprenant ces éléments de base, d'autres auteurs soulignent que l'intervention doit favoriser l'acquisition de pouvoir par les membres du groupe et qu'elle doit permettre d'agir sur le contexte socioéconomique (Breton, 1994, 1996 ; Garvin, 1997 ; Lee, 2001 ; Mullender et Ward, 1991).

Donaldson (2004) souligne que les groupes axés sur l'acquisition de pouvoir (*empowerment*) permettent aux intervenants de répondre aux besoins individuels des membres tout en favorisant le changement social. D'ailleurs, Lee (2001) décrit ce type d'intervention comme une approche à la fois clinique et communautaire, qui mobilise le potentiel des personnes dans la construction d'une société plus équitable. Si l'acquisition de pouvoir comporte à la fois une dimension individuelle et une dimension collective, elle ne s'inscrit pas pour autant dans une démarche linéaire. Il s'agit plutôt d'un processus dialectique au sein duquel il y a une influence mutuelle entre chaque dimension. Le développement de la conscience contribue au renforcement du sentiment de valeur personnelle, lequel se traduit par un sentiment accru d'efficacité pouvant entraîner une plus grande participation sociale (Breton, 1995).

À partir de ces différentes perspectives, le service social des groupes peut être défini comme une méthode d'intervention qui s'appuie sur le potentiel d'aide mutuelle présent dans un groupe et sur une démarche structurée visant, d'une part, à aider les membres à satisfaire leurs besoins socio-émotifs ou à accomplir certaines tâches et, d'autre part, à favoriser l'acquisition de pouvoir par les membres du groupe. Cette démarche, orientée à la fois vers les membres en tant qu'individus et vers le groupe dans son ensemble, s'inscrit généralement dans le cadre des activités d'un organisme de services.

## 1.3 Les valeurs de base du service social des groupes

La pratique du service social des groupes est largement influencée par les valeurs qui sont privilégiées dans l'organisme dans le cadre duquel a lieu l'intervention, par les valeurs personnelles de l'intervenant, par les valeurs des membres du groupe et par les valeurs du service social (Morales et Sheafor, 1977). Véhiculant un ensemble d'idées qui peuvent aussi bien se rapporter à la nature humaine qu'au statut des membres du groupe ou au rôle de l'intervenant, ces valeurs influent sur l'intervention à travers les habiletés et les méthodes utilisées par l'intervenant.

Les valeurs de base du service social sont le respect de la dignité et de la valeur de chaque personne, la promotion de l'autonomie et de l'autoréalisation, l'absence de jugement, la participation de chaque personne au processus d'aide et l'offre de services de qualité (Siporin, 1975). Si les professionnels du service social reconnaissent que les personnes possèdent généralement les ressources pour se réaliser, ils affirment également qu'elles ont besoin de la protection et du soutien de leur environnement, d'où leur engagement dans des actions visant le développement des personnes et des communautés. À partir de la position de Konopka (1983, citée dans Toseland et Rivas, 2005) et de celles de Reid (1997) et de Brown (1991), il est possible de déterminer diverses préoccupations que devrait avoir l'intervenant social qui travaille avec des groupes :

1. L'établissement de relations professionnelles fondées sur le respect de la valeur et de la dignité de chaque personne ; ces relations devraient se traduire par l'acceptation de l'autre, la confidentialité, l'honnêteté et la gestion responsable des conflits ;

2. La promotion de la coopération et de la participation démocratique aux prises de décision au sein du groupe ;

3. La promotion de la solidarité et de l'entraide à titre de moyens pour aider les personnes à se développer et à satisfaire leurs besoins ;

4. Le souci de rendre accessibles aux personnes en difficulté les ressources dont elles ont besoin ;

5. La mise en œuvre d'actions visant à faire en sorte que les institutions sociales répondent mieux aux besoins des personnes ;

6. La reconnaissance et le respect des particularités des populations opprimées, marginales et minoritaires ;

7. La promotion d'actions susceptibles d'accroître le pouvoir des membres et du groupe ;

8. La défense de la liberté d'expression des membres, dans le respect des différences ;

9. La prise en compte des préoccupations particulières de chaque membre du groupe ;

10. L'enrichissement continu de ses connaissances et habiletés ;

11. L'évaluation de son travail et la remise en question de ses valeurs, de ses attitudes et de ses comportements.

Les valeurs du service social ne sont toutefois pas les seules à influer sur l'intervention. Chaque membre d'un groupe a en effet un système personnel de valeurs, qui oriente ses opinions et ses actions, et dont il n'est pas toujours conscient. L'intervenant doit l'aider à cerner ses valeurs individuelles et à résoudre les conflits de valeurs qui peuvent se présenter (Toseland et Rivas, 2005). Pour pouvoir agir efficacement sur ce plan, l'intervenant doit non seulement être sensible aux valeurs des membres du groupe, mais également être conscient des siennes propres. En effet, s'il éprouve des difficultés à aborder certains sujets ou s'il a tendance à imposer ses propres valeurs au groupe, son intervention en sera modifiée. Ainsi, plus il sera conscient de ses valeurs personnelles, plus il sera en mesure de faire face aux tensions et aux conflits au sein du groupe d'une façon éclairée et réfléchie.

Enfin, les valeurs de l'organisme qui parraine le groupe ont également de l'importance dans la dynamique de l'intervention. La poursuite de la mission d'un organisme s'accompagne généralement de la promotion de certaines valeurs qui sous-tendent les politiques, les procédures et les pratiques. L'intervenant doit être au fait de ces valeurs afin de pouvoir repérer les zones de résistance et les sources de soutien à ses projets d'intervention.

## 1.4 Les objectifs du service social des groupes

Le service social des groupes a pour objectif d'agir sur la personne et sur son environnement; il vise tout autant le développement de la personne que le changement social (Paré, 1971). Le groupe comme contexte d'intervention permet à des personnes qui partagent des intérêts similaires ou des problèmes communs non seulement de s'aider mutuellement, mais aussi d'agir collectivement en vue de susciter des changements sociaux (Home et Darveau-Fournier, 1980).

Reid (1997) mentionne que les buts du service social des groupes sont d'améliorer l'adaptation sociale des individus en les aidant à trouver un sens à leurs expériences de vie et d'élargir les possibilités de développement qui s'offrent à eux. Selon Papell et Rothman (1978), la méthode du service social des groupes peut être utilisée dans quatre buts principaux: 1) favoriser le changement d'attitude ou de comportement des personnes qui font face à des situations problématiques de même nature; 2) susciter le changement social en encourageant les personnes à agir dans leur milieu, en mettant en place des ressources ou en faisant la promotion de changements sociaux; 3) favoriser le développement personnel, la socialisation et l'action préventive; et 4) humaniser les organismes et les rendre plus efficaces.

Klein (1972) suggère une distinction plus nuancée en énonçant huit objectifs qui peuvent guider l'intervention de groupe:

1. La réadaptation, qui consiste à retrouver un niveau de fonctionnement antérieur par la résolution de difficultés qui peuvent être d'ordre émotionnel, mental ou comportemental;

2. Le développement personnel, processus qui correspond à l'acquisition de connaissances et d'habiletés;

3. La correction, qui implique l'aide aux personnes qui ont des démêlés avec la justice ou qui violent des lois;

4. La socialisation, par une aide visant à ce que les personnes apprennent à se comporter selon les normes sociales ou à entrer en interaction avec les autres ;

5. La prévention, par la mise en place de conditions environnementales permettant d'éviter que des difficultés anticipées ne se présentent ;

6. L'action sociale, par l'accompagnement des personnes qui veulent changer leur environnement ;

7. La résolution de problèmes, processus qui consiste à aider les personnes à prendre des décisions et à agir en conséquence ;

8. L'acquisition de valeurs sociales favorisant l'harmonie avec les autres.

Évidemment, l'intervention de groupe peut poursuivre plusieurs de ces objectifs simultanément, de la même façon qu'elle peut passer d'un objectif à l'autre. Ainsi, les objectifs de l'intervention de groupe peuvent se situer à différents endroits sur un continuum allant du changement individuel au changement social en passant par la prévention (Brown, 1991). Cette diversité d'objectifs reflète les différentes influences et les divers courants qui ont marqué l'histoire du service social des groupes. Défini comme un mouvement social avant d'être une méthode d'intervention (Papell, 1983), le service social des groupes est porteur d'une tradition dont les valeurs et les façons de faire sont toujours considérées comme pertinentes pour guider les interventions actuelles (Breton, 1990). Il est donc essentiel de connaître les grandes périodes de son histoire.

# 1.5 L'histoire du service social des groupes

Il est possible de distinguer dans les écrits différentes façons de découper l'évolution du service social des groupes (Toseland et Rivas, 2005 ; Garvin, 1997 ; Anderson, 1997 ; Reid, 1997). La division proposée ici, qui s'inspire de Garvin (1997), présente six grandes périodes en ce qui concerne le contexte nord-américain :

1. Le tournant du XX$^e$ siècle : les débuts de l'intervention de groupe en Amérique du Nord ;

2. Les années trente : le mouvement de professionnalisation ;

3. L'après-guerre : le développement de l'intervention de groupe en milieu clinique ;

4. Les années soixante : la prépondérance de l'intervention personnelle sur la méthode de groupe ;

5. Les années quatre-vingt : les années de consolidation ;

6. Le début d'un nouveau siècle : l'émergence des groupes virtuels.

## 1.5.1 Le tournant du XXᵉ siècle : les débuts du service social des groupes

Le service social des groupes a pris naissance dans les organismes communautaires portant assistance aux personnes démunies. Les pionniers sont des intervenants sociaux qui travaillent dans des *settlements* (centres communautaires), auprès des pauvres et des immigrants, dans des organismes de loisirs, auprès des jeunes, et dans des milieux d'éducation populaire. À l'origine, le service social des groupes a un caractère préventif, éducatif et communautaire. Il est utilisé tout autant dans la résolution de problèmes personnels que dans l'analyse sociopolitique, l'action sociale, la récréation, la socialisation et l'éducation (Toseland et Rivas, 2005).

Les premières activités structurées d'intervention de groupe sont mises en place pour répondre aux problèmes de pauvreté, d'insalubrité, de criminalité et de promiscuité, problèmes qui sont directement liés à l'industrialisation et à l'urbanisation ayant marqué la fin du XIXᵉ siècle. Les structures créées en Angleterre sont importées aux États-Unis, au tournant du siècle, par des personnes qui avaient des préoccupations sociales et religieuses et qui voulaient pallier les effets négatifs de l'industrialisation par la création d'organismes susceptibles de favoriser les réformes sociales. C'est à l'intérieur de structures comme les *settlements* et les associations de jeunes (Young Men's Christian Association [YMCA], Young Women's Christian Association [YWCA], scouts et guides) qu'ont lieu les premières interventions de groupe. Si les *settlements* offrent un ensemble de programmes visant à répondre à l'ensemble des besoins d'une communauté alors que les autres structures sont davantage centrées sur les loisirs, les objectifs des deux sont fondamentalement les mêmes : le renforcement de la société démocratique et la socialisation des personnes.

À l'époque, la vision du groupe comme lieu de renforcement de la démocratie s'appuie sur la croyance que les personnes les plus démunies peuvent acquérir des connaissances et des habiletés leur permettant d'être de meilleurs citoyens s'ils participent aux prises de décisions concernant la communauté et à des actions sociales. Le groupe offre aux citoyens la possibilité de partager leurs points de vue, de se soutenir et de s'associer pour agir collectivement dans la perspective d'un changement social axé sur l'élimination des injustices. Il apparaît ainsi comme un contexte de solidarité favorable à l'apprentissage de la démocratie et à la participation sociale. Les *settlements* peuvent également contribuer au renforcement de la démocratie par l'influence qu'ils ont sur les personnes issues des classes sociales les mieux nanties. En effet, plusieurs intervenants sont des bénévoles hautement scolarisés provenant de familles aisées ; les *settlements* leur donnent l'occasion d'être en contact avec la réalité des pauvres et leur permettent ainsi d'augmenter leur connaissance de la condition humaine (Farley *et al.,* 2006). Ces personnes étant plus proches des structures du pouvoir, leur mise en contact avec la réalité des groupes démunis est vue comme susceptible d'influencer les décisions politiques (Reid, 1997).

Le groupe est également considéré comme un cadre de socialisation, comme un contexte permettant à l'enfant de former son caractère et d'améliorer ses habiletés sociales. Par le jeu, l'enfant apprend à composer avec la réalité, il améliore sa façon d'entrer en relation avec les autres et acquiert des valeurs morales qu'il peut transposer dans sa vie quotidienne. Fondées sur la croyance que chacun possède la capacité d'évoluer et d'être créateur, les activités axées sur les loisirs et la pratique sportive mettent l'accent sur les compétences plutôt que sur les limites de l'enfant, souscrivant ainsi à une approche globale et non pathologique des personnes. En donnant à l'enfant l'occasion de vivre des interactions positives dans un cadre démocratique et créateur, le groupe apparaît comme un contexte de croissance et de socialisation (Breton, 1990).

Le tournant du siècle marque donc les origines du service social des groupes. Cependant, à l'époque, les intervenants ne s'identifient pas aux travailleurs sociaux et ne considèrent pas explicitement le groupe comme contexte d'action (Schwartz, 2005). En fait, ils se définissent essentiellement par leur milieu de travail (Reid, 1997) et utilisent surtout les concepts associés au développement communautaire. Il est donc difficile de distinguer l'origine de l'organisation communautaire, avec son accent sur la participation des citoyens, de celle du service social des groupes (Toseland et Rivas, 2005).

## 1.5.2 Les années trente : la professionnalisation de l'intervention de groupe

C'est au début des années trente que les premiers enseignements sur l'intervention de groupe sont introduits dans les programmes de formation universitaire en service social, aux États-Unis. En 1936, l'American Association for the Study of Group Work, qui vient de voir le jour, considère que les connaissances permettant l'interprétation des comportements individuels dans les groupes sont des éléments indispensables dans la formation des travailleurs sociaux (Paré, 1971). Il apparaît alors essentiel que les travailleurs sociaux soient en mesure de reconnaître et d'utiliser les processus de groupe.

Au cours de cette période, marquée par la crise économique, les réformateurs sociaux s'interrogent sur la capacité du système en place à répondre aux besoins de tous les citoyens. L'intervention de groupe connaît alors un essor important, car le groupe apparaît comme un lieu privilégié de promotion du changement social. En outre, les intervenants commencent à prendre conscience que leurs pratiques présentent plusieurs similitudes, bien que les organismes dans lesquels ils travaillent soient différents. Cette situation, combinée au fait que de plus en plus d'écoles offrent des programmes de formation sur l'intervention auprès des groupes, contribue au développement d'une identification professionnelle chez les intervenants de groupe.

Ce mouvement n'est pas sans susciter certaines réserves chez les autres travailleurs sociaux, qui remettent en question le caractère professionnel des activités récréatives et éducatives réalisées dans les *settlements*, les YMCA, les YWCA et les autres structures de ce genre. Ils se demandent si ces activités sont des moyens sérieux pour aider les personnes à développer leur personnalité et à résoudre leurs problèmes psychosociaux. De leur côté, les intervenants de groupe critiquent l'intervention individuelle (*casework*), qui selon eux est trop centrée sur les dynamiques personnelles et néglige les dimensions sociales des problèmes.

Dans la pratique, plusieurs caractéristiques distinguent l'intervention de groupe de l'intervention individuelle. Dans l'intervention de groupe, les personnes sont considérées comme des membres plutôt que comme des clients et l'accent est mis sur le « faire avec » plutôt que sur le « faire pour », sur l'action plutôt que sur la discussion, sur la contribution des membres au processus d'aide plutôt que sur le seul apport de l'intervenant, sur la volonté de changement social plutôt que sur la réadaptation et la thérapie, et sur les compétences et les forces des membres plutôt que sur leurs limites et leurs défaillances (Reid, 1997). Alors que l'intervention personnelle, s'appuyant sur l'approche psychodynamique, est principalement axée sur l'introspection et la conscience de soi, le service social des groupes privilégie une approche active fondée sur l'engagement dans l'action (Toseland et Rivas, 2005). Ces différences conduisent certains intervenants sociaux à se demander si l'intervention de groupe ne relève pas plus de l'éducation que du travail social.

Dans son livre *Group Work and Casework : Their Relationship and Practice*, publié en 1941, Wilson cherche à atténuer les tensions en faisant ressortir les traits communs des deux méthodes. En même temps qu'elle rappelle aux travailleurs de groupe qu'ils consacrent une partie importante de leur temps aux contacts individuels, elle met en évidence les habiletés communes aux deux méthodes. Cela aura pour effet d'encourager les *caseworkers* à expérimenter l'intervention de groupe (Reid, 1997). À cet égard, l'ouvrage de Wilson contribuera au développement du service social des groupes dans une perspective clinique.

### 1.5.3 L'après-guerre : le développement de l'intervention de groupe en milieu clinique

La fin de la Seconde Guerre mondiale correspond à une période d'expansion des services sociaux, notamment pour répondre aux besoins des militaires et des personnes qui ont été dans les camps de prisonniers. Les interventions de groupe sont alors utilisées pour répondre à des besoins nouveaux ; elles se font de plus en plus dans les hôpitaux, les cliniques de santé mentale, les agences familiales et les centres de réadaptation. Le contexte multidisciplinaire dans lequel évoluent les travailleurs sociaux en milieu hospitalier les met en contact avec des psychiatres et des psychologues qui ont l'expérience de la psychothé-rapie de groupe et qui s'appuient principalement sur des connaissances théoriques en psychologie et en psychiatrie.

Touché par l'influence interne de l'intervention clinique et par l'influence externe de la psychothérapie de groupe, le service social des groupes devient alors moins axé sur l'action sociale et la prévention, et davantage sur la théra-pie et la réadaptation. Le groupe constitue pour le travailleur social un moyen pour atteindre des objectifs précis d'intervention. Et ce moyen gagnera en effi-cacité sous l'impulsion des nombreuses connaissances sur le groupe qui sont acquises pendant cette période, que certains ont d'ailleurs qualifiée d'âge d'or de la dynamique des groupes (Anderson, 1997). Les travaux de Lewin (1951), d'Homans (1950) et de Bales (1950) conduisent à concevoir le groupe comme un système social, avec ses frontières, ses normes, ses processus de communi-cation, ses tâches et ses fonctions socio-émotionnelles ; comme un contexte propice au changement, à l'enseignement et à l'acquisition de compétences ; comme un lieu d'exercice du pouvoir et de développement de l'intimité dans les relations sociales.

Au Québec, c'est pendant cette période que l'on trouve les premières pratiques de groupe en institution, notamment en milieu hospitalier et dans les centres de réadaptation. L'utilisation du groupe se fait d'abord en milieu anglophone, et seulement après dans les institutions francophones (Berteau, Côté et Lindsay, 1994 ; Lindsay, 2003).

### 1.5.4 Les années soixante : la prépondérance de l'intervention personnelle sur la méthode de groupe

Alors que l'après-guerre a été une période de développement des services sociaux, les années soixante sont marquées par les remises en question. L'augmentation des problèmes sociaux et l'échec de la lutte contre la pau-vreté, combinés aux résultats de recherches évaluatives mettant en doute l'efficacité des services sociaux, font en sorte que les travailleurs sociaux subissent de fortes pressions pour élaborer de nouvelles stratégies d'interven-tion. L'idée de privilégier un modèle générique combinant l'intervention indi-viduelle, le groupe et l'organisation communautaire surgit alors. Elle s'appuie sur le postulat que la combinaison de plusieurs méthodes devrait être plus efficace que l'utilisation d'une seule et sur le principe qu'il faut se prémunir contre la tendance à définir les besoins en fonction de la méthode de l'inter-venant (Garvin, 1997).

Cette nouvelle orientation aura toutefois des effets négatifs sur l'approfon-dissement des connaissances pratiques et théoriques en service social des groupes. En effet, dans les universités nord-américaines, plusieurs écoles de formation en service social choisissent d'éliminer les cours portant uniquement sur les méthodes et de privilégier l'enseignement d'une approche générique (Tropp, 1978). Le contenu de la formation sur l'intervention de groupe diminue alors au profit de l'enseignement sur l'intervention individuelle. Cette modification du contenu des programmes de formation aura pour conséquence une faible préparation des intervenants sociaux au travail de groupe. En effet, s'il se fait encore de l'intervention de groupe, elle est le plus souvent réalisée par des intervenants peu formés à cette méthode ; leur façon de faire est fortement teintée par les modèles et les techniques de l'intervention individuelle et par la psychothérapie de groupe.

Pour faire contrepoids à cette tendance, certains théoriciens du service social des groupes sentent le besoin de réaffirmer le caractère spécifique de cette méthode d'intervention. Papell et Rothman (1966) distinguent alors trois modèles de pratique en service social des groupes : 1) le modèle à buts sociaux, 2) le modèle de réadaptation, et 3) le modèle de réciprocité.

Le *modèle à buts sociaux* s'appuie sur l'idée qu'il est important d'aider les personnes marginales et opprimées à découvrir et à utiliser leur potentiel afin de promouvoir le changement social. Conscience et responsabilité sociale sont les deux concepts clés de ce modèle, qui se fonde sur la reconnaissance d'un lien entre l'action sociale et le bien-être psychologique (Reid, 1997). Alors que chaque membre est considéré comme capable de participer à la société, le groupe apparaît comme une structure ayant un potentiel de changement social. Le rôle de l'intervenant consiste à mobiliser les personnes, à les accompagner dans leurs prises de décisions collectives et à les aider à utiliser leur force collective pour créer une société qui répond davantage à leurs besoins. Ses principales activités sont orientées vers la reconnaissance des leaders naturels et la sollicitation de l'engagement des membres selon leurs capacités.

Le *modèle de réadaptation* a été conceptualisé à partir de l'observation du travail auprès de personnes présentant des problèmes de fonctionnement psychosocial. Dans ce modèle, le groupe est utilisé comme un moyen pour favoriser le changement personnel : le groupe vise à réhabiliter les membres ou à restaurer leur niveau de fonctionnement en les aidant à modifier certains comportements. L'intervenant accompagne les membres dans l'atteinte d'objectifs fixés par ces derniers, par lui-même ou par l'organisme. Son rôle s'apparente à celui d'un thérapeute : il occupe une position centrale, adopte une attitude directive et intervient de façon active dans le processus de groupe. Ses principales tâches touchent la formulation d'un diagnostic individuel, la formation du groupe et l'élaboration du programme d'activités en fonction des buts visés. Ce modèle est principalement utilisé avec des personnes qui présentent des troubles du comportement ou des déficits majeurs sur le plan des habiletés sociales.

Dans l'optique du *modèle de réciprocité*, le groupe est vu comme un cadre d'entraide au sein duquel des personnes qui partagent une situation semblable ou qui poursuivent des objectifs communs peuvent s'aider mutuellement. Il apparaît comme une alliance d'individus qui ont besoin les uns des autres, à des degrés divers, pour résoudre des problèmes semblables. La composante majeure du processus de groupe est l'aide mutuelle ; chacun peut donc en appeler aux autres au sujet de ses propres besoins ou de ses problèmes personnels. L'intervention vise, d'une part, à aider la personne à utiliser le groupe pour trouver une solution à ses difficultés et, d'autre part, à aider le groupe à intégrer la personne et à la soutenir dans ses efforts. L'intervenant fixe son attention à la fois sur la façon dont chaque membre réagit aux paroles et attitudes des autres et sur l'évolution du groupe dans son ensemble. Son rôle consiste principalement à faire la promotion de l'aide mutuelle et à agir comme médiateur entre les membres et le groupe, d'une part, et entre le groupe et son environnement, d'autre part. Ainsi, il n'agit pas pour les membres, mais avec les membres (Reid, 1997). Ce modèle est particulièrement approprié dans le cas de personnes qui sont capables d'avoir une certaine intimité et qui sont en mesure d'exprimer leurs émotions et de centrer leurs échanges sur des sujets qui préoccupent l'ensemble des membres.

La définition de ces trois modèles de pratique fait ressortir la diversité qui caractérise alors le service social des groupes. Exclusivement axée sur l'action sociale et l'éducation à l'origine, l'intervention de groupe s'est transformée, au fil des ans, pour s'adapter à différents contextes. Au Québec, cette diversification des pratiques est largement influencée par les changements importants qui sont apportés aux structures de distribution de services sociaux, changements qui se sont traduits par une modification des mandats des organismes et par une transformation des conditions de travail. L'intervention de groupe, surtout présente jusque-là en milieu hospitalier et en milieu scolaire, se retrouve alors dans les centres de services sociaux (CSS) et dans les centres locaux de services communautaires (CLSC), établissements qui offrent des services sociaux généraux et spécialisés (Berteau *et al.*, 1994).

Si la diversification des lieux et des modes de pratique traduit bien la richesse et la flexibilité de l'intervention de groupe, elle conduit toutefois à la nécessité de distinguer les pratiques propres au service social des interventions de groupe qui se font dans d'autres disciplines. La volonté des travailleurs sociaux de groupe d'affirmer ce caractère spécifique et leur préoccupation de mieux faire connaître les pratiques en service social des groupes marqueront les années quatre-vingt.

## 1.5.5 Les années quatre-vingt : la consolidation de la méthode de groupe

La consolidation du service social des groupes a véritablement lieu aux États-Unis avec la création, en 1978, de l'Association for the Advancement of Social Work with Groups (AASWG), la création de la revue *Social Work with Groups* et l'organisation, en 1979, du premier Symposium sur le service social des groupes. Des initiatives semblables ont lieu en France avec la mise sur pied, en 1988, d'un regroupement axé sur le développement du travail social avec les groupes, l'Association nationale des travailleurs sociaux, en Angleterre avec la création de la revue *Groupwork* et l'organisation du Symposium européen de travail social avec les groupes, en 1988, et au Québec avec les Journées Simone-Paré, en 1992.

Ces actions s'accompagnent d'une volonté de réunifier les différentes tendances en service social des groupes en leur donnant des bases communes. Le texte de Papell et Rothman (1983) sur le modèle du courant central servira d'assise à cette réunification. Il fait essentiellement ressortir que le groupe est un système d'aide mutuelle à l'intérieur duquel le comportement des membres est abordé dans une perspective systémique et interactionniste et où la relation intervenant-membre s'appuie sur la reconnaissance de la capacité du groupe et des membres à résoudre les problèmes qu'ils éprouvent. Selon les auteurs, les pratiques en service social des groupes présentent sept caractéristiques principales :

1. La flexibilité des objectifs et du processus d'intervention ;
2. L'affirmation de l'aide mutuelle comme élément central de la démarche du groupe ;
3. La reconnaissance de l'extériorité du groupe, c'est-à-dire la prise en considération du fait que les membres et le groupe, d'une part, sont influencés par ce qui se passe à l'extérieur du groupe et, d'autre part, peuvent eux-mêmes influencer cette réalité ;
4. L'adoption d'une vision systémique du groupe ;
5. La recherche d'un équilibre dans la réponse aux besoins individuels des membres et aux besoins collectifs du groupe ;
6. La spontanéité dans le choix des actions alliée à une planification rigoureuse dans l'exécution ;
7. La promotion d'une relation égalitaire entre l'intervenant et les membres du groupe.

Les transformations que connaît le système de distribution des services sociaux au début des années quatre-vingt, transformations qui se caractérisent par la recherche de l'efficacité et la nécessité d'obtenir de meilleurs résultats avec des moyens plus limités, viennent influer sur la nature des interventions en service social des groupes, comme l'illustre l'étude réalisée par Turcotte et Fournier (1994) sur les pratiques de groupe au Québec. En comparaison avec les pratiques du début des années quatre-vingt telles qu'elles sont décrites dans la recherche de Home et Darveau-Fournier (1981) et dans celle de Pâquet-Deehy, Home, Hopmeyer et Kislovicz (1993), les pratiques des années quatre-vingt-dix s'inscrivent dans une démarche d'intervention beaucoup plus structurée : les actions sont davantage planifiées, l'animation est plus directive, la durée est réduite, les rencontres sont plus régulières et il y a une préoccupation marquée pour l'évaluation des résultats. En fait, elles présentent plusieurs caractéristiques qui se retrouvent chez les groupes à court terme : spécificité des objectifs, utilisation structurée du temps, directivité de l'intervenant et intensité des relations (Alissi et Casper, 1985). Ainsi, les pratiques en service social des groupes des années quatre-vingt-dix correspondent à ce que McKay et Paleg (1992) définissent comme les groupes centrés (*focal groups*). Les principales caractéristiques de ces groupes sont un haut degré de structure, une cible d'intervention spécifique et limitée, des actions très orientées vers l'objectif et une volonté de changement rapide.

Ce mouvement de développement de pratiques centrées sur des objectifs précis soulève toutefois deux préoccupations majeures. La première tient au rôle de l'intervenant : certains travailleurs sociaux de groupe qui se définissent davantage comme des promoteurs de l'aide mutuelle au sein du groupe voient dans ce mouvement une menace à l'autonomie du groupe et au développement des membres. La seconde se rapporte à la place accordée au changement social dans ces pratiques qui visent davantage le changement individuel. À cet égard, Breton (1990) souligne qu'il est important d'intégrer le changement social et l'engagement politique dans l'intervention. Elle fait référence aux enseignements issus de la tradition du service social des groupes quant à l'importance de tenir compte de l'appartenance culturelle et socioéconomique des membres, quant à la nécessité d'adopter une perspective globale qui conduit à mettre l'accent sur les forces et les compétences des personnes plutôt que sur leurs limites, et quant à l'intérêt de situer le groupe dans un environnement plus large, la société.

En Angleterre, Mullender et Ward (1991) ont développé un modèle de groupe autogéré au sein duquel les membres ont la responsabilité de déterminer les objectifs et la démarche du groupe avec le soutien de l'intervenant qui agit comme facilitateur. Ce type de groupe, qui a été expérimenté au Québec (Parent, 1996), met l'accent sur les changements dans l'environnement du groupe, et ce, à l'aide d'une démarche axée sur l'acquisition de pouvoir par les membres.

### 1.5.6 Le début d'un nouveau siècle : l'émergence des groupes virtuels

La dissémination des ordinateurs personnels dans la plupart des foyers et l'avènement d'Internet ont eu pour conséquence le développement d'une nouvelle modalité de regroupement de personnes : les groupes virtuels. Il s'agit de groupes au sein desquels les membres ne se rencontrent pas en personne, mais par le biais du téléphone, de la vidéoconférence ou d'Internet. Si les groupes virtuels ont connu une certaine émergence dans le cadre des groupes de soutien par téléphone (Bank, Argüelles, Rubert, Eisdorfer et Czaja, 2006 ; Meier, Galinsky et Round, 1995 ; Rittner et Hammons, 1992 ; Rounds, Galinsky et Steven, 1991 ; Smokoski, Galinsky et Harlow, 2001), c'est avec la diffusion de l'ordinateur personnel dans les foyers qu'ils ont gagné en popularité. Les regroupements virtuels peuvent prendre différentes formes ; certaines impliquent des communications synchrones (sites de discussion et messageries instantanées) alors que d'autres n'exigent pas une présence simultanée (forum de discussion, courrier électronique, liste d'abonnés [*listserv*]).

Par ailleurs, Smokoski *et al.* (2001) soulignent qu'il est important de distinguer les groupes d'entraide en ligne des groupes de soutien en ligne. Les premiers couvrent un large éventail de structures dans lesquelles des personnes ayant des préoccupations communes s'échangent des messages axés sur le soutien émotionnel, partagent des expériences et se donnent des suggestions. Les groupes de soutien en ligne, quant à eux, s'apparentent davantage à une pratique traditionnelle en service social des groupes. Ils se caractérisent par la cohésion du groupe, une durée de vie limitée et la présence d'un intervenant professionnel. Il existe également des formules qui combinent entraide, rétroaction de la part d'un professionnel et rencontres en personne (Andersson, Carlbring, Holmstrom, Sparthan, Furmark, Nilsson-Ihrfelt, Buhrman et Ekselius, 2006). Eysenbach, Powell, Englesakis, Rizo et Stern (2004) ont dénombré plus de 25 000 sites Internet de groupes d'entraide dans le domaine de la santé et des services sociaux. Les sites Internet offrant des groupes de soutien sont toutefois beaucoup moins nombreux : Meier (2000) estime leur nombre à moins de 200.

Plusieurs avantages sont attribués aux groupes virtuels. Ils permettent à des individus d'entrer en contact sans se déplacer, ce qui fait en sorte que même des personnes très éloignées sur le plan géographique peuvent établir des liens. En outre, les groupes virtuels sont pour la plupart accessibles en tout temps, ce qui a pour effet d'éliminer les contraintes d'horaire. Ces groupes étant anonymes, même les personnes les plus timides peuvent s'y joindre. De plus, les participants ne sont pas distraits ou incommodés par les caractéristiques individuelles des autres membres du groupe (origine ethnique, habillement, statut, etc.), de sorte qu'ils se concentrent davantage sur les motifs qui les regroupent ; les liens se tissent plus autour de leurs préoccupations et de leurs besoins communs qu'autour des caractéristiques personnelles (McKenna, Green et Gleason, 2002 ; Postmes, Spears, Sakhel et De Groot, 2001 ; McKenna et Green, 2002 ; McKenna et Bargh, 1999 ; Smokoski *et al.*, 2001). Les groupes virtuels peuvent également être une source de soutien grâce à l'information et aux conseils que les individus sont en mesure d'y puiser, de même que par le biais de l'expression des difficultés et de la validation des émotions qu'ils rendent possibles (Murray, Burns, See, Lai et Nazareth, 2005). Ces groupes peuvent aussi amener les personnes à se sentir moins isolées et susciter l'espoir (Meier, 2004). Certaines dynamiques d'aide mutuelle telles que l'espoir, la cohésion et l'universalité y ont d'ailleurs été décelées (Weinberg, Uken, Schmale et Adameck, 1995).

Mais les groupes virtuels n'ont pas que des avantages ; ils présentent également certains inconvénients. Comme il s'agit de structures au sein desquelles il n'y a pas d'animation formelle, on risque d'y trouver des interactions négatives et des révélations superficielles. En outre, les groupes virtuels ne sont pas recommandés pour les personnes qui sont isolées ou qui éprouvent des problèmes dans leurs relations interpersonnelles. Par ailleurs, il n'est pas toujours possible d'exercer un contrôle sur la qualité des informations qui sont transmises ni sur la teneur des messages. Par exemple, Weinberg (2001) a observé que dans ce type de groupe, il y a davantage d'hostilité et d'agressivité. Dans la mesure où l'accès n'y est généralement pas contrôlé, ce type de groupe ne peut offrir des garanties de confidentialité quant aux propos qui y sont exprimés. De plus, certaines personnes peuvent mentir quant à leur identité et en profiter pour établir des liens avec des personnes vulnérables. Soulignons enfin que ce type de groupe n'est pas adapté pour des personnes qui ne sont pas à l'aise avec l'expression écrite ou qui ne sont pas familières avec l'usage de l'ordinateur (Meier, 2004).

Malgré ces limites, le groupe virtuel est de plus en plus utilisé pour venir en aide aux personnes en difficulté, et tout porte à croire que ce mouvement va se poursuivre. Les recherches sur l'efficacité de ce type de groupe sont encore peu nombreuses, mais les résultats obtenus jusqu'à maintenant indiquent qu'il s'agit d'une voie qui mérite d'être explorée, notamment comme modalité complémentaire au groupe dans lequel les membres se rencontrent en personne (Burns, Tai, Lai et Nazareth, 2005 ; Eysenbach *et al.,* 2004 ; Winefield, 2006).

En résumé, depuis les premières expériences faites dans les *settlements* et les mouvements de jeunes, les interventions de groupe ont évolué sous l'effet de multiples facteurs : les tensions entre les intervenants ; la transformation des systèmes de services ; la modification des programmes de formation ; l'approfondissement des connaissances sur le groupe ; la volonté d'affirmer le caractère spécifique du service social des groupes ; les développements technologiques. Au fil des ans, l'intervention de groupe a été utilisée dans différents milieux, ce qui a entraîné la diversification de ses objectifs et de ses cibles et, par conséquent, l'émergence de nouveaux types de pratiques et de nouvelles modalités de regroupement.

## 1.6 La diversité des pratiques

Relativement au principal objectif de l'intervention, Brown (1991) distingue quatre types de pratiques en service social : la thérapie ou le traitement, l'éducation, l'action sociale et l'administration. Dans leurs recherches sur les pratiques au Québec, Home et Darveau-Fournier (1981), Pâquet-Deehy *et al.* (1993) ainsi que Turcotte et Fournier (1994) s'appuient sur une classification semblable ; ils distinguent les groupes de changement personnel, les groupes de développement, les groupes d'action sociale et les groupes axés sur les services. Lindsay (1990) utilise une typologie en cinq catégories selon que les groupes sont orientés vers le traitement, l'éducation, la socialisation ou le soutien, le fonctionnement organisationnel ou encore l'action sociale.

À partir de la mission de l'organisme dans lequel le groupe prend place, Garvin (1997) détermine deux grandes catégories de groupes divisées elles-mêmes en deux types : les groupes de socialisation, qui peuvent être orientés vers le développement de l'identité ou vers l'acquisition d'habiletés, et les groupes de resocialisation, qui peuvent être axés sur le contrôle social ou sur la réadaptation.

La typologie qui est utilisée ici est celle de Toseland et Rivas (2005), dans laquelle les groupes que l'on trouve dans les organismes de services sociaux sont divisés en deux grandes catégories : les groupes de tâche et les groupes de traitement. Les groupes de traitement portent sur les besoins sociaux et émotionnels des membres. Ils peuvent avoir des visées de soutien, d'éducation, de croissance, de socialisation ou de thérapie. Les groupes de tâche sont quant à eux utilisés pour trouver des solutions à des problèmes organisationnels, pour faire émerger de nouvelles idées ou pour prendre des décisions. Ils peuvent avoir trois objectifs : répondre aux besoins de la clientèle ; répondre aux besoins de l'organisme ; ou répondre aux besoins de la communauté. Ils peuvent également prendre différentes formes : équipes de travail, comités d'étude de cas, équipes multidisciplinaires et interdisciplinaires, bureaux de direction, coalitions, délégations et groupes d'action sociale. Le tableau 1.1 (p. 20) présente ces différents groupes en fonction des besoins auxquels ils répondent.

| TABLEAU 1.1 | Différents groupes de tâche |
|---|---|
| **Nature des besoins** | **Type de groupe** |
| **Besoins des clients** | • Équipes interdisciplinaires ou multidisciplinaires<br>• Comités d'étude de cas<br>• Groupes de supervision ou de formation |
| **Besoins de l'organisme** | • Comités<br>• Conseils consultatifs<br>• Bureaux de direction |
| **Besoins de la communauté** | • Coalitions<br>• Groupes d'action sociale<br>• Tables de concertation |

## 1.6.1 Les groupes de tâche

Essentiellement, les groupes de tâche se distinguent des groupes de traitement par sept aspects : le motif de la formation du groupe, les rôles attribués aux personnes, la nature des communications, les critères de constitution, la transparence des membres, la confidentialité des propos et les critères utilisés pour évaluer les résultats. Ces différences sont illustrées dans le tableau 1.2 ci-dessous. Il s'en dégage que les groupes de tâche sont constitués pour s'acquitter d'une mission, fonctionnent sur la base de rôles assignés et de procédures formelles, donnent lieu à des communications centrées sur la tâche avec une faible transparence des membres quant à leur vie personnelle, et sont évalués en fonction de l'atteinte ou non de leur objectif. Les groupes de traitement sont quant à eux formés pour répondre aux besoins personnels des membres, fonctionnent sur la base de rôles qui sont attribués par les interactions entre les membres, s'appuient sur des procédures flexibles, donnent lieu à une communication ouverte qui laisse place à une grande transparence des membres mais exige en contrepartie une grande discrétion sur ce qui se passe dans le groupe, et finalement fondent l'évaluation de leur efficacité sur l'atteinte des objectifs fixés par les membres.

| TABLEAU 1.2 | Comparaison entre le groupe de tâche et le groupe de traitement | |
|---|---|---|
| **Dimension** | **Groupe de traitement** | **Groupe de tâche** |
| **Motif de formation** | • Besoins personnels des membres | • Mission à accomplir |

>>>

**TABLEAU 1.2** Comparaison entre le groupe de tâche et le groupe de traitement *(suite)*

| Dimension | Groupe de traitement | Groupe de tâche |
|---|---|---|
| **Rôles** | • Attribués au fur et à mesure des interactions entre les membres | • Généralement assignés |
| **Communication** | • Ouverte | • Centrée sur la tâche |
| **Procédures** | • Flexibles | • Formelles (encadrées par des règles) |
| **Critère de constitution** | • Présence chez les membres de préoccupations ou de problèmes communs | • Expertises des membres liées à la mission |
| **Transparence** | • Forte révélation de soi | • Faible révélation de soi |
| **Confidentialité** | • Discussions privées gardées dans le groupe | • Discussions privées ou ouvertes au public |
| **Évaluation** | • Fondée sur l'atteinte des objectifs fixés par les membres | • Fondée sur l'accomplissement du mandat ou de la tâche |

**Source :** Adapté de Toseland et Rivas (2005).

Les groupes de tâche peuvent être d'une grande utilité dans les organismes de services sociaux. La participation aux activités du groupe aide les membres à acquérir un sens des responsabilités vis-à-vis de l'organisme ; en leur offrant la possibilité de participer aux décisions, le groupe peut réduire la résistance au changement. Par ailleurs, le groupe constitue un cadre approprié pour la résolution de problèmes complexes, car il permet la mise en commun de compétences, de connaissances et d'opinions diversifiées (Hare, Blumberg, Davies et Kent, 1995). Un groupe bien dirigé au sein duquel les tâches sont réparties adéquatement peut se révéler très efficace (Tropman, 1995). En contrepartie, un groupe qui fonctionne mal peut être source de frustration, d'ennui et d'insatisfaction (Napier et Gershenfeld, 1993).

Johnson et Johnson (2003) cernent cinq éléments qui sont présents dans les groupes de tâche efficaces : une interdépendance positive entre les membres, des interactions directes axées sur le soutien mutuel, un sentiment de responsabilité de chaque membre par rapport au mandat du groupe, la présence de membres ayant des habiletés sociales adéquates et l'attention de chacun au processus du groupe.

Ainsi, dans les groupes efficaces, chaque membre estime qu'il ne peut réussir sans la contribution des autres et chacun est conscient qu'il doit coordonner ses efforts à ceux des autres pour atteindre son objectif. En outre, les membres s'encouragent mutuellement et chacun s'efforce de faciliter la tâche de l'autre. On trouve dans le groupe un sentiment de responsabilité individuelle et collective par rapport à la mission ; ainsi, chacun a le souci d'apporter sa contribution tout en ayant la préoccupation de soutenir les autres. Les membres du groupe possèdent des habiletés interpersonnelles qui les rendent aptes à percevoir les sentiments et les besoins des autres et qui les amènent à se comporter avec honnêteté, intégrité, constance et respect. De plus, ils ont le souci de s'évaluer régulièrement et n'hésitent pas à échanger entre eux leurs perceptions sur l'évolution du groupe et sur son cheminement dans la réalisation de la tâche.

Les groupes de tâche, particulièrement ceux qui sont axés sur les besoins de la communauté, se situent à la frontière de l'intervention de groupe et de l'organisation communautaire, frontière qui est de moins en moins étanche. Comme le soulignent Deslauriers et Bourget (1997 : 78), « Le travail de groupe fait maintenant partie de l'arsenal de l'organisation communautaire. En effet, il y a peu de projets d'organisation communautaire qui ne fassent appel au travail de groupe ». Ces auteurs déplorent par ailleurs le fait que plusieurs projets échouent tout simplement parce que les organisateurs communautaires ne connaissent pas assez les phénomènes propres aux groupes. En organisation communautaire, le groupe est perçu essentiellement comme un moyen au service de la communauté dans le changement social. À cet égard, le concept d'*empowerment* (dans son acception groupale et communautaire qui conduit à considérer le groupe comme un lieu de pouvoir et qui fait ressortir l'importance de la dimension extra-groupale) traduit clairement cette proximité entre l'intervention de groupe et l'organisation communautaire. De plus, avec la présence de plus en plus marquée des organisateurs communautaires dans des rôles de gestion ou dans des tâches de soutien au développement des organisations (Comeau, Duperré, Hurtubise, Mercier et Turcotte, 2007), les groupes axés sur les besoins de l'organisme constituent un autre territoire commun à l'intervention de groupe et à l'organisation communautaire.

## 1.6.2 Les groupes de traitement

Les groupes de traitement ont pour objectif de répondre aux besoins sociaux et émotifs des membres. La typologie suggérée par Toseland et Rivas (2005) comprend cinq types de groupes qui se distinguent par des dimensions telles que le but, le rôle de l'intervenant, la cible de l'intervention, le terrain commun aux membres, la composition du groupe et le style de communication. Le tableau 1.3 (p. 23-24) présente les similitudes et les différences entre ces différents types de groupes. Évidemment, dans la pratique, les groupes qui sont mis en place ne correspondent pas intégralement à ces modèles ; il faut donc voir dans cette typologie un guide pour l'étude des pratiques plutôt qu'un cadre rigide de classification.

**TABLEAU 1.3 Typologie des groupes de traitement**

| | Thérapie | Soutien | Éducation | Croissance | Socialisation |
|---|---|---|---|---|---|
| **Buts** | • Aider les membres à modifier des comportements<br><br>• Aider les membres à se réadapter<br><br>• Aider les membres à résoudre des problèmes personnels | • Aider les membres à faire face à un événement stressant et à utiliser leurs capacités d'adaptation | • Faire acquérir des connaissances et des habiletés par le biais de présentations, de discussions et d'expérimentations | • Accroître le potentiel des membres, leur conscience de soi et leur capacité d'introspection | • Accroître les habiletés sociales et les habiletés de communication, et améliorer les relations interpersonnelles |
| **Rôle de l'intervenant** | • Expert, figure d'autorité, promoteur d'aide mutuelle | • Promoteur d'aide mutuelle | • Enseignant, pédagogue | • Promoteur d'aide mutuelle et modèle de rôle | • Animateur des activités |
| **Cible d'intervention** | • Problèmes individuels, préoccupations ou objectifs des membres | • Capacité d'adaptation des membres<br><br>• Communication et aide mutuelle | • Structuration des activités d'apprentissage | • Croissance individuelle par l'expérience de groupe | • Le groupe comme contexte de participation et d'engagement |

**TABLEAU 1.3** Typologie des groupes de traitement (*suite*)

| | Thérapie | Soutien | Éducation | Croissance | Socialisation |
|---|---|---|---|---|---|
| **Lien entre les membres** | • But commun avec des objectifs spécifiques pour chaque membre | • Partage entre les membres d'une expérience commune | • Intérêt commun<br>• Niveaux de connaissances ou d'habiletés similaire | • Buts communs et vision partagée du groupe comme lieu de croissance | • Activité, situation ou projet partagé |
| **Critère de composition** | • Problèmes ou préoccupations semblables | • Expériences de vie semblables | • Similitude de l'éducation ou du niveau d'habileté | • Capacité des membres à s'engager dans une démarche de croissance | • Varie en fonction du but du groupe : peut être homogène ou diversifié |
| **Communication** | • Révélation de soi : de modérée à importante | • Partage d'émotions et d'expériences<br>• Révélation de soi : importante | • Contenu didactique<br>• Faible révélation de soi | • Forte interaction entre les membres<br>• Révélation de soi : de modérée à importante | • Communication non verbale, par des activités<br>• Révélation de soi : de faible à modérée |

**Source :** Adapté de Toseland et Rivas (2005).

## Les groupes de thérapie

Bien qu'ils comportent souvent une dimension de soutien, les groupes de thérapie se caractérisent par l'accent qui est mis sur la réadaptation et la modification de comportements. En effet, les groupes de thérapie ont pour objectifs d'aider les membres à résoudre des problèmes personnels, à se réadapter à la suite d'un traumatisme physique, psychologique ou social, ou à se comporter d'une façon différente. L'intervenant est généralement perçu comme un expert, un agent de changement ou une figure d'autorité. Il aide les membres dans l'évaluation de leur situation et dans la détermination d'objectifs d'intervention qui leur sont propres. Comme la réalité de chaque membre est différente de celle des autres, l'intervenant offre un accompagnement personnalisé, tout en restant attentif aux processus de groupe, de façon à s'assurer que ce dernier offre un cadre qui favorise l'atteinte des objectifs de chacun. C'est pourquoi les groupes de thérapie font généralement l'objet d'une planification rigoureuse et la sélection des membres s'appuie sur une évaluation approfondie de leurs besoins, de leur motivation et de leur capacité à contribuer positivement à la démarche du groupe. Voici quelques exemples de personnes qui peuvent faire partie d'un groupe de thérapie :

- Les conjoints ayant des comportements violents ;
- Les personnes souffrant de dépression nerveuse ;
- Les personnes qui sont aux prises avec des problèmes de toxicomanie ;
- Les personnes qui commettent des délits.

## Les groupes de soutien

Les groupes de soutien se distinguent des autres types de groupes par leur but, qui est d'aider les personnes à faire face à des événements stressants par l'utilisation de leurs capacités d'adaptation. Ces groupes réunissent des personnes qui vivent un problème ou une situation de même nature. L'intervenant y assume principalement un rôle de médiateur ; il favorise le partage d'expériences en créant un climat d'accueil et d'acceptation, il aide les membres à composer avec leurs sentiments d'aliénation, de stigmatisation et d'isolement, et il s'efforce de faire naître l'espoir et la motivation. Pour susciter l'émergence de l'entraide entre les membres, l'intervenant cherche à favoriser l'instauration de normes qui encouragent le partage d'informations et qui autorisent l'expérimentation de nouvelles façons d'agir. L'établissement de liens étroits entre les membres est favorisé par le partage d'expériences, la transparence et la prise de conscience de la similitude entre les situations individuelles. En mettant en commun leurs réalités, les membres découvrent que d'autres personnes connaissent des situations identiques, éprouvent les mêmes sentiments et pensent de la même façon. Voici quelques exemples de personnes qui peuvent tirer profit d'un groupe de soutien :

- Les personnes récemment endeuillées ;
- Les femmes victimes de violence conjugale ;
- Les enfants dont les parents ont divorcé ;

- Les parents qui éprouvent des problèmes dans l'éducation de leur enfant ;
- Les proches de personnes atteintes du sida ;
- Les étudiants étrangers qui doivent s'adapter à la vie universitaire.

## Les groupes d'éducation

Par l'usage de stratégies pédagogiques, les groupes d'éducation visent à aider les membres à acquérir de nouvelles connaissances ou à adopter des comportements différents (Roffman, 2004). Dans ces groupes, le rôle de l'intervenant s'apparente à celui d'un enseignant : il doit structurer la démarche d'apprentissage. Ainsi, il fournit aux membres des informations et propose des activités qui sont en lien avec les apprentissages visés : des discussions, des jeux de rôles, etc.

Pour Sands et Solomon (2003), l'expression « groupe psycho-éducationnel » peut véhiculer une vision médicale suggérant l'existence d'une pathologie ; c'est pourquoi ils estiment que le terme « groupe d'éducation » reflète mieux l'idée que les difficultés des membres ne résultent pas d'une pathologie, mais d'un déficit sur le plan des connaissances ou des habiletés. Le groupe d'éducation vise l'apprentissage d'un ensemble de connaissances et d'habiletés que les membres peuvent transposer dans différentes sphères de leur vie ; l'accent est mis à la fois sur une application diversifiée de ce qui est appris et sur sa mémorisation dans le temps (Hatfield, 1994).

Roffman (2004) relève cinq perspectives théoriques qui peuvent aider à la réalisation des groupes d'éducation : 1) le modèle des stades de changement, selon lequel les changements sont facilités lorsque les techniques de l'intervenant sont adaptées au stade où se situe la personne ; 2) les approches comportementales, selon lesquelles le changement est facilité par le développement des habiletés comportementales ; 3) les approches cognitives et leur accent sur la modification des croyances illogiques pour promouvoir le changement ; 4) l'approche humaniste, qui souligne l'influence déterminante des qualités de l'intervenant sur le processus de changement ; et 5) les connaissances en matière de diffusion des innovations, qui font ressortir l'importance des échanges interpersonnels dans la promotion des idées nouvelles.

Les groupes d'éducation s'adressent à des personnes qui ont un intérêt commun et qui présentent un niveau de connaissances ou d'habiletés relativement similaire. Bien que la démarche du groupe soit plus centrée sur la diffusion d'information que sur l'expression de soi des membres, l'apprentissage est grandement facilité lorsque l'intervenant peut faire des liens entre l'information transmise et les expériences personnelles des membres. Ces groupes sont utilisés dans plusieurs milieux : organismes communautaires, écoles, hôpitaux, CLSC. Voici quelques exemples de groupes d'éducation :

- Les groupes de parents désirant acquérir des habiletés éducatives ;
- Les groupes pour adolescentes enceintes ;

- Les groupes d'information sur les drogues ;
- Les groupes pour aidants naturels sur les soins à donner aux personnes âgées ;
- Les groupes pour les familles d'accueil.

## Les groupes de croissance

Les groupes de croissance offrent aux membres la possibilité d'être plus conscients de leurs émotions, de leurs croyances et de leurs comportements. Ils ont généralement pour but de faciliter les transitions qui se produisent au cours d'une vie et abordent des thèmes comme les relations interpersonnelles, les valeurs, la résolution de problèmes, la communication, l'expression des émotions. Ces groupes ne tentent pas d'enrayer des pathologies ou des difficultés ; ils se présentent comme un cadre d'enrichissement personnel et d'approfondissement des compétences sociales. Le rôle de l'intervenant consiste à favoriser la mise en place d'un climat d'acceptation qui aide les membres à prendre conscience de leurs façons d'être et qui facilite l'expérimentation de nouveaux comportements par l'expression et la réception de messages positifs. Ces groupes s'adressent à des personnes qui ont le potentiel de s'enrichir mutuellement. Dans certaines situations, la formation d'un groupe hétérogène permettra d'élargir les perspectives ; dans d'autres, on préférera le groupe homogène afin de favoriser le soutien et l'empathie. Dans tous les cas, la communication doit être interactive et fondée sur la révélation de soi. Voici quelques exemples de groupes de ce type :

- Les groupes de clarification des valeurs ;
- Les groupes de parole pour les hommes ;
- Les groupes de cheminement personnel ;
- Les groupes sur la communication dans les couples.

## Les groupes de socialisation

Les groupes de socialisation visent l'acquisition d'habiletés sociales et l'apprentissage de comportements qui vont permettre aux membres d'améliorer leur fonctionnement en société. Le programme de ces groupes accorde généralement plus d'importance aux activités telles que les jeux, les mises en situation et les sorties qu'à la discussion ; l'apprentissage se fait par la pratique. Le rôle de l'intervenant varie selon la complexité des activités et l'autonomie des membres ; parfois il doit se montrer directif, parfois il a intérêt à laisser les membres cheminer seuls. Toutefois, il doit posséder les habiletés nécessaires pour encadrer la démarche du groupe et coordonner les activités au programme.

Toseland et Rivas (2005) distinguent trois modèles de groupes de socialisation : les groupes axés sur les habiletés sociales, les groupes de participation et les groupes récréatifs. Les premiers sont particulièrement utiles aux personnes qui ont de la difficulté à s'affirmer, qui éprouvent des problèmes de communication ou qui n'arrivent pas à établir des relations sociales satisfaisantes. Ils sont utilisés notamment avec de jeunes enfants, des personnes très timides ou qui présentent des déficits sur le plan des habiletés sociales. Les groupes d'affirmation de soi en sont un exemple.

Les groupes de participation sont constitués surtout en milieu résidentiel, par exemple dans les foyers pour personnes âgées, dans les centres de réadaptation ou dans les centres hospitaliers. En encourageant les résidents à participer au fonctionnement quotidien de l'organisme, ces groupes contribuent à l'acquisition chez les membres d'habiletés telles que la résolution de problèmes, la défense de droits, la négociation, la prise de pouvoir (*empowerment*). Le comité de résidants est un exemple de groupe de participation.

Les groupes récréatifs, qui s'adressent surtout aux jeunes et aux adolescents, peuvent avoir de multiples objectifs. Ils peuvent viser l'apprentissage de valeurs positives, l'acceptation de normes de comportement ou le développement d'un sentiment d'appartenance. Ils peuvent également viser l'amélioration des habiletés sociales en aidant les membres à prendre conscience de leurs capacités à faire partie d'un groupe ou à faire face à des situations difficiles. Les scouts, les guides, les maisons de jeunes sont autant d'exemples de groupes récréatifs.

## 1.7 Quelques préceptes de pratique

Malgré leurs différences, les interventions de groupe ont en commun l'objectif d'aider les membres à atteindre un niveau optimal de fonctionnement social en offrant des occasions d'apprentissage et de développement. Dans cette dynamique, les principales tâches de l'intervenant consistent à créer un contexte sécurisant pour les membres, à encourager l'adoption de normes susceptibles de favoriser la cohésion et à inciter les membres à s'engager au sein du groupe. Selon Reid (1997), douze préceptes doivent guider l'intervenant qui entreprend une démarche d'intervention de groupe :

1. L'intervenant doit adapter sa façon de faire aux besoins des membres tout en tenant compte des différents styles d'interventions, des diverses approches et des nombreux types de groupes ;

2. L'intervention de groupe ne convenant pas aux besoins de toutes les personnes, l'intervenant doit juger de la pertinence d'utiliser cette méthode pour chacune ;

3. L'intervenant a deux centres d'intérêt : il doit être sensible à la fois au comportement de chaque membre et à la dynamique d'ensemble du groupe ;

4. La planification des activités du groupe, dont dépend en partie l'atteinte des objectifs, doit être bien faite ;

5. L'intervenant doit considérer tout ce qui arrive au sein d'un groupe comme une occasion d'apprentissage ;

6. L'intervenant se doit d'être créatif lorsqu'il intervient au sein d'un groupe ;

7. L'intervenant doit être en mesure de justifier la nature de ses interventions ;

8. Le noyau central du processus d'intervention peut se résumer à huit dimensions : l'empathie, la chaleur, le respect, l'authenticité, le sens concret, l'ouverture, la confrontation et l'attention à ce qui se passe « ici et maintenant » ;

9. L'intervention doit permettre à chaque membre et au groupe dans son ensemble d'acquérir un sentiment de pouvoir lui permettant d'agir efficacement ;

10. L'évaluation de l'efficacité d'un groupe doit s'appuyer sur les changements qui se manifestent à l'extérieur du groupe ;

11. Les changements significatifs se produisent plus facilement dans un climat de confiance et d'acceptation ;

12. L'intervenant doit à tout moment être attentif aux forces et aux compétences des membres.

Pour être en mesure d'intervenir dans le respect de ces préceptes, l'intervenant doit posséder des connaissances de base sur la dynamique du groupe. En effet, pour interpréter les phénomènes qui se manifestent dans un groupe et pour y réagir correctement, l'intervenant doit pouvoir s'appuyer sur des éléments théoriques qui lui fournissent un cadre d'analyse des comportements individuels et groupaux. Il doit également structurer sa démarche pour faire en sorte que le processus d'intervention évolue en fonction du rythme avec lequel les membres se familiarisent avec le groupe. Cette démarche ne se limite pas à la gestion des interactions entre les membres du groupe ; elle débute bien avant que le groupe soit formé. C'est pour refléter les multiples composantes de ce processus que l'expression « intervention de groupe » est préférée au terme « animation de groupe » qui se rapporte essentiellement à la gestion du groupe dans le cadre particulier des rencontres.

## 1.8 Les phases du processus d'intervention

Le processus d'intervention en service social des groupes est identique à celui de l'organisation communautaire et de l'intervention personnelle. Il procède d'une démarche qui va de l'analyse d'une situation ou d'un besoin à l'évaluation des résultats, en passant par la planification et l'exécution d'une action. En intervention de groupe, le processus se décompose en quatre phases : la phase pré-groupe ou de planification, la phase de début, la phase de travail et la phase de conclusion. Chacune de ces phases implique la réalisation de tâches précises par l'intervenant, et fait donc appel à des habiletés particulières.

La phase pré-groupe est une étape d'organisation au cours de laquelle l'intervenant se prépare à utiliser le groupe comme modalité d'intervention. Pour ce faire, il évalue d'abord les besoins des membres potentiels et, à la lumière des possibilités et contraintes qu'offre le contexte organisationnel dans lequel il intervient, il décide de la pertinence d'utiliser l'intervention de groupe. Il détermine ensuite les objectifs du groupe, établit les critères de sélection des membres, procède au recrutement et complète sa préparation personnelle.

La phase de début commence avec la première rencontre. L'intervenant doit alors aider à la mise en place d'un contexte favorable à l'émergence de l'aide mutuelle. Avec les membres du groupe, il définit les buts collectifs et individuels et établit un contrat décrivant le fonctionnement du groupe. Il aide les membres à prendre conscience des liens qui existent entre leurs situations individuelles respectives et de la relation entre leurs besoins et l'aide qui leur est offerte. Cette phase est très importante, car si les membres, dès le début, ne reconnaissent pas leur intérêt à participer au groupe, la démarche se heurtera à des remises en question incessantes : chacun se demandera ce qu'il est venu faire dans le groupe et mettra en doute la pertinence des activités. Les principales tâches de l'intervenant à cette étape sont les suivantes : faire le point avec les membres sur la raison de leur présence dans le groupe, sur leurs intérêts communs et sur le souci de l'organisme de les aider ; décrire son rôle précisément et simplement ; susciter l'expression de réactions sur ce qui est offert ; et aider à l'instauration d'un consensus sur les termes du contrat (Schwartz et Zalba, 1971).

Pendant la phase de travail, l'intervenant aide les membres à atteindre leurs buts collectifs et leurs objectifs individuels à travers les activités du groupe. Il collabore à la structuration de la démarche du groupe et contribue à mettre en place une dynamique qui facilitera l'atteinte des objectifs. Il doit constamment évaluer le cheminement du groupe en tenant compte à la fois des membres, du groupe et de l'environnement. Il est nécessaire qu'il puisse juger si tout se déroule selon le plan prévu, qu'il évalue la pertinence des activités et, le cas échéant, qu'il cerne les obstacles et trouve des façons de les contourner. Selon Schwartz (1961), les principales tâches de l'intervenant à cette étape sont les suivantes : trouver un terrain d'entente entre les membres, le groupe et l'environnement ; déceler les obstacles au fur et à mesure qu'ils se présentent et intervenir en conséquence ; fournir des ressources au groupe en apportant ses idées, ses connaissances, ses valeurs et ses opinions lorsque cela est pertinent ; partager sa perception personnelle et ses sentiments sur ce que vit le groupe ; et cerner les exigences et les limites de la situation dans laquelle se trouve le groupe.

À la phase de conclusion, l'intervenant met principalement l'accent sur l'évaluation de la démarche du groupe et des résultats obtenus en regard des objectifs initiaux, la clarification du vécu des membres par rapport à la séparation du groupe et le maintien et la généralisation des apprentissages et des changements résultant de la participation au groupe. La fin, tout comme le début, est généralement difficile pour les membres ; c'est un moment qui suscite des sentiments très forts. L'intervenant doit non seulement aider les membres à surmonter ce moment intense, mais aussi leur permettre d'en tirer profit pour l'avenir.

## SYNTHÈSE

Ce chapitre a présenté une vue d'ensemble de la nature et des fondements du service social des groupes en tant que méthode d'intervention fondée sur l'aide mutuelle et accordant une place prépondérante à la coopération, à l'entraide, à la liberté d'expression et à l'acquisition de pouvoir. Les groupes constitués dans le cadre de cette méthode peuvent se diviser en deux catégories principales : les groupes de traitement et les groupes de tâche. Les premiers portent sur les besoins sociaux et émotionnels des membres, alors que les seconds ont pour but de trouver des solutions à des problèmes organisationnels, de générer de nouvelles idées ou de prendre des décisions. Quel que soit le type de groupe dont il s'agit, l'intervenant social doit toujours se préoccuper à la fois des besoins des membres et de la dynamique du groupe. Concernant ce dernier aspect, le chapitre suivant présente les éléments à prendre en considération dans l'analyse du fonctionnement du groupe.

## EXERCICES

1. Faites une liste de vos activités au cours des sept derniers jours.
   - Faites-vous la plupart de vos activités en groupe ou individuellement ?
   - En quoi les activités faites en groupe se distinguent-elles des activités individuelles ?
   - Que vous apportent les activités de groupe ?

2. Au cours de l'histoire, les interventions de groupe axées sur la socialisation et l'éducation ont souvent été remises en question sous prétexte qu'elles ne relèvent pas du service social.
   - Quels étaient les arguments invoqués ?
   - Quel est votre avis sur cette question ?

3. Trouvez un terme qui caractérise chacun de ces modèles de pratique :
   - Modèle à buts sociaux ;
   - Modèle de traitement ;
   - Modèle de réciprocité.

4. Pensez à deux groupes dont vous avez fait partie, soit en tant qu'animateur ou en tant que membre. De quels types de groupe s'agissait-il ?

5. Faites une recherche sur Internet pour trouver dix adresses de ressources d'aide en ligne. Pour chaque ressource d'aide, indiquez si elle offre un groupe d'entraide ou un groupe de soutien et identifiez les modalités d'aide qu'elle comporte.

## LECTURES COMPLÉMENTAIRES

BRETON, M. (1990). « Leçons à tirer de nos traditions en service social des groupes ». *Service social,* 39 (1), p. 13-26.

PAPELL, C. et ROTHMAN, B. (1983). « Le modèle de courant central en service social des groupes en parallèle avec la psychothérapie et l'approche de groupe structurée ». *Service social,* 32 (1-2), p. 11-31.

HOME, A. et DARVEAU-FOURNIER, L. (1980). « La spécificité du service social des groupes ». *Service social,* 29 (1-2), p. 16-31.

MIDDLEMAN, R.R. et GOLDBERG, G. (1987). « Social work practice with groups », dans *Encyclopedia of Social Work,* 18e éd. New York : National Association of Social Workers, p. 714-729.

# L'analyse du groupe

L e service social des groupes se distingue des autres méthodes d'intervention en service social par l'utilisation systématique du groupe comme
catalyseur de changement personnel et social. Il est donc essentiel pour
l'intervenant de posséder des connaissances sur le groupe afin de faire une utilisation maximale du potentiel de changement qui s'y trouve. Les observations
accumulées au fil des ans ont conduit à l'élaboration de théories qui fournissent un cadre de référence pour l'analyse des comportements au sein des
groupes. Ces théories, issues de recherches réalisées dans des domaines aussi
variés que l'éducation, la sociologie, le travail social, la psychologie, l'administration et la science politique, peuvent être divisées en deux grandes catégories :
celles qui mettent l'accent sur les comportements individuels dans un groupe,
et celles qui s'intéressent au groupe comme entité (Schultz, 1988).

Les premières proposent une analyse des comportements en se référant
aux antécédents de la personne (théorie psychanalytique), en abordant les
comportements comme une réponse à un stimulus ou comme le produit d'observations ou de conséquences anticipées (théories de l'apprentissage),
en examinant les liens sociométriques d'attraction et d'antipathie entre les
personnes, ou encore en portant une attention particulière aux bénéfices et
aux coûts associés aux interactions sociales (théorie de l'échange social).

Les secondes ont une orientation essentiellement systémique dans la mesure
où elles abordent le groupe comme un système, c'est-à-dire comme une entité
organique ayant ses frontières, ses objectifs et ses mécanismes régulateurs qui
lui permettent de se transformer tout en maintenant une certaine stabilité.
Ainsi, selon Parsons (1964), les groupes sont des systèmes sociaux composés
de membres interdépendants et, en tant que systèmes, ils ont quatre fonctions
majeures : 1) l'intégration, par laquelle on s'assure d'une certaine cohésion

entre les membres ; 2) l'adaptation aux demandes de l'environnement ; 3) le maintien par la définition des objectifs, de l'identité et des procédures ; et 4) l'atteinte des objectifs.

Parmi les théoriciens qui se sont inspirés de la théorie des systèmes, il faut citer Bales (Bales, 1950 ; Bales, Cohen et Williamson, 1979), qui a abordé le fonctionnement d'un groupe comme une recherche d'équilibre entre la réalisation de la tâche et le maintien d'un climat positif. Dans la foulée de la théorie des systèmes, on trouve également le modèle théorique de Kurt Lewin (1959), le père de la dynamique des groupes. Ses travaux, basés sur une conception du groupe comme une entité soumise à des forces internes et externes et qui est en mouvement vers l'atteinte d'un but, ont conduit à la définition de plusieurs concepts centraux dans l'étude des groupes, notamment : les rôles, qui correspondent aux statuts, droits et obligations des membres ; les normes, c'est-à-dire les règles qui régissent les comportements individuels et collectifs au sein du groupe ; le leadership, qui tient à l'aptitude de chacun des membres à influencer les autres ; la cohésion, qui est associée au sentiment d'attachement au groupe ; et le degré d'adhésion aux buts du groupe. Le sens et la portée de ces concepts pour l'analyse du groupe sont explorés plus en profondeur dans ce chapitre qui aborde également deux éléments importants pour l'analyse du fonctionnement d'un groupe : la communication et les stades de développement.

# 2.1 La nature du groupe

## 2.1.1 Définitions du groupe

Leclerc (1999) définit le groupe comme :

> [...] un champ psychosocial dynamique constitué d'un ensemble repérable de personnes dont l'unité résulte d'une certaine communauté du sort collectif et de l'interdépendance des sorts individuels. Ces personnes, liées volontairement ou non, sont conscientes les unes des autres, interagissent et s'influencent directement (p. 30).

Cette définition met en évidence trois caractéristiques fondamentales du groupe. Premièrement, le groupe est une structure qui fait naître un sentiment d'appartenance, car les membres se perçoivent et sont perçus comme appartenant à une entité formelle. Deuxièmement, les membres sont interdépendants dans la réalisation de leurs projets individuels ou de leur projet collectif ; ils sont conscients d'avoir besoin les uns des autres. Troisièmement, dans un groupe, les membres sont en interaction directe les uns avec les autres ; chacun peut communiquer directement avec tous les autres membres.

Définissant le groupe comme « un système psychosocial pouvant être composé de 3 à 20 personnes qui se réunissent et interagissent en vue d'atteindre une cible commune », Landry (1995 : 52-53) relève quant à elle un certain nombre de caractéristiques qui traduisent la dynamique propre de ce système. Outre le nombre restreint de membres (de 3 à 20), l'existence d'interactions directes et la poursuite de buts fixés par les membres, il est possible de déceler dans les groupes des liens affectifs et une interdépendance des membres, une différenciation des rôles, l'émergence de normes, la constitution d'une culture propre marquée par des croyances, des rites et un langage, et des interactions constantes, symboliques et réelles entre le groupe et son environnement.

Ces deux définitions font bien ressortir les différences qui existent entre le groupe et les autres formes de regroupements tels que les agrégats, qui sont des « attroupements » de personnes se trouvant dans un même endroit au même moment, les foules ou les organisations. Dans ces regroupements, les relations sont inexistantes ou indirectes, l'appartenance, lorsqu'elle existe, est vague et les communications passent par des intermédiaires.

## 2.1.2 Les différents types de groupes

Si les groupes se distinguent des autres types de regroupements, ils ne se présentent pas pour autant sous une forme unique. Il est ainsi possible de les classer selon leur origine, leur niveau de fonctionnement, leur durée de vie et leur composition. L'origine conduit à établir une distinction entre les groupes naturels et les groupes formés. Les groupes naturels se constituent spontanément sur la base d'un événement particulier, de l'attraction entre des personnes ou de la similitude des besoins ou des intérêts. La famille, les groupes d'amis, les collègues de bureau, les gangs de rue et les cliques en sont des exemples. Les groupes formés sont le fruit d'une intervention extérieure aux membres. Ils sont mis en place pour répondre à des objectifs définis ou à des impératifs particuliers. En voici quelques exemples : les groupes de traitement, les comités, les équipes de travail, les conseils d'administration. La plupart des groupes avec lesquels les intervenants sociaux travaillent appartiennent à cette catégorie.

Les groupes peuvent également être classés selon leur niveau de fonctionnement. Sur cet aspect, Richard (1995), reprenant la typologie de Lewin (1959), établit une distinction entre le psychogroupe et le sociogroupe. Le premier type de groupe constitue une fin en soi : « Les membres se réunissent parce qu'ils se trouvent bien ensemble […] ils ressentent un besoin commun, très souvent purement affectif, et leur association contribue à satisfaire ce besoin » (Richard, 1995 : 14-15). Le deuxième type de groupe rassemble des personnes qui entretiennent des relations dans le but de travailler à la résolution d'un problème commun ou à la modification de situations similaires : « Les individus s'allient à cause de l'attrait, de l'intérêt pour une tâche qui leur est présentée » (Richard, 1995 : 15). Si le premier s'apparente davantage à un groupe de traitement, le second est plus proche d'un groupe de tâche. Évidemment, ces deux types de groupes ne se présentent pas à l'état pur ; le plus souvent, le groupe tient à la fois du psychogroupe et du sociogroupe. Par exemple, lorsqu'un intervenant social met sur pied un groupe d'éducation ou un groupe de soutien, les membres s'engagent au départ à participer dans le but de faire des apprentissages ou d'apporter des changements à leurs situations individuelles ; le groupe s'apparente alors plutôt à un sociogroupe. Mais pour que les membres continuent d'être actifs et tirent pleinement profit des avantages qu'offre la participation à un groupe, ils doivent tisser des liens affectifs entre eux et trouver plaisir à être ensemble ; le groupe présente alors également des caractéristiques du psychogroupe, caractéristiques dont l'intervenant doit être conscient.

La prise en considération de la durée de vie du groupe conduit à établir une distinction entre les groupes durables et les groupes temporaires. Les premiers n'ont pas une durée de vie fixée dès le départ ; en fait, ils vont exister tant que les membres vont être intéressés à en maintenir l'existence. Par contre, les groupes temporaires ont une durée prévisible dès le moment de leur formation.

La prise en compte de la composition du groupe conduit à distinguer les groupes ouverts et les groupes fermés. Les premiers sont composés de membres qui se joignent aux rencontres selon leur convenance. Le nombre de personnes présentes varie donc d'une rencontre à l'autre et, s'il y a un noyau de participants réguliers, la composition du groupe n'est pas toujours la même (Schopler et Galinsky, 2005). La structure des Alcooliques Anonymes illustre ce type de groupe ; les membres ne sont en effet pas tenus d'assister aux rencontres sur une base régulière ; ils se présentent lorsque cela leur convient. Les groupes fermés sont quant à eux composés de membres qui commencent et terminent leur expérience ensemble. D'une rencontre à l'autre, les mêmes personnes sont donc présentes. Dans la pratique, il arrive que des groupes présentent à la fois des caractéristiques des groupes fermés et des caractéristiques des groupes ouverts. Par exemple, dans certains groupes, les membres doivent s'engager à assister à un nombre minimal de rencontres sur l'ensemble d'un programme. Dans d'autres, l'admission de nouveaux membres se fait sur une base continue, mais une fois qu'ils se sont joints au groupe, les membres doivent assister à toutes les rencontres jusqu'à ce qu'ils aient complété un nombre prévu au départ.

Le tableau 2.1 présente les différents types de groupes en fonction de l'élément sur lequel s'appuie la distinction.

| TABLEAU 2.1 | Typologie des groupes | |
|---|---|---|
| **Élément** | **Type I** | **Type II** |
| **Origine** | Groupe naturel | Groupe formé |
| **Niveau de fonctionnement** | Psychogroupe | Sociogroupe |
| **Durée de vie** | Groupe durable | Groupe temporaire |
| **Composition** | Groupe ouvert | Groupe fermé |

## 2.2 Le but et les objectifs du groupe

Un élément central à prendre en considération dans l'analyse d'un groupe est le but poursuivi. En effet, le but traduit la raison d'être du groupe ; c'est ce que l'on vise à travers la participation. En plus de fournir une orientation au groupe et de servir de cadre de référence à l'intervenant et aux membres lorsqu'ils doivent prendre des décisions, le but sert de point de repère pour l'évaluation des résultats. Il constitue un élément majeur de la démarche d'un groupe pour trois raisons :

1. Il donne une orientation à l'action. Les efforts du groupe sont planifiés, les rôles et responsabilités sont assignés et les efforts des membres sont coordonnés. Il permet de fixer les paramètres de ce qui peut et doit être fait ;

2. Il guide les membres dans leurs comportements. Lorsqu'il est compris et que son atteinte est réellement souhaitée, il stimule l'engagement, alimente la motivation et guide les comportements ;

3. Il fournit des balises pour la formulation des objectifs spécifiques, qui précisent ce qui sera acquis ou changé grâce à la participation au groupe. Ces objectifs seront ensuite utilisés pour juger de l'efficacité de la démarche du groupe.

En intervention sociale, les objectifs du groupe sont le produit des interactions entre trois types d'acteurs : l'organisme, l'intervenant et les membres (Farley *et al.*, 2006). Lorsque les responsables d'un organisme acceptent de soutenir une intervention de groupe, ils s'assurent que les objectifs qui sont visés concordent avec la mission sociale, avec l'orientation idéologique et avec le type d'action privilégiés par l'organisme. Les objectifs sont également influencés par l'évaluation que fait l'intervenant des besoins de la population visée par l'intervention, de même que par ses croyances, ses convictions et ses attentes sur l'orientation qui doit être donnée au groupe. Mais, en dernière instance, ce sont les membres qui fixent les objectifs du groupe. Pour qu'un groupe soit mis sur pied et pour qu'il fonctionne de façon adéquate, il est nécessaire que les membres y voient l'occasion de satisfaire leurs besoins et leurs attentes explicites et implicites. Par exemple, dans un groupe ayant pour but le développement des habiletés sociales, un des objectifs généraux pourrait être orienté vers l'amélioration des stratégies de résolution de conflits. L'atteinte de cet objectif général pourrait se traduire par les objectifs spécifiques suivants : être capable de reconnaître et d'analyser les situations de conflit, connaître des stratégies efficaces de résolution de conflits et mettre en application ces stratégies en situation de conflit.

S'il est nécessaire d'examiner les objectifs explicites d'un groupe, il est également important de s'attarder sur les objectifs implicites, qui peuvent guider les membres et l'intervenant quant à leur comportement. L'expression « agenda caché » est habituellement utilisée pour parler de ces objectifs non avoués. Par exemple, il est reconnu que l'engagement dans un groupe est influencé par trois besoins : un besoin d'inclusion, parce que les membres veulent être reconnus pour leurs qualités ; un besoin de contrôle, qui se traduit par le désir d'exercer une certaine influence sur les décisions qui se prennent en groupe ; et un besoin d'affection, caractérisé par le fait que la personne veut se sentir appréciée pour ce qu'elle est et pour ce qu'elle fait. Généralement, la volonté de répondre à ces besoins ne fait pas obstacle au fonctionnement du groupe ; au contraire, elle contribue le plus souvent à la mise en place d'un climat positif au sein du groupe. Mais il est également possible qu'elle vienne s'opposer au but du groupe et fasse obstacle à son fonctionnement. Cette situation peut se présenter, par exemple, lorsqu'un membre du groupe est animé par un fort besoin de contrôle qui l'amène à vouloir diriger le groupe ; il poursuit alors un objectif individuel qui risque de ne pas aller dans le sens du but du groupe.

Dans l'analyse du fonctionnement d'un groupe, il est donc important de s'attarder sur l'étude du but et des objectifs, notamment pour évaluer jusqu'à quel point le but est susceptible de mobiliser l'énergie des membres et pour déterminer dans quelle mesure les objectifs contribuent à l'atteinte du but et sont formulés en termes opérationnels. Cependant, l'analyse du but et des objectifs ne doit pas uniquement s'intéresser à leur nature ; elle doit également prendre en considération le processus qui a conduit à leur sélection et à leur formulation. En effet, les membres sont susceptibles de se sentir davantage concernés par un but si celui-ci reflète leurs préoccupations et leurs intérêts et s'ils ont participé à sa formulation. Voici quelques exemples de questions qui peuvent guider l'analyse des objectifs d'un groupe.

**Questions pour l'analyse des objectifs**

**Sur la nature de l'objectif**

- L'objectif est-il opérationnel ? Se traduit-il par des résultats bien définis, observables et mesurables ?
- L'objectif rejoint-il les préoccupations individuelles des membres ?
- L'objectif met-il au défi les participants, tout en comportant un faible risque d'échec ?
- Est-il prévisible que les membres pourront atteindre l'objectif ?
- L'objectif est-il adapté aux ressources dont dispose le groupe ?
- L'objectif est-il situé dans le temps ?
- L'objectif est-il suffisamment circonscrit pour éviter la dispersion des énergies ?

**Sur le processus de formulation des objectifs**

- Quelles personnes ont été associées à la formulation des objectifs ?
- Quelle importance a été accordée aux préoccupations des membres au moment de la formulation des objectifs ?
- Quelles mesures ont été prises pour vérifier la compréhension des objectifs par les membres et pour évaluer leur adhésion ?
- Le temps consacré à la formulation des objectifs semble-t-il suffisant ?

# 2.3 Les éléments structurels

Un autre aspect à prendre en considération lors de l'analyse du fonctionnement d'un groupe est la structure, c'est-à-dire l'ensemble des conditions concrètes liées à la composition et au cadre de fonctionnement du groupe. Ces conditions correspondent aux limites à l'intérieur desquelles les membres interagissent. La structure influence le déroulement des activités du groupe et la nature des interactions entre les membres, d'une part, et entre les membres et l'intervenant, d'autre part. Les principales composantes de la structure d'un groupe sont la taille, la composition et l'ouverture du groupe, ainsi que les dimensions d'espace et de temps.

La taille est un élément qui a un impact majeur sur le fonctionnement du groupe et sur sa compétence à faire face aux situations qui se présentent. La taille d'un groupe doit être adaptée au but, aux caractéristiques des membres, au temps disponible, au degré d'ouverture souhaité par les membres, au contexte organisationnel et aux habiletés de l'intervenant (Johnson et Johnson, 2003 ; Wickham, 2003). Comme le mentionne Leclerc (1999 : 51) :

> Il n'existe pas de taille idéale pour un groupe, puisque la taille doit être en rapport avec les objectifs du groupe. Toutefois, [...] les chances d'interactions directes entre deux personnes diminuent considérablement lorsque le nombre du groupe augmente et que le temps est limité.

La composition du groupe a trait aux caractéristiques personnelles des membres : âge, sexe, appartenance ethnique, expérience, maturité, habiletés sociales, etc. La composition a une influence majeure sur les rapports qui se nouent entre les membres, d'où l'importance d'un juste équilibre entre l'homogénéité et l'hétérogénéité du groupe. Un tel équilibre n'est cependant pas facile à trouver, car il met en cause non seulement les caractéristiques visibles des membres mais aussi leurs aspirations, leurs valeurs et leurs besoins (Leclerc, 1999).

L'analyse du degré d'ouverture du groupe conduit à établir une distinction entre les groupes ouverts et les groupes fermés. Dans les groupes fermés, les modalités de fonctionnement sont habituellement précisées au moment de la formation du groupe et maintenues par la suite ; dans les groupes ouverts, elles sont généralement définies tout au long du processus d'intervention.

L'espace influe sur la manière dont les membres d'un groupe se parlent, interagissent et communiquent les uns avec les autres, de façon verbale et non verbale. C'est donc un facteur très important pour la compréhension du fonctionnement d'un groupe. Leclerc (1999) distingue trois éléments à prendre en considération concernant l'espace : l'espace occupé par les membres au cours des rencontres, la qualité des locaux et la distance géographique entre le lieu de résidence des membres et le lieu de rencontre du groupe.

L'espace occupé par les membres pendant les rencontres, notamment l'endroit où ils sont assis et la disposition des chaises, fournit des indications sur la nature de la participation, dans la mesure où la dynamique du groupe s'en trouve influencée (Posthuma, 1989). Par exemple, une personne qui est assise au bout d'une table rectangulaire occupe une position stratégique et peut avoir une plus grande influence sur le groupe. Comme elle a un meilleur contact visuel avec les autres, elle reçoit plus de messages et peut s'exprimer davantage. Elle est donc plus susceptible de se voir attribuer un rôle de leader (Pellegrini, 1971). Par ailleurs, lorsque les membres occupent des sièges de niveaux différents, leurs interactions varient en fonction de ces inégalités. Ceux qui occupent les sièges les plus bas peuvent se sentir dominés par les autres. La nature des interactions dépend également de la distance entre les sièges. L'agencement doit favoriser une certaine proximité sans donner l'impression d'être envahi. La configuration la plus susceptible de favoriser la participation de tous les membres dans un rapport égalitaire est le cercle, qui permet un contact visuel et évite que certaines personnes soient isolées ou se trouvent en position de domination (Posthuma, 1989).

La qualité générale des lieux a aussi son importance. La température, l'aération, l'éclairage, les bruits ambiants et le confort de l'ameublement, par exemple, peuvent favoriser les échanges ou au contraire constituer des obstacles au fonctionnement du groupe. Le local doit permettre la réalisation des activités de groupe dans un cadre de confidentialité et d'intimité afin qu'un climat de confiance puisse s'instaurer (Vernelle, 1994).

Enfin, il faut prendre en considération l'accessibilité géographique et la stabilité du lieu de rencontre. Il est important notamment de tenir compte des possibilités de transport en commun et de stationnement, de l'accès pour les personnes ayant un handicap et des indications données pour se rendre sur place. La proximité, qu'elle soit spatiale, sociale ou culturelle, et la stabilité favorisent la cohésion et l'engagement des membres (Leclerc, 1999).

Le temps correspond au moment où ont lieu les rencontres du groupe, à leur nombre, à leur durée et à leur fréquence. Il influe, entre autres, sur le degré d'engagement des membres. Des individus qui se rencontrent régulièrement s'identifient plus facilement au groupe et nouent davantage de liens. Toutefois, un groupe dont les rencontres sont trop fréquentes ou jugées trop longues, voire interminables, a généralement des échanges moins constructifs, car la participation est perçue comme contraignante (Leclerc, 1999). De même, lorsque l'ordre du jour est régulièrement chargé, les membres vivent des frustrations et en viennent à demeurer superficiels dans leurs échanges, sachant qu'ils ne pourront pas de toute façon aller au fond des choses. Le moment choisi pour la tenue des rencontres est également important, car il a une influence sur l'assiduité des membres, leur ponctualité et éventuellement leur persévérance dans le groupe. Il est irréaliste de croire que les membres vont radicalement modifier leurs habitudes de vie pour participer au groupe ; il faut donc trouver un moment approprié (Farley *et al.,* 2006).

Voici quelques exemples de questions qui peuvent guider l'analyse des éléments structurels du groupe.

 **Questions pour l'analyse des éléments structurels**

**Sur la taille du groupe**
- La taille du groupe permet-elle à tous les membres de s'exprimer ?
- Le nombre de membres est-il adapté aux buts du groupe ?
- Y a-t-il un risque de formation de sous-groupes ?

**Sur la composition**
- Quelles sont les similitudes et les différences entre les membres ?
- Y a-t-il un membre dont les caractéristiques le distinguent de tous les autres ?

**Sur l'ouverture**
- S'agit-il d'un groupe ouvert ou fermé ?
- Quelle est l'influence du degré d'ouverture sur le fonctionnement du groupe ?  ❯

**Sur l'espace**

- Le local est-il proportionné à la taille du groupe ?
- Quelle est l'influence de l'aménagement de la salle de rencontre ?
- Quel est l'effet de l'éclairage, de la décoration, de l'aération et de la température sur le fonctionnement du groupe ?
- Des commodités sont-elles disponibles pour les pauses ?
- Le lieu de rencontre est-il facilement accessible aux membres ?

**Sur le temps**

- Le moment et la durée des rencontres sont-ils adaptés au mode de vie des membres ?
- Le nombre et la fréquence des rencontres sont-il appropriés aux buts du groupe ?

## 2.4 Les normes

Les normes sont des règles de conduite sur lesquelles les membres se sont mis d'accord et qui font appel à un processus de conformité. Elles traduisent l'idée que se font les membres d'un comportement idéal ou attendu. Elles déterminent donc les comportements qui sont jugés acceptables ou inacceptables dans le groupe. Johnson et Johnson (2003) définissent les normes comme des règles, implicites ou explicites, qui sont établies par le groupe pour réguler les comportements de ses membres. Les normes informent les membres sur la façon dont ils doivent se comporter dans différentes situations. Ce sont des croyances communes sur les comportements appropriés.

Les normes sont des règles de conduite qui guident les membres dans leurs interactions en spécifiant les comportements acceptables dans des situations particulières. Elles fournissent aux membres des indications sur ce qui est souhaité, accepté ou condamné par le groupe ; elles précisent la zone de tolérance. En ce sens, elles constituent en quelque sorte le ciment du groupe, elles représentent une mesure de contrôle du comportement des membres. D'ailleurs, elles naissent et se précisent au fur et à mesure de l'évolution du groupe et, généralement, les membres les intègrent en observant comment se comportent les autres. Dans un groupe, les normes n'ont pas toutes la même importance, de sorte que les conduites de transgression donnent lieu à des sanctions différentes. De plus, si certaines normes concernent tous les membres, d'autres s'appliquent uniquement à des membres qui ont un rôle ou un statut précis. Il est possible, par exemple, que des normes concernent seulement l'intervenant ou qu'elles s'appliquent exclusivement à un membre qui a un rôle particulier, comme l'animateur ou le secrétaire.

On peut distinguer deux grandes catégories de normes. D'une part, les normes formelles, aussi appelées « règles de participation » : elles sont écrites, clairement énoncées et ont un caractère officiel (par exemple, ne pas être sous l'influence de la drogue ou de l'alcool lors des rencontres, arriver à l'heure, informer l'intervenant en cas d'absence, ne pas utiliser un langage grossier). D'autre part, les normes informelles, qui ont un caractère moins officiel et qui sont donc moins clairement formulées (par exemple, ne pas se moquer des idées des autres, être attentif à leurs propos).

Dans un groupe, certaines normes sont fonctionnelles, en ce sens qu'elles favorisent le fonctionnement du groupe, alors que d'autres peuvent être dysfonctionnelles ou nuisibles. Les premières servent de guides pour les membres quant à la tâche et aux relations interpersonnelles. Elles aident le groupe à fonctionner « comme un groupe » en contribuant à la cohésion par l'uniformisation des comportements des membres. En définissant ce qui est approprié et ce qui ne l'est pas, elles stabilisent et régulent les comportements individuels. Ainsi, elles augmentent le caractère prévisible des comportements, ce qui contribue à sécuriser les membres concernant ce qui peut se produire dans le groupe.

En général, le respect des normes dépend d'éléments qui se rapportent aux normes elles-mêmes (leur clarté, leur pertinence pour les membres, la nature des sanctions prévues en cas de transgression), aux caractéristiques des membres et à la dynamique du groupe (l'espoir devant les buts visés, l'identification au groupe). Comme les normes ne font pas toujours l'unanimité, à tout le moins dans leur application, il est généralement utile de prévoir des sanctions positives (récompenses, manifestations d'approbation) et des sanctions négatives (punitions, désapprobation) pour en garantir le respect.

Dans un groupe, une personne qui dévie des normes peut : conserver une attitude déviante et s'exposer à des sanctions de la part du groupe, se conformer aux normes, quitter le groupe ou essayer de faire modifier les normes. Les efforts de certains pour modifier les normes peuvent d'ailleurs se révéler un important facteur d'évolution pour le groupe. En effet, il arrive que certaines normes ne soient plus adaptées ou qu'elles deviennent dysfonctionnelles ; il faut alors les changer. Les membres qui ont un comportement déviant peuvent mettre en évidence le caractère dysfonctionnel de certaines normes et inciter le groupe à modifier ou abolir les normes en question. Par exemple, le fait de lever la main avant de prendre la parole peut être fonctionnel à un stade de l'évolution du groupe, et ne plus l'être à un autre stade.

Voici quelques questions qui peuvent guider l'analyse des normes du groupe.

**Questions pour l'analyse des normes d'un groupe**

**Sur le processus d'élaboration des normes**
- Comment les normes ont-elles été établies ?
- Quels membres ont participé à l'élaboration des normes ?
- Quel rôle a joué l'intervenant dans l'élaboration des normes ?
- Comment se situe le groupe face à l'éventualité d'une modification de ses normes ?

**Sur la nature des normes**
- Quelles sont les normes formelles et les normes informelles ?
- Quelle est l'influence des normes sur le fonctionnement du groupe ?

**Sur le respect des normes**
- Les normes sont-elles respectées ?
- Comment le groupe réagit-il à la transgression des normes ?
- Quels moyens sont privilégiés pour encourager le respect des normes ?

## 2.5 Les rôles

Un rôle correspond à un ensemble de comportements qui caractérisent la participation d'un membre du groupe. Ces comportements peuvent être déterminés par les fonctions qu'assume le membre dans le groupe ; on parle alors de rôle formel (Bergeron, Côté-Léger, Jacques et Bélanger, 1979) ou de rôle fonctionnel (Marcotte, 1986). Mais les rôles peuvent aussi être adoptés spontanément en fonction de la personnalité des membres et de la dynamique du groupe ; on parle alors de rôle psychosocial ou de rôle naturel (Marcotte, 1986).

L'utilité principale du rôle formel est d'assurer la prévisibilité et la régularité des comportements des membres qui se voient assigner des fonctions ou des tâches particulières. Les rôles d'animateur, de secrétaire, de conférencier, d'observateur et de responsable de l'organisation physique des rencontres se situent dans cette catégorie. Bien que les rôles formels comportent un caractère prescriptif, chaque personne assume un rôle d'une manière différente et unique. En fait, plusieurs facteurs influent sur la façon de remplir un rôle : l'âge, le sexe, la classe sociale, l'éducation, les expériences antérieures, le statut, les convictions, les habiletés, les aptitudes et l'appartenance à différents groupes. Il y a d'ailleurs parfois un écart entre les attentes des membres concernant un rôle et la perception de la personne qui assume ce rôle. Lorsque les visions respectives ne sont pas clarifiées, des malentendus qui sont sources de tensions, voire de conflits, peuvent se manifester dans le groupe.

Les rôles psychosociaux ou naturels, quant à eux, sont moins prévisibles et leur présence dans un groupe dépend essentiellement des caractéristiques des membres. L'organisateur, le conciliateur, l'optimiste, le passif, le protecteur, le bavard sont autant d'exemples de rôles qui entrent dans cette catégorie.

Selon Landry (1995), dans un groupe, les rôles assumés par les membres peuvent être situés dans trois zones : la zone de l'affection, qui regroupe les comportements orientés vers les personnes et vers le climat socioaffectif ; la zone de la tâche, où se trouvent les comportements axés sur l'action et l'atteinte des objectifs ; et la zone de pouvoir, qui correspond aux rôles traduisant la structure de pouvoir.

Reprenant le modèle de Bales (1950), Bergeron *et al.* (1979) proposent une classification quelque peu différente. Ils distinguent trois catégories de rôles : les rôles orientés vers la tâche ; les rôles orientés vers l'aspect social du groupe, qui sont axés sur la solidarité entre les membres ; et les rôles orientés vers la satisfaction des besoins personnels. Le tableau 2.2 présente le profil des rôles associés à chacune de ces catégories ainsi que les comportements qui s'y rattachent d'après Beal, Bohlen et Raudabaugh (1969).

**TABLEAU 2.2** **Les types de rôles et les comportements associés**

| | Rôles orientés vers la tâche | Rôles orientés vers la solidarité | Rôles orientés vers la satisfaction des besoins personnels |
|---|---|---|---|
| **Définition** | Rôles qui soutiennent la réalisation d'activités ou l'accomplissement de tâches en lien avec le mandat ou le but du groupe. Ils servent à faciliter et à coordonner les efforts des membres. | Rôles axés sur le maintien de relations harmonieuses entre les membres. Ils contribuent au maintien d'un climat positif dans le groupe. | Rôles qui sont orientés vers la satisfaction des besoins individuels. Ils peuvent perturber le groupe, car ils résultent de préoccupations personnelles. |
| **Comportements** | • Lance les idées<br>• Demande des explications<br>• Formule une opinion<br>• Donne des informations et des avis<br>• Fait une synthèse<br>• Clarifie les idées<br>• Établit des liens entre les idées | • Encourage, motive<br>• Agit comme médiateur<br>• Suggère des compromis<br>• Sollicite la contribution de tous<br>• Souligne les progrès<br>• Commente l'évolution<br>• Tolère les excès | • Est agressif<br>• Fait de l'obstruction<br>• Se met en valeur<br>• Est préoccupé par ses intérêts particuliers<br>• Affiche de l'indifférence<br>• Recherche la sympathie<br>• Domine le groupe<br>• Critique |

Au fur et à mesure de l'évolution d'un groupe, un individu peut être amené à tenir plusieurs rôles. Par ailleurs, le même rôle peut être rempli par différents membres. Cette flexibilité au regard des rôles peut être source de confusion et peut même déboucher sur des conflits entre les membres. Lorsque la manière dont certains membres assument les fonctions qui leur sont assignées ne correspond pas aux attentes du groupe, il y a une situation de conflit intra-rôle. Par ailleurs, lorsqu'un membre remplit simultanément plusieurs fonctions dont l'exercice est difficilement compatible, il y a une situation de conflit inter-rôles (Bergeron *et al.*, 1979).

Leclerc (1999) souligne avec justesse que les rôles ne sont pas une donnée sur laquelle les membres du groupe n'ont aucune prise, car ils se construisent dans l'interaction : « Il n'y a pas de rôles qui tiennent sans partenaires pour donner la réplique » (p. 267). En outre, les rôles se présentent comme le résultat d'une situation précise ; une personne peut tenir des rôles très différents d'un groupe à l'autre. Enfin, les rôles ne sont pas bons ou mauvais en eux-mêmes ; « les mêmes rôles peuvent avoir des effets positifs ou négatifs selon les circonstances » (Leclerc, 1999 : 267). Il est donc nécessaire, dans l'étude du fonctionnement d'un groupe, d'analyser les rôles à la lumière de la dynamique particulière dans laquelle s'inscrivent les rapports entre les membres.

Voici quelques questions qui peuvent guider l'analyse des rôles dans un groupe.

 **Questions pour l'analyse des rôles**

**Sur le processus d'assignation ou d'émergence des rôles**

- Comment les rôles formels sont-ils assignés ?
- Les attentes du groupe concernant les rôles formels sont-elles précisées ?
- La perception des rôles formels par les membres qui les assument est-elle connue ?
- Qu'est-ce qui contribue au maintien ou à l'affaiblissement des rôles ?

**Sur la nature des rôles**

- Quels sont les rôles de chacun des membres ?
- Comment s'articulent les différents types de rôles (tâche, socioaffectif, individuel) ?
- Quels sont les effets des différents rôles sur la dynamique du groupe ?

## 2.6 Le leadership

Le terme « leadership » désigne une relation au sein de laquelle certaines personnes sont capables d'influencer les autres pour les amener à adopter des valeurs, des attitudes ou des comportements (Hogg, Martin, Epitropaki, Mankad, Svensson et Weeden, 2005). Cette capacité d'influencer les autres n'est pas réservée à une seule personne ; elle peut être l'objet d'un partage, et elle est généralement détenue par plusieurs membres (Bergeron *et al.*, 1979).

### 2.6.1 La différence entre leadership et pouvoir

Le leadership et le pouvoir sont souvent étroitement liés. Cependant, alors que le pouvoir peut impliquer des relations d'individu à individu, de groupe à individu ou de groupe à groupe, le leadership concerne la situation d'un membre face au groupe. Ainsi, bien que le leadership soit une forme de pouvoir, il ne s'appuie pas sur une autorité formelle fondée sur le statut, contrairement au pouvoir. En fait, le leadership ne comporte pas l'idée de contrainte, mais suppose une adhésion volontaire. De plus, il se fonde sur la capacité de convaincre grâce au seul recours à la communication (Leclerc, 1999).

Il est donc important de distinguer le leadership de l'autorité désignée, qui se fonde sur un statut formel. Dans un groupe, c'est l'intervenant ou l'animateur qui détient ce statut d'autorité. Si ce statut accorde un pouvoir qui est en soi légitime, il ne garantit pas pour autant l'exercice du leadership, c'est-à-dire la capacité d'influencer les autres.

### 2.6.2 Les différents styles de leadership

Les premières études sur le leadership dans les groupes ont conduit à déterminer trois styles de leadership et de leaders : autocratique, démocratique et laisser-faire (Lewin, Lippitt et White, 1939). Le leader autocratique s'attribue tout le pouvoir dans un groupe. Il formule les objectifs, prend les décisions, assigne les tâches, décide qui travaille avec qui et structure les rencontres à sa façon. Il accorde peu d'importance à la coopération, étant davantage préoccupé par les performances individuelles. Ce style de leadership engendre souvent des conflits et crée beaucoup d'insatisfaction chez les membres, qui ne se sentent pas engagés. Cependant, il peut être efficace lorsque la situation dans laquelle se trouve le groupe présente une grande ambiguïté, car, dans ce genre de situation, les membres s'attendent à des directives précises.

Contrairement au leader autocratique, le leader démocratique recherche le maximum de participation des membres dans les prises de décisions. Il favorise la discussion et partage les responsabilités dans la réalisation des activités du groupe. La personne qui adopte ce style de leadership est très près des membres. Elle n'hésite pas à discuter avec eux lorsqu'il y a des insatisfactions ou des conflits, et elle sait recevoir les critiques. Elle est consciente que les erreurs sont inévitables dans un groupe et qu'elles peuvent s'inscrire dans un processus d'apprentissage. Lorsque le groupe fait face à des difficultés, elle laisse le processus démocratique se mettre en action. Ce style de leadership est apprécié des membres et il est généralement très efficace dans les groupes de socialisation, d'éducation et de soutien.

Le leader de style laisser-faire laisse tout l'espace aux membres dans les prises de décisions. Sa participation se limite à fournir le matériel dont le groupe a besoin et à donner des informations sur demande. Il ne dirige pas le groupe. Ce style de leadership peut bien fonctionner avec des groupes très structurés, composés de membres très autonomes qui n'ont pas besoin d'être encadrés. Par contre, il peut engendrer de nombreuses frustrations lorsque les membres ont besoin de soutien. Il est particulièrement déconseillé avec des individus qui ne sont pas habitués à travailler ensemble et qui disposent de ressources limitées pour atteindre leurs objectifs.

Des travaux sur le leadership au sein des organisations ont conduit à distinguer les comportements de leadership selon qu'ils sont orientés « vers la tâche » ou « vers l'individu ». Le leadership orienté vers la tâche est axé principalement sur l'atteinte des buts et sur la réalisation de tâches précises. Le leader qui privilégie ce style s'intéresse à la méthode de travail, à l'information, aux ressources, à la coordination des efforts et aux prises de décisions. Il est sensible au rythme de travail et évalue constamment ce qui a été accompli et ce qui reste à faire.

Le leadership orienté vers l'individu est moins dirigé vers la tâche que vers les interactions entre les membres et le climat au sein du groupe. Le leader qui privilégie ce style veille à ce que les membres ne soient pas trop exténués et concentre son attention sur leur vécu. Il s'intéresse à la stimulation, au soutien, à la communication et à l'intégration des membres. Il est sensible aux tensions et intervient pour clarifier les situations conflictuelles.

S'appuyant sur cette distinction, Blake et Mouton (1964) ont cerné cinq styles de leadership, qui se différencient par l'importance relative qui est accordée à la tâche et au climat. La figure 2.1, tirée du livre de Bergeron *et al.* (1979), présente ces styles et la façon dont ils se situent par rapport à ces deux éléments.

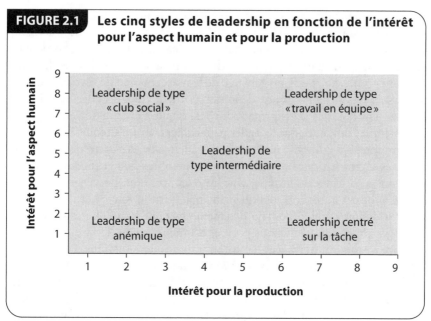

**FIGURE 2.1** Les cinq styles de leadership en fonction de l'intérêt pour l'aspect humain et pour la production

**Source :** Tiré de Bergeron *et al.* (1979).

Le premier style correspond au leadership de type « club social ». L'accent est mis ici sur le maintien de relations harmonieuses entre les membres. Bien que le climat soit agréable, la tâche est parfois mal réalisée, car le leader ne veut contrarier personne et traite tout le monde avec chaleur et compréhension. Le deuxième style, le leadership de type anémique, correspond à la position du leader qui tente d'éviter les confrontations et les discussions. L'intérêt pour la tâche et pour le climat est faible. Le leader laisse le groupe fonctionner à sa guise sans intervenir, se contentant de se tenir en périphérie. Les membres sont donc totalement laissés à eux-mêmes. Le troisième style, le leadership fondé sur le travail en équipe, correspond à la position du leader qui recherche la performance par la participation de tous les membres aux prises de décisions. Lorsque le groupe fait face à des conflits, le leader les aborde directement en faisant participer tous les membres à la recherche d'une solution. Les relations empreintes de respect, de compréhension et d'exigences réciproques sont privilégiées. Le quatrième style, le leadership centré sur la tâche, correspond à la position du leader qui vise essentiellement la réalisation des activités prévues. L'activité des membres est encadrée par des normes, des procédures et des mesures de contrôle. Enfin, le cinquième style, le leadership de type intermédiaire, traduit une recherche de compromis plus ou moins satisfaisants entre la réalisation des activités prévues et les préférences immédiates exprimées par les membres.

Si cette typologie permet de caractériser le style de leadership d'une personne, elle n'offre pas d'indications sur le style qui doit être privilégié. Certains auteurs ont tenté de pousser plus loin la réflexion sur l'identification des styles de leadership efficaces. Ainsi, les théories transactionnelles du leadership (Hay, 2007 ; Cox, 2001) soutiennent que le leader peut asseoir son pouvoir sur sa capacité d'aider les membres du groupe à atteindre des résultats qui sont importants pour eux, en échange de leur acceptation de ses exigences. Le leadership repose alors sur une définition claire des tâches et des bénéfices de chacun. Les théories transformationnelles, quant à elles, associent plutôt le leadership à l'influence que le leader peut exercer sur les attentes et les valeurs des membres du groupe. En ce sens, les leaders efficaces correspondent à des modèles charismatiques qui amènent les membres à aligner leurs objectifs personnels sur ceux du groupe. Une autre conception, provenant des écrits sur les groupes autogérés, définit principalement le rôle du leader selon sa capacité à augmenter le pouvoir des membres pour les rendre capables d'assumer la responsabilité de leurs propres actions. Ceci dit, il n'y a pas un style de leadership idéal qui puisse convenir à toutes les situations. Par exemple, l'étude de Kotlyar et Karakowsky (2006) indique que si le leadership de style transformationnel est plus efficace pour motiver les membres à débattre des idées de façon constructive, c'est un style de leadership qui favorise davantage les conflits affectifs entre les membres. Donc, le style de leadership doit être adapté aux circonstances. Ainsi, un intervenant a intérêt à occuper une position centrale avec un groupe moins autonome et à soutenir le leadership qui émerge au sein d'un groupe qui manifeste plus d'autonomie (Toseland et Rivas, 2005).

Le leadership est un élément important à considérer dans l'analyse du fonctionnement d'un groupe, notamment pour bien distinguer l'autorité formelle et l'influence de certains membres sur le comportement des autres. Si l'autorité formelle est généralement détenue par une seule personne, le leadership peut être partagé. En fait, chaque membre peut assumer une partie du leadership par des actions utiles au groupe. Voici quelques questions qui peuvent guider l'analyse du leadership dans un groupe.

**Questions pour l'analyse du leadership**

- Y a-t-il une personne qui détient une autorité formelle dans le groupe ?
- Quel est le style de leadership de cette personne ?
- Quels membres exercent le plus d'influence dans le groupe ?
- Sur quels éléments exercent-ils leur leadership ?
- Quel est leur style de leadership ?
- Ces leaders ont-ils une influence positive ou négative sur le groupe ?

## 2.7 La vie socioaffective

La vie socioaffective correspond à un ensemble d'éléments d'ordre relationnel et émotionnel qui influent sur le fonctionnement du groupe. Il est difficile d'en cerner la nature avec précision, puisqu'ils tiennent à la fois de l'histoire, des valeurs, des normes, des modes de communication et de l'attraction envers les membres et le groupe (Wickham, 2003). Trois éléments apparaissent néanmoins incontournables pour apprécier la vie socioaffective d'un groupe : le climat, la cohésion et la culture.

### 2.7.1 Le climat

Le climat du groupe, c'est l'atmosphère, l'ambiance dans laquelle se déroulent les activités. Pour Mucchielli (1975), le climat d'un groupe est le produit de trois facteurs. Le premier est l'état d'esprit général qui résulte de l'influence du passé, du type d'animation, du sentiment de liberté, de la vision de l'avenir et de l'expérience des membres. Le deuxième concerne les conditions matérielles, notamment l'état de fatigue, le confort des locaux et la taille du groupe. Le troisième, les relations entre les membres, se rapporte au style de leadership, au degré de maturité du groupe, à l'attitude des membres et au statut social des participants.

Le climat qui règne au sein d'un groupe influence la participation des membres. Ainsi, dans un climat de tolérance, qui se caractérise par l'écoute et la compréhension mutuelle, les membres se sentent à l'aise de dire ce qu'ils pensent sans restrictions et sans crainte d'être jugés. Ils participent activement et communiquent aisément leurs idées et leurs émotions. Par contre, dans un climat marqué par la méfiance, les membres hésitent à s'exprimer, craignant les critiques des autres. Les communications sont difficiles et les messages sont souvent exprimés indirectement et de façon voilée.

En vertu de sa position, l'intervenant peut exercer une grande influence sur le climat du groupe par la nature de ses comportements verbaux et non verbaux. Par exemple, s'il est enthousiaste et ouvert et se préoccupe des membres, son état d'esprit va se communiquer aux autres. Si, par contre, il est méfiant ou indifférent, le groupe risque de fonctionner dans un climat de tension ou d'indifférence.

### 2.7.2 La cohésion

La cohésion correspond à l'ensemble des forces qui poussent les membres à participer activement au groupe. Elle repose sur les liens qui unissent les personnes et traduit l'attrait du groupe pour ses membres (Leclerc, 1999). Il s'agit d'un concept multidimensionnel dont les principales dimensions sont : 1) la cohésion sociale ; 2) la cohésion dans l'exécution de la tâche ; 3) la cohésion verticale ; et 4) l'appartenance (Dion, 2000).

Différents facteurs contribuent au pouvoir d'attraction d'un groupe. Selon Cartwright (1968, cité dans Toseland et Rivas, 2005), quatre types de variables entrent en jeu à cet égard :

1. Le besoin d'affiliation, de reconnaissance et de sécurité des membres ;
2. Les ressources et le prestige retirés de la participation au groupe ;
3. La perception des bénéfices et des coûts liés à la participation au groupe ;
4. La comparaison de cette expérience de groupe avec d'autres participations.

Toutefois, la cohésion ne résulte pas exclusivement de l'attrait que revêt le groupe pour chacun des membres ; elle est également influencée par les caractéristiques du groupe. À cet égard, Vernelle (1994) relève un certain nombre d'éléments qui peuvent faire obstacle à la cohésion et les classe en trois catégories selon qu'ils se rapportent à la structure, à la dynamique du groupe ou à la situation des membres. Ces éléments sont présentés dans le tableau 2.3.

**TABLEAU 2.3** **Éléments susceptibles de faire obstacle à la cohésion du groupe**

| Structure du groupe | Dynamique du groupe | Situation des membres |
|---|---|---|
| • Le groupe compte trop de membres ou pas assez. <br> • Le lieu et le moment des rencontres ne conviennent pas. <br> • Le local est trop sombre ou trop luxueux. <br> • Il y a trop ou pas assez de règles. <br> • Les modèles de communication ne donnent pas assez d'informations aux nouveaux membres. | • Un membre peut se sentir isolé lorsque les autres se connaissent tous ou lorsque la présence de sous-groupes l'exclut. <br> • Le groupe a de la difficulté à accepter les normes. <br> • Il n'y a pas d'accord à propos du leadership, ou le leader a trop ou pas assez de pouvoir. <br> • La méthode de résolution de conflits est trop répressive. | • Le nouveau membre ne peut trouver de rôle convenable. <br> • Un membre peut se sentir inférieur aux autres. <br> • Il peut y avoir un dominateur dans le groupe. <br> • Les conflits ou mésententes d'un membre avec les autres peuvent rendre sa présence difficile. <br> • Un membre peut se sentir mal informé ou ne pas être à l'aise avec les méthodes de travail utilisées. <br> • Un autre groupe peut se révéler plus attirant. |

La cohésion est à la fois un déterminant et un résultat du fonctionnement du groupe. Elle résulte de l'interaction entre les membres, de leurs sentiments les uns pour les autres et de la signification de leur expérience commune. Elle découle de l'attraction des membres les uns pour les autres, des activités qu'ils font ensemble, des objectifs communs qu'ils poursuivent et des alliances qu'ils concluent en réaction aux pressions externes.

L'examen de la cohésion peut permettre de comprendre pourquoi certains groupes semblent proches de la dissolution tandis que d'autres suscitent l'enthousiasme et reflètent un dynamisme qui est mobilisateur non seulement pour les membres, mais aussi pour tous ceux qui gravitent autour d'eux. Braaten (1991) met en lumière quelques éléments qui traduisent la cohésion d'un groupe : la présence d'un sentiment d'appartenance qui s'exprime par l'utilisation du pronom « nous », l'intérêt pour les autres membres, l'écoute, l'empathie et la transparence. Dans un groupe uni, les membres se révèlent, tentent de se comprendre, acceptent les différences et permettent à chacun d'exprimer ses intérêts et ses préoccupations. Ils ont confiance et se sentent suffisamment à l'aise pour exprimer leurs idées et leurs émotions et faire des commentaires tant négatifs que positifs.

Au terme d'une revue des observations cliniques et empiriques sur le sujet, Toseland et Rivas (2005) soulignent que la cohésion augmente : 1) l'expression des émotions positives et négatives ; 2) la capacité d'écoute ; 3) l'utilisation effective des commentaires des autres membres ; 4) la confiance en soi et l'estime de soi ; 5) la persévérance ; 6) la performance du groupe dans la poursuite des objectifs ; 7) l'assiduité ; et 8) la satisfaction des membres. À l'opposé, la cohésion peut être à l'origine de fortes pressions qui s'exercent sur les membres pour qu'ils respectent les normes et elle peut se traduire par une forte dépendance des membres par rapport au groupe. Si la cohésion est trop forte, les membres peuvent chercher à maintenir le *statu quo* en évitant les conflits, en exerçant un contrôle rigide sur les comportements et les attitudes et en privilégiant l'homogénéité des valeurs (Rudestam, 1982).

## 2.7.3 La culture

La culture correspond aux valeurs, croyances, habitudes, traditions et préférences qui sont partagées par les membres du groupe. La culture qu'un groupe développe a une influence sur sa capacité à atteindre ses objectifs et à répondre aux besoins des membres. Dans un groupe homogène, de façon générale, la culture se développe assez rapidement, car les membres partagent des valeurs et des expériences communes. Par contre, dans un groupe au sein duquel les membres sont différents, il faut plus de temps pour que les systèmes de valeurs propres à chaque membre s'amalgament dans un système cohésif de croyances. Le modèle de Levi (2001), qui aborde la culture selon trois niveaux, peut aider à cerner le processus d'émergence de la culture d'un groupe. Selon ce modèle, la culture se traduit d'abord par des symboles et rituels. Au deuxième niveau, elle transparaît dans les modes d'interaction entre les membres. Enfin, au troisième niveau, elle inclut les croyances, idéologies et valeurs partagées par les membres. En raison de son influence sur l'efficacité du groupe, la culture doit faire l'objet d'une attention particulière. En effet, si les stéréotypes, les croyances erronées et les conflits de valeurs peuvent affecter négativement la cohésion d'un groupe, à l'opposé, la promotion de valeurs comme l'ouverture, l'autodétermination, l'équité et l'acceptation des différences contribue positivement à la démarche d'un groupe (Toseland et Rivas, 2005).

Parce que la cohésion, le climat et la culture ont une très grande influence sur l'efficacité d'un groupe, la vie socioaffective doit faire l'objet d'une attention toute particulière dans l'étude du fonctionnement du groupe. Voici quelques questions qui peuvent guider l'analyse de la vie socioaffective.

### Questions pour l'analyse de la vie socioaffective

- Les membres sont-ils à l'aise ? Expriment-ils facilement leurs opinions et leurs émotions ?
- Comment peut-on qualifier le climat général du groupe ?
- Quels éléments exercent une influence sur le climat du groupe ?
- Est-ce que le groupe exerce de l'attraction sur les membres ?
- Quels sont les indices de cohésion ou d'absence de cohésion du groupe ?
- Quels éléments favorisent la cohésion ?
- Quels éléments font obstacle à la cohésion ?
- Quel est l'effet de la cohésion sur le comportement des membres ?
- Quels sont les symboles et rituels propres au groupe ?
- Quelles sont les croyances et valeurs partagées par les membres ?

## 2.8   La communication

L'étude du fonctionnement d'un groupe ne saurait être complète sans l'analyse de la communication, car c'est celle-ci qui unit les personnes et leur permet de travailler ensemble (Côté, 1986). La communication est en quelque sorte l'énergie qui permet au groupe de fonctionner. En effet, c'est sur la base de ce qui est communiqué et de la manière dont la communication se fait que les personnes interagissent, prennent en considération les autres et acquièrent un sentiment d'appartenance au groupe. La communication contribue à l'insertion des membres dans le groupe ; plus les membres se connaissent et sont ouverts les uns envers les autres, plus le groupe progresse. Les membres apprennent à s'exprimer, à s'appuyer mutuellement et à régler leurs conflits à travers la communication. Le groupe constitue donc un cadre privilégié d'apprentissage de la communication et d'amélioration des habiletés sociales.

## 2.8.1 Les composantes de la communication

Bien qu'il y ait de multiples façons de la modéliser, la communication peut être structurée autour de trois composantes essentielles : un émetteur, qui encode ses perceptions, ses sentiments ou ses idées en utilisant le langage ou d'autres symboles ; un message, qui est constitué de l'agencement du langage ou des symboles ; et un récepteur, qui décode le contenu du message envoyé par l'émetteur. La relation entre ces trois composantes est illustrée à la figure 2.2.

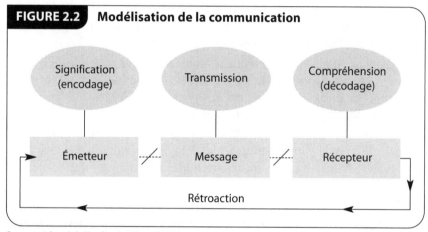

**FIGURE 2.2** **Modélisation de la communication**

Signification (encodage) — Transmission — Compréhension (décodage)

Émetteur --//-- Message --//-- Récepteur

Rétroaction

**Source :** Adapté de Toseland et Rivas (2005).

Il est impossible de ne pas communiquer (Watzlawick, Beavin et Jackson, 1972). Lorsque des personnes se rencontrent, elles échangent des messages dont le contenu peut être verbal et non verbal. Elles sont animées alors par le désir de comprendre les autres et de découvrir où ils se situent dans leurs relations ; par la volonté de persuader, d'obtenir du pouvoir, de se défendre, de provoquer des réactions chez les autres ou d'entretenir des relations (Kiesler, 1978).

La communication ne se limite pas aux paroles ; elle englobe une multitude de signes dont les individus tiennent compte pour évaluer une situation. La communication non verbale a comme rôle de remplacer, d'amplifier ou de contredire une communication verbale. Elle peut prendre différentes formes, qui sont pour Leclerc (1999) la posture, les gestes, l'expression du visage, l'habillement, le cadre physique et le silence.

1. La posture varie selon les situations et selon les personnes en présence. Boisvert, Cossette et Poisson (1995) ont noté quatre postures fondamentales dans un groupe, en position assise : 1) la posture d'approche, où le tronc est penché vers l'avant et qui donne l'air d'être intéressé et traduit une volonté de contact ; 2) le retrait, qui semble indiquer une forme d'indifférence ; 3) l'expansion, qui est caractérisée par l'extension du corps et qui signifie qu'une personne est à l'aise dans le groupe ; et 4) la contraction, qui est reconnaissable au fait que la personne a la tête baissée et les bras croisés et qui est généralement associée à une crainte des contacts.

2. Les gestes tels que les mouvements des pieds et des mains, qui peuvent être involontaires ou intentionnels, varient d'une culture à l'autre et sont étroitement liés à ce qui se passe dans une situation donnée.

3. L'expression du visage, des yeux et des sourcils en dit beaucoup sur les émotions et sur la perception de ce qui se passe dans le groupe, car le visage est la partie du corps qui permet le plus d'expressions émotives.

4. L'habillement, les bijoux, la coiffure et le maquillage sont autant d'indices qui révèlent l'image que la personne veut refléter.

5. Le cadre physique, qui correspond aux meubles et aux objets de décoration ainsi qu'à leur disposition, influe de manière directe sur les échanges interpersonnels. La distance entre les personnes fournit également des indications sur les affinités et sur le formalisme des relations.

6. Enfin, les silences peuvent être interprétés de différentes manières. Ils traduisent parfois l'ennui, parfois un malaise ou encore la réflexion. Dans tous les cas, ils sont riches en signification et l'intervenant doit apprendre à les décoder.

## 2.8.2 Les facteurs qui influent sur la communication

La communication entre les membres d'un groupe résulte de plusieurs facteurs, notamment la taille du groupe, le type de tâche à effectuer, la présence de sous-groupes, les éléments structurels et le climat. Certaines caractéristiques de l'émetteur, du message et du récepteur peuvent également influer sur la qualité de la communication. Du côté de l'émetteur, ce sont les émotions exprimées, le choix des termes utilisés et le degré de concordance entre le message verbal et le message non verbal. En ce qui a trait au message, des propos formulés trop faiblement ou au contraire trop fortement, de même que la présence d'interférences (bruits ambiants) dans le canal de communication, peuvent nuire à la communication. De plus, un message voilé et/ou indirect ou dont le contenu est trop long ou trop court peut être difficile à décoder. Enfin, du côté du récepteur, la capacité d'écoute, la perception sélective, les préjugés et le décodage des messages non verbaux sont autant d'éléments qui entrent en jeu dans la communication. C'est pourquoi, pour éviter que des communications perturbées engendrent des malentendus et des conflits, il est important que les messages soient suivis de rétroactions. En effet, la rétroaction permet de vérifier si le message transmis a été compris correctement. Selon Toseland et Rivas (2005), pour être efficaces, les messages de rétroaction doivent présenter trois caractéristiques : 1) ils doivent être descriptifs, c'est-à-dire qu'ils doivent présenter le contenu de la communication ou le comportement comme l'a perçu le récepteur ; 2) ils doivent être immédiats, c'est-à-dire transmis rapidement après la réception du message ; et 3) ils doivent être interrogatifs, c'est-à-dire qu'ils doivent être formulés comme une hypothèse, afin de montrer qu'ils visent à vérifier la compréhension du message et non pas à attaquer l'émetteur. Voici quelques questions utiles pour évaluer la nature des communications dans un groupe.

**Questions pour l'analyse de la communication**

- Qui communique avec qui, généralement ?
- La communication est-elle équilibrée ou monopolisée par quelques personnes ?
- Les messages sont-ils clairs, voilés, directs, indirects ?
- Y a-t-il congruence entre les messages verbaux et non verbaux ?
- Quels sont les facteurs qui influent sur la communication ?
- Les messages de rétroaction sont-ils adéquats ?
- Quel est l'effet des messages non verbaux sur le fonctionnement du groupe ?

## 2.9 Les stades de développement du groupe

Toute personne qui fait partie d'un groupe dont les rencontres s'étalent sur une certaine période peut observer que les rapports entre les membres se transforment au fil du temps. Les gens deviennent plus familiers, sont plus à l'aise les uns avec les autres et abordent des sujets plus personnels. L'intervenant doit bien observer les comportements pour suivre l'évolution du groupe, pour être en mesure d'anticiper les réactions des membres et pour répondre de façon adéquate à leurs besoins. Il doit, d'une part, reconnaître qu'un groupe évolue d'une certaine façon et, d'autre part, être sensible aux indices qui permettent de suivre cette évolution. Cette attitude est essentielle pour comprendre ce qui se passe dans un groupe à différents moments et, par voie de conséquence, pour faire des interventions appropriées par rapport au vécu du groupe. Elle permet donc de préparer et de systématiser les interventions.

L'évolution ne se fait généralement pas au même rythme d'un groupe à l'autre et il ne s'agit pas nécessairement d'un processus linéaire : elle se présente souvent comme un processus circulaire constitué de pas en avant et en arrière.

Toutefois, il est possible d'en tracer les traits dominants. Ainsi, chaque expérience de groupe est unique ; par analogie avec une personne, on peut dire que chaque groupe a sa « personnalité » propre. De plus, au fil du temps, le groupe connaît des changements qui sont prévisibles, bien qu'ils dépendent de facteurs comme les buts, la taille et la composition du groupe, le style de leadership et le contexte dans lequel le groupe existe. Enfin, les changements suivent une séquence prévisible, mais pas nécessairement continue et constante ; un groupe peut s'arrêter dans son évolution ou même revenir à un fonctionnement antérieur. De façon imagée, l'évolution d'un groupe s'apparente davantage à une spirale qu'à une ligne droite.

Pour modéliser l'évolution du groupe, comme on le fait en psychologie du développement, le concept que les auteurs utilisent est celui de « stades de développement ». Bien que tous les observateurs s'entendent pour reconnaître que l'évolution d'un groupe suit une certaine trajectoire, les écrits présentent cette dernière de différentes manières. Ainsi, St-Arnaud (1989) distingue trois stades de développement : la naissance, la croissance et la maturité. La naissance est la formation d'un système groupe, par la contribution de chaque membre à l'atteinte d'un but commun (participation) et l'établissement de liens de solidarité entre les membres (communication). La croissance, qui est le deuxième stade, résulte des trois types d'énergies issues de la participation et de la communication des membres : l'énergie de production, l'énergie de solidarité et l'énergie d'autorégulation. Ces énergies permettent au groupe d'atteindre la maturité, laquelle se manifeste par la cohésion et la productivité.

Par ailleurs, Heap (1994) propose un modèle comportant quatre stades. Le premier stade est une période d'exploration, d'insécurité, de recherche de ce qui est commun, d'établissement d'alliances et de dépendance à l'égard de l'animateur. Le deuxième se caractérise par le conflit entre la consolidation des normes et leur révision, et par un besoin de conformisme. Le troisième correspond à l'apparition d'une nouvelle structure et de nouvelles normes qui donnent lieu à un contrôle moins rigide, à un plus grand partage du leadership et à une meilleure tolérance mutuelle. Le quatrième et dernier est celui de la fin du groupe, processus d'achèvement qui est marqué par l'ambivalence et l'anxiété de la séparation.

Schiller (1995, 1997), quant à elle, propose un modèle à caractère féministe spécifique aux groupes de femmes. Selon ce modèle, le processus de développement passerait par cinq stades :

1. Préaffiliation/confiance ;
2. Approfondissement des relations ;
3. Mutualité et empathie ;
4. Confrontation et changement ;
5. Séparation.

Selon Schiller (1997), les enjeux de pouvoir et les situations conflictuelles correspondent à un moment critique du développement dans les groupes de femmes. Si les membres se sentent assez rapidement en confiance, c'est au quatrième stade que se présente le défi central : comment aborder et résoudre les conflits sans briser les liens de confiance et sans faire obstacle à l'empathie ? L'intervenant doit être conscient de ces particularités et agir en conséquence, notamment en ajustant l'ordre et la nature des activités qui sont proposées.

De son côté, à partir de ses observations au sein de groupes composés exclusivement d'hommes, Sternbach (2001) en est venu à proposer un modèle à cinq stades :

1. La mise en place d'un environnement sécurisant qui permet aux membres de développer un sentiment d'appartenance et d'atténuer leur sentiment de honte ;
2. La construction du groupe, qui se caractérise par la cohésion, l'intimité et l'empathie ;
3. La différenciation, qui est marquée par la révélation de soi et l'acception des critiques ;
4. La sortie du « sanctuaire », stade au cours duquel des changements de comportements sont transposés à l'extérieur du groupe ;
5. La fin du processus.

Ce modèle à cinq stades est proche du modèle de Tuckman et Jensen (1977), qui distingue également cinq stades : l'orientation (*forming*), le conflit (*storming*), la cohésion (*norming*), la performance (*performing*) et la dissolution (*adjourning*). Cependant, la typologie la plus utilisée en service social et sur laquelle s'appuient la plupart des chercheurs et des intervenants est celle que proposent Garland, Jones et Kolodny (1976) et qui est reprise par Anderson (1997). Elle comporte cinq stades de développement qui se présentent comme le résultat de la recherche d'équilibre entre l'autonomie (le « je ») et l'interdépendance (le « nous »). Ces stades sont : la préaffiliation/confiance ; le pouvoir et le contrôle/autonomie ; l'intimité/proximité ; la différenciation/ interdépendance ; et la séparation.

## 2.9.1 Le stade de préaffiliation/confiance

Avant de s'investir dans le groupe et dans la tâche, les membres doivent prendre le temps de se connaître et se faire une idée de ce que sera leur participation. À ce stade, ils vont chercher à déterminer, à l'intérieur du groupe, les ressources susceptibles de combler leurs besoins de confiance et de sécurité. Avant de s'engager, ils s'interrogent sur les bénéfices possibles de leur participation au groupe ; ils se demandent s'ils vont retirer quelque chose de cette expérience. Ils sont d'autant plus préoccupés qu'ils doutent généralement de leur capacité de répondre aux demandes qui vont leur être adressées. Cette situation engendre beaucoup d'insécurité et d'ambivalence, et par voie de conséquence une confusion entre le but du groupe et les objectifs personnels. Chacun a le sentiment d'être unique et différent des autres. En même temps, les membres s'observent les uns les autres et s'évaluent. Ils se cherchent une place dans le groupe tout en se protégeant contre trop d'intimité. Ils veulent influencer la démarche du groupe dans le sens de leurs préoccupations personnelles, mais sans trop s'engager. Leurs comportements s'inscrivent dans une dynamique d'approche-évitement.

À ce stade, le groupe est plus une source de stress qu'une structure de soutien. Ainsi, les membres dépensent beaucoup d'énergie à établir des relations de confiance ; ils recherchent l'approbation et le respect. Ils essayent de trouver la meilleure façon de participer en se demandant notamment ce qu'ils doivent faire pour être acceptés par les autres, comment ils doivent se comporter pour être bien perçus sans risquer d'être déçus ou sans se rendre vulnérables. Plus ou moins consciemment, ils cherchent des réponses à leurs désirs comme à leurs craintes et ils observent avec vigilance quels comportements sont approuvés et lesquels sont condamnés par le groupe. Mais comme il n'y a pas de normes formelles, il leur est difficile de se situer par rapport aux attentes du groupe.

Le groupe semble hésitant, un peu mêlé et surtout dépendant de l'intervenant. Les membres se tournent fréquemment vers ce dernier pour avoir des indications sur la façon de se comporter et sur les activités à réaliser : ils ont besoin de son approbation et de son soutien. S'ils adoptent souvent des comportements qui ont déjà donné lieu à des réactions d'approbation, ils demeurent à l'affût des réactions de l'intervenant ; ils cherchent à déceler ce qu'il accepte et ce qu'il désapprouve. Ils semblent croire que si l'intervenant, qui est à leurs yeux la personne la plus importante du groupe, juge leur comportement approprié, ils sont sur la bonne voie pour être acceptés par le groupe.

Au cours de ces premières interactions, les membres se découvrent des points communs et des différences quant à leur façon de voir les choses et de se comporter. Ils commencent à établir ensemble des normes pour régir le fonctionnement du groupe. Sont ainsi jetées les bases de la cohésion et de l'intimité dont ont besoin les membres pour courir le risque d'agir en conformité avec leurs convictions personnelles sans craindre le rejet.

À ce stade, le rôle de l'intervenant consiste principalement à clarifier le but du groupe et à créer un climat de confiance de façon à permettre aux membres d'exprimer leurs craintes et de formuler les questions qu'ils se posent. Pour aider les membres à exprimer leurs appréhensions, l'intervenant a intérêt à partager ses propres sentiments et doit encourager les participants à en faire autant. À cet égard, il se doit d'être attentif aux diverses réactions, particulièrement aux réactions non verbales, afin d'inviter chacun à clarifier le message qu'il exprime de façon voilée ou indirecte. Il ne doit pas hésiter à fournir des précisions et à donner des explications sur le but et le fonctionnement du groupe afin de sécuriser les membres par rapport à ce qui les attend dans le groupe. En encourageant l'expression des appréhensions et des attentes de chacun, l'intervenant va permettre au groupe de se doter de normes de fonctionnement adéquates. Il doit également aider les membres à faire le lien entre leurs besoins personnels et les possibilités qu'offre le groupe.

## 2.9.2 Le stade de pouvoir et de contrôle/autonomie

Une fois qu'une confiance de base est établie et que la plupart des membres ont décidé de s'engager, de nouveaux phénomènes ayant trait à l'organisation du groupe, et particulièrement au pouvoir et au contrôle que chacun peut exercer sur la démarche du groupe, vont se manifester : l'autonomie de chacun par rapport à l'ensemble des membres devient un enjeu central. Comme la participation s'accompagne d'un sentiment de vulnérabilité, les membres cherchent à se sécuriser et à préserver leur autonomie en s'attribuant le pouvoir associé à certaines positions, à certains statuts ou à certains rôles dans le groupe. Ils sont moins préoccupés par l'approbation des autres et cherchent avant tout à établir leur pouvoir et à exercer un certain contrôle. C'est la compétition dans la recherche d'un statut. À cette étape, la vie du groupe est particulièrement précaire, car les membres sont plus centrés sur eux-mêmes que sur le groupe comme entité.

Le trait dominant est la présence de conflits parmi les membres et entre les membres et l'intervenant. Chaque membre consacre l'essentiel de son énergie à établir le niveau de pouvoir et le degré d'autonomie dont il veut bénéficier. Petit à petit, une hiérarchie fondée sur le statut et le pouvoir s'installe. Le souci de faire partie du groupe qui caractérisait l'étape précédente fait place au besoin de définir sa position. On peut alors percevoir au sein du groupe un « ordre social » fondé sur l'attribution de statuts et de rôles, et sur les normes qui régissent les comportements. À cette étape, la confiance dans le groupe ne repose pas sur la reconnaissance de besoins et de buts communs, mais sur l'existence d'une structure de fonctionnement à laquelle chacun peut se fier.

Pour certaines personnes, ce stade est particulièrement difficile. Ainsi, celles qui ont un faible statut dans le groupe vont souvent voir dans cette situation une confirmation de leur faiblesse, ce qui risque de renforcer leur faible estime de soi. Lorsque ces personnes quittent le groupe avant la résolution des conflits de pouvoir et de contrôle inhérents à ce stade, elles sont généralement touchées négativement par leur expérience. Par ailleurs, comme ce stade donne parfois lieu à la formation de sous-groupes qui deviennent des sortes d'îlots de sécurité pour les membres, les boucs émissaires et les personnes isolées, qui n'appartiennent à aucun sous-groupe, sont particulièrement vulnérables face aux sarcasmes et aux attaques de ceux qui ont acquis un certain pouvoir.

Cette étape de recherche de pouvoir et de contrôle fait partie du processus de tout groupe. Parfois elle se déroule sans accroc, parfois elle donne lieu à des conflits majeurs. Dans tous les cas, c'est une étape charnière et il n'est pas rare que des groupes ne la franchissent pas. Pour faciliter l'évolution du groupe, l'intervenant doit éviter d'accaparer lui-même tout le pouvoir en étant très directif ou en se montrant très rigide ; cette attitude a pour effet de faire obstacle à la dynamique de structuration du pouvoir et de freiner la croissance du groupe. Il est important que l'intervenant témoigne sa confiance dans la capacité des membres à assumer la responsabilité du groupe, d'autant plus qu'à ce stade il y a généralement des manifestations d'ambivalence, d'impatience, voire d'hostilité envers l'intervenant. D'une part, les membres se sentent dépendants de l'intervenant ; d'autre part, ils sentent le besoin d'exprimer leur autonomie. Si cette ambivalence est rendue explicite, ils ont plus de chance de découvrir leur pouvoir et d'arriver à préciser les normes qu'ils jugent pertinentes pour le fonctionnement du groupe.

Il faut garder à l'esprit que les membres et le groupe sont mieux servis par une organisation interne souple et fonctionnelle qui répond à leurs besoins et à leurs buts que par une organisation hiérarchique marquée par le pouvoir et le contrôle. Pour aider le groupe à mettre en place une organisation souple et fonctionnelle, l'intervenant doit amener les membres à prendre conscience de ce qui a trait aux enjeux de pouvoir. Il doit accorder une attention individualisée à chaque membre afin que chacun se sente intégré et il doit cerner les obstacles sur lesquels bute le groupe. Par ailleurs, il doit assurer un équilibre entre le maintien d'un climat affectif positif et la réalisation des activités nécessaires pour atteindre le but visé. En précisant son rôle et en situant clairement sa place, il aide le groupe à construire sa propre structure de pouvoir et à consacrer plus rapidement ses efforts à la poursuite de ses objectifs. Lorsque les membres se rendent compte que l'intervenant est plus préoccupé par la poursuite des objectifs du groupe que par l'affirmation de son autorité, ils s'intéressent eux-mêmes davantage au fonctionnement du groupe qu'à leur propre pouvoir. En clarifiant les enjeux de pouvoir et d'autorité, l'intervenant contribue à augmenter la confiance entre les membres et aide le groupe à se structurer comme système d'aide mutuelle. Les membres peuvent alors s'engager dans un mode de participation qui va permettre au groupe de passer à un autre stade de développement.

### 2.9.3 Le stade d'intimité/proximité

Ce troisième stade de développement se caractérise par la cohésion. Les membres voient le groupe comme un tout composé de personnes ayant une importance égale. Il émerge un esprit de corps qui s'accompagne d'une plus grande confiance et d'un intérêt plus marqué des membres les uns pour les autres : le groupe est valorisé et protégé. Les membres abordent plus facilement les sujets intimes et ils sont plus spontanés dans l'expression de leurs émotions concernant ce qui se passe « ici et maintenant » ; ils n'hésitent pas à prendre le risque de se révéler pour préserver le groupe. Il s'installe un climat de confiance qui repose sur la reconnaissance du soutien que peuvent apporter les autres membres plutôt que sur le caractère prévisible de la structure du groupe. Les absences sont relevées et modifient le fonctionnement du groupe. Par ailleurs, il y a une plus grande résistance à l'intégration de personnes venant de l'extérieur. Les frontières du groupe deviennent moins perméables.

Afin de ne pas menacer l'existence de ce système d'aide mutuelle fondé sur la proximité et l'intimité, les membres ont tendance à taire les sentiments qui pourraient soulever des conflits ; le consensus est recherché et valorisé. Si des conflits éclatent, ils ont trait davantage à l'intimité qu'au pouvoir ou au statut, et le groupe va les aborder en cherchant à les atténuer rapidement au profit de la cohésion récemment acquise. Les interactions sont moins tendues et il y a moins d'animosité que lors de l'étape précédente : c'est le calme après la tempête. Le groupe profite de l'élan de cette nouvelle unité pour renforcer l'aide mutuelle.

La facilité à exprimer ses émotions et la capacité d'écoute deviennent les principaux déterminants du statut : est valorisé le membre qui fait connaître ses sentiments au groupe et sait se montrer attentif aux autres. Les efforts de chacun pour s'exprimer sont respectés et soutenus. Il est possible, à ce stade, que les membres réaffirment leur engagement vis-à-vis du groupe et de son but et qu'ils sentent le besoin de revoir le contrat. Plus conscient de la valeur de l'aide mutuelle, le groupe peut vouloir préciser sa conception de la participation individuelle et de son propre fonctionnement.

Ce stade de développement peut durer plus ou moins longtemps et peut être marqué de retours périodiques à l'un ou l'autre des stades précédents. Cependant, il est nécessaire qu'il débouche sur un autre type de rapports entre les membres, à défaut de quoi cette « belle cohésion » va sembler superficielle. Pour aider le groupe à franchir cette étape, l'intervenant doit encourager l'expression des sentiments, mais, en même temps, il doit s'assurer que cela n'entraîne pas un débordement affectif non approprié au contexte. En outre, il doit aider le groupe à cheminer vers l'atteinte de ses objectifs en encourageant les messages de rétroaction entre les membres, et par là l'aide mutuelle. Il doit lui-même, dans les moments opportuns, faire part de ses émotions concernant ce qui se passe dans le groupe et réagir aux comportements des membres. Il doit continuer d'accorder une attention individualisée à chacun des membres. Au besoin, il peut préciser à nouveau les buts du groupe et inciter les membres à renégocier le contrat. D'ailleurs, cette renégociation sert souvent de catalyseur pour le passage au stade de différenciation/interdépendance.

### 2.9.4 Le stade de différenciation/interdépendance

Ce stade, qui est le plus productif, se caractérise par un équilibre entre le maintien de rapports interpersonnels harmonieux et la réalisation des activités nécessaires à l'atteinte des objectifs. Il est marqué par une attention simultanée aux besoins individuels et aux besoins du groupe, et par un plus grand souci du lien entre ce qui est vécu et les objectifs visés. Ainsi, les interactions sont généralement spontanées et marquées de souplesse, et les membres savent faire face à la réalité en étant conscients de l'équilibre à maintenir entre la réponse aux besoins individuels et collectifs et la réalisation des tâches conduisant à l'atteinte des objectifs du groupe. À cette étape, les normes sont bien établies et la structure de fonctionnement est claire. Par ailleurs, les différences entre les membres sont acceptées, voire recherchées, car elles sont perçues comme un facteur d'efficacité dans la poursuite des objectifs. S'il y a un respect de l'expertise et de la contribution de l'intervenant, il y a également une reconnaissance de l'apport des autres membres.

À ce stade de différenciation/interdépendance, la principale tâche de l'intervenant consiste à soutenir la dynamique d'aide mutuelle qui s'est installée dans le groupe et à faire en sorte que les membres restent actifs. Au besoin, il doit aider le groupe à prendre conscience de son cheminement vers l'atteinte des objectifs en faisant valoir les progrès accomplis. L'intervenant doit aussi faire en sorte que les membres reconnaissent et apprécient la contribution de chacun au fonctionnement harmonieux du groupe de façon à soutenir la différenciation des rôles. Il doit également commencer à aborder avec les membres la fin éventuelle des rencontres du groupe pour les préparer à l'étape suivante, la séparation.

### 2.9.5 Le stade de séparation

Le dernier stade de développement d'un groupe présente plusieurs similitudes avec le stade initial : tous deux donnent lieu à des sentiments d'ambivalence et d'insécurité et à des réactions d'engagement et de retrait. Mais alors que ces sentiments d'insécurité concernent la participation lors de l'étape de préaffiliation/confiance, c'est la perte du groupe qui présente un caractère anxiogène au moment de la séparation. Les membres s'interrogent sur ce qui va se passer une fois que les rencontres seront terminées ; ils se demandent comment ils vont faire face aux événements quotidiens sans le soutien du groupe.

Contrairement aux stades précédents, qui se présentent comme le résultat de l'évolution du groupe, la séparation est généralement provoquée par des facteurs externes tels que l'atteinte des objectifs, la réalisation du nombre de rencontres prévues au départ, la fin d'un cycle (l'année scolaire, par exemple), le départ de l'intervenant ou l'abandon de plusieurs membres. La façon de vivre cette étape dépend largement de l'état d'évolution du groupe.

Lorsque le groupe se sépare après le stade d'interdépendance, les membres gardent de leur expérience un fort sentiment de compétence et une grande satisfaction concernant leur démarche individuelle et collective. Par contre, si le groupe se sépare avant que les conflits de pouvoir/contrôle ne soient résolus ou au moment du stade d'intimité/proximité, les membres peuvent ressentir des sentiments négatifs tels qu'une impression d'inadéquation, une perte de confiance en soi et dans les autres, un défaitisme par rapport à l'éventualité de voir sa situation s'améliorer.

La séparation suscite généralement un sentiment de perte, de sorte que les membres peuvent chercher à se protéger de différentes manières. Certains commencent à s'absenter ou abandonnent prématurément. D'autres restent dans le groupe, mais adoptent des comportements plus ou moins adéquats par lesquels ils veulent montrer qu'ils n'ont plus vraiment besoin du groupe. D'autres, au contraire, vont s'investir davantage afin de remettre en question la pertinence de mettre fin au groupe. Il n'est pas rare que certains membres insistent pour que le groupe se prolonge, parce qu'ils en ont encore besoin. En cas d'échec, ils peuvent exprimer un sentiment d'abandon tout en adoptant une attitude d'apathie. Mais dans tous les cas, les membres doivent prendre conscience que la fin est inévitable et ils doivent se préparer à utiliser ce qu'ils ont appris au sein du groupe dans leur vie quotidienne.

Parce que le groupe cherche généralement à éviter d'avoir à faire face à la séparation, l'intervenant a un rôle actif à jouer. Il doit aider les membres à tirer profit de cette nouvelle expérience. Cette tâche n'est pas facile, car, pour lui comme pour les membres, la fin d'un groupe représente une perte réelle. Sa façon d'aborder cette séparation et les moyens qu'il utilise pour surmonter son ambivalence et son sentiment de perte peuvent aider les membres à vivre cette étape.

À cette étape, la tâche de l'intervenant consiste à faciliter la séparation et à aider à l'utilisation des apprentissages à l'extérieur du groupe. L'intervenant doit inciter les membres à exprimer les sentiments que suscite la séparation, les aider à évaluer le travail qui a été accompli et les amener à voir comment ils peuvent poursuivre leur cheminement. Par ailleurs, il est parfois utile qu'il verbalise ses propres émotions concernant la fin du groupe et qu'il fasse part de son évaluation de la démarche. Cette étape est parfois pénible, mais elle est inévitable dans une démarche de groupe et l'intervenant doit faire en sorte que les membres y trouvent une occasion d'apprentissage et de développement.

Le tableau 2.4 (p. 66 et 67), inspiré d'un texte de Berman-Rossi (1993), présente une synthèse des stades de développement du groupe. Il décrit, pour chaque étape, la dynamique du groupe, la position des membres, les besoins du groupe et les tâches de l'intervenant. Ce tableau a donc l'avantage d'établir un lien entre les fonctions de l'intervenant et le développement du groupe.

**TABLEAU 2.4** Synthèse des stades de développement d'un groupe

| Stade | Dynamiques du groupe | Positions des membres | Besoins du groupe | Tâches de l'intervenant |
|---|---|---|---|---|
| **Préaffiliation/ confiance** | • Le groupe est plus une source de stress qu'une source de soutien.<br>• Il n'y a pas de structure ni de normes.<br>• Les comportements sont individuels plutôt que collectifs. | • Impression de chacun d'être unique et isolé.<br>• Méfiance à l'égard des membres et de l'intervenant.<br>• Doute quant à la capacité de répondre aux demandes qu'on leur adressera.<br>• Besoin de l'approbation et du soutien de l'intervenant. | • Avoir une vision collective de la tâche.<br>• Établir une première division du travail.<br>• Percevoir les avantages et les obligations du groupe.<br>• Établir une structure initiale. | • Clarifier le but du groupe.<br>• Établir un premier contrat sur les objectifs.<br>• Aider les membres à faire le lien entre leurs besoins personnels et les besoins du groupe.<br>• Obtenir des commentaires sur les attentes et le contrat. |
| **Pouvoir et contrôle/ autonomie** | • Les membres recherchent le pouvoir et le contrôle.<br>• La vie du groupe est précaire.<br>• Les normes, les règles et les statuts commencent à être définis.<br>• Le climat est tendu. | • Début de la participation active.<br>• Manifestation de signes d'impatience à l'égard des autres membres et de l'intervenant.<br>• Compétition dans la recherche d'un statut.<br>• Anxiété.<br>• Critique de l'autorité de l'intervenant. | • Mettre en place un système d'aide mutuelle.<br>• Clarifier la relation entre les membres et l'intervenant.<br>• Préciser les normes, les règles et les statuts.<br>• Instaurer un climat de confiance. | • Aider le groupe à devenir un système d'aide mutuelle.<br>• Clarifier la question de l'autorité et du pouvoir.<br>• Faire naître la confiance. |

**TABLEAU 2.4** Synthèse des stades de développement d'un groupe *(suite)*

| Stade | Dynamiques du groupe | Positions des membres | Besoins du groupe | Tâches de l'intervenant |
|---|---|---|---|---|
| **Intimité/ proximité** | • Il y a plus d'intimité entre les membres.<br>• La cohésion augmente.<br>• Le groupe est valorisé et protégé.<br>• Un climat de confiance s'installe. | • Plus d'engagement : prise de risques et autorévélation.<br>• Plus de soutien.<br>• Protection du groupe et résistance à l'intégration de personnes extérieures. | • Augmenter l'aisance dans l'intimité.<br>• Trouver un équilibre entre les besoins personnels et les besoins du groupe.<br>• Augmenter l'aide mutuelle. | • Aider les membres à trouver un équilibre entre révélation de soi et préservation de la vie privée.<br>• Aider le groupe à accomplir sa tâche. |
| **Différenciation/ interdépendance** | • C'est l'étape de la cohésion et de la productivité.<br>• Les normes sont bien établies.<br>• Il y a flexibilité des rôles et des statuts.<br>• La structure est claire. | • Relations étroites entre les membres et l'intervenant.<br>• Différences individuelles bien acceptées.<br>• Différends réglés par consensus. | • Permettre l'expression du caractère unique de chacun dans le groupe. | • Aider les membres à cerner leurs besoins et leurs gains.<br>• Clarifier les éléments à aborder avant la fin du groupe.<br>• Encourager la différenciation. |
| **Séparation** | • Les enjeux centraux sont de terminer la tâche et d'évaluer ce que le groupe a accompli. | • Isolement progressif des membres.<br>• Sentiment de perte.<br>• Anxiété.<br>• Ambivalence par rapport à l'aide mutuelle. | • Évaluer le travail accompli.<br>• Signaler les tâches à terminer.<br>• Défaire les liens sans nier ce que le groupe a représenté. | • Évaluer le travail accompli.<br>• Définir les dernières tâches.<br>• Aider le groupe à se dissoudre.<br>• Aider les membres à tirer profit de la séparation. |

Comme l'a démontré ce chapitre, le groupe est un système qui présente trois caractéristiques fondamentales. Tout d'abord, il donne lieu à un sentiment d'appartenance, puisque les membres se perçoivent et sont perçus comme appartenant à une entité formelle. Ensuite, il implique une interdépendance des membres dans la réalisation de leur projet individuel ou collectif. Enfin, il place les personnes en interaction directe les unes avec les autres. Au-delà de ces traits communs, chaque groupe présente un caractère singulier qu'il est possible de discerner en faisant une analyse des différents éléments qui en caractérisent le fonctionnement : le but, la structure, les normes, les rôles, le leadership, la vie socioaffective, la communication et le développement.

## EXERCICES

1. Différentes dimensions peuvent servir à l'étude du fonctionnement d'un groupe : but, prise de décision, leadership, rôle, norme, structure, vie socioaffective, communication, stade de développement. Indiquez à quelle dimension se réfère chacun des éléments suivants :
   - Les comportements associés à une fonction.
   - La capacité d'influencer les membres d'un groupe.
   - Les comportements prescrits face à la participation dans un groupe.
   - Un ensemble d'éléments qui contribuent à la cohésion du groupe.
   - La raison d'être du groupe.
   - La croyance partagée sur les comportements appropriés.
   - Les caractéristiques des membres qui composent le groupe.
   - Les aspects relationnels du fonctionnement du groupe.

2. Indiquez à quel type de rôle correspond chacune des descriptions suivantes :
   a) rôle de tâche ;
   b) rôle de solidarité ;
   c) rôle individuel.
   - La personne intervient beaucoup et parvient ainsi à capter l'attention des membres.
   - La personne propose un idéal auquel le groupe peut aspirer.
   - La personne incite le groupe à prendre une décision.
   - La personne tente d'atténuer les tensions et d'harmoniser les différences.
   - La personne formule ses observations sur le fonctionnement du groupe.

3. Indiquez si les énoncés suivants sont vrais (V) ou faux (F) :
   - Dans le fonctionnement d'un groupe, les normes impliquent une évaluation de ce qui est préférable ou acceptable.
   - Lorsqu'un groupe exerce une forte attraction sur les membres, il est généralement plus difficile de faire respecter les normes.
   - Lorsque les buts du groupe sont peu précis, cela facilite le rôle de l'intervenant.
   - Dans un groupe, un degré élevé de cohésion peut comporter certains inconvénients.

- Le leadership tient essentiellement au rôle assigné à une personne dans le groupe.
- Les groupes traversent nécessairement l'ensemble des stades de développement d'un groupe.
- La cohésion et le climat sont deux composantes de la vie socioaffective.
- Les normes agissent comme régulateurs des comportements.

4. Indiquez à quel stade de développement d'un groupe correspondent les descriptions suivantes :
   - Un comportement d'approche et de retrait de la part des membres.
   - Les membres s'autorisent à exprimer leurs sympathies et antipathies.
   - La présence d'un sentiment d'ambivalence face au groupe.
   - L'acceptation de l'autre comme une personne distincte.
   - L'étape cruciale de transition dans l'évolution du groupe.

5. Analysez la situation suivante en indiquant trois facteurs qui ont facilité la démarche de ce groupe et trois facteurs qui lui ont fait obstacle. Précisez, pour chacun des facteurs, la dimension d'analyse du fonctionnement d'un groupe (but, éléments structurels, normes, rôles, leadership, vie socioaffective, communication, stade de développement) à laquelle il correspond.

Le conseil étudiant de l'École de service social a tenu sa troisième réunion mensuelle la semaine dernière. Le conseil est composé de dix étudiants qui représentent les différents programmes d'enseignement (certificat, baccalauréat, maîtrise, doctorat). La réunion a eu lieu à la salle du Conseil de la faculté. La salle était propre et en ordre : les chaises étaient soigneusement rangées autour de la table ronde sur laquelle se trouvaient papier et crayons. Débordé par les travaux de fin de session, le président n'avait pas eu le temps de préparer l'ordre du jour de la réunion. Il a expliqué plus ou moins précisément au groupe que le but de la rencontre était de planifier la prochaine année universitaire. La réunion a commencé à l'heure convenue ; les trois personnes absentes avaient préalablement annoncé leur absence. Le président a affirmé que toutes les idées et opinions étaient les bienvenues et qu'elles seraient examinées avec attention. Tout au long de la réunion, il a fait en sorte de maintenir les membres centrés sur la tâche. Toutefois, il y a eu formation de sous-groupes entre les étudiants du baccalauréat, de la maîtrise et du doctorat. Certains membres ont mal réagi aux opinions divergentes et ils se sont appliqués à monter en épingle les défauts et manquements de leurs collègues. Par ailleurs, les étudiants au doctorat ont eu tendance à utiliser un langage hermétique. Plusieurs idées proposées ont été rejetées avant même d'être discutées. Faute de temps, la réunion s'est terminée dans la confusion.

6. Situez, dans la figure ci-dessous, les trois personnages suivants (inscrire le prénom à l'endroit approprié) :

Michel est coordonnateur de soins à domicile dans un CLSC. Il décide de l'horaire et des tâches des intervenants de son équipe sans les consulter. À son avis, cette façon de faire lui permet de gagner du temps.

Annie est directrice d'un centre communautaire. Dans son organisme, toutes les personnes impliquées, qu'elles soient intervenantes, bénévoles ou bénéficiaires, participent aux décisions. Comme leurs points de vue sont souvent divergents, il arrive que des décisions soient reportées, faute de consensus. Mais pour Annie, l'important c'est d'éviter les confrontations et les tensions.

Nathalie est intervenante dans une maison de jeunes. Elle conçoit son rôle comme étant de devoir contribuer au développement des jeunes. À cet égard, elle cherche à impliquer les jeunes dans toutes les décisions qui concernent le fonctionnement de la maison. Ceci dit, elle s'assure que ces décisions sont dans l'intérêt de l'organisme et des jeunes eux-mêmes.

Leadership de type « club social »
_____

Leadership de type « travail en équipe »
_____

Leadership de type intermédiaire
_____

Leadership de type anémique
_____

Leadership centré sur la tâche
_____

## LECTURES COMPLÉMENTAIRES

LECLERC, C. (1999). « L'observation et l'animation », dans *Comprendre et construire les groupes.* Québec : Presses de l'Université Laval, p. 255-273. Chapitre 8 de l'ouvrage.

RICHARD, B. (1995). *Psychologie des groupes restreints.* Cap-Rouge : Presses Inter Universitaires.

TOSELAND, R.W. et RIVAS, R.F. (2005). « Understanding group dynamics », dans *An Introduction to Group Work Practice,* 5e éd. Boston : Pearson/Allyn and Bacon. p. 64-91. Chapitre 3 de l'ouvrage.

# La phase de planification

L a phase de planification, ou phase pré-groupe, marque le début de la démarche d'intervention. Elle regroupe l'ensemble des activités de réflexion et de préparation qui se font avant la première rencontre. Bien qu'une planification soignée soit essentielle à une intervention efficace, Kurland (2005) et Home (1996) soulignent que cette tâche est souvent négligée par les intervenants. Cette situation est préoccupante car, en plus de mettre en péril l'atteinte des objectifs visés, une mauvaise planification est susceptible d'avoir des effets négatifs sur la démarche du groupe. Une intervention de groupe mal planifiée peut conduire à un taux d'abandon élevé, à des présences sporadiques et irrégulières, à des retards chroniques, à un manque de participation aux activités, à une faible cohésion, à des difficultés de fonctionnement et même à la fin prématurée du groupe (Northen, 1988).

Bien que la nature des questions à examiner au moment de la planification varie selon le type de groupe, il est essentiel que tout soit mis en place pour que le groupe puisse fonctionner de façon harmonieuse et atteindre ses objectifs. Et c'est à l'intervenant qu'il revient de mettre en place ces conditions, par une planification rigoureuse de la démarche du groupe.

La planification d'une intervention de groupe peut être divisée en trois étapes qui englobent sept opérations : 1) l'analyse de la situation, qui inclut l'étude de la demande et l'appréciation du groupe comme méthode d'intervention ; 2) la structuration initiale du groupe, qui comprend la formulation du but et des objectifs, la définition du cadre général de l'intervention et la présentation écrite du projet ; et 3) la constitution du groupe, qui se fait par le recrutement des membres et la préparation personnelle de l'intervenant. Ces opérations ne se suivent pas nécessairement ; on peut en réaliser plusieurs simultanément. En outre, leur importance respective varie selon les situations d'intervention.

Par exemple, si l'intervenant doit travailler avec un groupe déjà constitué, le recrutement des membres est sans pertinence ; par contre, la préparation personnelle de l'intervenant peut alors revêtir une importance plus grande. La démarche de planification proposée ici, qui est résumée dans le tableau 3.1, doit donc davantage être vue comme un guide que comme une série d'opérations ayant un caractère prescriptif.

**TABLEAU 3.1** **Composantes de la phase de planification**

| Étape | Opération | Contenu |
|---|---|---|
| **Analyse de la situation** | • Étude de la demande | • Origine de la demande<br>• Nature des services demandés<br>• Communauté<br>• Organisme<br>• Besoins et forces des personnes |
| | • Choix de la méthode d'intervention | • Pertinence de l'intervention de groupe<br>• Soutien de l'organisme |
| **Structuration initiale** | • Détermination du but et des objectifs | • But<br>• Objectifs<br>• Stratégie d'évaluation |
| | • Définition du cadre général | • Programme<br>• Structure du groupe<br>• Ressources nécessaires |
| | • Présentation écrite du projet | • Proposition écrite |
| **Constitution du groupe** | • Recrutement des membres | • Membres potentiels<br>• Contact pré-groupe<br>• Sélection des membres<br>• Contrat initial |
| | • Préparation de l'intervenant | • Anticipation des réactions<br>• Organisation matérielle |

# 3.1 L'analyse de la situation

Au début de sa démarche d'intervention, l'intervenant de groupe doit prendre le temps de bien définir le cadre de son action. À cet égard, il doit étudier minutieusement la demande qui lui est adressée et s'assurer que l'intervention de groupe est la méthode la plus appropriée pour répondre à cette demande.

## 3.1.1 L'étude de la demande

Il est impossible de cerner les problèmes sociaux avec sensibilité sans prendre en considération la réalité des personnes qui les vivent. La perspective écosystémique reflète clairement l'attention qui doit être portée aux différents systèmes au sein desquels évolue une personne, puisque tous ces systèmes, qu'ils se situent dans l'environnement immédiat ou dans l'environnement éloigné, sont susceptibles d'avoir une influence sur son comportement (Garbarino, 1992).

Dans un même ordre d'idées, on ne peut planifier correctement une intervention sans tenir compte du contexte dans lequel elle va être réalisée. Pour être efficace, l'intervenant doit, d'une part, bien étudier la demande qu'on lui adresse afin de cerner les attentes et les besoins des personnes concernées et, d'autre part, considérer avec attention le cadre dans lequel il va mener son intervention afin d'en apprécier les possibilités et les limites. Il doit en particulier examiner l'origine de la demande, la nature des services demandés, le contexte d'intervention et les besoins de la population cible.

### L'établissement de l'origine de la demande

Il est important d'examiner l'origine de la demande de services dans la mesure où cela permet de déterminer les ressources susceptibles d'être mises à contribution et d'anticiper la réaction des membres potentiels à l'intervention. La demande peut provenir de trois sources principales : la direction d'un organisme, un intervenant ou un regroupement de personnes.

Tout d'abord, la demande d'intervention peut être exprimée par la direction d'un organisme qui souhaite répondre à des besoins spécifiques. Par exemple, la direction d'un centre d'accueil pour adolescents peut vouloir former un groupe afin d'aider les jeunes à développer leurs habiletés sociales.

La formation d'un groupe peut également résulter de l'initiative d'un intervenant qui constate la présence de problèmes semblables chez sa clientèle, qui doute de l'efficacité des interventions en place ou qui se rend compte que des besoins ne trouvent pas de réponse dans les services déjà offerts. Par exemple, l'intervention de groupe est une stratégie fréquemment utilisée par les intervenants qui travaillent avec des parents éprouvant des difficultés avec leur adolescent (Boulanger et Saint-Pierre, 1980 ; Turcotte, 1990). Ces parents ressentent très souvent les mêmes sentiments d'échec, d'impuissance et de culpabilité, et le groupe leur permet de mettre en commun leurs situations et leur vécu, ce qui crée un cadre favorable à l'émergence de l'aide mutuelle. Des groupes pour les enfants exposés à la violence conjugale (Peled et Davis, 1995 ; Beaudoin, Côté, Delisle, Gaboury, Guénette et Lessard, 1998), pour les personnes ayant subi des pertes physiques (Bolduc, 1996), pour les personnes âgées et leurs proches (Toseland, 1995 ; Gélineau, 1983) ou pour les personnes à risque (Greif et Ephross, 1997) sont d'autres exemples de groupes mis sur pied par des intervenants.

Enfin, la demande peut provenir directement de la population : par exemple, lorsque des personnes vivant un problème de même nature demandent la formation d'un groupe. Des organismes de la communauté peuvent également faire le constat de certains besoins communs et collaborer à la mise sur pied d'un groupe.

## La détermination de la nature des services demandés

Lorsque l'intervenant se voit confier la responsabilité de mettre un groupe sur pied ou lorsqu'il envisage cette possibilité, il doit déterminer la nature des services demandés afin de pouvoir adapter son intervention aux attentes et aux préoccupations des membres potentiels. Il a donc intérêt à cerner ce que la personne, le regroupement ou l'organisme qui fait la demande de services considère comme le problème principal, propose comme explication à ce problème, envisage comme solution et attend comme service. Le plus souvent, c'est de façon indirecte et à mots couverts que les préoccupations et les attentes sont exprimées. L'intervenant doit donc être très attentif aux propos des personnes qui font une demande de services. Il est possible, par exemple, que leur intérêt pour l'intervention de groupe soit guidé par des considérations économiques (réduire les coûts en intervenant simultanément auprès de plusieurs personnes) ou politiques (répondre aux pressions du milieu) (Home, 1996). L'intervenant doit être à l'affût de ce type de motivation pour éviter de se trouver devant une mission impossible à accomplir ou de se voir contraint de réaliser une intervention qui ne concorde pas avec ses convictions ou avec celles de l'organisme qui l'emploie.

## L'analyse de l'environnement

Outre la détermination des attentes, l'analyse du contexte dans lequel vivent les personnes concernées par l'intervention envisagée est essentielle. Ces personnes font partie d'un environnement qui exerce une influence sur leurs valeurs, leurs attitudes et leurs comportements. Il est généralement facile de percevoir l'influence de l'environnement immédiat (ou des « microsystèmes », selon les termes de l'approche écosystémique) : la famille, l'école et le milieu d'emploi appartiennent à l'environnement immédiat. Cependant, il faut se concentrer davantage pour cerner l'influence de l'environnement distal : la communauté géographique et la communauté culturelle font partie de ce type d'environnement. L'intervenant doit donc porter une attention particulière à des éléments tels que les caractéristiques sociodémographiques de la population, les particularités géopolitiques et les ressources disponibles. Il doit également s'arrêter à des aspects plus subtils tels que les valeurs, les sensibilités culturelles, l'histoire locale. Par exemple, une intervention de groupe ne se présente pas de la même façon en milieu rural, où la plupart des gens se connaissent, qu'en milieu urbain, où les rapports sont plus impersonnels (Deslandes et Turcotte, 1996). De plus, l'intervenant doit être sensible aux différences culturelles qui existent par rapport à la sollicitation de l'aide et à l'expression des difficultés personnelles (Chau, 1990 ; Legault, 2000). Voici, à titre d'exemples, quelques questions qui peuvent guider l'analyse de l'environnement.

### Questions pour l'analyse de l'environnement

- Quelles sont les caractéristiques de la communauté : densité de population, situation économique, disponibilité des services ?
- Quelles sont les caractéristiques de la population cible : niveau de scolarité, situation de famille, niveau de revenu, situation de l'emploi, niveau de consommation, perspectives de développement ?
- Quelles sont les valeurs et les normes sociales de la population cible : valeurs dominantes, comportements normatifs, aspirations, perception des problèmes sociaux, position face aux services sociaux ?

## L'appréciation du contexte d'intervention

En plus d'acquérir une bonne connaissance de la communauté, l'intervenant doit se mettre au fait des particularités du contexte organisationnel dans lequel s'inscrit son intervention. En plus de porter attention à la mission de l'organisme, à sa philosophie, à ses politiques et à ses ressources humaines et matérielles, il doit s'arrêter sur la culture organisationnelle et l'attitude du personnel à l'égard de l'intervention de groupe. Une bonne analyse des caractéristiques de l'organisme peut permettre de déceler les obstacles éventuels à l'intervention et de déterminer les sources de soutien disponibles. Voici quelques questions qui peuvent guider l'analyse du contexte organisationnel.

### Questions pour l'analyse du contexte organisationnel

- Quelle est la mission de l'organisme ?
- Quelle est la philosophie d'intervention de l'organisme ?
- Quelle place occupe l'intervention de groupe dans cette philosophie ?
- Quelles mesures législatives régissent la mission de l'organisme ?
- Quelles ressources sont disponibles pour l'intervention de groupe (locaux, équipement, argent) ?

## L'évaluation des forces et des besoins

Pour arriver à concevoir une intervention à la fois efficace et attrayante pour les membres potentiels, il est essentiel de bien évaluer les forces et les besoins de la population cible, car c'est sur cette évaluation que s'appuie la définition des objectifs de l'intervention. Bien que la compréhension des besoins soit une condition de l'établissement des buts du groupe (Malekoff, 2004), c'est sur la connaissance des forces que l'intervenant doit miser pour provoquer les changements souhaités (Fraser et Galinsky, 1997; Marsh, 2003; Noble, Perkins et Fatout, 2000; Salleebey, 2002).

Les forces correspondent aux compétences individuelles et aux ressources environnementales sur lesquelles les personnes peuvent s'appuyer pour contrôler leur vie (Hegar et Hunzeker, 1988; Berg, 1996). Si l'utilisation des forces du client est un principe d'action qui se trouve dans les écrits classiques du travail social (Cohen, 2002), c'est parfois un aspect négligé de l'intervention (Early et GlenMaye, 2000). Bien qu'il s'agisse d'une notion complexe, les forces peuvent être divisées en trois catégories: les caractéristiques personnelles ou individuelles, les habiletés sociales qui sont en cause dans les relations interpersonnelles et les ressources de l'environnement (Saint-Jacques, Turcotte et Beaudoin, 2005).

La notion de besoin concerne généralement un manque, un écart, une différence entre ce qui est et ce qui devrait être. On peut apprécier cet écart sous deux dimensions: une dimension objective et une dimension subjective. La première renvoie à une définition du besoin comme nécessité naturelle ou sociale, comme exigence, norme, obligation. En ce sens, la satisfaction du besoin correspond à ce qui est jugé idéal pour le bon fonctionnement d'un individu ou d'un groupe. La seconde dimension s'appuie sur une conception individuelle du besoin; celui-ci n'a d'existence que pour les individus qui le ressentent (Ouellet et Mayer, 2000). Malekoff (2004) distingue trois types de besoins: les besoins normatifs, les besoins spécifiques et les besoins contextuels. Les besoins normatifs sont présents dans une population donnée: les enfants, les adolescents, les personnes âgées. Les besoins spécifiques, quant à eux, reflètent les situations particulières dans lesquelles se trouvent certaines personnes: crises situationnelles ou transitions (placement, abus, violence, etc.). Ces besoins traduisent également la situation de groupes minoritaires en raison, par exemple, de leur orientation sexuelle ou de leur origine ethnique. Enfin, les besoins contextuels sont liés aux échanges entre une personne et son environnement: soutien social, rapports avec les proches, encadrement, voisinage, etc.

Pour évaluer les forces et les besoins, il est essentiel de: 1) cerner comment les problèmes mentionnés se traduisent dans la réalité quotidienne des personnes concernées; 2) déterminer à quels besoins ces problèmes portent atteinte; et 3) déceler les compétences et les ressources sur lesquelles il est possible de miser pour répondre à ces besoins. À cet égard, l'intervenant doit apporter des éléments de réponses à des questions comme celles ici présentées.

 **Questions pour l'évaluation des forces et des besoins**

- Comment se manifestent les problèmes de la population cible dans le quotidien ?
- Quelles sont les autres personnes concernées par la situation ?
- Comment les problèmes sont-ils perçus par les personnes concernées ?
- À quels besoins les problèmes portent-ils atteinte ?
- Quelles sont les compétences personnelles et interpersonnelles des personnes concernées ?
- Quelles sont les ressources disponibles dans l'environnement de ces personnes ?
- Comment activer les forces des personnes concernées pour apporter une réponse aux besoins non comblés ?

## 3.1.2 Le choix de la méthode d'intervention

Une fois l'étude de la demande terminée, l'intervenant doit établir la pertinence de l'intervention de groupe comme réponse à la demande en question. S'il retient cette méthode, il doit ensuite vérifier le type de soutien qu'il pourra obtenir de l'organisme dans la réalisation de cette démarche d'intervention.

### L'appréciation de la pertinence d'une intervention de groupe

La décision de recourir à une intervention de groupe et les choix subséquents en matière de planification doivent être justifiés et documentés. Dans un contexte où l'on considère de plus en plus que l'intervention professionnelle doit s'appuyer sur des données probantes (Thyer, 2003), l'intervenant ne peut se soustraire à la nécessité d'appuyer sa pratique sur des informations qui démontrent empiriquement que certaines actions, entreprises auprès d'une population particulière, sont susceptibles de produire les résultats anticipés. Les données probantes peuvent être définies comme de l'information ou des faits obtenus de façon systématique, c'est-à-dire d'une façon répétable, observable, plausible, vérifiable et globalement défendable (Rycroft-Malone et Stetler, 2004). Comme le souligne Pollio (2002), l'intervention de groupe est avantagée sur ce plan, car plusieurs études ont porté sur l'évaluation de l'efficacité de cette méthode d'intervention.

Il existe de nombreuses méthodes grâce auxquelles un intervenant peut acquérir de l'information sur les interventions qui se sont avérées efficaces avec une population donnée : lecture de revues professionnelles et scientifiques, participation à des congrès et conférences, échanges avec des collègues, évaluation de ses propres interventions, témoignages de clients, etc. L'intervenant a la responsabilité d'accéder à cette information et de l'examiner d'une façon critique (Pollio, 2002).

L'exploration de données probantes sur lesquelles peut s'appuyer l'action est une opération essentielle qui est souvent négligée par les intervenants, notamment parce qu'ils n'ont pas toujours accès aux documents qui leur seraient utiles et qu'ils doivent généralement répondre aux demandes avec célérité. Même si, de prime abord, cette étape semble retarder l'intervention directe, quand on y regarde de près, elle conduit au développement de méthodes d'intervention plus efficaces et elle permet de gagner du temps et d'économiser de l'énergie.

Lors de la recherche de données probantes, il ne s'agit pas de consulter tout ce qui a été écrit, mais il faut prendre connaissance des informations valides et fiables qui justifient la décision de recourir à une intervention de groupe.

Si le fait de s'appuyer sur des expériences antérieures peut aider à gagner du temps en évitant de réinventer la roue à chaque fois, cette démarche est incontournable surtout parce qu'elle offre de meilleures garanties de succès ; elle constitue à cet égard la seule stratégie possible sur les plans moral et éthique (Ainswoth et Hansen, 2005 ; Tierney, 2005).

Évidemment, il est essentiel d'examiner les résultats de recherche et les modèles de pratique à la lumière des caractéristiques particulières de la population visée par le groupe (Howard, McMillen et Pollio, 2003). Ainsi, selon Anderson (1997), la méthode de groupe est particulièrement indiquée lorsque les personnes présentent l'une ou plusieurs des caractéristiques suivantes :

- Elles n'ont pas les habiletés sociales nécessaires pour satisfaire leurs besoins ;
- Elles ressentent des sentiments d'impuissance, d'isolement et de désespoir ;
- Elles se considèrent comme des victimes et se sentent incomprises ;
- Elles se sentent démunies ou le sont effectivement.

Par ailleurs, Heap (1994) avance que la méthode de groupe peut être avantageusement utilisée lorsque l'intervention vise la réduction de l'isolement social, le développement par l'apprentissage social, la prévention d'une crise prochaine ou la préparation à un changement de vie, la résolution de problèmes personnels ou familiaux, ou une meilleure connaissance de soi.

En fait, l'intervention de groupe peut être utilisée dans différentes situations. Dans plusieurs cas, elle peut s'avérer la méthode la plus appropriée en raison des avantages qu'offre le groupe comme contexte d'intervention. En effet, en permettant à des personnes qui sont dans des situations similaires de se côtoyer et de s'aider mutuellement, le groupe offre un cadre qui facilite les changements sur les plans cognitif, émotif et comportemental. L'apport du groupe sur ces trois plans est illustré dans le tableau 3.2.

**TABLEAU 3.2** **Pertinence de l'intervention de groupe**

| Dimension touchée | Apport du groupe |
|---|---|
| **Plan cognitif :** modification de la perception de la réalité | • Facilite la normalisation de sa propre situation.<br>• Permet une réflexion sur soi-même à travers l'image qui est renvoyée par les autres.<br>• Permet d'être exposé à une diversité de façons de voir et d'agir.<br>• Favorise l'identification à des pairs et l'interdépendance. |
| **Plan émotif :** mobilisation de sentiments appropriés | • Facilite l'expression de sentiments fortement réprimés parce que jugés inacceptables sur le plan culturel : rencontrer des personnes qui vivent des situations semblables et en qui il est possible de se reconnaître permet de libérer et de légitimer des sentiments parfois tenus secrets jusque-là.<br>• Apaise le sentiment de solitude par le regroupement de personnes éprouvant des difficultés du même ordre.<br>• Amène la personne à se sentir moins responsable du problème.<br>• Contribue à briser l'isolement.<br>• Offre l'occasion d'avoir un certain statut, ce qui permet d'améliorer l'estime de soi. |
| **Plan comportemental :** établissement réaliste des décisions à prendre et soutien dans les changements de comportements | • Facilite l'apprentissage d'habiletés sociales.<br>• Constitue un contexte propice à la résolution de conflits nés de la rivalité fraternelle, de la dépendance, des désaccords.<br>• Exerce un effet régulateur ou normatif sur le comportement par les critiques et les encouragements qui viennent des autres membres.<br>• Facilite la mise en œuvre des décisions par le sentiment de force collective et la solidarité qui émanent du groupe. |

Toutefois, le groupe peut présenter certains inconvénients. Il peut favoriser la conformité (Corey et Corey, 2002) et la dépendance des membres (Klein, 1972). De plus, en misant sur la transparence, le groupe comporte un risque quant à la confidentialité de l'information qui est échangée. Il peut également faire en sorte que des personnes se retrouvent dans un rôle de bouc émissaire (Konopka, 1983). Enfin, les personnes plus expressives peuvent accaparer toute l'attention au détriment de celles qui sont plus effacées (Yalom, 1995). Les travaux portant sur les expériences négatives vécues en groupe rendent compte des risques que comporte une intervention de groupe mal encadrée (Smokowski, Rose, Todar et Bacaleo, 2001 ; Galinsky et Schopler, 1994).

## La vérification du soutien de l'organisme

Lorsque l'intervenant en arrive à la conclusion que l'intervention de groupe constitue la meilleure stratégie pour répondre aux besoins identifiés, il doit évaluer le type de soutien qu'il pourra obtenir de l'organisme dans la mise sur pied du groupe. L'intervenant doit d'abord évaluer si le groupe envisagé s'inscrit dans les politiques et dans les objectifs de l'organisme. Pour que la méthode de groupe soit acceptée, elle doit porter sur des problèmes qui font partie des priorités de l'organisme et doit être jugée pertinente et efficace. À cet égard, présenter des données probantes qui appuient la décision de former un groupe et faire référence à des expériences réalisées dans d'autres milieux sont des moyens efficaces pour convaincre l'organisme de soutenir la mise sur pied de l'intervention envisagée.

Mais la résistance ne vient pas toujours des gestionnaires de l'organisme ; elle peut également venir des autres intervenants. Il faut être à l'affût des signes qui témoignent de cette résistance et, lorsqu'elle est décelée, il est essentiel d'en cerner les causes. Certains intervenants peuvent craindre que la mise sur pied d'un groupe les oblige ensuite à utiliser cette méthode. D'autres peuvent se sentir menacés dans leur façon d'intervenir par l'introduction d'une méthode différente. D'autres, enfin, peuvent trouver agaçant d'entendre des discussions de groupe ou de voir circuler des groupes de personnes dans les couloirs donnant accès à leurs bureaux. Tous les intervenants n'adhèrent pas à la méthode de groupe et, s'il n'est pas nécessaire qu'ils l'approuvent, il est à tout le moins indispensable qu'ils ne s'érigent pas en obstacles à son utilisation.

Afin d'éviter de soulever des objections systématiques, l'intervenant intéressé à mettre en place une intervention de groupe peut avoir intérêt à adopter une approche stratégique avec ses collègues. Voici quelques attitudes qui peuvent aider en ce sens :

- Éviter de donner l'impression de vouloir à tout prix persuader que l'intervention de groupe est la meilleure méthode ; il est généralement préférable de partager avec les collègues l'analyse de la situation et d'expliquer les motifs qui justifient la décision de faire une intervention de groupe, plutôt que de se présenter comme le porte-étendard de cette méthode ;

- Déterminer les raisons de la résistance de certains collègues, les rendre explicites et les aborder directement, sans porter de jugement ;

- Reconnaître les inconvénients que peut présenter, pour les autres intervenants, la mise sur pied d'une intervention de groupe et prévoir des modalités d'ajustement afin de minimiser ces désavantages.

À la limite, il est souvent de bonne guerre de proposer l'intervention de groupe comme un projet expérimental qui fera l'objet d'une évaluation formelle au terme d'une première mise en application. Cette façon de faire indique que le but visé n'est pas l'institutionnalisation de la méthode de groupe, mais l'élargissement des possibilités qui s'offrent à la clientèle.

Lorsque le soutien de l'organisme est acquis, l'intervenant doit procéder à une structuration initiale de la démarche du groupe en formulant le but et les objectifs, en élaborant le contenu du programme et en amorçant le recrutement des membres potentiels.

# 3.2 La structuration initiale du groupe

Le vocabulaire utilisé en matière de formulation des objectifs comporte plusieurs ambiguïtés. Soulignons d'abord que la distinction entre les termes « finalité », « but » et « objectif » ne tient pas à la nature du résultat visé, mais à son niveau de généralité. Le but correspond au résultat global que l'on se propose d'atteindre (Legendre, 1993) ; il traduit la vision de l'intervenant concernant la fonction du groupe (Henry, 1992). Il se situe à mi-chemin entre les finalités, qui sont de l'ordre du désir ou du vœu, et les objectifs, qui précisent les résultats concrets et mesurables qui sont attendus.

## 3.2.1 La détermination du but et des objectifs

La détermination du but et des objectifs est une étape très importante dans le processus d'intervention, car les décisions subséquentes sur des aspects telles la composition, la durée de vie ou l'ouverture du groupe en découlent. Ainsi, si le groupe vise la résolution de problèmes, il sera nécessaire de s'assurer que les membres font face à des difficultés similaires qu'ils veulent surmonter. Par contre, si le groupe vise surtout l'enrichissement du réseau social des membres, il sera plus approprié de s'attarder sur les habiletés sociales des membres potentiels et de s'assurer que la taille du groupe facilite les interactions.

## Le choix du but

À partir des forces et des besoins décelés et de l'informations recueillie dans les documents consultés, l'intervenant détermine l'orientation qu'il souhaite donner au groupe ; il s'agit d'établir si le groupe sera axé sur le soutien, l'éducation, la croissance, la thérapie ou la socialisation.

Selon Shulman (2006) et Klein (1972), un énoncé précis du but du groupe évite la frustration engendrée par un manque de direction et aide les membres à répondre clairement à la question : Que faisons-nous ici ensemble ? Il fournit de l'information en réponse aux questions suivantes : Pourquoi le groupe se rencontre-t-il ? Comment doit-il travailler ? Quel est l'éventail des objectifs personnels qui peuvent s'y insérer ? (Toseland et Rivas, 2005). Généralement, l'énoncé du but contient de l'information sur la nature du problème ou du mandat pour lequel le groupe est formé, sur les préoccupations de l'intervenant ainsi que sur les besoins individuels et collectifs des membres. En ce sens, il fournit des précisions quant à la manière dont les individus et le groupe vont travailler ensemble. Voici deux exemples de formulations du but :

1) Ce groupe se veut un lieu d'échange sur la réalité des parents d'adolescents et sur la façon d'aborder les difficultés qui se présentent. Chaque parent pourra y amener les difficultés qu'il rencontre avec son enfant et pourra recevoir les commentaires des autres.

2) Ce groupe s'adresse aux hommes qui veulent se défaire de leurs comportements de violence à l'égard de leur conjointe. À partir de la description de ce que chacun vit, le groupe tentera de reconnaître les manifestations de violence et déterminera différentes façons de réagir dans les situations de tension et de conflit.

Le but du groupe doit être formulé dans un énoncé général qui fournit aux membres potentiels de l'information sur ce qu'ils peuvent attendre du groupe. Évidemment, au départ, le but retenu est celui de l'intervenant ; il est donc important qu'il soit partagé avec les membres le plus rapidement possible afin qu'ils puissent se l'approprier.

## La formulation des objectifs

Pour réussir à mobiliser les membres, le but doit, d'une part, susciter leur motivation et maintenir leur engagement et, d'autre part, déboucher sur des objectifs spécifiques qui sont clairs et précis. Lorsqu'il n'y a pas d'objectifs spécifiques ou lorsque ces objectifs sont ambigus, la tension au sein du groupe augmente, la participation diminue, les membres sont distraits et l'élaboration d'idées constructives est laborieuse. Dans une perspective d'appropriation de la démarche du groupe par les membres, la détermination d'objectifs qui traduisent en termes observables et mesurables les résultats anticipés est une opération très importante, car c'est généralement autour des objectifs que se forme la cohésion du groupe (Malekoff, 2004). Pour exercer cet effet mobilisateur, les objectifs doivent être opérationnels, c'est-à-dire qu'ils doivent énoncer clairement les résultats observables qui sont attendus (Johnson et Johnson, 2003).

Les objectifs opérationnels présentent plusieurs avantages. Ils favorisent la communication entre les membres, qui savent dans quelle direction s'orienter et sont capables en tout temps de se situer par rapport aux résultats visés. En outre, les membres peuvent se faire une idée plus précise des tâches à réaliser, des moyens à privilégier et des ressources à utiliser.

Généralement, les objectifs opérationnels correspondent aux objectifs spécifiques. Par ailleurs, dans la mesure où l'atteinte de certains objectifs, même opérationnels, peut s'inscrire sur une longue période de temps, il est souvent nécessaire de les diviser en objectifs intermédiaires ; ces derniers permettent aux membres et à l'intervenant de prendre conscience du cheminement qui se fait. Il est ainsi plus facile pour les membres d'évaluer la qualité du fonctionnement du groupe.

Selon Bertcher et Maple (1977), les objectifs spécifiques doivent être clairs, suffisamment souples pour permettre aux membres d'exprimer leurs préoccupations, réalisables et spécifiques en regard des bénéfices que chaque membre peut retirer. Malekoff (2004) ajoute que les objectifs sont formulés adéquatement lorsqu'ils peuvent être énoncés avec clarté et concision tant par les membres que par l'intervenant, lorsque la compréhension qu'en ont les membres est identique à celle de l'intervenant, lorsqu'ils sont suffisamment spécifiques pour que les membres sachent quand ils auront été atteints et lorsqu'ils sont porteurs d'implications directes pour la démarche du groupe. Johnson et Johnson (2003) suggèrent quelques critères pour évaluer la formulation d'un objectif :

- L'objectif est opérationnel, c'est-à-dire qu'il se traduit par des résultats bien définis, observables et mesurables ;
- Il est significatif, dans la mesure où il correspond à un résultat pour lequel la personne est prête à se mobiliser ;
- Il est pertinent, en regard des besoines et des attentes de la personne ;
- Il est réaliste, en ce sens qu'il est atteignable ;
- Il concorde avec les visées individuelles des membres et, par conséquent, il peut être atteint grâce aux tâches et activités réalisées en groupe ;
- Le membre est mis au défi, mais avec un faible risque d'échec ;
- Le groupe dispose des ressources nécessaires pour atteindre l'objectif énoncé ;
- L'objectif est suffisamment souple pour être modifié en cours de route ;
- L'énoncé situe l'objectif dans le temps, de sorte que les membres ont conscience du temps dont ils disposent pour l'atteindre.

## La préparation de la stratégie d'évaluation

Lorsque les objectifs sont formulés, il est temps de déterminer la stratégie à privilégier pour évaluer l'intervention. L'intérêt de plus en plus marqué en service social pour le développement d'une pratique basée sur des données probantes pose non seulement l'exigence de s'appuyer sur des connaissances valides dans le choix des stratégies d'intervention, mais nécessite également que les intervenants évaluent leurs propres activités d'intervention (Cournoyer et Powers, 2002 ; Janzen, Harris, Jordan, et Franklin, 2006).

L'évaluation est une opération qui doit être planifiée avant même la première rencontre, car elle implique parfois une collecte de données relatives à la situation initiale des participants au groupe. L'intervenant doit notamment s'interroger sur la pertinence de recourir à une évaluation formative, à une évaluation sommative ou à une stratégie combinant les deux types. L'évaluation formative vise la régulation de la démarche d'intervention par l'étude du processus et des moyens qui sont utilisés pour atteindre les objectifs ; elle exige une collecte d'information sur le cheminement des membres et du groupe tout au long de la démarche d'intervention. Pour réaliser ce type d'évaluation, divers outils peuvent être utilisés : journal de bord, grille d'observation, formulaire d'évaluation, etc. (Saint-Jacques, Ouellet et Lindsay, 1994 ; Turcotte et Tard, 2000).

L'évaluation sommative vise à déterminer quels résultats ont été obtenus et quels facteurs ont contribué ou ont fait obstacle à l'atteinte de ces résultats. En intervention de groupe, l'évaluation peut porter à la fois sur le groupe comme entité et sur chacun des membres. Pour évaluer l'efficacité de l'intervention, il faut d'abord déterminer ce sur quoi portera l'évaluation (comportements, connaissances, émotions) et choisir une modalité de mesure appropriée (questionnaire, observation, entrevue, échelle standardisée). Dans ce type d'évaluation, il est fréquent de procéder à une mesure « avant » et « après » l'intervention ; il est donc nécessaire de choisir les outils qui seront utilisés avant même de commencer les rencontres.

L'encadré 3.1 présente la description d'une démarche de groupe précisant le but, les objectifs et la stratégie d'évaluation des résultats. Le texte permet de voir la relation qui existe entre ces différents éléments.

| ENCADRÉ 3.1 | Illustration d'une formulation initiale du but et des objectifs |
| --- | --- |

**BUT DU GROUPE**

Ce groupe s'adresse aux hommes qui veulent se défaire de leurs comportements dominateurs, agressifs ou violents à l'égard de leur conjointe. À partir de la description de ce que chacun vit, le groupe tentera de reconnaître les manifestations de la violence, qu'elle soit physique, verbale, psychologique, sexuelle ou matérielle, et déterminera différentes façons de réagir dans les situations de conflit.

**Objectifs généraux**

- Reconnaître ses comportements violents
- Prendre conscience des effets négatifs de la violence
- Communiquer sans violence avec sa conjointe

**Objectifs spécifiques**

Au terme du projet, chaque participant :

- sera en mesure de distinguer, à partir de descriptions de situations, les comportements violents et les comportements non violents ;
- pourra classer différents comportements selon le type de violence ;
- sera capable de prédire deux conséquences négatives des comportements de violence présentés dans des mises en situation ;
- pourra nommer un comportement remplaçant la violence, dans des situations données ;
- aura éliminé tout comportement violent avec sa partenaire.

**Évaluation**

- Les quatre premiers objectifs spécifiques seront évalués à partir des résultats des exercices qui seront réalisés pendant les rencontres (évaluation formative).
- Le dernier objectif sera évalué à partir d'une grille d'auto-observation que le participant sera invité à remplir chaque semaine à partir de la cinquième rencontre (évaluation sommative).

## 3.2.2 La définition du cadre général du groupe

Une fois les objectifs spécifiés, l'intervenant peut commencer à élaborer le cadre général de son intervention de groupe. Ce dernier doit fournir des précisions sur le programme d'activités, sur la structure du groupe et sur les ressources nécessaires.

### Le programme

Le programme correspond à l'ensemble des activités qui sont rattachées logiquement aux objectifs et qui sont utilisées pour faire cheminer les membres. Il précise ce qui sera fait, comment ce sera fait et pourquoi. Même dans un groupe où la discussion est la démarche privilégiée, il est utile de prévoir certaines activités pour faciliter les échanges ou pour orienter les discussions sur des thèmes particuliers. Évidemment, le niveau de précision du programme dépend du type de groupe qui est envisagé. En fait, chaque groupe pourrait être situé sur un continuum allant de très structuré à peu structuré, le degré de structuration pouvant varier selon les objectifs poursuivis et les caractéristiques des membres. Lorsqu'il s'agit d'amener les membres à acquérir des habiletés spécifiques dans les domaines de la communication, de la résolution de problèmes ou de l'éducation des enfants (groupes d'éducation, par exemple), le groupe structuré est plus adapté.

Par contre, une formule plus souple pourra être utilisée avec les groupes visant la détermination de problèmes, la prise de conscience de ses mécanismes de relation avec les autres ou l'application d'habiletés spécifiques (groupes de soutien et groupes autogérés, par exemple) (Garvin, 1997).

L'élaboration d'un programme est une opération qui implique des prises de décisions quant à la nature des activités, à leur déroulement et à leur évaluation. Des indications plus précises sont présentées dans le chapitre 5, qui traite de la phase de travail, mais retenons maintenant que le contenu du programme doit être élaboré en fonction des objectifs du groupe et des caractéristiques des membres potentiels.

## La structure du groupe

La structure est constituée des éléments concrets qui définissent la nature du groupe. Les principaux éléments d'ordre structurel sur lesquels doit s'arrêter l'intervenant au moment de la planification sont la taille, la composition, l'ouverture, ainsi que la durée et la fréquence des rencontres.

Les décisions sur la taille du groupe comportent une part d'arbitraire, car peu de recherches établissent un lien direct entre la taille et l'efficacité d'un groupe. Toutefois, il est reconnu que la taille influe sur le fonctionnement d'un groupe, notamment en ce qui a trait à la prise de décision et aux interactions entre les membres : plus le groupe est nombreux, plus la participation a tendance à être limitée, plus le consensus est difficile à obtenir, plus l'intimité entre les membres est faible et plus les risques de formation de sous-groupes sont élevés ; par contre, dans les groupes nombreux, les suggestions et les demandes d'opinions sont plus fréquentes (Bertcher et Maple, 1977), et les absences ont généralement moins d'effets. La taille du groupe est donc susceptible d'avoir une influence sur les modes de communication et sur la différenciation des rôles.

Il n'y a pas de règles précises pour décider de la taille d'un groupe. Cela dépend des objectifs visés et des caractéristiques des membres. Le groupe doit être assez grand pour permettre à chacun de se sentir à l'aise de s'exprimer librement et d'être exposé à des perspectives différentes, et assez petit pour donner lieu à l'intimité, à la participation et à la formation d'un sentiment d'appartenance. Selon Amado et Guittet (1991), un groupe de trois personnes peut résoudre un problème logique, un groupe de six personnes peut résoudre un problème pour lequel il existe plusieurs solutions et un groupe de douze personnes peut être très productif et trouver un large éventail de pistes de solution face à un problème complexe.

Mucchielli (1992) indique que pour un groupe de discussion, la taille idéale est de six à huit membres. Un groupe trop petit risque d'être dominé par des points de vue individuels, alors qu'un groupe trop grand exige un mode de structuration plus formel quant à l'attribution des rôles et aux stratégies de prise de décision. Pour un groupe de tâche, cinq membres semble être l'idéal.

Chaque membre peut s'exprimer fréquemment et a ainsi un sentiment de contrôle par rapport à la réalisation de la tâche. Lorsqu'un groupe compte trop de membres, certains ont tendance à se désengager et à rester passifs; l'efficacité du groupe s'en trouve alors diminuée. En outre, des sous-groupes peuvent se former plus facilement. Par contre, si un groupe est trop petit, les membres peuvent se sentir surchargés.

En ce qui concerne les groupes de traitement, Levine (1979) affirme que le nombre idéal est de cinq à six membres. Cependant, selon Yalom (1983), la plupart des intervenants préfèrent des groupes comprenant de six à dix membres. Pour les groupes de croissance personnelle et les groupes de soutien, Heap (1994) croit que la présence de quatre ou cinq membres représente la situation idéale, car un groupe de cette taille facilite l'instauration d'un climat de bien-être et de sécurité affective.

On constate donc que les différents ouvrages sur le sujet établissent autour de sept le nombre suggéré pour un groupe de traitement et autour de cinq le nombre suggéré pour un groupe axé sur la tâche (Toseland et Rivas, 2005; Garvin, 1997; Yalom, 1995). Cependant, comme il existe généralement une préférence chez les individus quant au nombre de personnes avec lequel ils se sentent à l'aise en groupe, il faut chaque fois apprécier la capacité de la population cible à se trouver avec un nombre plus ou moins grand de personnes. Il peut donc être utile d'aborder cette question à l'occasion du contact pré-groupe.

Le tableau 3.3 présente une synthèse des avantages et limites liés à la taille du groupe.

| TABLEAU 3.3 Synthèse des avantages et limites liés à la taille du groupe | |
| --- | --- |
| **Petit groupe (5-7 membres)** | **Grand groupe (8 membres et plus)** |
| • Plus d'interactions entre les membres <br> • Plus d'attention accordée à chaque membre <br> • Intimité plus grande <br> • Pression plus forte pour participer <br> • Effet plus marqué des absences <br> • Animation plus facile <br> • Diversité des comportements et des points de vue moins grande | • Suggestions plus variées <br> • Plus grande expression d'opinions <br> • Risque de formation de sous-groupes <br> • Moins d'interactions directes <br> • Expression plus difficile <br> • Risque de retrait plus élevé |

Lors de la phase de planification, l'intervenant doit également décider s'il est souhaitable que la composition du groupe reste la même pendant toute la durée de l'intervention (groupe fermé) ou s'il est préférable de pouvoir accueillir de nouveaux membres à tout moment (groupe ouvert). Le groupe fermé présente des avantages, par rapport au groupe ouvert, en ce qui a trait à la confiance entre les membres, à la cohésion au sein du groupe, à la stabilité des rôles et des normes, et à la coopération. Les normes y sont plus précises, les rôles plus stables et les liens plus étroits. L'engagement des membres est plus intense, en raison de la continuité et de la proximité des rapports qu'ils entretiennent entre eux. Les membres font preuve d'une plus grande ouverture et abordent plus facilement des aspects très personnels de leur vie. Ce type de groupe est donc particulièrement adapté aux objectifs de soutien et de thérapie. En contrepartie, les absences et les abandons ont généralement un effet plus marqué sur le fonctionnement du groupe ; ils peuvent même mettre en péril l'existence de ce dernier. De plus, en raison de la cohésion plus forte, des pressions importantes risquent de s'exercer dans le sens d'une uniformité d'opinions et de comportements.

Par l'arrivée constante de nouveaux membres, le groupe ouvert s'enrichit de nouvelles idées, de nouvelles valeurs et de nouvelles ressources, de sorte qu'il peut être plus créatif. De plus, l'accessibilité est plus grande, car les personnes peuvent se joindre au groupe en tout temps. Enfin, ce type de groupe est mieux adapté à certains contextes d'intervention, comme les centres de crise ou les centres de transition, dans lesquels il y a continuellement des arrivées et des départs. Par contre, il est plus difficile d'y développer un sentiment d'appartenance. L'arrivée de nouveaux membres peut aussi ralentir, voire interrompre, le cheminement du groupe (Galinsky et Schopler, 1989 ; Schopler et Galinsky, 1990). Les deux principaux défis de l'intervenant qui travaille avec un groupe ouvert consistent à intégrer les nouveaux membres et à développer l'entraide.

La durée de vie du groupe est un autre élément dont il faut tenir compte. Certains groupes peuvent atteindre leurs objectifs en quelques rencontres, alors que d'autres ont besoin de beaucoup plus de temps. On parle de groupe à court terme lorsque les rencontres s'étalent sur moins de trois mois (Garvin, 1997). L'utilisation de ce type de groupe s'appuie, d'une part, sur l'idée qu'une limite de temps peut se révéler un important facteur de motivation et, d'autre part, sur l'idée que plusieurs personnes font des demandes de services pour résoudre des problèmes très particuliers pour lesquels ils s'attendent à des changements rapides (McKay et Paleg, 1992). Le groupe à court terme présente certains avantages : il est plus facile à faire accepter à l'organisme et aux membres potentiels, car il implique un engagement moins important, et il est plus attrayant pour les membres qui y voient l'occasion d'améliorer rapidement leur situation. Par contre, il est plus exigeant pour l'intervenant sur le plan de la préparation des rencontres et de la concentration pendant l'animation (Besson, 1990). En outre, ce type de groupe est moins adapté aux personnes qui ont des problèmes chroniques ou qui présentent des troubles de la personnalité (Garvin, 1997).

Un autre élément à définir au cours de la phase pré-groupe concerne la durée et la fréquence des rencontres. Le choix s'appuie sur les objectifs du groupe et les besoins de la population cible. L'intervenant doit notamment considérer les capacités des membres éventuels et le temps qu'ils peuvent consacrer au groupe.

Les décisions concernant les éléments structurels ne sont généralement pas faciles à prendre. Même si elles doivent par la suite faire l'objet d'une entente avec les membres du groupe, l'intervenant doit les prendre dès le départ à partir de ses connaissances et de ses expériences antérieures afin de définir un cadre général. En résumé, lors de la planification, l'intervenant doit répondre aux questions qui suivent.

**Questions pour la planification**

- Quelle sera la taille du groupe ?
- Quelles seront les principales caractéristiques des membres ?
- Le groupe sera-t-il ouvert ou fermé ?
- Combien y aura-t-il de rencontres ?
- Quelle sera la durée de chaque rencontre ?
- Quelle sera la fréquence des rencontres ?
- À quel moment de la journée le groupe se réunira-t-il ?

## Les ressources nécessaires

L'évaluation des ressources nécessaires à la réalisation des activités du groupe est souvent négligée au moment de la planification d'une intervention de groupe. Pourtant, cela peut avoir un effet considérable sur le développement du groupe et sur le déroulement des rencontres. Si l'intervenant ne peut compter sur les ressources dont il a besoin pour mener à bien son intervention, il doit revoir sa planification. Cependant, il doit éviter de renoncer trop rapidement à son projet sous prétexte qu'il ne possède pas les ressources nécessaires.

Les principales ressources au sujet desquelles l'intervenant a intérêt à discuter avec l'organisme qui l'emploie touchent sa charge de travail, la collaboration de collègues, les locaux et le matériel. Dans tous les cas, il est préférable de formuler des demandes claires dont la pertinence est démontrée.

Concernant sa charge de travail, l'intervenant doit d'abord préciser le rôle qu'il entend assumer au sein du groupe. Cela lui permettra d'évaluer le temps qu'il devra consacrer au groupe en tenant compte non seulement de la durée des rencontres, mais aussi des tâches à effectuer entre les rencontres. La possibilité de coanimer le groupe avec un autre intervenant doit également être envisagée. En effet, ce mode d'animation comporte des exigences de temps et d'énergie qui doivent être prévues dès le départ pour éviter les surprises désagréables. L'intervenant a également intérêt à préciser les autres ressources humaines qui sont susceptibles d'être mises à contribution. Entend-il faire appel à d'autres personnes dans la réalisation de son intervention ? Pour quelles activités? Quelles conditions sont nécessaires pour s'assurer de la collaboration de ces personnes?

En ce qui a trait aux locaux, idéalement, le groupe devrait pouvoir se réunir toujours au même endroit. Cette stabilité favorise l'émergence d'un sentiment d'identité et de permanence. La taille de la pièce doit être adaptée aux objectifs du groupe et aux activités prévues. Une pièce trop grande sera source de distractions et pourra donner l'illusion que le groupe n'a pas de frontières. Par contre, une pièce exiguë créera un malaise et de l'irritabilité, et suscitera de l'anxiété chez les membres qui craignent l'intimité. En outre, la pièce devrait comporter des images ou autres symboles qui ont une signification pour les membres. En fait, l'organisation de l'espace doit être guidée par la préoccupation de réduire les distractions, de favoriser les interactions directes entre les membres et de faire naître la cohésion.

L'intervenant doit également examiner les autres besoins matériels (frais de transport, garderie, photocopies, pauses). Les ressources matérielles et les services concrets qui sont offerts aux membres sont souvent déterminants pour le recrutement et la persévérance dans le groupe, particulièrement avec les clientèles à risque ou à faible revenu (Turcotte, Samson, Lessard et Beaudoin, 1997 ; Turcotte, 1997). L'intervenant doit donc porter une attention particulière aux besoins spécifiques des personnes visées par l'intervention, que cela concerne le transport, l'accessibilité physique, les possibilités de stationnement ou les services de garde. Il ne faut jamais oublier que les conditions matérielles donnent aux membres du groupe des indications sur la façon dont ils sont perçus par l'organisme et par l'intervenant (Toseland et Rivas, 2005). L'encadré 3.2 présente un exemple de description des besoins matériels.

| ENCADRÉ 3.2 | Exemple de description des besoins matériels |
| --- | --- |

**Liste des besoins pour la réalisation de l'intervention**

- L'intervenant consacrera six heures par semaine à l'intervention : deux heures pour les rencontres et quatre heures pour la planification et l'évaluation.
- La même salle de rencontre sera réservée deux heures par semaine pour le groupe.
- L'organisme mettra à la disposition des membres un moyen de transport pour leur permettre d'assister aux rencontres.
- Une secrétaire s'occupera de transcrire le compte rendu des rencontres.
- Les membres pourront utiliser la salle du personnel lors de la pause.
- Le matériel suivant sera disponible pour les rencontres : une radiocassette ayant une bonne sonorité, des cassettes de musique, un calendrier, des crayons et du papier.

**Source :** Adapté de Henry (1992).

### 3.2.3 La présentation écrite du projet

La rédaction d'un document présentant l'intervention projetée constitue une composante essentielle de la planification d'un groupe (Corey, 1989 ; Ohlsen, Horne et Lawe, 1988). Parce qu'un tel document détaille et structure l'information, il facilite la mise en œuvre de l'intervention (Glaser, Webster et Horne, 1992). Il peut être utilisé pour convaincre les instances administratives de la pertinence du projet et pour faire la promotion du projet. Il constitue également un plan d'action qui va aider l'intervenant à préparer ses rencontres avec le groupe.

La taille du document variera selon les circonstances. Si l'intervenant expérimenté peut se permettre de faire la synthèse de son plan d'action en quelques pages, l'intervenant en formation ou peu expérimenté devra généralement produire un document plus substantiel ; il sera alors plus à même de juger de la cohérence de son plan d'action et d'en cerner les forces et les limites. Bien que le contenu du document écrit dépende du contexte d'intervention, il devrait normalement aborder les sujets suivants :

1. Contexte de l'intervention :
   - Particularités de la communauté ;
   - Mission et philosophie de l'organisme ;
   - Programmes, ressources et structure de l'organisme ;
   - Règles de fonctionnement de l'organisme.

2. Caractéristiques de la population cible :
   - Problèmes et besoins exprimés ;
   - Compétences et ressources ;
   - Expériences antérieures d'intervention de groupe.

3. Intervention envisagée :
   - But et objectifs ;
   - Programme envisagé : principales activités ;
   - Structure du groupe : taille, composition, ouverture, durée et fréquence des rencontres ;
   - Modalités d'évaluation du déroulement et des résultats.

4. Ressources nécessaires pour le groupe : local, matériel, collaborateurs.

5. Plan de réalisation et échéancier.

## 3.3   La constitution du groupe

Lorsque l'intervenant a obtenu le feu vert définitif de l'organisme pour réaliser son projet en disposant des ressources dont il aura besoin, il peut passer aux démarches qui vont l'amener à constituer le groupe. La première de ces démarches concerne le recrutement des membres.

### 3.3.1 Le recrutement des membres

Dans certaines situations, l'intervenant peut être appelé à travailler avec des groupes déjà formés ; par exemple, lorsqu'il prend la relève d'un autre animateur ou qu'il intervient auprès de groupes naturels. C'est le cas de l'intervenant qui travaille en milieu scolaire, avec des groupes-classes, en maison de jeunes ou encore avec des associations déjà constituées. Lorsqu'il se trouve dans cette situation, l'intervenant doit rapidement étudier un certain nombre d'aspects tels que l'historique du groupe, les relations entre les membres, le fonctionnement du groupe, les modes de communication et les attentes du groupe à son égard.

Mais le plus souvent, l'intervenant social doit mettre sur pied un *nouveau* groupe et, dans ce cas, il doit procéder au recrutement des membres. Cette opération peut être divisée en quatre grandes étapes : l'identification des membres potentiels, le contact pré-groupe, la sélection des membres et le contrat initial.

#### L'identification des membres potentiels

Les procédures relatives à l'identification des membres potentiels doivent permettre à l'intervenant d'entrer en contact avec un nombre suffisant de personnes pour pouvoir sélectionner celles qui formeront le groupe. Dans le choix de ces procédures, l'intervenant doit relever les sources qui lui fourniront les noms de membres potentiels.

Très souvent, c'est à partir des demandes adressées à l'organisme qui l'emploie que l'intervenant pourra procéder à l'identification des membres potentiels. L'analyse des dossiers des collègues ou de la liste d'attente sera parfois suffisante pour trouver un nombre suffisant de membres potentiels. Lorsque des membres potentiels sont identifiés, il est préférable de les rencontrer ou de les joindre par téléphone, car le contact direct est la méthode la plus efficace (Toseland, 1981).

Mais il est également possible que l'intervenant doive établir des contacts avec d'autres organismes pour obtenir des noms. De plus, le projet de groupe peut être diffusé auprès d'un public plus large au moyen d'un envoi postal ou faire l'objet d'une publicité qui sera affichée dans les organismes de la communauté, dans les endroits publics (supermarchés, églises, centres communautaires), sur les sites Internet pertinents ou dans les bulletins d'information locaux. L'intervenant peut aussi faire connaître son projet en le présentant comme un sujet d'actualité, en envoyant un communiqué de presse, en accordant une entrevue à un journaliste ou en rédigeant un article traitant de la problématique et de son projet de groupe.

Au cours de l'identification des membres potentiels, il est important de s'assurer que les méthodes utilisées sont efficaces : l'information doit être bien présentée, les références doivent être exactes et les noms des personnes inté-ressées doivent être consignés avec soin (Turcotte, 1997). Il est nécessaire de préciser le but du groupe, l'endroit, les dates, le moment, la fréquence et la durée des rencontres, de même que les frais de participation exigés et les commodités offertes. Il est également utile de spécifier sous l'autorité de quel organisme le groupe est mis sur pied. Les encadrés 3.3 et 3.4 présentent deux exemples de messages utilisés pour le recrutement.

---

**ENCADRÉ 3.3** | **Exemple de message de recrutement (1)**

**GROUPE D'AIDE POUR LES PARENTS D'ADOLESCENTS ET D'ADOLESCENTES**

Vous êtes invité à vous joindre à un groupe de parents qui ont un adolescent âgé de 12 à 17 ans. Le groupe discutera des principales difficultés que pose l'éducation à l'adolescence et abordera les sujets d'inquiétude des parents : drogue, sexualité, violence.

**Organisme :** CLSC de la Cité
25, rue Principale

**Animateurs :** Marie Lavoie, t.s. et André Tremblay, t.s.

**Participants :** Tous les parents qui ont un enfant âgé de 12 à 17 ans. Le nombre de participants est limité à 10.

**Moment :** Tous les mardis soir de 19 h 30 à 22 h, du 15 février au 20 avril.

**Commodités :** Un service de garderie est disponible sur place.

**Coût :** 15 $ par couple pour la durée du programme.

**Inscription :** Téléphonez au numéro suivant : _____

---

**ENCADRÉ 3.4** | **Exemple de message de recrutement (2)**

**Correspondez-vous au portrait suivant ?**

Vous êtes une femme et vous vous trouvez dans l'une des situations suivantes :

- Vous vivez un changement de carrière ;
- Vous terminez une relation ou en commencez une nouvelle ;
- Vous êtes une nouvelle mère ;
- Votre dernier enfant vient de partir de la maison ;
- Vous venez de perdre un être cher ;
- Vous vivez un changement majeur dans votre vie.

Alors vous êtes une personne en transition et nous pouvons vous aider.

Communiquez avec l'organisme Nouveau départ et demandez à parler à la responsable du groupe **Femmes en transition.**

Téléphone : _____

---

## Le contact pré-groupe

Lorsque des membres potentiels expriment leur intérêt pour le groupe, un contact pré-groupe devrait être établi avec eux afin de préciser le but du groupe, de faire le lien entre leurs besoins individuels et le but du groupe et de présenter sommairement les procédures et modalités de fonctionnement du groupe (Henry, 1992). À l'occasion de ce contact, qui peut se faire individuellement ou en groupe, l'intervenant transmet aux membres potentiels sa propre vision de leurs besoins et de leurs ressources, et il se renseigne sur leur point de vue concernant leurs problèmes, leurs besoins, leurs attentes.

Il doit cerner leur motivation à faire partie du groupe ; il peut alors les accompagner dans l'exploration des bénéfices qu'ils peuvent en retirer et dans l'appréciation de ce qu'ils sont disposés à investir dans l'intervention en matière de temps, d'énergie et de ressources. Les questions qui suivent peuvent aider le membre potentiel à faire le lien entre ses besoins individuels et le groupe qu'on lui présente.

 **Questions pour le membre potentiel**

- Quelles sont les principales difficultés que vous éprouvez actuellement ?
- Qu'est-ce qui vous inquiète le plus dans votre situation ?
- Quelle aide obtenez-vous maintenant dans cette situation ?
- Quel type d'aide espérez-vous obtenir ?
- Que pensez-vous du groupe qu'on vous propose ?
- Que pensez-vous de la possibilité de partager ce que vous vivez avec des personnes qui éprouvent des difficultés identiques ?
- Quels sujets aimeriez-vous aborder dans le groupe ?

L'intervenant doit également informer les membres potentiels de la façon dont le groupe va fonctionner. La présentation du programme, de son propre rôle et de la contribution qui est attendue des membres sécurise généralement les personnes les plus craintives face au groupe. Shulman (2006) suggère que l'intervenant explique clairement son rôle en précisant qu'il va s'assurer que tout le monde ait la chance de s'exprimer et de participer, dans le respect des besoins et des valeurs de chacun. L'intervenant doit :

- transmettre sa conception du but et du contenu du groupe dans un langage clair, concret et accessible ;
- spécifier les attentes mutuelles (par exemple être actif, être présent, exprimer son point de vue, etc.) ;
- mettre en évidence les possibilités du groupe ;
- souligner l'apport que chacun peut fournir au groupe ;

- cerner les raisons qui pourraient inciter une personne à refuser la démarche proposée ;
- éviter de se laisser guider par son désir de convaincre mais plutôt chercher à susciter la motivation.

Au moment du contact pré-groupe, l'intervenant a l'occasion d'observer les membres potentiels et de recueillir des informations supplémentaires à leur sujet. Il peut ainsi détecter certaines caractéristiques susceptibles de faire obstacle à la dynamique du groupe, par exemple : des besoins, attentes ou objectifs ne concordant pas avec les orientations du groupe, des attributs personnels très différents de ceux des autres membres ou des problèmes d'ordre matériel (transport, disponibilité). Ces informations sont très importantes pour l'étape suivante, soit la sélection des membres.

## La sélection des membres

La sélection des membres doit être effectuée avec le plus grand soin, car elle aura une influence déterminante sur le déroulement et les résultats de l'intervention. Comme l'intervention de groupe tire sa richesse de l'aide mutuelle que les membres peuvent s'apporter, il est nécessaire de s'assurer que les membres du groupe sont dans une situation qui les rend aptes à faire preuve d'accueil, de tolérance et de respect envers les autres.

Bien que les décisions en matière de sélection des membres comportent toujours une part d'inconnu, certaines balises peuvent guider l'intervenant dans sa tâche. D'une façon générale, les membres doivent respecter des conditions minimales pour s'intégrer à une démarche de groupe ; ils doivent être capables d'entrer en communication avec les autres, de s'identifier aux autres membres et d'accepter des opinions, des positions et des comportements différents des leurs. En outre, ils doivent être prêts à collaborer, être en mesure de comprendre leur propre comportement et vouloir apprendre des autres (Toseland et Rivas, 2005). Les personnes qui n'ont pas ces caractéristiques risquent de demeurer isolées et de freiner la dynamique du groupe. Ainsi, il est important d'évaluer la capacité de la personne à fonctionner dans un groupe et à en tirer profit. Il faut pour cela s'intéresser à sa motivation à participer et à l'effet prévisible de sa présence sur la dynamique du groupe. Northen (1988 : 128) formule cette réflexion dans les termes suivants :

- Est-ce que la personne va bénéficier du groupe ?
- Est-ce qu'elle va être capable de participer sans gêner le cheminement des autres membres ?

Outre les compétences individuelles, les similitudes et les différences entre les membres doivent également être prises en considération. Un groupe fonctionnel doit présenter un minimum d'homogénéité entre les membres, afin que la cohésion se développe plus facilement. Si les membres sont trop différents les uns des autres, l'intégration au groupe est difficile et la formation de sous-groupes en compétition les uns avec les autres est probable. Par ailleurs, le groupe composé de personnes trop semblables peut également se révéler non fonctionnel ; il faut un minimum d'hétérogénéité pour qu'existe le dynamisme essentiel au fonctionnement efficace du groupe (Bertcher et Maple, 1977 ; Heap, 1994). Toseland et Rivas (2005) relèvent trois caractéristiques liées à la composition qui se trouvent chez les groupes présentant les meilleures chances de succès :

1. Une homogénéité des buts personnels et de certaines caractéristiques des membres ;

2. Une hétérogénéité des capacités d'adaptation, des expériences et de l'expertise des membres ;

3. La présence de membres qui ont un large éventail d'habiletés et d'expertises.

Bertcher et Maple (1977) suggèrent d'établir une distinction entre les caractéristiques descriptives et les caractéristiques comportementales. Les premières servent à catégoriser les personnes selon leur situation ; l'âge, le statut social, le niveau de revenu, le type d'emploi. Les secondes décrivent la façon dont une personne agit. Ainsi, présenter une personne comme une étudiante en service social, c'est lui assigner une caractéristique descriptive ; dire qu'elle étudie deux heures par jour, c'est lui attribuer une caractéristique comportementale.

Un groupe est plus susceptible de se révéler efficace s'il est homogène quant aux caractéristiques descriptives et hétérogène quant aux caractéristiques comportementales. En effet, le groupe doit présenter une certaine homogénéité pour permettre aux membres de s'identifier aux autres, mais, en même temps, il doit comporter une certaine diversité pour donner lieu à l'échange, à la comparaison et à la stimulation. Il doit donc y avoir à la fois des similitudes et des différences entre les membres pour que le groupe soit efficace. Mais c'est chaque fois un défi de taille de trouver ce juste équilibre entre homogénéité et hétérogénéité. C'est l'idée qui se profile derrière la « loi de la distance optimale », selon laquelle « le groupe doit être homogène sous suffisamment d'aspects pour assurer sa stabilité et hétérogène sous suffisamment d'aspects pour assurer sa vitalité » (traduction libre de Northen, 1988 : 122-123).

Dans l'appréciation de cette distance entre les membres potentiels, il est virtuellement impossible de considérer toutes les caractéristiques des personnes. Il importe donc de cerner celles qui sont les plus critiques pour le groupe par rapport à l'objectif et au fonctionnement. C'est évidemment à chaque intervenant, en fonction du groupe qu'il veut mettre sur pied, de déterminer les caractéristiques pertinentes à considérer dans le choix des membres. En effet, différentes préoccupations peuvent guider l'intervenant : il peut vouloir mettre sur pied un groupe qui offre des modèles de comportements différents, qui expose à une grande variété d'idées ou de stratégies en matière de résolution de problèmes ou encore qui facilite l'émergence de l'aide mutuelle entre les membres. Il doit s'appuyer sur ces préoccupations lorsqu'il établit les critères de sélection.

Il est souvent utile de commencer par dresser une liste exhaustive des caractéristiques des membres, pour ensuite sélectionner celles qui sont les plus pertinentes. Voici une liste de caractéristiques qui peuvent guider l'intervenant dans la sélection des membres :

- L'âge ;
- Le niveau socioéconomique ;
- L'ethnie ;
- Le sexe ;
- Le type de difficultés ;
- Les habiletés sociales ;
- La motivation à participer au groupe.

Certaines variables méritent une attention particulière. Par exemple, avec des enfants, le niveau de développement, la maturité, la capacité d'introspection et les habiletés sociales sont des variables qui doivent être prises en considération. Le bagage socioculturel est lui aussi un élément important à considérer. Un écart trop marqué sur ce plan entre les personnes peut perturber les interactions et la communication au sein du groupe (Klein, 1972), bien qu'en contrepartie la diversité puisse faciliter la compréhension mutuelle et l'apprentissage.

Selon Garvin (1997), deux variables sont particulièrement critiques dans la formation d'un groupe, et ce, quelle que soit la nature du groupe : le sexe et l'ethnie. Un groupe dans lequel une personne est la seule représentante de son sexe ou de sa communauté ethnique doit faire l'objet d'une attention particulière. Cette personne peut avoir le sentiment qu'elle n'a rien en commun avec les autres membres et ces derniers peuvent l'aborder en la considérant comme la représentante de son « groupe ». Bien qu'il n'y ait pas de règle absolue quant à la pertinence de former ou non des groupes multiethniques, l'intervenant doit s'interroger sur l'influence que la culture et le sexe des membres peuvent exercer sur l'évolution du groupe.

Lors du choix des critères de sélection, l'intervenant doit garder en tête que pour survivre et évoluer, un groupe doit à la fois travailler dans un climat positif et progresser vers l'atteinte de son but. Une personne bien organisée, qui fait preuve de leadership ou qui possède des connaissances particulières peut beaucoup apporter sur le plan de la tâche. Par ailleurs, des personnes dont l'attitude est marquée par la tolérance, le respect, l'écoute, le calme et le sens de l'humour peuvent contribuer au maintien d'un climat positif au sein du groupe. Bertcher et Maple (1977) soulignent que les groupes efficaces sont des groupes dans lesquels les membres interagissent, sont compatibles et se montrent réactifs. Les membres interagissent lorsqu'ils parlent entre eux et échangent leurs idées et points de vue ; ils sont compatibles lorsqu'ils partagent un intérêt commun et démontrent un souci des autres ; enfin, ils sont réactifs lorsqu'ils sont intéressés par ce qui se passe dans le groupe et actifs sur le plan de l'aide mutuelle.

Klein (1972) suggère qu'au moment de la sélection, l'intervenant adopte une position très pragmatique en s'assurant que les membres ont les habiletés nécessaires pour communiquer les uns avec les autres, qu'ils sont intéressés à travailler sur leurs problèmes, qu'ils n'ont pas de comportements qui seraient de nature à susciter la méfiance ou le rejet et qu'ils ne présentent pas de traits qui pourraient excéder le seuil de tolérance des autres membres du groupe. Il peut être difficile à cette étape d'annoncer à une personne qu'elle ne pourra pas se joindre au groupe, mais cela le sera davantage après deux ou trois rencontres. Il est donc préférable d'être très vigilant au moment de la sélection des membres.

## Le contrat initial

Au-delà des tâches d'information et de sélection, Malekoff (2004) attribue une autre fonction au recrutement des membres : conclure un premier contrat. Ce contrat est une entente verbale ou écrite entre l'intervenant et chacun des membres. Bien que l'entente verbale soit la plus courante, le contrat écrit présente l'avantage de permettre aux membres, à l'intervenant et au groupe de s'y référer à tout moment pendant la démarche afin de clarifier ou de modifier les éléments conflictuels ou imprécis.

À la conclusion du contrat initial, l'intervenant peut inviter chaque membre à indiquer ce sur quoi il aimerait travailler dans le cadre du groupe. À partir de cette information, il peut reformuler le but et les objectifs du groupe dans des termes qui rejoignent les préoccupations individuelles et collectives des membres. Le contrat initial devrait contenir certaines informations sur les modalités de fonctionnement du groupe, par exemple la durée et la fréquence des rencontres, les exigences en ce qui a trait à l'assiduité, les normes de confidentialité, la participation attendue et toute autre règle. Il peut également fournir des informations sur la composition du groupe, sur le rôle de l'intervenant et sur les autres exigences tels les frais de participation exigés et les commodités offertes.

La participation à un groupe, particulièrement lorsqu'il s'agit d'une première expérience, fait habituellement naître beaucoup d'insécurité chez les membres, qui s'interrogent sur ce qui va se produire. Une communication directe sur la façon dont le groupe va fonctionner et sur le rôle que va y jouer l'intervenant peut avoir un effet rassurant. En étant direct, honnête et ouvert sur sa façon de travailler et sur les règles qu'il entend faire respecter, l'intervenant communique qu'il n'y aura pas de surprises désagréables et d'écarts de conduite dans le groupe. Voici un exemple de message qui peut être inséré dans un contrat initial :

> Ce sera ma responsabilité de veiller à ce que les membres du groupe se respectent mutuellement. Je ne tolérerai donc aucune expression de violence. De plus, je ne pourrai vous soutenir si vous faites des choses qui pourraient nuire à l'atteinte de vos objectifs ou de ceux des autres membres. Mais je vais vous accompagner dans les actions susceptibles de vous permettre d'obtenir ce dont vous avez besoin.

La conclusion du contrat initial est l'occasion de préciser certains aspects éthiques. Les membres ont besoin de savoir quel usage sera fait des informations dévoilées en groupe. Sur ce plan, l'intervenant peut suggérer que le contenu des rencontres ne soit pas discuté à l'extérieur du groupe ni dans les échanges informels. Le contrat peut également préciser quelles informations seront conservées dans les dossiers de l'organisme, l'usage qui en sera fait et, le cas échéant, les politiques en matière de consultation et de conservation des dossiers.

Un autre aspect à clarifier au moment de la conclusion du contrat initial touche les relations entre les membres à l'extérieur du groupe. Les choix en cette matière dépendent évidemment de la nature et des objectifs du groupe. Dans certains cas (groupe de thérapie, par exemple), il pourra être contre-indiqué que les membres se rencontrent à l'extérieur du groupe, alors que dans un groupe de soutien, les contacts à l'extérieur du groupe pourront être favorisés. L'intervenant doit toutefois éviter de communiquer lui-même des informations personnelles sur les membres ; il doit leur laisser l'initiative d'échanger entre eux les informations qu'ils sont disposés à révéler.

L'encadré 3.5 présente un exemple de contrat initial qui a été présenté à des parents d'adolescents à l'occasion du contact pré-groupe.

---

| **ENCADRÉ 3.5** | **Exemple de contrat initial** |

**VOTRE GROUPE DE SOUTIEN**

**Comment nous voyons ce groupe**

- Comme un groupe de soutien et non de thérapie
- Comme un groupe dont le but est d'aider les parents dans leurs relations avec leur adolescent
- Comme un groupe de personnes qui possèdent les ressources nécessaires pour s'entraider face aux difficultés qu'elles éprouvent

Ce groupe peut aider les parents à AGIR adéquatement avec leur adolescent. Il ne peut offrir aucune garantie de solution à toutes les difficultés, mais il va permettre d'échanger des suggestions, de se communiquer de l'espoir et de se soutenir mutuellement pour ce qui concerne son enfant.

**Ce qu'on demande aux membres**

- Une participation active aux rencontres
- Une ouverture aux suggestions des autres
- Une volonté de faire quelque chose, d'agir concrètement
- Du courage et de la persévérance

**Ce que nous attendons de votre part**

- Le respect des autres

La vie privée des autres doit être respectée. Ainsi, les informations dévoilées dans le groupe doivent demeurer dans le groupe.

- Le respect du groupe

L'efficacité du groupe repose sur l'aide que chacun peut apporter aux autres. Si vous voulez l'appui du groupe, vous devez être assidu aux réunions. Le groupe ne peut aider une personne qui ne viendrait qu'en période de crise. Si vous devez vous absenter, le groupe souhaite en être informé. Vous pourrez le faire en communiquant avec la personne suivante :

_____

Pour s'assurer de bien fournir toute l'information aux membres potentiels, Henry (1992) suggère d'utiliser un aide-mémoire spécifiant la nature des éléments à préciser dans le contrat initial. L'encadré 3.6 donne un exemple d'aide-mémoire.

| ENCADRÉ 3.6 | Exemple d'aide-mémoire pour le contrat initial |
|---|---|

Le contrat contient :

- ❏ les sujets sur lesquels les membres veulent et ont besoin de travailler ;
- ❏ des précisions sur le style d'animation de l'intervenant ;
- ❏ des indications sur ce que les membres du groupe peuvent attendre de l'intervenant ;
- ❏ les choses que les membres s'engagent à faire.

Le contrat indique quelles sont les normes concernant :

- ❏ la présence aux rencontres ;
- ❏ la ponctualité ;
- ❏ l'information sur les absences ;
- ❏ les frais de participation et les modalités de paiement ;
- ❏ la participation.

Le contrat précise les dispositions d'ordre éthique relatives à :

- ❏ la confidentialité ;
- ❏ l'accès aux dossiers ;
- ❏ les contacts entre les membres à l'extérieur du groupe.

**Source :** Inspiré de Henry (1992).

### 3.3.2 La préparation de l'intervenant

Lorsque le groupe est formé et que les membres ont accepté le contrat initial, les rencontres sont sur le point de débuter. La dernière étape de la planification consiste, pour l'intervenant, à se préparer pour la première rencontre afin de ne pas se trouver désarmé devant le groupe et incapable de faire preuve d'empathie et de compréhension à l'égard des membres.

Cette préparation finale comporte un volet émotionnel et un volet matériel. Sur le plan émotionnel, l'intervenant a intérêt à réfléchir au vécu des membres concernant leur situation et l'intervention qui va commencer. Il peut s'efforcer de s'imaginer ce que ces personnes ressentent à l'idée de s'engager dans une démarche de groupe et prévoir leurs réactions et leurs résistances. Voici quelques questions qui peuvent guider sa réflexion.

**Questions sur les membres du groupe**

- Quels besoins, espoirs, craintes vont exprimer les membres du groupe ?
- Quels sont les points communs entre ces personnes ?
- Quels sont les aspects de leur réalité qu'il serait utile d'explorer en premier lieu ?
- Comment ces personnes vont-elles se comporter à la première rencontre ?
- Quelle ambiance peut être anticipée : passionnée, déprimée, réservée, angoissée ?

L'intervenant doit également prendre conscience de sa position personnelle par rapport à la réalité des membres et de ses propres sentiments face au groupe. Voici quelques questions qu'il peut se poser.

**Questions sur la position et les sentiments de l'intervenant**

- Connaît-il bien la problématique ?
- Est-il à l'aise dans ce type de situation ?
- La réalité de ces personnes présente-t-elle des similitudes avec des expériences personnelles qu'il a vécues ?
- Se sent-il à l'aise avec l'intervention de groupe ?
- Quels sont ses sentiments concernant cette expérience ?

La préparation des rencontres exige également la mise au point des derniers détails d'ordre matériel. Voici quelques questions auxquelles il est utile de répondre afin de faire en sorte que le déroulement de la rencontre ne soit pas perturbé ou même compromis par des éléments techniques.

### Questions sur la préparation matérielle

- La grandeur de la salle : la salle prévue est-elle adaptée à la taille du groupe et aux activités envisagées ?

- Y trouve-t-on les commodités nécessaires : sièges adéquats, aménagement adapté aux besoins spécifiques des membres (enfants, personnes ayant des déficits, etc.) ?

- Les équipements requis sont-ils disponibles : télévision, ordinateur, etc. ?

- L'atmosphère qui se dégage de la salle est-elle appropriée : éclairage, température, impression générale ?

- A-t-on prévu des ressources pour répondre aux besoins particuliers des membres : accessibilité physique, interprète, garderie, etc. ?

- Les ressources financières nécessaires sont-elles disponibles : matériel requis, installations pour les pauses, etc. ?

## SYNTHÈSE

Il est essentiel de retenir les principales étapes de la planification d'une intervention de groupe : 1) l'analyse de la situation ; 2) la structuration initiale du groupe ; et 3) la constitution du groupe. Les sept opérations qui sont en lien avec ces étapes ne présentent pas toutes la même importance pour la planification d'une intervention de groupe et il est fort possible que, dans certaines circonstances, quelques-unes se révèlent moins pertinentes. Quoi qu'il en soit, l'intervention de groupe, comme toute démarche d'intervention, doit faire l'objet d'une planification soignée pour que les résultats correspondent aux attentes. Au terme de cet exercice de préparation, l'intervenant est prêt à commencer les rencontres de groupe, dont le déroulement se caractérisera par la souplesse, la spontanéité et la rigueur. Le vécu des membres ainsi que le rôle de l'intervenant au cours des premières rencontres sont présentés dans le chapitre suivant.

## EXERCICES

1. Trouvez, dans une revue professionnelle (*Intervention, Nouvelles pratiques sociales, Service social, Social Work with Groups, Éducation et francophonie*), un article qui décrit une intervention de groupe. À partir de ce texte, clarifiez les éléments suivants :

   - Organisme au sein duquel le groupe a été réalisé ;
   - Besoins et forces des personnes qui ont participé au groupe ;
   - Justification de l'intervention de groupe avec ces personnes ;
   - But et objectifs de l'intervention ;
   - Principales activités réalisées ;
   - Stratégie d'évaluation du processus et/ou des résultats.

2. En vous référant à une problématique que vous connaissez déjà, formulez un but et quatre objectifs spécifiques qui pourraient être visés par une intervention de groupe, en les mettant en lien avec les forces et les besoins des personnes confrontées à cette problématique.

3. Quelle serait votre réaction si on vous demandait de participer à l'animation d'un groupe s'adressant aux personnes suivantes :
   - Des pédophiles ;
   - Des adolescentes ayant été victimes d'inceste ;
   - Des conjoints violents ;
   - Des enfants perturbés par la séparation de leurs parents ;
   - Des adolescents présentant des troubles du comportement ;
   - Des personnes âgées qui ont des difficultés d'adaptation à la suite de leur déménagement en maison de retraite.

4. Vous devez aménager un local dans lequel sera réalisée une intervention de groupe s'adressant à des mères d'enfants d'âge préscolaire et dont le but est le développement des compétences parentales. Les mères viendront à ces rencontres avec leurs enfants d'âge préscolaire. Faites la liste des choses à prévoir dans l'aménagement de cette salle.

5. Formulez trois objectifs spécifiques qui pourraient être envisagés avec ce groupe de mères. Vérifiez ensuite dans quelle mesure ils concordent avec les critères de Johnson et Johnson (2003).

## LECTURES COMPLÉMENTAIRES

REID, K.E. (1997). « Establishing the group », dans *Social Work Practice with Groups*. Toronto : Brooks/Cole Publishing Company, p. 167-187. Chapitre 9 de l'ouvrage.

TOSELAND, R.W. et RIVAS, R.F. (2005). « Planning the group », dans *An Introduction to Group Work Practice,* 5e éd. Boston : Pearson/Allyn and Bacon, p. 153-189. Chapitre 6 de l'ouvrage.

GARVIN, C.D. (1997). « The pregroup phase », dans *Contemporary Group Work*. Toronto : Allyn and Bacon, p. 50-75. Chapitre 3 de l'ouvrage.

# La phase de début

Le début d'un groupe est généralement considéré comme l'étape la plus délicate du processus d'intervention, car c'est le moment où les membres se font une première idée de l'intervenant, des autres membres et du groupe. Généralement, lorsque la planification a été réalisée avec soin, le début se déroule sans accroc, bien qu'il y ait de l'anxiété. Cependant, certains aspects doivent faire l'objet d'une attention particulière afin que les membres s'engagent dans la démarche du groupe.

Ce chapitre présente les principaux aspects que l'intervenant doit considérer pour amorcer l'intervention de groupe avec les meilleures chances de succès. Après une description rapide du vécu des membres, trois objectifs sont mentionnés : 1) créer un climat de confiance ; 2) faire prendre conscience aux membres de leurs forces individuelles et collectives ; et 3) favoriser l'émergence des dynamiques d'aide mutuelle. Par la suite, huit activités importantes à cette étape sont décrites. Enfin, le processus de prise de décision en groupe de même que les motifs les plus fréquents d'abandon au cours de la phase de début font l'objet d'une section particulière.

## 4.1 Les caractéristiques de la phase de début

Lorsqu'une personne se présente à la première rencontre d'un groupe, elle est anxieuse. Elle craint de ne pas se sentir à l'aise, elle a peur d'être rejetée, elle s'interroge sur les autres personnes qui seront présentes et sur ce qui va lui être demandé. Bref, elle est craintive, car elle ne sait pas très bien à quoi s'attendre, même si elle a eu quelques informations au moment du contact pré-groupe. En outre, elle a souvent peur que l'intervenant viole son intimité en révélant aux autres membres ce qu'il sait à son sujet (Northen, 1988) et elle a probablement des doutes sur les bénéfices qu'elle pourra retirer de sa participation au groupe ; l'aide individuelle est encore considérée par beaucoup, y compris par les intervenants, comme la méthode la plus efficace pour offrir les services psychosociaux, et ce, même si cette croyance n'est pas soutenue par les résultats de la recherche sur l'intervention psychothérapeutique (Burlingame, Fuhriman, et Mosier, 2003). À cette étape, les expériences de groupe antérieures ont une influence majeure sur les attentes et les appréhensions de chacun ; c'est en effet sur ces expériences que les personnes se fondent pour se faire une première idée de ce nouveau groupe.

Au cours des premières rencontres, les membres sont prudents et hésitants. La participation est limitée et se caractérise par l'ambivalence et la prudence. Les sujets abordés sont généralement superficiels et impersonnels ; les membres échangent plus aisément des informations d'ordre factuel que des propos plus personnels. Préoccupés par la façon dont ils se présentent aux autres, ils sont soucieux de trouver leur place dans le groupe tout en préservant leur individualité (Brown, 1991). Ils procèdent à une évaluation de l'animateur et des autres membres à partir d'indices tels que l'apparence, la teneur des propos, la nature des situations présentées. Ils essaient de déterminer à qui ils peuvent faire confiance et tentent de trouver les personnes avec lesquelles ils pourraient nouer des liens plus étroits. L'attitude est exploratoire et évaluative. Les membres viennent voir qui sont les autres personnes présentes ; ils tentent de prévoir ce que le groupe peut leur apporter et de cerner comment ils peuvent contribuer à la démarche. Lorsque certains membres se risquent à évoquer leurs problèmes, les autres sont portés à avancer rapidement des suggestions et des conseils, voyant dans ce comportement la façon la plus appropriée de leur venir en aide. Pour éviter que ces réactions initiales caractérisées par la prudence et la méfiance se cristallisent, il est essentiel d'amener les membres à découvrir ce qu'ils ont en commun.

## 4.2    Les objectifs de la phase de début

Durant la phase de début, l'intervenant doit aider les membres à percevoir rapidement les bénéfices que leur participation pourra leur apporter et à voir dans le groupe l'occasion de trouver une réponse à leurs besoins. Il est également nécessaire que le groupe amorce la formalisation de son fonctionnement par l'adoption de normes et, le cas échéant, l'assignation de rôles formels. En plus de sécuriser les membres en précisant les paramètres de la participation au groupe, ce premier effort de formalisation leur offre l'occasion de participer à des prises de décisions fondées sur l'intérêt commun et de contribuer à la réalisation d'une première tâche collective ; ces deux éléments font naître chez les membres un sentiment d'engagement à l'égard du groupe (Northen, 1988). Pour que ce regroupement de personnes qui se connaissent à peine devienne un système d'aide mutuelle, l'intervenant doit structurer son action en fonction de trois objectifs :

1. Établir un climat de confiance ;
2. Faire prendre conscience aux membres de leurs forces individuelles et collectives ;
3. Favoriser l'émergence des dynamiques d'aide mutuelle.

### 4.2.1  Établir un climat de confiance

Au cours de la phase de début, l'intervenant a pour objectif d'instaurer un climat de confiance au sein du groupe, afin que tous les membres se sentent suffisamment à l'aise pour témoigner de leur situation personnelle. On voit qu'un climat de confiance a été créé lorsque les membres expriment leurs réactions sans crainte d'être censurés ou d'être jugés, lorsqu'ils participent aux activités, lorsqu'ils n'hésitent pas à faire connaître différents aspects de leur vie, lorsqu'ils acceptent de prendre des risques à l'intérieur et à l'extérieur du groupe, lorsqu'ils s'expriment davantage sur eux-mêmes que sur les autres et lorsqu'ils sont capables à la fois de soutenir les autres membres et d'exprimer leur désaccord (Corey et Corey, 1997). D'un autre côté, la confiance n'est pas établie lorsque les membres formulent des jugements sur les propos des autres, ce qui a pour effet d'inhiber la participation. L'hésitation à se lancer dans une tâche, la difficulté à exprimer ses émotions, la formulation de commentaires négatifs en sous-groupe ou à l'extérieur du groupe sont d'autres indices d'un faible niveau de confiance.

### 4.2.2  Faire prendre conscience aux membres de leurs forces individuelles et collectives

Un des éléments qui contribuent au développement d'un sentiment de confiance est la reconnaissance par les membres de leurs forces individuelles et collectives. Au début de la démarche d'un groupe, les membres ont souvent des doutes sur leur propre capacité à apporter une contribution à la démarche du groupe et sur la capacité des autres membres à leur être utiles, du fait qu'ils sont tous aux prises avec des difficultés. L'intervenant doit donc rapidement faire ressortir leurs forces et leurs compétences en soulignant leurs efforts, en mettant en lumière leurs particularités et en leur faisant prendre conscience de leurs réussites à l'extérieur du groupe.

La reconnaissance des compétences amène les membres à prendre conscience de leurs particularités et de la richesse qu'elles représentent pour le fonctionnement du groupe. Cela permet de créer un climat positif et d'atténuer la méfiance à l'égard du jugement des autres (Walter et Peller, 1992). Les membres doivent sentir qu'il y a une égalité fondamentale au sein du groupe du fait qu'ils ont chacun quelque chose de particulier à apporter, et ce, quel que soit leur statut social. Donc, l'intervenant doit valoriser la contribution de tous les membres et surtout de ceux qui sont les plus effacés.

### 4.2.3 Amorcer les dynamiques d'aide mutuelle

Au-delà des particularités qui font la richesse du groupe, les membres doivent percevoir qu'ils ont des points communs avec les autres : il peut s'agir de leurs inquiétudes concernant le groupe, des difficultés qu'ils éprouvent dans leur vie ou des objectifs qu'ils veulent atteindre. L'établissement de liens entre les réalités individuelles des membres constitue l'élément clé de la formation d'un groupe. En effet, un groupe devient uni lorsque les membres sont conscients des traits communs qui existent entre leurs réalités individuelles respectives.

La première façon pour l'intervenant d'amener les membres à prendre conscience des points qu'ils ont en commun consiste à faire ressortir le lien entre le vécu individuel de chacun et sa présence dans le groupe. Il y a fort à parier que les sentiments, les questionnements et les préoccupations des membres présentent des similitudes. Par ailleurs, en attirant l'attention sur ce qui est vécu « ici et maintenant » dans le groupe, l'intervenant contribue à amorcer un processus qui appartient en propre au groupe. Voici quelques questions auxquelles il peut inviter tous les membres à répondre.

**Questions pour amorcer
les dynamiques d'aide mutuelle**

- À quoi avez-vous pensé en venant à la rencontre ?
- Comment vous sentez-vous maintenant ?
- Quelles sont vos plus grandes craintes actuellement ?
- Qu'est-ce que vous attendez de cette rencontre ?

La seconde façon pour l'intervenant d'amener les membres à prendre conscience des points qu'ils ont en commun consiste à explorer les situations qui les ont conduits à se joindre au groupe. Cependant, sur ce plan, il est généralement nécessaire de dépasser la description des faits pour évoquer les émotions provoquées par les événements. En effet, il peut arriver que les membres d'un groupe aient l'impression de vivre des situations différentes ; l'exploration des sentiments ressentis dans ces situations leur révélera qu'ils vivent la même réalité. Par exemple, dans des groupes de parents d'adolescents, il arrive que la nature des comportements auxquels les parents doivent faire face soit différente. Pour certains, le problème de leur adolescent est sa consommation abusive de drogue ; pour d'autres, ce sont ses difficultés scolaires, ses fugues ou ses démêlés avec la justice. Bien que ces parents éprouvent des problèmes différents, ils ressentent les mêmes sentiments d'impuissance, de désespoir et de culpabilité. Ainsi, ce n'est pas le comportement des adolescents qui les réunit, mais la nature des émotions qu'ils ressentent. C'est la même chose pour les personnes qui vivent la perte d'un être cher. Pour certains, cette perte est la mort d'un enfant ; pour d'autres, c'est le décès du conjoint ou d'un parent. Bien que les situations diffèrent, dans tous les cas, les membres éprouvent les mêmes types de sentiments associés à la perte d'une personne chère.

Généralement, lorsqu'ils sont invités à parler de ce qui les a conduits à se joindre au groupe, les membres ont tendance à énoncer des faits : « Mon enfant présente tels comportements… », « Je vis le décès de mon conjoint », « Je suis ici parce que mon enfant a des problèmes à l'école ». Il est alors nécessaire que l'intervenant tente de favoriser l'expression des sentiments liés à ces situations.

 **Questions pour favoriser l'expression des sentiments**

- Comment vivez-vous cette situation ?
- Pourriez-vous nous dire ce que cette situation vous fait vivre comme émotions ?
- Que ressentez-vous en parlant de cette situation ?

Il est important que les membres prennent conscience du potentiel d'aide mutuelle qui est présent dans le groupe (Steinberg, 2004). Pour favoriser cette prise de conscience, l'intervenant doit encourager les comportements qui s'inscrivent dans les dynamiques d'aide mutuelle telles qu'identifiées par Shulman (2006), à savoir : 1) le partage d'information ; 2) la confrontation des idées ; 3) la discussion de sujets tabous ; 4) la proximité ; 5) le soutien ; 6) les demandes mutuelles ; 7) l'aide à la résolution de problèmes ; 8) la réalisation de tâches difficiles ; et 9) la force du nombre. Ces dynamiques sont décrites dans le tableau 4.1 (page 110).

| TABLEAU 4.1 | Dynamiques d'aide mutuelle |
|---|---|
| **Dynamique** | **Caractéristique** |
| **Le partage d'information** | Les personnes qui vivent des réalités semblables partagent des informations (faits, idées, opinions) et des ressources qu'elles ont trouvées utiles. Elles peuvent ainsi être des personnes-ressources les unes pour les autres. |
| **La confrontation des idées** | Lorsque deux personnes soutiennent des idées contraires, les membres sont amenés à faire leur propre synthèse. Ces différences de points de vue favorisent l'apprentissage. |
| **La discussion de sujets tabous** | Les membres peuvent s'entraider en discutant de sujets tabous. En voyant que certains ont le courage d'ouvrir la discussion, les autres osent plus facilement participer aux échanges sur des sujets délicats. |
| **La proximité : « Toutes et tous dans le même bateau »** | Ce phénomène se produit lorsque les membres prennent conscience qu'ils ne sont pas les seuls à avoir leurs réactions ou à éprouver leurs sentiments ; d'autres personnes ont les mêmes problèmes et ressentent des sentiments identiques. Cette prise de conscience diminue la culpabilité et contribue à accroître l'estime de soi. |
| **Le soutien émotionnel** | Comme les membres vivent des situations semblables, ils sont en mesure de se comprendre les uns les autres et de se soutenir. Le soutien du groupe réduit l'anxiété et favorise l'expérimentation de nouveaux comportements. |
| **Les demandes mutuelles** | Le soutien n'est pas toujours suffisant pour amorcer un processus de changement, d'où l'importance des demandes que les membres s'adressent les uns aux autres. Les membres sont souvent mieux placés que l'intervenant pour interroger les autres, car ils saisissent bien les réactions de défense, les négations et les réactions de protection. Face à la demande des autres, les membres se sentent poussés à aller de l'avant dans leur démarche de changement. |
| **L'aide à la résolution de problèmes personnels** | Les membres du groupe peuvent aider une personne qui vit un problème particulier, parce que le groupe offre un cadre qui facilite les échanges de conseils et de suggestions. En aidant les autres, ils s'aident eux-mêmes, car ils voient dans la situation des autres une variante de leur propre réalité. |
| **La réalisation de tâches difficiles** | Le groupe offre un contexte idéal pour réaliser des tâches difficiles, car cela peut se faire avec le soutien et les conseils des autres. Les membres trouvent ensuite le courage d'effectuer cette nouvelle tâche ou d'adopter un nouveau comportement dans leur vie quotidienne. |
| **La force du nombre** | Lorsque des personnes se trouvent ensemble, elles ont le sentiment d'être plus fortes et ont généralement plus de détermination que lorsqu'elles sont seules. Le groupe suscite la motivation et accroît la conviction de pouvoir agir sur sa réalité. |

En résumé, l'essentiel, lors de la phase de début, est de faire en sorte que les membres arrivent à former un véritable groupe au sein duquel vont pouvoir se mettre en place les dynamiques d'aide mutuelle. Les différentes activités par lesquelles l'intervenant peut arriver à ce résultat sont :

- la présentation des membres ;
- la description de la réalité individuelle des membres ;
- la spécification des objectifs communs et la détermination des objectifs particuliers ;
- la détermination de la position de l'intervenant ;
- l'établissement des bases de fonctionnement du groupe ;
- la structuration du groupe ;
- la stimulation de l'espoir et de la motivation ;
- la formalisation du contrat.

## 4.3 Les activités de la phase de début

### 4.3.1 La présentation des membres

La phase de début doit permettre aux membres du groupe d'établir un premier contact afin que chacun se sente à l'aise de s'exprimer. À cet égard, la première activité, la présentation des membres, est guidée par trois préoccupations : 1) offrir aux membres une première occasion de s'exprimer, en s'identifiant et en précisant ce qui les amène au groupe ; 2) favoriser une première mémorisation des prénoms, élément qui contribue au développement de relations personnalisées entre les membres ; et 3) « briser la glace » entre les membres, d'une part, et entre les membres et l'intervenant, d'autre part. La présentation des membres est une activité plus significative qu'il n'y paraît au premier abord ; c'est, pour les membres, le premier geste de participation dans le groupe. Il faut donc éviter que cette activité soit faite machinalement ou qu'elle soit source de malaise.

Il existe diverses façons de procéder, comme c'est le cas pour toute activité. Par exemple, chaque membre peut être invité à se présenter dans le cadre d'un tour de table. Dans un tel scénario, il est utile de préciser quelle information est souhaitée. D'autres méthodes peuvent aussi être utilisées pour amener les membres à établir un premier contact. En voici quelques exemples :

- Demander à chaque personne de mentionner son prénom et de nommer une de ses caractéristiques personnelles ;
- Inviter chaque membre à faire un dessin ou à nommer un objet qui le représente ;

- Placer les membres en dyades pendant cinq minutes pour leur permettre de faire connaissance ; au terme de cette période, chaque membre de la dyade est invité à présenter l'autre au groupe ;
- Laisser les membres circuler librement pendant quelques minutes en leur demandant de trouver une personne qui possède une caractéristique particulière ;
- Inviter les membres à découvrir deux ou trois faits intéressants à propos des autres, pour ensuite les partager avec l'ensemble du groupe.

C'est à l'intervenant qu'il revient de choisir l'activité la mieux adaptée au groupe. L'important est de faire en sorte que les personnes puissent prendre la parole dans un contexte où elles se sentent à l'aise de le faire et, en même temps, de s'assurer que tout le monde s'exprime, même brièvement. Pour réduire l'embarras des membres, il est souvent utile que ce soit l'intervenant qui se présente le premier. Il propose ainsi un modèle sur la façon de faire ; le risque que la présentation varie trop d'une personne à l'autre s'en trouve alors réduit.

Il est également utile de procéder par étapes. Ainsi, chaque membre peut être invité, dans un premier temps, à donner son nom et l'une de ses caractéristiques en lien avec le motif de sa présence. Par exemple, dans un groupe de parents, chacun peut être invité à donner son nom ainsi que le nom et l'âge de l'enfant avec lequel il éprouve des difficultés. Dans un second temps, chaque membre peut être invité, au cours d'une activité structurée, à exprimer son opinion sur un sujet donné, à réagir à certaines affirmations ou à répondre à certaines questions de l'intervenant. La présentation doit permettre aux membres de nouer entre eux les premiers liens et doit susciter leur intérêt pour le groupe. Il est donc important que l'information échangée ait une certaine signification ; les membres ne doivent pas avoir l'impression qu'ils perdent leur temps et ne doivent pas non plus se sentir bousculés. De plus, le cadre physique doit faciliter le contact direct entre les membres. À cet égard, il est important que le local favorise la proximité tout en étant suffisamment spacieux pour que les membres se sentent à l'aise. De plus, il doit être exempt de sources de distraction (Corey et Corey, 2002).

## 4.3.2 La description des réalités individuelles

Une fois que les membres se sont présentés, l'intervenant doit les amener à se dévoiler un peu plus au groupe. L'intervenant peut d'abord encourager les membres à parler de leurs expériences antérieures en intervention de groupe et à partager leurs sentiments concernant leur présence dans le groupe. Parfois, il est utile que l'intervenant fasse part de ses attentes et appréhensions par rapport à cette expérience qui commence. Il doit solliciter la participation de tous les membres sans se montrer inquisiteur ; il doit accepter les hésitations et les inquiétudes, qui sont normales à cette étape.

Pour amener les membres à se dévoiler graduellement, il peut les inviter à faire part aux autres des motifs qui les ont conduits à se joindre au groupe. Cette description de la réalité individuelle de chacun est une étape importante, car elle va permettre aux membres de découvrir en quoi leurs situations se ressemblent et de dégager un terrain commun. Cette identification des points communs, qui est particulièrement importante dans les groupes de soutien, favorise l'émergence d'un sentiment d'appartenance au groupe : quand les membres se rendent compte qu'ils ne sont pas les seuls à faire face aux problèmes qu'ils rencontrent, ils se sentent moins isolés. L'intervenant peut faciliter la reconnaissance des points communs en relevant les caractéristiques et les préoccupations semblables qui ressortent. Il peut également encourager les membres à discuter de ces similitudes. Ce type de discussion aide les membres à se sentir à l'aise avec les autres et favorise la cohésion du groupe.

Au cours des premières rencontres, les membres sont généralement réticents à donner des informations personnelles. L'intervenant doit donc les amener à parler de leur réalité sans qu'ils se sentent menacés, notamment en mettant l'accent sur les composantes positives de leur vie. Ainsi, il peut les inviter à préciser leurs attentes, leurs appréhensions et leurs préoccupations concernant le groupe. S'ils parlent de la difficulté qu'ils vivent à l'extérieur du groupe, il peut les orienter vers la description d'aspects positifs : leurs réussites, les solutions efficaces qu'ils ont déjà utilisées, leurs compétences. S'il est important de dégager un terrain commun, cela doit se faire progressivement, en respectant le rythme de chacun, car, au départ, les membres sont souvent convaincus d'être les seuls à vivre une situation aussi dramatique que la leur.

La possibilité de partager ses difficultés et ses préoccupations constitue l'une des particularités les plus riches de l'intervention de groupe. Yalom (1995) nomme ce phénomène l'« universalité » ; Shulman (2006) en parle en utilisant l'expression « toutes et tous dans le même bateau ». Quand des individus demandent de l'aide, ils ont souvent l'impression que personne d'autre ne vit la même situation qu'eux. Lorsqu'ils se rendent compte du contraire, ils reprennent confiance en leurs capacités, ils se sentent soutenus et retrouvent l'espoir.

### 4.3.3 La spécification des objectifs du groupe

La spécification des objectifs constitue une autre activité à réaliser au cours de la phase de début. Bien que, généralement, ces objectifs aient déjà été annoncés à l'occasion du contact pré-groupe, il est nécessaire d'y revenir, d'une part pour s'assurer que tous les membres en ont une compréhension commune et, d'autre part, pour obtenir leurs commentaires individuels et collectifs sur ces objectifs. En fait, les objectifs proposés par l'intervenant constituent un point de départ ; ils peuvent être discutés et, au besoin, modifiés pour faire en sorte que les membres y adhèrent et qu'ils puissent y rattacher leurs objectifs personnels. Pour que les membres en viennent à s'approprier les objectifs proposés par l'intervenant, il faut qu'ils soient formulés dans des termes concrets et faciles à comprendre. Il faut éviter les expressions vagues du genre « améliorer le fonctionnement social », ou encore « développer la capacité d'adaptation », et privilégier un langage qui correspond à la réalité des membres.

Les objectifs initiaux, qui traduisent les intentions de l'intervenant, doivent déboucher sur des objectifs individuels qui reflètent les attentes et les besoins des membres. Ces objectifs individuels donnent une couleur particulière aux objectifs communs du groupe en précisant comment ceux-ci se traduiront dans la réalité de chaque membre.

Cet exercice n'est pas anodin, car la participation à la formulation d'objectifs spécifiques qui prennent une couleur particulière pour chacun suscite l'intérêt et la motivation : quand les membres ont une vision claire des objectifs, ils sont moins anxieux et plus susceptibles de s'investir dans le groupe (Toseland et Rivas, 2005). Selon les observations de Garvin, Reid et Epstein (1976), quand les objectifs sont clairement définis, le groupe est plus susceptible de les atteindre. Il faut donc tenter de formuler les objectifs d'une façon opérationnelle, c'est-à-dire en indiquant ce que les membres devraient connaître, faire ou ressentir au terme de leur participation au groupe.

Il est également important que les objectifs soient formulés dans des termes positifs, afin de faire jouer le phénomène de la prédiction créatrice. Des objectifs positifs font naître de l'espoir concernant ce qui sera accompli et permettent aux membres de se représenter ce que sera leur situation au terme des rencontres du groupe (Walter et Peller, 1992). Ainsi, s'il est difficile de se figurer la situation d'une personne qui « se sent moins seule », il est plus facile d'imaginer celle d'une personne qui « entretient des liens hebdomadaires avec des personnes de son entourage », d'où l'intérêt de privilégier une formulation positive et précise. L'intervenant peut inviter les membres à énumérer des critères qui pourraient servir à évaluer si les objectifs ont été atteints. Par exemple, il peut demander : « Comment saurez-vous que vous êtes en voie de réaliser cet objectif ? » ; « À quoi reconnaîtrez-vous que vous l'avez atteint ? »

Au moment de cet exercice, il est essentiel de s'assurer que les objectifs spécifiques concernent des composantes de la réalité sur lesquelles les membres peuvent agir, et non des éléments qui échappent à leur contrôle. Si des personnes se joignent à un groupe avec le projet de provoquer des changements chez les autres, il est fort probable que les résultats de leur participation seront décevants. Par exemple, si des parents s'attendent à ce que leur participation au groupe produise des changements de comportement chez leur enfant, ils risquent d'être déçus, car ni l'intervenant ni le groupe ne peuvent exercer de contrôle sur leur enfant. Par contre, si leur intention est d'entretenir une meilleure relation avec leur enfant, la démarche de détermination des objectifs devrait les amener à cerner des éléments sur lesquels ils ont du contrôle et qui peuvent contribuer à améliorer cette relation. Il faut donc aider les membres à définir des objectifs concernant des aspects sur lesquels ils peuvent agir eux-mêmes, et ce, dès le départ.

À cette étape, le rôle de l'intervenant consiste à faire le lien entre les objectifs initiaux du groupe et les objectifs spécifiques des membres. La définition des objectifs du groupe se présente alors comme le résultat d'un processus d'exploration et de négociation au cours duquel les membres et l'intervenant partagent leur vision respective du groupe (Schopler, Galinsky et Alicke, 1985). Le degré de similitude entre les objectifs personnels de chacun des membres et ceux de l'intervenant varie selon les groupes. Par exemple, dans un groupe composé d'ex-toxicomanes, les membres peuvent s'entendre facilement sur l'objectif de maintenir l'abstinence. Par contre, il peut être plus difficile de définir un objectif commun dans un groupe formé de personnes qui suivent un processus de réinsertion sociale après un séjour en milieu psychiatrique. Le processus de spécification des objectifs peut aboutir à la formulation de trois types d'objectifs : les objectifs centrés sur le groupe, dont l'essentiel porte sur le fonctionnement du groupe ; les objectifs communs aux membres, qui se rapportent aux problèmes et aux préoccupations de tous les membres ; et les objectifs individuels, qui concernent les préoccupations particulières de chaque membre (Toseland et Rivas, 2005).

Définir clairement les objectifs aide l'intervenant et les membres à mettre l'accent sur ce qu'ils tentent de réaliser avec le groupe. À cet égard, la détermination des objectifs précède la phase de travail, puisqu'il s'agit d'indiquer la direction à suivre. Une fois cette direction donnée, il est nécessaire d'expliquer le rôle de soutien que l'intervenant et l'organisme vont jouer auprès du groupe.

### 4.3.4 La détermination de la position de l'organisme et de l'intervenant

Pour aider les membres à se situer par rapport à ce qui leur sera offert et à ce qui leur sera demandé, il est nécessaire de présenter l'organisme responsable de la mise sur pied du groupe. Expliquer sa mission, ses règles de fonctionnement, les services qu'il offre, les exigences qu'il formule aux personnes qui reçoivent des services permet généralement d'éviter des déceptions et des frustrations inutiles.

L'explication de la mission de l'organisme est particulièrement cruciale avec les membres non volontaires qui sont contraints légalement de participer au groupe ou qui subissent des pressions dans ce sens. L'intervenant doit alors exposer clairement les normes de participation et préciser les conséquences possibles de la transgression de ces normes. Cela ne signifie pas nécessairement qu'il adhère totalement à ces normes. Dans certaines situations, il peut même les juger inadéquates ou peu crédibles. Ce qui est alors souhaitable, c'est qu'il engage le groupe dans un processus légitime de changement à l'intérieur de l'organisme. Le succès d'une telle démarche est susceptible de procurer « aux membres et au groupe un sentiment de satisfaction sur le plan de l'estime de soi et de la satisfaction personnelle » (Rothman et Papell, 1990 : 56).

L'intervenant doit également préciser sa position par rapport aux membres, au groupe et à l'organisme. Il doit indiquer comment il entend se comporter dans le groupe, spécifier quel sera son rôle et mentionner quelles actions il entend mener. Slaone (2003), à l'instar de Northen et Kurland (2001), souligne l'importance de partager avec les membres les motifs qui ont conduit à la mise sur pied du groupe ainsi que les différentes étapes qui ont précédé sa formation. La connaissance de l'histoire du groupe contribue à en établir les fondements tout en réduisant l'anxiété et l'ambivalence des membres.

## 4.3.5 L'établissement des bases du fonctionnement du groupe

Durant la phase de début, il est important d'être attentif au climat qui règne dans le groupe. L'intervenant doit faire en sorte qu'il y ait un équilibre entre les aspects émotionnels, c'est-à-dire ce que les membres ressentent, et la tâche, c'est-à-dire ce que le groupe doit faire pour atteindre ses objectifs. Si l'accent est mis exclusivement sur les aspects émotionnels, les membres seront satisfaits de leurs relations avec les autres, mais déçus des progrès accomplis par rapport à leurs objectifs. Inversement, si l'accent est mis exclusivement sur la tâche, il y a un risque que les membres ne se sentent pas respectés. Il n'y a pas de formule magique pour en arriver à un équilibre entre ces deux composantes. Cependant, l'intervenant attentif aux opinions qui sont exprimées et aux émotions qui sont communiquées peut détecter des indices et agir en conséquence. À cet égard, il est utile d'encourager les membres à réagir à ce qui leur est proposé et à ce qui se passe dans le groupe. Si l'intervenant fait un effort constant dans ce sens, les membres se sentiront reconnus et appréciés dans le groupe, et exprimeront plus aisément leur malaise.

Une autre façon de favoriser l'équilibre entre le climat et la tâche consiste à adopter des normes de fonctionnement. De telles normes donnent au groupe une structure, ce qui fait en sorte que les interactions ne sont pas désorganisées, chaotiques, menaçantes ou anxiogènes. Fixer des normes contribue à sécuriser les membres par rapport à ce qui se passe dans le groupe. Ainsi, il est souvent très utile d'aborder rapidement la question de la confidentialité. Les gens sont souvent préoccupés de l'utilisation qui peut être faite des propos qu'ils tiennent dans le groupe. Il est difficile de penser qu'ils vont partager ce qu'ils vivent personnellement s'ils n'ont pas confiance dans les autres et s'ils ne sont pas convaincus de leur discrétion. Le thème de la confidentialité constitue donc l'un des premiers aspects à clarifier sur le plan des normes. Une discussion sur ce sujet offre l'occasion d'aborder les autres normes et de parler des valeurs de base du travail social que sont le respect de la personne, l'autodétermination, la coopération, la participation démocratique. L'établissement de normes en groupe facilite la démarche d'ensemble et favorise l'émergence d'un sentiment d'appartenance. Par exemple, les membres peuvent s'entendre sur des normes telles que les suivantes : être ponctuel, ne pas interrompre la personne qui parle, être respectueux des opinions des autres et être sincère et honnête dans l'expression de ses idées.

L'intervenant doit cependant s'assurer que les normes ne briment pas indûment la liberté des membres. S'il est essentiel que la participation au groupe soit une expérience positive, il est également reconnu que les membres adhèrent aux normes lorsqu'ils considèrent le groupe comme important et significatif. Par ailleurs, si le groupe prévoit des récompenses et des sanctions pour assurer le respect des normes, il doit veiller à ce qu'elles soient appliquées de façon équitable et juste.

Quand un groupe débute, il n'y a pas de sentiment d'appartenance ni de cohésion. Le rôle de l'intervenant consiste à aider les membres à se reconnaître comme des partenaires qui travaillent à l'atteinte d'un objectif commun ou d'objectifs similaires. Tous doivent se sentir en confiance dans le groupe. La définition de normes de fonctionnement y contribue, tout comme la structuration de la démarche du groupe.

## 4.3.6 La structuration du groupe

Il existe différents points de vue quant au type de structure à mettre en place au début d'un groupe. Klein (1970), par exemple, suggère que l'intervenant soit peu directif et laisse les membres cheminer seuls dans la détermination des objectifs du groupe et l'établissement de normes de fonctionnement. Cette approche non structurée, surtout utilisée dans les groupes de croissance dont le but est d'amener les membres à avoir une meilleure conscience de soi, peut se révéler anxiogène. C'est pourquoi son utilisation est moins appropriée avec des personnes en difficulté ou avec des groupes qui disposent d'un temps limité pour atteindre leurs objectifs.

Les tenants de l'approche humaniste vont un peu dans le même sens, mais leur position est plus nuancée. À leur avis, ce n'est pas à l'intervenant de déterminer les éléments de la structure du groupe ; son rôle est d'aider les membres à prendre des décisions démocratiques et à actualiser les objectifs qu'ils se sont fixés (Glassman et Kates, 1990). Cette position périphérique de l'intervenant n'est pas appropriée à toutes les situations. Lorsqu'il s'agit de travailler avec des personnes atteintes de maladies mentales (Yalom, 1983), avec des personnes alcooliques (Levine et Gallogly, 1985) ou avec des personnes ayant des comportements délinquants (Toseland et Rivas, 2005), il est préférable de fixer des limites et d'avoir une démarche bien structurée au départ.

D'autres types de groupes ont avantage à être bien structurés. C'est le cas, notamment, des groupes d'éducation, dans lesquels l'intervenant doit mettre en place une structure qui permet l'apprentissage des connaissances et des comportements qu'il juge utiles. C'est également le cas des groupes à court terme (Besson, 1990) et des groupes centrés (McKay et Paleg, 1992), dans lesquels il est préférable de structurer la démarche de façon à faciliter l'émergence de l'aide mutuelle entre les membres. Comme le précise Shulman (2006), le potentiel d'entraide qui est présent dans un groupe n'émerge pas tout seul. L'intervenant doit faire en sorte que le groupe puisse contourner les obstacles qui peuvent empêcher les membres de s'aider mutuellement.

En règle générale, au cours de la phase de début, il est préférable que l'intervenant occupe une position centrale et qu'il adopte une attitude assez directive afin que les membres voient que la démarche du groupe ne sera pas laissée au hasard. Cependant, il doit se garder de trop contrôler, car les membres doivent prendre des initiatives pour mettre en place une structure de fonctionnement qui leur convient. S'il lui revient de fixer certaines normes initiales, il doit faire en sorte que ces normes puissent être modifiées par les membres pour mieux répondre aux besoins du groupe. Il doit toutefois être particulièrement vigilant au cours des premières rencontres ; les membres entretiennent alors généralement avec lui une relation de dépendance et il doit en être conscient pour adapter son comportement en conséquence.

## 4.3.7 La stimulation de l'espoir et de la motivation

L'un des éléments clés de la participation des membres est la motivation, qui est déterminante pour l'atteinte des objectifs du groupe et des objectifs individuels. La motivation dépend en grande partie des appréhensions et des attentes des membres concernant le rôle de l'intervenant dans le groupe, le processus qui sera suivi et ce qui sera accompli (Toseland et Rivas, 2005). Chaque individu qui se joint à un groupe a un ensemble d'attentes et de préconceptions qui influencent son comportement. Par exemple, si une personne s'attend à ce que ce soit l'intervenant qui décide de tout, il y a peu de chances qu'elle prenne des initiatives dès la première rencontre. Elle pourra même être déstabilisée devant les efforts de l'intervenant pour susciter la participation aux décisions. Ainsi, au fur et à mesure que des précisions sont fournies sur la nature et le fonctionnement du groupe, il est essentiel que l'intervenant aide les membres à cerner leurs attentes, leurs intérêts et leurs préoccupations.

Le fait d'interroger directement les membres sur les motifs qui les ont amenés à se joindre au groupe conduit souvent à une verbalisation de leur ambivalence et de leurs peurs. L'intervenant doit porter une attention particulière aux messages ouverts, de même qu'aux allusions indirectes et aux messages voilés à propos du groupe. Il est important qu'il reconnaisse et normalise ces hésitations, qui ne constituent nullement un obstacle au cheminement du groupe ; elles sont une réaction normale au changement. Discuter ouvertement de l'ambivalence et de l'hésitation quant à la participation au groupe montre aux membres qu'ils ont tous la même réaction, ce qui contribue à dégager un terrain commun. En outre, c'est une excellente stratégie pour aider les membres à faire face à leur ambivalence et à reconnaître les facteurs de résistance à leur participation.

Par ailleurs, au cours des premières rencontres, les membres ont généralement peu confiance dans ce qu'ils peuvent apporter aux autres. Leur incapacité à faire face à leurs difficultés a souvent pour effet de leur faire perdre confiance en leurs moyens. Il est donc essentiel que l'intervenant accorde une attention spéciale aux forces et aux compétences. Le fait de souligner les contributions de chacun et de relever les aspects positifs du fonctionnement du groupe stimule et encourage. Par exemple, l'intervenant peut souligner la capacité d'écoute des membres, leur habileté à s'exprimer clairement à propos de leurs difficultés, leur sensibilité à l'égard des autres, l'éventail de leurs expériences ou leur souci d'apporter de l'aide aux autres. Évidemment, ces messages doivent correspondre à la réalité, mais en portant une attention particulière aux éléments positifs du fonctionnement du groupe, l'intervenant ne peut que relever des aspects qui méritent d'être soulignés.

Reconnaître les compétences des membres permet d'aborder ensuite plus sereinement les obstacles qui sont susceptibles de se présenter. Durant la phase de début, l'intervenant doit aider le groupe à prévoir ces obstacles afin de mieux se préparer à y faire face. Bien qu'il soit essentiel de susciter l'espoir, il ne faut pas pour autant passer sous silence les embûches qui peuvent surgir en cours de route. Les membres doivent se rendre compte que l'intervenant est réaliste et que sa conviction dans leur capacité d'atteindre leurs objectifs ne réside pas dans le fait qu'il ne prévoit pas d'obstacles sérieux ; elle tient plutôt à sa croyance dans la capacité d'action collective du groupe. L'espoir ne découle pas d'une atténuation des problèmes, mais d'une reconnaissance des capacités individuelles et collectives des membres.

## 4.3.8 La formalisation du contrat

Après avoir discuté des différents points énoncés précédemment, notamment les objectifs, les normes et les rôles, le groupe est prêt à formaliser sa démarche dans un contrat. Bien que l'élaboration du contrat soit un processus dynamique et flexible qui débute au moment de la formation du groupe pour prendre fin lors de sa dissolution, une entente formelle sur les principaux paramètres de la démarche du groupe est nécessaire au départ.

L'utilisation d'un contrat repose à la fois sur des préoccupations philosophiques et sur des considérations pratiques. Sur le plan philosophique, le contrat reconnaît explicitement le droit des membres à participer aux décisions concernant le groupe. Sur le plan pratique, en précisant les buts, les méthodes qui seront utilisées et les obligations et attentes respectives, il incite les membres à s'investir davantage dans la démarche du groupe (Brown, 1979) et fournit un cadre de référence pour la résolution des difficultés qui peuvent se présenter ultérieurement. En ce sens, c'est un outil motivant et incitatif, puisque lorsqu'une personne a participé à son élaboration, elle se sent davantage responsable de faire en sorte qu'il soit respecté et qu'il conduise aux résultats escomptés. Au moment de l'élaboration du contrat, il est important d'être réaliste et pratique à propos de la participation attendue et des résultats anticipés (Lindsay, 1991). Il faut également être aussi précis que possible sur ce que le groupe accomplira, sur les personnes qui sont concernées par cette démarche et sur la façon dont les résultats seront évalués.

En intervention de groupe, le contrat lie plusieurs parties : l'intervenant, les membres, le groupe et l'organisme. Il précise les engagements de chacune d'elles et les retombées attendues. Généralement, il devrait fournir des informations relatives aux éléments suivants :

- Les buts du groupe : à quoi sert le groupe ?
- Les résultats individuels attendus : ce que chaque personne entend retirer de sa participation ;
- Le programme d'activités prévu : les méthodes qui seront utilisées (discussions, jeux de rôles), la participation attendue, le caractère volontaire ou non de la participation aux activités ;
- Les composantes structurelles : heure, lieu et durée des rencontres ;
- Les règles de confidentialité : quelle information l'intervenant peut-il communiquer à d'autres organismes ? Quelle information est consignée sur le groupe ? Quelles sont les règles de confidentialité sur ce qui se dit dans le groupe ?
- Les normes de fonctionnement : règles précisant les modalités de fonctionnement, de même que les récompenses et sanctions, s'il y a lieu ;
- Les obligations des diverses parties : engagements de l'intervenant, obligations des membres (assister à toutes les rencontres, payer une contribution) et soutien de l'organisme ;
- Les liens avec les organismes externes (s'il y a lieu) : la personne peut-elle recevoir d'autres services ou participer à d'autres groupes ?

Le contrat, tout en conservant son caractère formel, peut prendre diverses formes. Il peut s'agir d'un document écrit qui est remis aux membres et signé par les parties, ou encore d'une entente verbale formelle. Les documents écrits présentent l'avantage qu'on peut s'y référer au besoin tout au long de la démarche du groupe ; par contre, ils peuvent être moins faciles à modifier. Le degré de souplesse ou de formalisme qui est souhaitable dépend évidemment de chaque groupe ; c'est à l'intervenant de juger de ce qui convient le mieux. Quelle que soit la forme privilégiée, il faut garder à l'esprit que le contrat peut être revu tout au long de la démarche d'intervention. La formalisation du contrat nécessite, au préalable, que le groupe prenne position sur une série de sujets, qu'il s'agisse des objectifs, des rôles, des normes, des sanctions, des activités. Il nous apparaît donc utile d'examiner brièvement le processus de prise de décision en groupe.

# 4.4 La prise de décision en groupe

Tout au long de l'histoire d'un groupe, des décisions doivent être prises concernant les objectifs, les normes, les activités ou les attitudes à adopter dans des situations problématiques (Kurland et Salmon, 1998). La prise de décision est apparentée au processus de résolution de problèmes que Northen (1988) définit comme un processus de pensée réflexive, utilisé pour faire face aux situations complexes et aux difficultés, influencé à la fois par des éléments conscients et par des éléments inconscients, et dans lequel entrent en jeu les émotions et la rationalité. L'objectif ultime du processus de prise de décision est d'arriver à faire des choix éclairés, bien compris et réalistes concernant les actions à entreprendre pour atteindre le résultat visé.

Le groupe est considéré comme un contexte propice à la prise de décision pour plusieurs raisons :

- L'interaction entre les membres favorise l'analyse et la formulation de stratégies variées et complexes ;
- En contexte de groupe, les limites des actions envisagées peuvent être facilement détectées ;
- Le groupe offre un contexte de coopération dans lequel les membres se soutiennent mutuellement et sont donc motivés à atteindre les résultats visés ;
- Les décisions prises en groupe sont souvent plus audacieuses que les décisions prises individuellement ;
- La participation à la prise de décision débouche sur un engagement plus marqué dans la mise en œuvre des stratégies choisies et favorise les changements de comportements et d'attitudes que requièrent ces stratégies ;
- Enfin, les actions complexes sont généralement réalisées avec plus de succès en groupe (Johnson et Johnson, 2003).

## 4.4.1 Les méthodes de prise de décision

Les avantages du groupe comme contexte de prise de décision se présentent cependant sous des traits différents selon la méthode qui est privilégiée. Il existe plusieurs méthodes de prise de décision, dont l'efficacité relative varie selon les contextes. Johnson et Johnson (2003) en distinguent sept auxquelles ils attribuent des avantages et des inconvénients.

## La décision par autorité sans discussion

La décision par autorité sans discussion a lieu lorsqu'il y a prise de décision par l'autorité désignée du groupe, sans consultation des membres. Cette méthode, qui est souvent utilisée dans les organisations, est efficace dans la mesure où elle requiert peu de temps. Cependant, elle ne met pas pleinement à contribution les membres du groupe, et ne tire donc pas profit des avantages qu'offre le groupe comme contexte de prise de décision. En fait, sa pertinence se limite aux situations simples, qui impliquent des décisions de routine et dans lesquelles le temps est restreint.

## La décision par l'expert

Dans certaines situations, le groupe s'en remet à un membre qui possède une expertise reconnue pour prendre les décisions. Outre la difficulté que posent l'évaluation et la reconnaissance de l'expertise, il faut noter que cette méthode ne favorise pas l'engagement des membres. Des oppositions peuvent même se manifester et du ressentiment peut en résulter si l'expertise est contestée ou si la décision prise ne concorde pas avec les vues de certains membres.

## La décision fondée sur la tendance générale

Cette méthode consiste à demander à chacun son opinion individuelle pour dégager une tendance générale. Bien qu'elle ait certains points communs avec les décisions prises par vote, cette méthode s'en distingue par trois aspects : les membres ne sont pas nécessairement invités à se prononcer sur des points précis ; la solution retenue peut avoir été soutenue par une minorité ; et les membres n'échangent pas sur la décision à prendre. Cette méthode est utile lorsque la décision doit être prise rapidement et qu'il est impossible de prévoir une discussion sur le sujet. Par contre, comme elle n'implique pas d'échanges entre les membres, elle ne tire pas profit des avantages qu'offre le groupe comme contexte de prise de décision et peut laisser en suspens des controverses ou des conflits qui vont éroder l'efficacité du groupe.

## La décision par autorité après discussion

Dans certains groupes, la décision est prise par l'autorité désignée après consultation des membres. Le leader désigné présente au groupe le problème à résoudre puis écoute les opinions qui sont exprimées jusqu'à ce qu'il estime en savoir assez pour prendre une décision éclairée. Cette méthode permet de tirer profit de la richesse des opinions qui s'élaborent au fil des discussions. Toutefois, elle ne permet pas nécessairement la résolution des conflits qui se manifestent et peut conduire à une compétition entre les membres, qui vont chercher à impressionner le leader désigné.

## La décision par minorité

Dans des groupes au sein desquels le pouvoir est inégalement distribué, il est possible que certains membres prennent des décisions qui concernent l'ensemble du groupe. Dans certaines situations, ces membres agissent au nom d'un pouvoir qui leur a été donné ; c'est le cas dans les comités de direction ou les sous-groupes auxquels des mandats précis ont été confiés. Mais dans d'autres circonstances, les membres agissent de façon illégitime. Par exemple, ils peuvent proposer une solution inattendue et faire en sorte qu'elle soit retenue par le groupe sans être longuement débattue ou sans être votée. Bien que la décision minoritaire issue d'un pouvoir légitime puisse être d'une certaine utilité lorsque le groupe doit prendre plusieurs décisions dans un laps de temps limité, particulièrement lorsqu'il s'agit de décisions qui n'exigent pas un engagement important des membres, cette méthode de prise de décision est à éviter en général.

## La décision par majorité

Le vote majoritaire est sans doute la méthode de prise de décision la plus courante dans les groupes et les assemblées, de sorte que son utilisation est souvent considérée comme allant de soi. Cette méthode permet d'en arriver rapidement à des décisions et assure l'adhésion du plus grand nombre. Cependant, en dépit de ses avantages, elle n'en comporte pas moins certains inconvénients. Ainsi, elle divise le groupe en gagnants et en perdants, elle encourage la formulation de solutions dichotomiques au détriment des autres solutions qui peuvent exister, et elle suscite souvent une émotivité qui peut faire obstacle à la rationalité. La décision majoritaire peut conduire à la formation d'une minorité qui se sent aliénée par le processus décisionnel et qui va refuser de participer aux actions découlant de la décision prise et, dans certains cas, s'y opposer. Cette méthode ne favorise donc pas la participation de l'ensemble du groupe à l'exécution de la décision.

## La décision par consensus

La prise de décision par consensus est généralement considérée comme la meilleure. Cependant, elle peut exiger beaucoup de temps, car les positions divergentes doivent évoluer vers une position commune. Le consensus peut être défini comme une opinion collective à laquelle ont abouti un groupe de personnes travaillant ensemble dans un contexte d'ouverture et de soutien, chacune ayant le sentiment d'avoir eu la possibilité d'influencer la prise de décision (Johnson et Johnson, 2003). Quand une décision est prise par consensus, tous les membres comprennent la portée de la décision et sont disposés à apporter leur soutien. Cependant, le processus qui conduit à une décision par consensus est souvent jalonné d'obstacles. Selon Nemeth (1977), la prise de décision par consensus se caractérise par un plus grand nombre de conflits et de changements d'opinions, par des débats plus longs et par une plus grande confiance des membres dans la rectitude de leur décision. Cette méthode présente plusieurs avantages : c'est la plus appropriée pour arriver à des décisions innovatrices et créatives qui suscitent un engagement marqué des membres et mettent à contribution les ressources de tous, et pour permettre aux participants d'acquérir des habiletés qui vont contribuer à l'efficacité des prises de décisions ultérieures (Johnson et Johnson, 2003).

## 4.4.2 Le processus de prise de décision

Il est reconnu que l'utilisation systématique d'une séquence de prise de décision peut améliorer l'habileté du groupe à résoudre les problèmes qui se présentent (Richard, 1995 ; Kurland et Salmon, 1998). La séquence la plus fréquemment utilisée s'appuie sur le modèle en cinq étapes de Dewey (1910). Ces cinq étapes sont la définition du problème, l'analyse, l'inventaire des solutions possibles, le choix d'une voie d'action et l'exécution (Richard, 1995 ; Johnson et Johnson, 2003).

### La définition du problème

Au départ, le groupe est face à une situation qui suscite de la gêne ou qui marque une rupture par rapport à ce qui se passait jusque-là. À cette étape, il est important de prendre rapidement conscience du malaise et d'arriver à bien le cerner : plus le problème est défini de façon claire et précise, plus il est facile de déterminer la stratégie à adopter pour le résoudre. Comme les groupes ont souvent tendance à s'engager dans la recherche de solutions avant d'avoir une vision commune du problème, il est important d'accorder une attention particulière à cette étape, qui est la plus difficile. Plusieurs réactions peuvent faire obstacle à sa réalisation : estimer que le problème est clair dès le départ ; poser le problème en termes abstraits ou généraux ; mésestimer l'importance du problème ; prendre des décisions prématurées ; et ne pas être motivé à résoudre le problème.

### L'analyse du problème

À cette étape, le problème est analysé de façon plus précise. Les membres sont invités à exprimer leurs points de vue sur son ampleur, sur ses effets et sur ses causes. Chacun explique sa propre vision du problème. Certaines embûches peuvent se présenter durant cet exercice, notamment le manque d'information, l'absence de communication, la généralisation et la polarisation des positions.

### L'inventaire des solutions possibles

Au cours de la troisième étape du processus de prise de décision, il s'agit de trouver et d'énumérer les solutions possibles en laissant libre cours à l'imagination. Il est important de ne pas évaluer les idées au fur et à mesure qu'elles sont exprimées, de façon à ne pas freiner la créativité, la divergence et la controverse, qui sont essentielles pour en arriver à des solutions originales. L'inventaire des solutions possibles doit se faire dans un climat de tolérance et d'ouverture. Les principales barrières auxquelles le groupe peut se heurter sont la pauvreté des possibilités proposées, l'élimination prématurée et sans évaluation appropriée de certaines voies d'action, la pression pour la conformité, qui contribue à réduire la diversité des idées avancées, et l'absence de procédures pour l'analyse et la synthèse.

### Le choix d'une voie d'action

Une fois que toutes les solutions possibles ont été exprimées et formulées avec des termes précis, le groupe doit choisir une voie d'action qui est réaliste et bien comprise par chacun des membres. Autant que possible, la décision doit être prise par consensus, après que les conséquences prévisibles de chacune des solutions proposées ont été évaluées. Pour éviter les positions défensives et faire une bonne analyse, Janis et Mann (1977) proposent de s'appuyer sur quatre facteurs :

1. Les gains et les pertes prévisibles pour les membres du groupe ;

2. Les gains et les pertes prévisibles pour les personnes significatives, à l'extérieur du groupe ;

3. Le degré d'approbation ou de désapprobation des membres envers eux-mêmes : jusqu'à quel point seront-ils fiers ou honteux s'ils retiennent cette solution ?

4. Le degré d'approbation ou de désapprobation des personnes significatives à l'extérieur du groupe : jusqu'à quel point les personnes de l'entourage des membres seront-elles fières ou déçues si cette solution est retenue ?

### L'exécution

Lorsque les membres se sont entendus sur une voie d'action claire et opérationnelle, qui leur apparaît comme la meilleure, ils doivent être solidaires dans sa mise en œuvre. Si les personnes qui doivent mettre une décision en application ne sont pas convaincues ou ont l'impression de ne pas avoir été associées au processus de prise de décision, elles seront moins actives. Il est donc important que tous les membres du groupe estiment avoir participé à la décision. Afin de faciliter l'exécution, Abravanel (1986) suggère d'établir l'ordre des étapes à suivre, d'assigner des rôles et d'utiliser une méthode qui minimisera les inconvénients tout en maximisant les avantages. Richard (1995) mentionne quatre obstacles qui peuvent se présenter à cette étape : l'absence de consensus sur l'action à entreprendre ; une mauvaise estimation des difficultés liées à l'exécution ; un manque de clarté dans la répartition des tâches ; et l'abandon à un sous-comité de la tâche de planification de l'action. Après coup, pour estimer la pertinence de la solution retenue, le groupe doit vérifier si l'action a été réalisée correctement et examiner ses effets. À cet égard, il a intérêt à établir certains critères.

## 4.4.3 Les caractéristiques des prises de décision efficaces

Si le groupe doit s'arrêter à examiner l'exécution et les effets de ses décisions, il doit également prendre le temps d'analyser le processus de décision lui-même. En effet, les prises de décision peuvent constituer pour un groupe des occasions d'évoluer, mais elles peuvent aussi constituer des freins. Selon Johnson et Johnson (2003), les prises de décision efficaces présentent cinq caractéristiques :

1. Les ressources du groupe sont totalement mises à contribution ;

2. Le temps est bien utilisé ;

3. La décision prise est adéquate ;

4. L'action est menée jusqu'au bout et met à contribution tous les membres ;

5. Les habiletés de prise de décision du groupe se sont accrues.

Cependant, les prises de décision ne présentent pas toujours ces caractéristiques. En fait, un groupe peut se heurter à plusieurs problèmes dans sa démarche. Certaines difficultés ont trait au processus lui-même, qui peut être escamoté ou mal suivi. Certaines sont attribuables aux membres du groupe. D'autres, enfin, sont liées au fonctionnement du groupe.

Dans certaines circonstances, le processus de prise de décision débouche sur un résultat mitigé parce que les membres adoptent rapidement leur façon habituelle de résoudre les problèmes, ne font pas l'effort de passer en revue les différentes possibilités ou encore font une piètre appréciation des propositions. Certaines étapes du processus étant absentes, la décision qui en résulte risque d'être moins appropriée à la situation.

Il arrive également que l'attitude et les particularités de certains membres du groupe nuisent à la prise de décision. Certaines études indiquent que lorsque les membres ont une attitude égocentrique et ne font pas preuve d'ouverture et de compréhension, la décision risque d'être de moindre qualité. Plus les membres se cramponnent à leur position et refusent de considérer les perspectives proposées par les autres, moins le processus de prise de décision est efficace. Ce dernier sera également touché par la présence, au sein du groupe, de membres qui ne possèdent pas les habiletés nécessaires ou qui ne sont pas bien intégrés, notamment parce qu'ils manquent de confiance en eux, ont un faible statut ou ont de la difficulté à s'exprimer verbalement.

Certaines caractéristiques du fonctionnement du groupe peuvent également avoir une influence sur la prise de décision. C'est le cas, notamment, de la taille et de la composition du groupe. Dans certaines situations, quelques personnes suffisent pour prendre une décision, alors que dans d'autres, il est préférable d'avoir plusieurs avis. La taille du groupe est importante pour plusieurs raisons. Tout d'abord, plus les membres sont nombreux, plus le temps de parole de chacun est limité. Ensuite, moins les membres estiment que leur contribution individuelle est essentielle, plus ils se désintéressent de la tâche à exécuter ou de la décision à prendre. De plus, lorsque le groupe compte plusieurs membres, il faut souvent consacrer beaucoup de temps et d'énergie à la planification du processus. Par ailleurs, le sentiment d'appartenance, qui est généralement lié à la taille du groupe, influe sur la participation des membres. Enfin, dans un petit groupe, il est souvent plus facile de faire respecter les normes, ce qui assure une meilleure participation au processus de prise de décision. Par contre, si le groupe est si petit qu'il devient très homogène, la capacité d'imaginer des scénarios diversifiés de solutions face aux problèmes qui se présentent est réduite.

Lorsque, dans un groupe, il y a une forte cohésion, la qualité des décisions qui sont prises peut être altérée par ce que Janis (1982) appelle la « logique groupale » (*groupthink*). Ce phénomène correspond à la pression collective dans le sens de l'unanimité, qui diminue la motivation des membres à évaluer avec discernement et réalisme les différentes possibilités. Ainsi, les membres limitent les discussions pour éviter les désaccords et les conflits et tentent rapidement d'en venir à une entente autour du point de vue exprimé par le leader. Certains éléments caractérisent la logique groupale : l'autocensure, qui amène chaque membre à minimiser ses doutes face au consensus apparent ; l'illusion de l'unanimité, attribuable au fait que chacun interprète le silence des autres comme une adhésion ; la pression directe qui s'exerce sur les indécis et les dissidents ; l'illusion de l'invulnérabilité, caractérisée par l'optimisme et la prise de risques excessifs ; l'illusion de moralité, qui conduit les membres à ignorer les considérations éthiques et à présumer que leur action est moralement justifiée ; et la réduction des différences à des stéréotypes, par laquelle les opposants sont dénigrés et présentés comme des individus trop stupides pour comprendre les enjeux de la situation ou trop mal intentionnés pour mériter d'être entendus (Johnson et Johnson, 2003).

À l'opposé du groupe trop uni, dont la réflexion risque d'être marquée par la logique groupale, il existe des groupes qui sont incapables de prendre des décisions éclairées parce qu'ils n'ont pas atteint un niveau de maturité suffisant pour faire face aux problèmes qui se présentent. Pour être en mesure de prendre des décisions adéquates, les membres ont besoin de temps et doivent avoir acquis, en tant que groupe, une certaine expérience de travail en commun. En fait, les groupes sont des systèmes qui évoluent et se transforment avec le temps. Leur niveau de développement a une influence certaine sur leur capacité à prendre des décisions et à résoudre les problèmes complexes. C'est pourquoi on ne peut analyser le processus de prise de décision sans tenir compte du stade de développement atteint par le groupe. Si les prises de décision contribuent à l'évolution d'un groupe, elles sont également tributaires de cette évolution.

## 4.5　Les abandons

Comme la phase de début est déterminante quant au choix des individus de s'investir dans le groupe, il est utile de rappeler quelques motifs qui peuvent expliquer la décision de certains membres de ne pas poursuivre leur démarche. Dans une perspective d'amélioration des services, il est essentiel pour les intervenants d'analyser les abandons et leurs motifs.

En raison de l'importance du but du groupe, l'intervenant se penchera sur ce point et sur les attentes de celui qui part. La situation de ce dernier a-t-elle changé depuis les contacts initiaux ? Les objectifs définis en groupe ne correspondent-ils plus à ses attentes ? Estime-t-il que les bénéfices escomptés sont insuffisants par rapport à l'énergie nécessaire ?

Parfois, la décision d'abandonner peut tenir à des facteurs externes tels les conflits d'horaire, l'impossibilité de se libérer, l'absence de services (transport, stationnement, accès). L'intervenant peut alors chercher des solutions avec la personne. Avec les clientèles difficiles à joindre, il est souvent possible d'augmenter sensiblement le taux de participation en offrant des services comme le transport et le gardiennage.

Il peut arriver qu'une personne abandonne parce qu'elle se sent trop différente des autres. Elle a l'impression de ne pas vivre la même réalité qu'eux. Cette situation est particulièrement fréquente lorsque certains membres présentent des attributs descriptifs qui les distinguent des autres. La présence de quelques hommes parmi un groupe de femmes, de quelques jeunes parmi un groupe de personnes âgées ou de personnes économiquement démunies parmi des gens à l'aise financièrement peut expliquer que des abandons se produisent. Comme les abandons ont souvent un effet démobilisateur sur le groupe et sur l'intervenant, il est préférable de prévenir ces situations en apportant une attention particulière aux critères de sélection du groupe.

Un autre motif d'abandon a trait aux problèmes d'intimité. Certaines personnes se sentent parfois mises à l'écart par les autres parce qu'elles veulent s'ouvrir rapidement ; elles ne se sentent pas accueillies. D'autres, au contraire, vivent leur présence dans le groupe comme une menace à leur vie privée ; elles craignent d'être envahies dans leur intimité.

Enfin, et c'est particulièrement vrai dans des groupes de thérapie et de soutien, certaines personnes abandonnent parce qu'elles sont trop affectées par les émotions des autres. Elles ont peur de la contagion émotionnelle. Bien que cette crainte s'estompe généralement après quelques rencontres, plusieurs personnes abandonnent avant. Pour éviter un tel phénomène, il est préférable de bien préparer les personnes à leur participation au groupe.

## SYNTHÈSE

La phase de début correspond ainsi aux premiers moments de participation des membres dans le groupe. Durant cette phase, l'intervenant a un rôle central. Il doit permettre aux membres de vivre au mieux leur ambivalence et leurs craintes en fournissant une structure et une direction. Pour que le groupe puisse passer d'un regroupement de personnes qui se connaissent à peine à un système d'aide mutuelle, l'intervenant doit atteindre trois objectifs : 1) créer un climat de confiance ; 2) faire prendre conscience aux membres de leurs forces individuelles et collectives ; et 3) favoriser l'émergence des dynamiques d'aide mutuelle. Comme cette phase est déterminante quant à la décision des membres de faire partie du groupe et de s'investir, c'est souvent le moment où se produisent les abandons. Pour les éviter et faire en sorte que la phase de début débouche sur un engagement réel des membres envers le groupe, l'intervenant doit faciliter l'établissement de liens de confiance et doit amener les membres à voir clairement ce que le groupe pourra leur apporter. Lorsque ces conditions sont respectées, le groupe peut s'engager dans la réalisation des activités qui le conduiront à l'atteinte des objectifs. Cela constitue l'essentiel de la phase de travail qui est présentée au chapitre suivant.

1. Pensez au dernier groupe de personnes auquel vous vous êtes joint (un groupe-classe, une équipe de sport, un groupe informel). Faites la liste des questions que vous vous posiez lors de votre premier contact avec ce groupe.

2. Déterminez à quelle citation correspond chaque dynamique d'aide mutuelle.

   a) Soutien émotionnel

   b) Force du nombre

   c) Partage d'information

   d) Demande mutuelle

   1) « Heureusement que je peux parler de cette situation dans le groupe. Ça me soulage d'en parler et de sentir que vous me comprenez. »

   2) « J'aime ça quand tu parles des problèmes que tu as vécus et des moyens que tu as pris pour t'en sortir. Ça me donne de bonnes idées. »

   3) « Merci pour votre aide. Si j'ai réussi à tenir mon bout, c'est parce que je vous sentais toutes derrière moi. »

   4) « Je sais bien que tu as essayé, mais tu n'as pas réussi. Alors, tu devrais essayer autre chose et nous en reparler la semaine prochaine. C'est important de persévérer. »

3. Pour chacun des groupes suivants, formulez trois normes qui seraient utiles pour encadrer le fonctionnement du groupe :
   - Un groupe axé sur le développement des habiletés sociales s'adressant à des adolescentes en difficulté ;
   - Un groupe de thérapie pour conjoints violents ;
   - Un groupe de soutien pour les proches aidants de personne souffrant de troubles mentaux.

4. En vous référant à des situations que vous avez vécues, donnez un exemple de prise de décision par :
   - consensus ;
   - autorité ;
   - majorité.

5. Pensez à un contexte ou à une situation où aviez l'impression d'être très différent des autres personnes présentes. Qu'est-ce qui vous donnait cette impression d'être aussi différent ? Comment avez-vous réagi face à cette situation ?

**LECTURES COMPLÉMENTAIRES**

GARVIN, C.D. (1997). « Beginning a group », dans *Contemporary Group Work*. Toronto : Allyn and Bacon, p. 76-98. Chapitre 4 de l'ouvrage.

HEAP, K. (1987). « La première réunion », dans *La pratique du travail social avec les groupes*. Paris : ESF, p. 65-74. Chapitre 4 de l'ouvrage.

TOSELAND, R.W. et RIVAS, R.F. (2005). « The group begins », dans *An Introduction to Group Work Practice*, 5e éd. Toronto : Allyn and Bacon, p. 191-218. Chapitre 7 de l'ouvrage.

# La phase de travail

Lorsque commence la phase de travail, plusieurs éléments sont déjà en place. L'intervenant s'est en effet entendu avec les membres sur le but et les objectifs, le contenu et les principales normes de fonctionnement du groupe. En outre, les membres sont en mesure de situer leurs propres objectifs par rapport à la démarche collective. Par ailleurs, les processus dynamiques du groupe commencent à prendre forme : les modèles de communication se dessinent peu à peu, la cohésion s'établit graduellement au fur et à mesure de la mise en place des normes et des rôles, et il est possible de percevoir les premiers traits de la culture du groupe. Les membres s'investissent davantage ; ils s'écoutent mutuellement et commencent à se soutenir. L'individualisme initial fait place à un sentiment collectif («nous») qui s'accompagne d'une meilleure cohésion et d'un plus grand esprit de coopération.

Mais cette phase se caractérise également par des malaises, des remises en question et des conflits. Lorsque la phase de travail débute, les membres sont encore dans un processus d'exploration : ils cherchent à se situer dans le groupe, ils évaluent les autres et ils tentent d'établir leur pouvoir, leur statut et leurs rôles. Il n'est pas exceptionnel que le contrat soit alors remis en question par certains membres qui cherchent ainsi à s'affirmer. D'autres vont faire preuve d'une plus grande indépendance, osant exprimer ouvertement des opinions contraires à celles de l'intervenant et du reste du groupe (Malekoff, 2004). Ces manifestations sont le signe que les membres commencent à se sentir suffisamment à l'aise pour exprimer leurs propres besoins et leur vision personnelle du groupe ; elles témoignent d'un sentiment de confiance croissant dans les autres, dans l'intervenant et dans le processus du groupe.

Au cours de la phase de travail, la productivité du groupe atteint généralement son point maximal. Les membres sont davantage orientés vers l'action et ils consacrent leur énergie à l'atteinte des objectifs énoncés dans le contrat.

En outre, on peut s'attendre à ce qu'ils osent davantage exprimer leurs émotions et parler d'eux-mêmes, de leurs expériences, de leurs opinions et de leurs convictions. On peut également prévoir qu'ils s'adresseront plus directement les uns aux autres, tout en étant moins préoccupés par les attentes de l'intervenant. Si les remises en question et les conflits peuvent encore émerger, ils ne sont plus considérés comme une menace, mais comme une situation normale à laquelle il est possible de faire face. Les membres expriment habituellement leurs désaccords et leurs émotions négatives avec plus d'aisance, sans crainte de briser le groupe ou d'être rejetés par les autres.

Durant la phase de travail, la principale tâche de l'intervenant consiste à aider les membres et le groupe dans son ensemble à atteindre leurs objectifs. Son action vise principalement à définir les paramètres de la démarche du groupe et à aider les membres à se situer par rapport au cheminement du groupe. Ce chapitre présente les trois tâches principales que l'intervenant est généralement appelé à remplir à la phase de travail :

1. Guider la démarche du groupe ;
2. Aider les membres à atteindre leurs objectifs ;
3. Évaluer le cheminement des membres et du groupe.

## 5.1 Guider la démarche du groupe

Durant la phase de travail, l'intervenant doit porter une attention continue aux besoins du groupe et des membres afin de veiller à ce que le contenu des rencontres soit adapté à leur réalité. Bien que le type de préparation varie selon la nature du groupe, il est nécessaire que l'intervenant s'assure que la rencontre sera profitable pour les membres et qu'elle les fera cheminer vers leurs objectifs. Il doit donc préparer chaque rencontre minutieusement. Dans un groupe très structuré, comme un groupe d'éducation, il est possible que le contenu de chaque rencontre ait été établi au moment du contrat initial. Le rôle de l'intervenant sera alors d'organiser les activités prévues en se procurant le matériel nécessaire, de préparer des exercices adaptés au contenu de la rencontre et de prendre contact avec les personnes-ressources pressenties pour venir donner de l'information. Dans un groupe moins structuré, l'intervenant aura généralement à préparer chaque rencontre en fonction des besoins immédiats qu'il percevra chez les membres et selon les attentes exprimées.

### 5.1.1 Préparer les rencontres

La préparation des rencontres requiert une attention particulière lorsque des activités structurées sont prévues. Bien que le recours à des activités remonte aux origines du service social des groupes, lorsque l'intervention gravitait autour de l'éducation structurée et des activités de loisirs, certains intervenants remettent en question son utilité, particulièrement avec les adultes, pour lesquels ils trouvent les échanges verbaux et les discussions plus appropriés. Ainsi, les points de vue diffèrent sur l'importance relative qui doit être accordée à l'action par rapport à la discussion. Cependant, il est largement reconnu que, lorsqu'elles sont soigneusement préparées, les activités peuvent être d'une grande pertinence dans le cheminement du groupe (Toseland et Rivas, 2005).

Les activités correspondent aux moyens concrets, autres que les échanges verbaux, qui sont utilisés pour favoriser les interactions ou les apprentissages dans un groupe. Les arts d'expression (peinture, danse, chant, théâtre), les jeux, les exercices, de même que les activités sociales ou récréatives, en sont quelques exemples. Pour Middleman (1982), les activités constituent le moyen par lequel les relations entre les membres s'établissent, et les besoins et intérêts du groupe et des membres sont satisfaits. Bien que les termes « programme » et « activité » soient parfois utilisés indistinctement, la notion de programme a une portée plus large. Ainsi, le programme est généralement l'ensemble des activités prévues à l'intérieur d'une démarche d'intervention ou, à tout le moins, à l'intérieur d'une rencontre.

Les activités peuvent avoir diverses utilités. Elles peuvent constituer un cadre pour évaluer le fonctionnement des membres, et ce, sur plusieurs plans : les habiletés interpersonnelles, l'accomplissement des tâches de la vie quotidienne, la coordination psychomotrice, la capacité d'attention et l'aptitude au travail d'équipe. Elles peuvent également viser le changement individuel, qu'il s'agisse du développement d'habiletés sociales, de l'acquisition de leadership ou de l'amélioration des compétences en matière de résolution de problèmes. On trouve de nombreuses suggestions d'activités adaptées à différentes personnes dans les ouvrages de Carrell (1993), de Dossick et Shea (1988), de Khalsa (1996) et de Pfeiffer et Jones (1972, 1974, 1976, 1982).

Les activités peuvent avoir un effet bénéfique sur l'ensemble du groupe en favorisant la cohésion et l'établissement de normes prosociales qui poussent les membres à participer. En outre, elles peuvent rendre le groupe plus attrayant pour ses membres (Toseland et Rivas, 2005). On dénombre divers motifs justifiant le recours aux activités (Brandler et Roman, 1991 ; Northen, 1988 ; Heap, 1994). Ces motifs peuvent être regroupés autour de trois thèmes : 1) développer une meilleure connaissance de soi et des autres ; 2) acquérir des compétences sur le plan des habiletés sociales ou de la prise de décision ; et 3) agir sur l'environnement.

1. Développer une meilleure connaissance de soi et des autres :

- En permettant l'observation directe des comportements dans l'accomplissement de certaines actions, les activités facilitent l'évaluation et l'interprétation des propos tenus par les membres ;

- Les activités visant la confrontation des idées, notamment à travers le jeu ou la simulation, peuvent conduire les membres à une meilleure compréhension d'eux-mêmes, des autres et des situations problématiques auxquelles ils font face. Elles tirent leur intérêt du fait qu'elles permettent, d'une part, de prendre de la distance par rapport à une situation donnée et, d'autre part, d'aborder des sujets délicats en les situant dans un cadre non menaçant.

2. Acquérir des compétences sur le plan des habiletés sociales ou de la prise de décision :

   - En fournissant aux membres un moment de détente, de plaisir ou de créativité, les activités peuvent contribuer à réduire les tensions et servir de prélude à des communications plus intimes ;

   - Certaines activités favorisent l'expression verbale des sentiments, des idées et des expériences personnelles. Par exemple, le jeu permet souvent aux enfants de laisser libre cours à des idées et à des émotions qu'ils ne peuvent exprimer directement ;

   - Le jeu de rôle, la simulation et le sociodrame offrent un cadre approprié à l'expression de sentiments qui seraient jugés inacceptables dans un autre contexte telles la colère, l'agressivité, la frustration ;

   - Certaines activités permettent aux membres d'acquérir des compétences ou des capacités particulières telles la tolérance à la frustration, les habiletés sociales, l'expression verbale ou l'affirmation de soi ;

   - Comme elles se déroulent dans un cadre sécuritaire, les activités peuvent être utilisées pour amener les membres à réagir à des situations difficiles qu'ils sont susceptibles de rencontrer dans la vie quotidienne ;

   - Les activités permettent aux membres d'explorer de nouveaux rôles, de découvrir de nouvelles facettes d'eux-mêmes ou de faire face à certaines situations, à certaines tâches ou à certaines épreuves de la vie. Par exemple, les visites d'entreprises, les rencontres avec des personnes qui ont vécu un deuil, les conférences sur divers sujets sont autant d'activités qui permettent aux membres de s'informer sur diverses situations qu'ils pourront vivre.

3. Agir sur l'environnement :

   - Par le défi collectif qu'elles posent, certaines activités qui exigent la coopération font naître un sentiment de puissance fondé sur la force du nombre ; elles permettent alors aux membres de réaliser quelque chose ensemble ;

   - En offrant aux membres l'occasion de se rendre utiles aux autres et à la communauté, certaines activités font naître un sentiment de contrôle sur la réalité et rehaussent l'estime de soi ;

   - Les activités au cours desquelles il faut agir sur l'environnement ou entrer en contact avec des ressources extérieures au groupe peuvent aider les membres à améliorer leurs conditions de vie.

L'aménagement d'une maison de jeunes par un groupe d'adolescents ou l'organisation de soirées d'information par un groupe de parents sont des exemples d'activités qui visent à agir sur l'environnement.

Comme les activités peuvent avoir de multiples utilités, il est essentiel, au moment de la préparation, de préciser l'objectif visé. Il faut déterminer quelle sera la portée de l'activité, à la fois sur le groupe et sur l'environnement du groupe. C'est cet effet anticipé qui donne son sens à l'activité. Selon Heap (1994), deux principes doivent guider l'intervenant dans le choix d'une activité :

1. L'activité doit être pertinente, c'est-à-dire qu'elle doit répondre aux besoins des membres ;
2. La réalisation de l'activité doit s'inscrire dans un processus qui rejoint les compétences des membres. En fait, l'intervenant doit savoir que la valeur de l'activité dépend tout autant de son processus, c'est-à-dire de la façon dont elle se déroule, que de son résultat.

Dans la mesure où les réactions à une même activité peuvent être différentes, il importe, au moment du choix et de la planification d'une activité, que l'intervenant évalue précisément les besoins des membres et du groupe, de même que le contexte d'intervention. L'intervenant qui prépare une activité doit tenir compte de quatre éléments :

1. Les membres : leurs besoins, leurs caractéristiques, leurs valeurs, leurs habiletés sociales, leurs compétences ainsi que les problèmes interpersonnels et environnementaux qu'ils connaissent ;
2. Le groupe : sa composition, son développement, sa cohésion, ses normes, son climat, etc. ;
3. L'environnement du groupe : les ressources disponibles pour la réalisation de l'activité ;
4. Ses particularités comme intervenant : ses caractéristiques, sa créativité, son imagination, ses habiletés, ses intérêts.

Dans certains groupes, il est possible, voire souhaitable, que ce soit les membres qui s'occupent de la préparation et de l'organisation des activités. Cela leur permet d'acquérir des habiletés sociales et constitue une reconnaissance explicite du pouvoir du groupe dans la démarche d'intervention. Toseland et Rivas (2005) proposent une démarche par étapes pour procéder au choix des activités. La figure 5.1 (p. 136) présente une synthèse de cette démarche. Quelle que soit la stratégie adoptée pour choisir les activités, il est important de porter une attention particulière aux objectifs visés, aux particularités des membres du groupe, au contexte d'intervention et aux habiletés de l'intervenant.

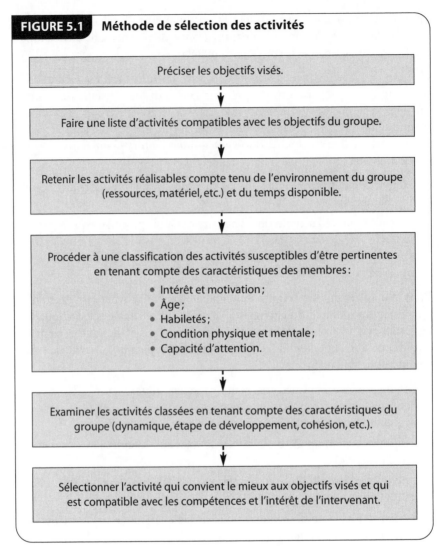

**FIGURE 5.1** **Méthode de sélection des activités**

Préciser les objectifs visés.

Faire une liste d'activités compatibles avec les objectifs du groupe.

Retenir les activités réalisables compte tenu de l'environnement du groupe (ressources, matériel, etc.) et du temps disponible.

Procéder à une classification des activités susceptibles d'être pertinentes en tenant compte des caractéristiques des membres :
- Intérêt et motivation ;
- Âge ;
- Habiletés ;
- Condition physique et mentale ;
- Capacité d'attention.

Examiner les activités classées en tenant compte des caractéristiques du groupe (dynamique, étape de développement, cohésion, etc.).

Sélectionner l'activité qui convient le mieux aux objectifs visés et qui est compatible avec les compétences et l'intérêt de l'intervenant.

**Source :** Inspiré de Toseland et Rivas (2005).

Par ailleurs, au moment de la réalisation d'une activité, l'intervenant doit donner aux membres des consignes très précises quant au déroulement de l'activité et il doit vérifier si elles sont bien comprises. Pour renforcer la participation pendant l'activité, il peut faire des commentaires et suggérer des ajustements si cela est nécessaire. S'il constate une difficulté particulière dans la réalisation de l'activité, il ne doit pas hésiter à y mettre un terme. Il doit garder à l'esprit que l'activité est un moyen pour atteindre un objectif ; elle ne constitue pas une fin en soi. En observant attentivement ce qui se passe durant l'activité, l'intervenant comprend mieux les problèmes et les besoins des membres.

Le recours à des activités planifiées se traduit évidemment par une plus forte structuration de la démarche du groupe. Or, il existe différents points de vue sur le degré de structuration souhaitable au sein d'un groupe. Certains auteurs prétendent qu'une forte structuration peut être contre-productive puisque, selon eux, elle peut empêcher les membres du groupe de prendre des initiatives ou freiner leur motivation (Glassman et Kates, 1990). Cependant, plusieurs études indiquent que les interventions très structurées et à court terme arrivent à des résultats aussi intéressants que les interventions moins structurées et étalées sur une plus longue période (Budman, Simeone, Reilly et Demby, 1994; MacKenzie, 1994). En fait, il semble que le degré de structuration approprié dépend des objectifs du groupe et des besoins des membres. Ainsi, un groupe d'éducation ou un groupe de thérapie nécessiteront généralement un plus grand degré de structuration qu'un groupe de soutien ou un groupe de croissance.

Toutefois, quel que soit le degré de structuration de la démarche, l'intervenant ne doit jamais faire passer son plan de travail avant les besoins des membres. D'ailleurs, contrairement à ce que certains intervenants peu expérimentés croient, une planification rigoureuse ne fait pas obstacle à la prise en considération des besoins des membres. En fait, l'intervenant bien préparé est souvent plus sensible aux messages non verbaux des membres et plus réceptif aux demandes. Il ne faut pas confondre rigueur et rigidité; en contribuant à rendre l'intervenant plus en confiance face au déroulement de la rencontre, une solide planification peut favoriser la souplesse et permettre à l'intervenant de s'adapter plus facilement aux situations imprévues.

## 5.1.2 S'adapter aux membres du groupe

Tout au long de la démarche du groupe, il est essentiel que l'intervenant fasse en sorte que chaque rencontre soit adaptée aux besoins des membres et marque un pas supplémentaire vers l'atteinte des objectifs. À cet égard, les observations de Schwartz (1961), reprises par Shulman (2006), sur l'importance de la « syntonisation » au début de chaque rencontre sont particulièrement pertinentes. L'arrivée des membres représente un moment crucial où l'intervenant doit être à l'affût des indices verbaux et non verbaux qui peuvent traduire les préoccupations immédiates. L'interprétation de ces indices lui permettra de préciser ou de modifier, si cela est nécessaire, l'orientation de la rencontre.

La « syntonisation » exige de la part de l'intervenant des habiletés d'écoute, d'empathie et de décodage des communications indirectes. Il doit oublier momentanément la programmation ou le plan de rencontre et se mettre au diapason des besoins du groupe et des membres. Shulman (2006) mentionne que l'intervenant doit également être à l'écoute de ses propres sentiments. Concrètement, cela exige qu'il ait fini de tout préparer pour la rencontre avant que les membres arrivent afin d'être disponible pour les accueillir. Si les besoins du groupe sont escamotés ou mal décodés à ce moment de la rencontre, le climat et la productivité s'en ressentent.

Brandler et Roman (1991) considèrent que pendant les minutes qui précèdent le début formel d'une rencontre les membres expriment souvent les tensions et les souffrances de leur vie quotidienne. Par exemple, une mère qui, de façon inhabituelle, bouge sa chaise et se croise les bras avec détermination à son arrivée donne un indice qu'il se passe quelque chose de particulier dans sa vie. Ayant observé ce comportement, l'intervenant peut commencer la rencontre en mentionnant ce qu'il a observé et en invitant la mère à parler de sa situation. Si elle accepte d'en discuter, il pourra ensuite inviter les autres membres à réagir à ses propos en leur demandant s'ils partagent cette réalité. Le plan de la rencontre pourra ainsi être modifié et orienté vers la situation vécue par cette mère. Quel que soit le degré de structuration de la démarche du groupe, il est essentiel que l'intervenant soit attentif aux messages des membres et assez souple pour s'adapter à leurs besoins immédiats.

Le début d'une rencontre constitue également un moment propice pour observer les modèles habituels de communication des membres, qui s'expriment alors de façon plus spontanée. L'intervenant peut, là encore, mieux comprendre les sentiments, les opinions et les attitudes des membres. Il peut également décider d'intervenir pour modifier des modèles de communication qui seraient inadéquats. Reid (1997) relève cinq types de messages auxquels l'intervenant doit accorder une attention particulière : 1) le blâme ; 2) le bavardage ; 3) la généralisation ; 4) l'intercession ; et 5) la communication orientée vers l'intervenant.

Le *blâme* est un message à propos de soi-même ou des autres qui se caractérise par l'usage d'expressions du type : « J'aurais dû… agir de telle façon » ; « Il devrait… faire telle chose » ; « Tu dois… te comporter ainsi ». L'intervenant doit aider les membres à prendre conscience de ce qu'ils véhiculent quand ils utilisent ce modèle de communication qui est porteur de blâme lorsqu'il s'adresse aux autres, ou d'impuissance lorsqu'il se rapporte à soi-même.

Le *bavardage* consiste généralement à parler d'une personne qui est absente. Dans la plupart des groupes, les membres s'entendent pour établir une norme spécifiant de ne pas parler des personnes absentes. Mais le bavardage peut aussi s'avérer plus subtil. Il peut être le fait d'un membre qui parle d'une personne présente en faisant comme si elle n'était pas là et qui s'adresse à l'intervenant en utilisant la troisième personne. Lorsque l'intervenant note ce type de communication, il doit le souligner et inviter les membres à privilégier les messages directs.

La *généralisation* découle de jugements globaux faits à partir de situations particulières. Elle fait évidemment obstacle au changement, dans la mesure où elle conduit généralement à un sentiment d'impuissance. Des affirmations comme « Tous les jeunes sont… », « Je ne réussis jamais » ou « Tout va mal dans ma vie » sont autant de messages qui sont porteurs de fatalisme et d'impuissance. L'intervenant doit alors intervenir en encourageant les membres à prendre conscience du sens et de la portée de leurs propos et en les amenant à déterminer si ce qu'ils disent correspond à ce qu'ils pensent vraiment.

L'*intercession* se produit lorsqu'un membre parle au nom de quelqu'un d'autre. Elle peut avoir des conséquences négatives pour la personne dont les propos sont rapportés ou traduits : cette personne peut avoir l'impression d'être incapable de s'exprimer correctement et se sentir incompétente ou elle peut en venir à se fier à quelqu'un d'autre pour traduire sa pensée. L'intervenant doit l'aider à s'exprimer elle-même et il doit inviter l'ensemble du groupe à l'avertir si son message n'est pas clair. Il peut également essayer de voir si le comportement de la personne qui agit comme interprète ne traduit pas un besoin de « se porter au secours des autres ».

La *communication orientée vers l'intervenant* est courante dans les groupes, particulièrement au début. En effet, lorsqu'un groupe se met en place, tous les membres ont tendance à s'adresser à l'intervenant plutôt qu'aux autres personnes présentes. Cette situation devrait cependant évoluer progressivement vers un modèle de communication moins centralisé dans lequel les membres s'adressent à l'ensemble du groupe plutôt qu'à l'intervenant. Pour faciliter cette progression, l'intervenant a intérêt à diriger les questions ou les messages qui lui sont adressés vers l'ensemble du groupe. Par exemple, il peut retourner une question au groupe en disant « C'est une très bonne question. Quelle réponse pourriez-vous y apporter ? » ou « Je pense qu'il y a des personnes dans le groupe qui sont en mesure de répondre à cette question. Qui veut prendre la parole ? » Les comportements non verbaux indiquent généralement quels membres souhaitent intervenir. C'est pourquoi l'intervenant doit observer tous les membres et ne pas centrer son attention sur la personne qui parle. La façon efficace de détourner les messages pour les réorienter vers le groupe consiste ainsi à attribuer aux membres le rôle d'expert et à décoder les comportements non verbaux qui indiquent quelles personnes ont envie de s'exprimer sur le sujet qui est discuté.

## 5.2 Aider les membres à atteindre leurs objectifs

Durant la phase de travail, l'intervenant doit aider les membres à concentrer leur énergie sur l'atteinte des objectifs individuels et collectifs. Ainsi, il peut les soutenir en leur rappelant régulièrement les objectifs personnels et les objectifs de groupe sur lesquels ils se sont entendus au départ. Ce rappel régulier présente plusieurs avantages. D'abord, il indique aux membres que l'intervenant est attentif à leur cheminement. Ensuite, il permet de vérifier si l'entente initiale sur les objectifs est toujours pertinente. Ce rappel fait également en sorte que l'intervenant et les membres restent concentrés sur les objectifs. Enfin, il évite la confusion sur la nature du groupe et favorise une démarche organisée et systématique (Toseland et Rivas, 2005). Il est donc souhaitable qu'à chaque rencontre l'intervenant revienne brièvement sur les objectifs et aide le groupe et les membres à se situer par rapport à l'atteinte de ces objectifs. À cet égard, les modalités d'évaluation continue utilisées par l'intervenant seront d'une grande utilité.

Le point sur le cheminement vers l'atteinte des objectifs doit se faire dans un esprit positif. Il doit contribuer à motiver les membres, et non à freiner leur élan, et il doit favoriser le développement des compétences.

### 5.2.1 Favoriser le développement des compétences

L'une des tâches importantes de l'intervenant pendant la phase de travail consiste à aider les membres à développer leurs compétences et à acquérir davantage de contrôle à la fois sur ce qui se passe dans le groupe et sur ce qui se passe dans leur vie. Cela implique que l'intervenant soit suffisamment confiant pour accepter d'occuper une position moins centrale dans le groupe au fur et à mesure que les membres prennent de l'assurance.

Toseland et Rivas (2005) mentionnent cinq stratégies que l'intervenant peut utiliser pour favoriser l'autonomie des membres au sein du groupe :

1. Reconnaître les compétences et les habiletés des membres par des commentaires qui soulignent leur motivation et leur ténacité, qui relèvent leurs habiletés ou qui mettent en évidence leurs réalisations à l'intérieur et à l'extérieur du groupe ;

2. Reconnaître les obstacles et les embûches que les membres rencontrent tout en soulignant leurs efforts pour les surmonter ;

3. Amener les membres à prendre conscience du pouvoir qu'ils ont quant au contenu des rencontres et à la direction du groupe ;

4. Favoriser la cohésion du groupe en soulignant les efforts des membres pour s'aider mutuellement ;

5. Encourager les membres à adopter graduellement de nouveaux comportements ou de nouvelles façons de faire et à les partager avec le groupe. Lorsque ces actions sont rapportées au groupe, les membres se voient soutenus et encouragés à poursuivre leurs efforts de changement en dépit des obstacles qui se présentent.

L'augmentation de l'autonomie et du pouvoir des membres n'implique pas que l'intervenant cesse totalement de guider le groupe dans sa démarche. Cela signifie qu'il sollicite de plus en plus la contribution des membres dans les prises de décision et qu'il s'assure que leurs suggestions sont prises en considération. Au début de chaque rencontre, l'intervenant a intérêt à présenter le déroulement prévu et à en discuter avec les membres pour qu'ils se sentent concernés. Schwartz (1961) considère que les membres participent davantage quand ce qui se passe est important pour eux ; il est donc essentiel qu'ils soient bien informés du déroulement de chacune des rencontres et qu'ils y adhèrent pleinement.

Dans sa démarche pour aider les membres à augmenter leur autonomie et leur contrôle sur leur vie, l'intervenant peut tenir différents rôles : « habilitateur », promoteur d'aide mutuelle, médiateur, courtier, avocat, enseignant, thérapeute et personne-ressource.

Lorsqu'il remplit le rôle d'« *habilitateur* », l'intervenant aide les membres à développer leurs compétences individuelles et collectives en leur proposant des activités qui les poussent à découvrir et à utiliser leurs forces. Encourager la verbalisation et l'expression des sentiments, valoriser les idées, encourager, rassurer, faciliter les prises de décision, voilà autant de comportements par lesquels se réalise ce rôle (Shulman, 2006 ; Compton et Gallaway, 1989).

Lorsqu'il aide le groupe à adopter une structure de fonctionnement qui favorise l'entraide et facilite les échanges avec l'environnement, l'intervenant remplit alors le rôle de *promoteur d'aide mutuelle*.

Comme *médiateur*, il intervient dans la résolution des conflits et des divergences qui se manifestent à l'intérieur du groupe et entre le groupe (ou un membre) et l'environnement. Lorsqu'il tient ce rôle, l'intervenant aide les membres à reconnaître la légitimité de la position de l'autre partie et les amène à découvrir les valeurs et les intérêts qu'ils ont en commun.

Le rôle de *courtier* consiste essentiellement à établir des liens entre les membres du groupe et les ressources de la communauté. L'intervenant ne se limite pas alors à informer les membres des ressources existantes, mais il les aide à aller vers ces ressources en leur décrivant les critères d'admissibilité, s'il y a lieu, les modalités de fonctionnement, les services offerts et les obstacles qui peuvent se présenter pour obtenir ces services. Évidemment, ce rôle exige une bonne connaissance des différentes ressources de la communauté : localisation, personnes à joindre, critères d'admissibilité, etc.

Dans certaines situations, l'intervenant qui agit comme courtier peut avoir de la difficulté à obtenir des résultats parce qu'il se heurte à la résistance des personnes extérieures ou que les ressources extérieures sont inadéquates pour répondre aux besoins du groupe. Il doit alors tenir le rôle d'*avocat* et intervenir au nom des membres pour obtenir les services auxquels ils ont droit. Dans ce rôle il n'est donc pas neutre ; il prend position pour les membres. Il peut, par exemple, demander que de nouvelles ressources ou de nouveaux services soient offerts en démontrant l'existence de besoins insatisfaits qui sont en lien avec la mission d'un organisme. Il peut également participer à la création de nouveaux services.

L'intervenant remplit le rôle d'*enseignant* lorsqu'il fournit des informations et formule des suggestions aux membres (Roffman, 2004). Généralement, l'enseignant s'appuie sur un programme préétabli et fait appel à des activités pédagogiques et à du matériel didactique appropriés aux objectifs poursuivis (textes, images, vidéos, jeux de rôles, etc.). Schwartz (1961) formule trois mises en garde concernant ce rôle : 1) l'intervenant doit reconnaître que l'information qu'il fournit n'est qu'une mince partie de ce qui est disponible ; 2) l'information fournie doit être en relation avec les objectifs du groupe et avec les besoins des membres ; et 3) les opinions personnelles doivent être clairement présentées comme telles et non comme des faits.

Dans le cadre d'une intervention de groupe, l'intervenant peut également être appelé à motiver, à influencer ou à contrôler les membres. Ces actions correspondent au rôle de *thérapeute,* dont le but est de susciter des changements personnels chez les individus.

Lorsqu'un groupe a atteint un haut degré d'autonomie, l'intervenant peut se limiter à un rôle périphérique qui consiste uniquement à fournir des informations au groupe et à l'assister dans la recherche d'un fonctionnement efficace. Il remplit alors le rôle de *consultant* ou de *personne-ressource*.

Ce sont les besoins des membres et du groupe qui guident l'intervenant dans sa décision de recourir à l'un ou l'autre de ces rôles. À cet égard, la connaissance des éléments qui contribuent à faire du groupe un cadre propice aux changements, à savoir les facteurs d'aide, peut orienter l'intervenant.

## 5.2.2  Miser sur les facteurs d'aide

L'intérêt de la méthode de groupe tient notamment au fait que le groupe peut agir comme facteur de changement. Cet effet peut être examiné sous l'angle des dynamiques d'aide mutuelle, qui ont été brièvement décrites au chapitre précédent, et sous l'angle des facteurs d'aide (ou facteurs thérapeutiques) propres à l'intervention de groupe. Alors que les dynamiques d'aide mutuelle font référence aux interactions qui concernent le groupe dans son ensemble, les facteurs d'aide sont des éléments du processus de groupe qui font en sorte qu'un membre profite de sa participation au groupe (Bloch et Crouch, 1985).

L'un des premiers textes portant sur le sujet est attribué à Corsini et Rosenberg (1955), qui ont examiné 300 documents sur le groupe comme contexte thérapeutique. Neuf facteurs contribuant à faire du groupe un contexte favorable au changement y sont relevés (cités dans Reid, 1997):

1. L'intégration: le sentiment d'appartenir au groupe et d'être soutenu et accepté par lui;

2. L'altruisme: le sentiment d'être important pour les autres membres du groupe pour l'aide qu'on leur apporte;

3. L'universalisation: la prise de conscience de ne pas être unique et du fait que d'autres personnes ont des problèmes similaires;

4. L'intellectualisation: l'apprentissage ou l'acquisition de connaissances nouvelles;

5. La mise à l'épreuve de la réalité: l'évaluation d'aspects comme les valeurs personnelles, les valeurs familiales, l'expression de l'hostilité et de la frustration et les défenses personnelles au fil des événements qui se produisent dans le groupe;

6. Le transfert: la naissance d'un attachement profond à l'intervenant ou à un autre membre du groupe;

7. L'interaction: l'occasion d'entrer en relation avec d'autres personnes dans le groupe;

8. L'observation: l'observation des autres membres et l'imitation de leur comportement, dont découlent des apprentissages;

9. L'expression: l'occasion d'exprimer des émotions et des idées jusque-là réprimées.

Les observations de Corsini et Rosenberg ont ouvert la voie à d'autres travaux sur le sujet. Ainsi, Yalom (1995) s'est également intéressé à la question; il a déterminé 11 facteurs qui favorisent le changement dans les groupes de psychothérapie. De même, Bloch et Crouch (1985), au terme d'une revue exhaustive des écrits sur le sujet, ont retenu 10 facteurs thérapeutiques qui s'apparentent à ceux de Yalom et de ses collaborateurs. Se situant plus directement dans la perspective du service social des groupes, Reid (1997) retient 10 facteurs thérapeutiques ou facteurs de changement qui lui apparaissent particulièrement pertinents pour l'intervention dans ce domaine. Le tableau 5.1 (page 144) présente ces trois modèles.

| TABLEAU 5.1 | Les facteurs thérapeutiques en groupe : comparaison des modèles de Yalom, de Bloch et Crouch et de Reid | | |
|---|---|---|---|
| **Yalom (1995)** | **Bloch et Crouch (1985)** | **Reid (1997)** |
| • Espoir | • Espoir | • Espoir |
| • Universalité | • Universalité | • Universalisation de l'expérience |
| • Échange d'information | • Formation (guidance) | • Formation (guidance) |
| • Altruisme | • Altruisme | • Altruisme |
| • Récapitulation corrective de la famille | | |
| • Développement des habiletés sociales | • Apprentissage par les actions sociales | • Apprentissage par l'interaction |
| • Imitation | • Apprentissage à travers l'action des autres | • Imitation |
| • Apprentissages interpersonnels | • Introspection | • Connaissance de soi |
| • Cohésion du groupe | • Intégration | • Intégration |
| • Catharsis | • Catharsis | |
| • Facteurs existentiels | • Révélation de soi | • Révélation de soi |
| | | • Mise à l'épreuve de la réalité |

**Source :** Adapté de Garvin (1997).

Dans un effort d'intégration des différents écrits sur le sujet, Lindsay, Turcotte, Montminy et Roy (2006) ont proposé un modèle comportant 12 facteurs : l'espoir, l'universalité, le partage d'information (ou guidance), l'altruisme, l'apprentissage par interaction, l'apprentissage par imitation, la connaissance de soi (ou introspection), la cohésion, la révélation de soi, la catharsis, la récapitulation corrective de la famille et la conscience existentielle. Les résultats de leur recherche leur ont permis de constater que les deux derniers facteurs, soit la récapitulation corrective de la famille et la conscience existentielle, ont une importance limitée dans une intervention basée sur les principes du service social des groupes. La récapitulation corrective de la famille correspond à une reproduction de l'environnement familial (rôles, modes relationnels, émotions ressenties, système cognitif) dans le groupe. La conscience existentielle, quant à elle, réfère à la réflexion des membres sur les questions de responsabilité, de solitude existentielle, de finitude et du sens de la vie. Par contre, les dix autres facteurs influent sur le processus de changement.

## L'espoir

L'émergence et l'épanouissement d'un sentiment d'espoir se traduisent par le soulagement et l'optimisme qu'éprouvent les membres lorsqu'ils voient des individus vivant des situations similaires à la leur faire des progrès et améliorer leur vie ou lorsqu'ils constatent que des personnes qui sont dans la même situation qu'eux sont convaincues qu'elles s'en sortiront. Le sentiment d'espoir ne repose pas tant sur les progrès réalisés que sur l'idée que ces progrès sont possibles.

L'intervention donne généralement de meilleurs résultats si l'individu a l'espoir que sa situation change. Il est donc essentiel de porter attention à cet aspect. L'espoir aide le membre à s'investir dans le groupe au départ lorsqu'il se sent hésitant et craintif à l'égard de ce qui l'attend. L'espoir soutient ensuite le membre dans sa démarche à la phase de travail, lorsqu'il doit prendre des décisions difficiles, lorsqu'il doit agir concrètement pour changer sa situation et lorsqu'il doit s'investir de façon authentique dans le groupe (Reid, 1997).

L'intervenant peut faciliter le développement d'un sentiment d'espoir chez les membres du groupe de différentes façons (Garvin, 1997) :

- Tout d'abord, quand un membre est pessimiste à propos de sa situation, il peut demander aux autres de décrire ce qu'ils font lorsqu'ils ressentent la même chose ;
- Ensuite, quand un membre fait des progrès, il peut le souligner pour indiquer aux autres que les progrès sont possibles ;
- Il peut également établir une norme selon laquelle les membres doivent s'encourager les uns les autres ;
- Enfin, il peut inviter d'anciens membres d'un groupe semblable dont la situation s'est améliorée à venir parler de leur démarche. Dans les groupes ouverts, les membres qui sont là depuis longtemps peuvent encourager les nouveaux arrivants.

## L'universalité

Le sentiment d'universalité naît lorsque les membres prennent conscience qu'ils partagent des préoccupations ou des émotions avec les autres. Quand une personne fait face à des problèmes majeurs, elle a généralement la conviction qu'elle est la seule à vivre ce genre de situation. Lorsqu'elle rencontre d'autres personnes connaissant une réalité semblable, elle se sent moins isolée, moins mise à l'écart et peut alors adopter une vision plus détachée et plus objective de sa situation.

Selon Garvin (1997), l'intervenant peut utiliser deux stratégies pour aider les membres à éprouver un sentiment d'universalité :

1. Tout d'abord, au fur et à mesure de l'évolution du groupe, quand les membres se connaissent mieux et qu'ils parlent davantage d'eux-mêmes, il doit faire ressortir les expériences et les problèmes communs ;

2. Ensuite, il peut renforcer le sentiment d'universalité en demandant aux membres de relever les expériences et les émotions qui sont partagées par plusieurs.

## Le partage d'information

Le partage d'information comprend les renseignements, les avis et les conseils qui sont donnés par l'intervenant et par les autres membres du groupe. Cet aspect souvent mésestimé dans les groupes de traitement occupe une position importante dans l'intervention en service social, où plusieurs groupes ont une composante éducative, du fait qu'ils s'adressent à des personnes qui vivent des situations particulières : des parents d'enfants en difficulté, des proches de malades atteints du sida, des personnes souffrant de cancer, etc. Ces personnes ont parfois vécu des expériences qui leur permettent de transmettre des informations que même l'intervenant ne possède pas. Les recherches sur l'influence de l'échange d'information sur les résultats du groupe sont peu nombreuses. Selon les résultats de l'étude de Flowers (1979), les suggestions comportant différentes possibilités et les instructions détaillées sont considérées par les membres comme plus appropriées que les avis simples et directs.

Selon Garvin (1997), les principes suivants devraient guider l'intervenant dans la transmission d'information et de conseils :

- L'intervenant devrait se limiter à transmettre de l'information lorsque les membres le lui demandent. Ceux-ci peuvent en effet préférer s'en remettre à d'autres sources pour obtenir les renseignements qu'ils recherchent ;
- Il doit bien évaluer la nature des informations dont les membres ont réellement besoin et éviter de leur parler de ce qu'ils connaissent déjà ;
- Il doit, pour transmettre de l'information, utiliser des techniques appropriées telles que des moyens audiovisuels, des transparents, des dessins, et doit suivre une démarche pédagogique adaptée aux membres du groupe.

## L'altruisme

L'altruisme correspond à ce que les membres ressentent quand ils offrent du soutien, formulent des suggestions ou font des commentaires qui aident les autres, quand ils se sentent utiles aux autres ou quand ils s'oublient eux-mêmes pour aider les autres (Bloch et Crouch, 1985). Ce phénomène repose sur la réciprocité inhérente à l'entraide : le fait d'offrir une aide qui est appréciée par les autres contribue à accroître le sentiment de valeur personnelle et rehausse l'estime de soi. Certains auteurs parlent de la thérapie de l'aidant, car le fait d'aider les autres contribue au développement personnel : « En aidant les autres, les membres ont un sentiment accru d'utilité sociale et de compétence interpersonnelle, ce qui rehausse leur estime d'eux-mêmes » (Hopmeyer, 1990 : 69).

L'intervenant peut favoriser l'altruisme au sein d'un groupe de différentes façons (Garvin, 1997) :

- Il peut d'abord affirmer clairement que la fonction du groupe est d'amener les membres à s'entraider. Il peut discuter de cette affirmation avec les membres et les inciter à l'adopter comme norme ;
- Il peut également relever les occasions où les membres s'entraident, ou encore aider les membres à le faire et leur suggérer de se remercier mutuellement pour reconnaître leurs contributions respectives ;
- Il peut enfin insister sur la reconnaissance de la valeur de l'aide et du soutien que les membres s'apportent mutuellement.

## L'apprentissage par interaction

L'apprentissage par interaction se fait quand le membre expérimente de nouvelles manières d'entrer en contact avec les autres et quand il essaie de nouvelles façons de répondre aux approches des autres (Reid, 1997). Bloch et Crouch (1985) parlent de la tentative d'entrer en relation de façon constructive et appropriée avec les membres du groupe, en imitant certains comportements ou en réagissant aux attitudes des autres. L'apprentissage par interaction est considéré par plusieurs intervenants comme l'un des principaux bénéfices de l'intervention de groupe. En effet, le groupe constitue un cadre sécuritaire dans lequel les membres peuvent prendre conscience de leurs comportements avec les autres et faire l'essai de nouvelles façons de se comporter. Les commentaires et réactions des autres peuvent contribuer à l'apprentissage de comportements interpersonnels plus appropriés. Toutefois, l'intervenant doit veiller à ce que ces commentaires soient constructifs. À cet égard, il doit faire attention au moment et au contexte qui y sont liés. Pour qu'une réaction soit bien reçue et ne soit pas perçue comme une menace ou comme une attaque, il est nécessaire qu'il y ait un climat de confiance et de tolérance dans le groupe. En outre, il faut qu'elle ait lieu le plus rapidement possible après l'événement qui l'a provoquée ; hors contexte, elle n'aura généralement que peu d'effet positif. Après analyse des recherches portant sur le sujet, Bloch et Crouch (1985) en sont arrivés à la conclusion que les membres tirent plus de profit des commentaires positifs qui ont trait à leurs forces et à leurs compétences et qui sont en lien avec leurs comportements que des commentaires qui ont trait à leurs émotions.

L'intervenant peut favoriser le processus d'apprentissage qui résulte de l'interaction avec les autres :

- en aidant les membres à prendre conscience de leur façon de se comporter avec les autres ;
- en les incitant à se dire mutuellement comment ils perçoivent leurs comportements au sein du groupe ;

- en les aidant à envisager différents comportements possibles, en les soutenant dans l'expérimentation de ces comportements et en les encourageant à émettre des commentaires constructifs sur ces nouveaux comportements.

## L'apprentissage par imitation

Un autre facteur thérapeutique particulier au contexte de groupe tient aux nombreuses occasions d'apprentissage par imitation qui sont offertes aux membres. Ces derniers apprennent en effet en observant les comportements des autres au sein du groupe et en écoutant la description qu'ils font de leurs comportements à l'extérieur du groupe. Selon Bloch et Crouch (1985), l'apprentissage se fait quand un membre reconnaît dans le comportement des autres ou dans celui de l'intervenant des aspects positifs à reproduire, quand il trouve dans les attitudes des autres des modèles qu'il s'efforce d'imiter ou quand il fait siens les progrès qu'il perçoit chez les autres. Selon Reid (1997), cet aspect est particulièrement important en service social des groupes, car plusieurs membres sont en difficulté du fait qu'ils n'ont pas de modèles de rôles positifs dans leur vie.

Avec les multiples interactions qui ont lieu dans un groupe, le membre peut observer différentes façons d'entrer en relation avec les autres, d'exprimer ses émotions, d'afficher ses convictions et de résoudre ses problèmes. Il peut ainsi découvrir de nouvelles manières de se comporter dans les situations problématiques. En comparant ses attitudes, ses émotions et ses réactions avec celles des autres membres, il en vient à reconsidérer ce qu'il tenait auparavant pour acquis.

C'est sur la possibilité d'apprendre de nouveaux comportements à travers l'observation des autres que se fonde l'apprentissage social. Selon les observations de Rosenthal et Bandura (1978), le *modeling*, ou apprentissage par imitation, se fait en deux phases : l'acquisition et la performance. Dans la phase d'acquisition, la personne observe certains comportements et les mémorise. Dans la phase de performance, elle reproduit ces comportements lorsqu'elle se trouve dans un contexte approprié.

Dans un groupe, tous les membres sont susceptibles d'avoir de l'influence sur le comportement des autres. Toutefois, comme le soulignent Corey et Corey (2002), en raison de la position plus centrale qu'il occupe, l'intervenant doit être particulièrement attentif à son influence sur les membres. Par ses attitudes et ses comportements, il véhicule certaines normes en regard d'aspects tels que la transparence, l'importance à accorder au but du groupe, la tolérance, l'écoute et le caractère approprié de certains comportements (Reid, 1997). Comme il constitue généralement un modèle au sein du groupe, il a intérêt à se comporter comme il souhaiterait que les membres le fassent.

Selon Garvin (1997), l'intervenant qui veut favoriser l'apprentissage par imitation aurait intérêt à adopter les attitudes suivantes :

- Lorsqu'un membre sollicite des conseils sur la façon de faire face à une situation, il peut demander si d'autres membres se sont déjà trouvés dans une situation semblable ou s'ils ont déjà observé une personne qui s'y trouvait. Puis il peut inviter ceux qui auront répondu par l'affirmative à décrire ce qu'ils ont alors fait ou ce qu'ils ont observé ;

- Il peut inviter les membres qui formulent des suggestions sur la façon de faire face à une situation à les illustrer dans un jeu de rôle ;

- Quand il observe des comportements d'aide au sein du groupe, il peut attirer l'attention des membres.

## La connaissance de soi

L'approfondissement de la connaissance de soi est souvent présenté comme un élément central dans les groupes de psychothérapie. Bloch et Crouch (1985) situent toutefois ce facteur dans une perspective qui dépasse le seul cadre de la psychothérapie, puisqu'ils parlent d'apprendre quelque chose d'important à propos de soi-même. En ce qui concerne les membres du groupe, cette meilleure connaissance de soi peut résulter d'une plus grande conscience d'aspects comme leur façon de se comporter, l'idée qu'ils se font d'eux-mêmes, l'explication de leurs problèmes ou l'image qu'ils projettent.

Le processus dans lequel s'inscrit cet apprentissage peut prendre différentes formes. Par exemple, le membre peut accroître sa connaissance de lui-même en prenant conscience de certains sentiments ou de certaines caractéristiques. Il peut également apprendre à propos de lui-même en écoutant les autres parler de leurs impressions concernant ses émotions, ses comportements ou ses expériences. L'approfondissement de la connaissance de soi est un facteur thérapeutique étroitement lié à l'apprentissage par l'interaction, puisqu'il résulte en grande partie des commentaires que le membre reçoit en réaction à ses comportements et à ce qu'il exprime.

L'intervenant peut donc influer sur la connaissance de soi en adoptant les mêmes stratégies que celles qui ont été suggérées pour l'apprentissage résultant de l'interaction. Il pourra ainsi (Garvin, 1997) :

- établir une norme spécifiant que les membres doivent émettre des commentaires les uns sur les autres et le faire avec le souci de souligner à la fois les aspects positifs et négatifs et d'aider l'autre ;

- proposer, à l'occasion, des explications sur les événements qui marquent la vie des membres. Il doit cependant présenter ces explications comme des hypothèses et non comme des faits. C'est ensuite à chaque membre qu'il revient de retenir l'hypothèse qui lui semble la plus intéressante.

## La cohésion

La cohésion résulte du fait d'appartenir à un groupe de personnes et de se sentir accepté par elles. Lorsqu'un membre sent qu'il fait partie du groupe et est à l'aise, lorsqu'il a le sentiment d'être reconnu dans ses capacités et ses limites et lorsqu'il sait qu'il peut compter sur le soutien et la compréhension des autres, il change plus facilement (Bloch et Crouch, 1985 ; Reid, 1997). La cohésion résulte d'un processus dynamique qui dépend de la valeur que le membre accorde au groupe et de la valorisation qu'il retire d'en être membre. Le fait de se sentir accepté par les autres est donc particulièrement important pour les personnes qui sont isolées, qui se sentent rejetées ou qui sont considérées comme marginales. Pour elles, le groupe constitue bien souvent le seul endroit où elles se sentent acceptées pour ce qu'elles sont et valorisées du fait qu'elles apporteront quelque chose aux autres (Reid, 1997). Elles peuvent participer sans crainte d'être jugées.

Garvin (1997) relève trois stratégies que l'intervenant peut privilégier pour favoriser la cohésion au sein du groupe :

1. Encourager les messages spontanés de considération mutuelle ;
2. Expliquer aux membres à quel point l'importance qu'ils accordent à leurs relations avec les autres peut influer sur les bénéfices qu'ils retirent du groupe ;
3. Renforcer la cohésion du groupe en proposant des activités qui peuvent resserrer les liens entre les membres, en valorisant le statut du groupe dans l'organisme et en amenant les membres à donner de l'importance aux objectifs du groupe.

## La révélation de soi

La révélation de soi correspond au partage avec les autres membres du groupe d'informations à caractère personnel et intime qui sont rarement dévoilées. Deux types d'informations peuvent en fait être transmises : celles qui portent sur les aspects secrets ou très intimes de la vie de la personne et celles qui concernent les opinions et sentiments de la personne à l'égard du groupe et des autres membres. Reconnaître que la révélation de soi constitue un facteur de changement n'implique pas d'inciter les membres à révéler des choses qu'ils ne sont pas prêts à partager ou bien à transmettre des informations non pertinentes pour le groupe. La révélation de soi est un processus graduel qui repose sur une décision consciente des membres de partager des informations pertinentes à un moment précis de leur démarche dans le groupe. Elle s'appuie sur la confiance dans les autres, sur la connaissance de soi et sur la conscience de ce qu'il est pertinent de révéler compte tenu du cheminement du groupe (Garvin, 1997).

Reid (1997) souligne que la relation entre la transparence et les habiletés interpersonnelles n'est pas linéaire. Si la personne qui ne révèle rien d'elle-même réussit difficilement à établir des relations avec les autres et se trouve isolée, à l'opposé, celle qui dévoile sans discrimination ses secrets les plus intimes risque également d'avoir des problèmes dans ses relations interpersonnelles. Selon Cosby (1992), une personne bien adaptée combine un degré élevé de transparence avec ses proches et une ouverture relative avec les autres, tandis qu'une personne en difficulté sur le plan interpersonnel est soit très ouverte, soit très fermée avec tout le monde.

Dans une démarche de groupe, toutes les révélations ne sont pas appropriées. Par exemple, les confidences qui sont faites avec l'intention d'obtenir le jugement des autres ou de se faire pardonner apportent rarement quelque chose. Le groupe n'a pas à agir comme confesseur. De même, les révélations qui placent les membres dans une position de grande vulnérabilité ne sont pas souhaitables. Il faut donc éviter que les membres se sentent forcés de « tout dire ». La révélation de soi doit se voir comme la résultante d'une attitude d'ouverture qui permet aux membres d'en dire davantage sur leur vie personnelle et d'agir avec plus d'ouverture et d'honnêteté.

Pour faciliter la révélation de soi, l'intervenant peut adopter les comportements suivants (Garvin, 1997) :

- Relever les moments où les membres parlent d'eux-mêmes dans des termes généraux et impersonnels et discuter avec eux des causes et des conséquences de la situation ;

- Reconnaître les révélations personnelles et discuter avec les membres des motifs du malaise qui peut en résulter ;

- Limiter les révélations personnelles lorsque le programme de la rencontre ne permet pas de liquider sur-le-champ les malaises éventuels.

## La catharsis

La catharsis, comme facteur de changement, correspond à l'expression d'une émotion au sein du groupe. Les émotions exprimées peuvent concerner aussi bien des événements passés que ce qui arrive « ici et maintenant ». L'expression d'émotions concernant le groupe aide les membres à se sentir participants à part entière. Toutefois, il est essentiel de bien évaluer comment chacun réagit aux émotions qui sont exprimées, de façon à pouvoir apporter une aide particulière à ceux qui pourraient être trop bouleversés. Les recherches sur l'influence de la catharsis dans le processus de changement font ressortir le rôle de plusieurs variables, notamment la nature de l'émotion exprimée, la réaction des autres membres, les événements subséquents et l'importance de la charge émotive encore présente lorsque les rencontres prennent fin.

Selon Garvin (1997), l'intervenant peut favoriser la catharsis au sein d'un groupe des façons suivantes :

- Il peut établir une norme indiquant que l'expression des émotions est acceptée et même souhaitable dans le groupe ;

- Il peut inviter la personne qui discute d'un sujet à préciser comment elle se sent si cela ne transparaît pas dans son discours ;
- Il peut inciter un membre qui semble bouleversé à discuter de la situation qui provoque chez lui cette réaction, afin de l'amener à mieux y faire face.

L'importance de chacun des facteurs d'aide peut varier selon les caractéristiques des membres ou selon le stade de développement atteint par le groupe. Certaines études ont reconnu la cohésion, la catharsis et l'apprentissage par interaction comme étant les facteurs exerçant le plus d'influence sur les résultats de l'intervention (Fuhriman, Burlingame, 1999 ; Yalom, 1995). D'autres auteurs insistent essentiellement sur la catharsis (Cheung et Sun, 2001) ou la révélation de soi (Lieberman et Golant, 2002). Dans leur recherche sur les facteurs d'aide au sein de groupes pour conjoints violents, Lindsay *et al.* (2006) ont observé que les répondants plus jeunes accordent plus d'importance à l'apprentissage par imitation ; par ailleurs, ceux qui sont plus scolarisés misent moins sur le partage d'information. Cette recherche a également fait ressortir que si les facteurs d'aide s'influencent mutuellement, certains d'entre eux, notamment l'altruisme, se répercutent à l'extérieur du groupe. De plus, elle met en évidence l'influence de l'intervenant, du groupe et de l'interaction entre les membres sur l'émergence des facteurs d'aide, d'où l'importance d'aider le groupe à franchir les obstacles qui se présentent.

À la suite d'une analyse factorielle, Kivlighan, Multon et Brossart (1996) ont déterminé les quatre principaux facteurs d'aide qui sont à l'origine des changements dans un groupe : 1) l'exploration de soi (*insight*) et la conscience émotionnelle : 2) le développement et le maintien de relations significatives au sein du groupe ; 3) l'apprentissage par interaction ; et 4) la résolutuion de problèmes et la modification des comportements (Shechtman et Gluk, 2005).

Quel que soit le cadre d'analyse privilégié, l'intervenant doit porter une attention particulière aux facteurs qui aident les membres dans leur démarche ; au besoin, il doit favoriser l'émergence de ces facteurs. Il doit également être en mesure de déceler les obstacles qui peuvent freiner l'évolution des membres et du groupe.

# 5.3 Évaluer le cheminement des membres et du groupe

Au cours de la phase de travail, l'intervenant doit, d'une part, aider les membres à évaluer leur cheminement individuel et collectif vers l'atteinte de leurs objectifs et, d'autre part, consigner l'information nécessaire pour bien suivre le cheminement du groupe. Il a intérêt à déterminer dès le départ les modalités qui serviront, à chaque rencontre ou à intervalles réguliers, à situer l'évolution des membres et du groupe. Lorsqu'une procédure systématique est mise en place et respectée, les changements qui se produisent peuvent être plus facilement perçus et l'absence de changement peut être décelée suffisamment tôt pour apporter des correctifs.

Lorsque la procédure d'évaluation repose sur l'autoévaluation, les membres peuvent retirer un sentiment d'indépendance et d'accomplissement, car c'est à eux que revient la responsabilité d'évaluer leur cheminement et d'en faire part aux autres membres du groupe (Toseland et Rivas, 2005). Par contre, lorsqu'il n'y a pas de suivi systématique de la démarche du groupe, certains membres peuvent se démotiver en ne constatant pas les résultats escomptés.

## 5.3.1 Les procédures d'évaluation

En règle générale, l'évaluation en cours d'intervention, également appelée « évaluation formative », vise à obtenir de l'information qui servira à modifier la démarche du groupe, si cela est nécessaire. L'intervenant qui réalise ce type d'évaluation considère la démarche du groupe en s'intéressant aux trois éléments suivants : les membres, le groupe comme entité et le contexte d'intervention (Toseland et Rivas, 2005).

Diverses modalités peuvent être utilisées pour procéder à cette évaluation. L'intervenant peut tenir un journal de bord dans lequel il note ce qui se passe dans le groupe à chaque réunion. Cette information lui permet de suivre le cheminement de chaque membre et d'évaluer la démarche du groupe dans son ensemble. Par exemple, s'il constate que les membres sont très préoccupés par un sujet, il pourra prévoir une discussion ou une séance d'information sur le sujet en question. De même, s'il constate que certains membres ont du mal à s'exprimer, il pourra planifier une activité liée à l'expression verbale.

L'intervenant peut également procéder à l'observation systématique des membres pendant les rencontres. Par exemple, un intervenant qui anime un groupe de soutien pour personnes dépressives pourrait évaluer lui-même, à chaque rencontre, le niveau de dépression de chaque membre en utilisant la fiche présentée dans l'encadré 5.1. Il pourrait également demander à chaque membre d'effectuer une autoévaluation en ayant recours à cette même fiche.

| ENCADRÉ 5.1 | Fiche d'évaluation du niveau de dépression |
|---|---|

Nom : _____

10 - - - - - - - - - - - - - - - - - - - - 5 - - - - - - - - - - - - - - - - - - - - 1

| **Très déprimé** | **Moyennement déprimé** | **Non déprimé** |
|---|---|---|
| Pas d'appétit | Mange un peu | Mange bien |
| Insomnie | Sommeil agité | Dort bien |
| Idéations suicidaires | Sentiment d'impuissance | Se sent compétent |

D'autres modalités d'évaluation peuvent également être utilisées. Ainsi, l'intervenant pourrait choisir de faire un bilan systématique de l'évolution du groupe après quatre ou cinq rencontres. Il pourrait aussi demander aux membres de faire une évaluation verbale ou écrite à la fin de chacune des rencontres. L'évaluation verbale est courante. Cependant, comme les membres ne s'expriment généralement pas tous et sont souvent influencés par les autres au moment d'une évaluation verbale, l'évaluation écrite, dans laquelle les membres sont invités à indiquer de façon anonyme leur appréciation du déroulement de la rencontre, ne doit pas être négligée. L'encadré 5.2 présente un exemple de formulaire d'appréciation pouvant être rempli par les membres après chaque rencontre.

| ENCADRÉ 5.2 | Exemple de formulaire d'évaluation |
|---|---|

**Formulaire d'appréciation de la rencontre**

L'information présentée pendant cette rencontre vous a-t-elle été :

❑ Très utile ?     ❑ Plutôt utile ?     ❑ Peu utile ?     ❑ Pas du tout utile ?

Dans quelle mesure cette rencontre vous a-t-elle permis d'acquérir des connaissances ?

❑ Beaucoup     ❑ Assez     ❑ Un peu     ❑ Pas du tout

Dans quelle mesure étiez-vous à l'aise pour vous exprimer ?

❑ Beaucoup     ❑ Assez     ❑ Un peu     ❑ Pas du tout

Quelle évaluation faites-vous de votre participation à la rencontre de ce soir ?

❑ Excellente     ❑ Très bonne     ❑ Bonne     ❑ Mauvaise

Quelle évaluation faites-vous de la participation des autres personnes à la rencontre de ce soir ?

❑ Excellente     ❑ Très bonne     ❑ Bonne     ❑ Mauvaise

Qu'est-ce qui vous a semblé très utile pendant cette rencontre ?

_____

_____

Qu'est-ce qui vous a semblé peu utile ?

_____

_____

Dans l'ensemble, quelle est votre appréciation de la rencontre de ce soir ?

❑ Excellente     ❑ Très bonne     ❑ Bonne     ❑ Mauvaise

L'intervenant peut également utiliser des grilles d'autoévaluation ou des grilles d'observation de comportements que les membres sont invités à remplir à la fin de chaque rencontre ou entre les rencontres. Les informations ainsi recueillies servent à suivre de façon continue l'évolution de chacun des membres. Des échelles standardisées peuvent également être utilisées pour mesurer des aspects relatifs au groupe comme entité. Des échelles comme le *Group Climate*

*Questionnaire* (MacKenzie, 1983), le *Curative Climate Instrument* (Fuhriman, Drescher, Hanson, Henrie et Rybicki, 1986), la *Group Therapy Alliance Scale* (Pinsof et Catherall, 1986) et la *Group Atmosphere Scale* (Silbergeld, Koenig, Manderscheid, Meeker et Hornung, 1975) sont autant d'exemples d'instruments qui ont été conçus pour mesurer la perception des membres quant au fonctionnement du groupe. Certaines de ces échelles ont été traduites en français.

Quelle que soit la méthode utilisée, l'important est de recueillir de l'information sur l'évolution des membres et du groupe de façon rigoureuse et systématique, afin d'être en mesure de suivre le cheminement des membres et, si cela s'avère nécessaire, de modifier la démarche du groupe.

Dans la pratique, l'évaluation est souvent négligée. Emporté par le travail du groupe, l'intervenant ne dispose souvent que de quelques minutes pour faire l'évaluation lorsqu'une rencontre se termine. Il arrive même que l'évaluation soit totalement laissée de côté ; les membres peuvent alors quitter avec l'impression que la boucle n'est pas fermée ou avec un sentiment d'incertitude quant à ce qui va se passer à la prochaine rencontre. L'évaluation est une étape importante dans une rencontre ; elle permet aux membres de se situer par rapport à ce qui a été fait et à ce qui reste à faire ; elle permet de revoir les échéanciers et de prévoir le contenu des prochaines rencontres ; c'est également un moment privilégié pour évaluer la satisfaction des membres quant à la démarche du groupe et à la poursuite des objectifs. On ne saurait donc trop insister sur la nécessité, d'une part, de prévoir du temps à chaque rencontre pour faire le point avec les membres sur l'évolution du groupe et, d'autre part, de s'appuyer sur une procédure d'évaluation systématique du cheminement des membres et du groupe vers l'atteinte des objectifs.

## 5.3.2  Le dossier

Les informations sur le cheminement des membres et du groupe, de même que l'appréciation faite par les membres du déroulement des rencontres, doivent être consignées dans un dossier. Pour la plupart des intervenants sociaux, la tenue d'un dossier est une tâche aride qui ne rapporte pas toujours des dividendes proportionnels à l'investissement exigé. Même si la tenue d'un dossier est prescrite par loi, plusieurs intervenants y sont réfractaires. Or, le dossier est un instrument qui peut être très utile pour l'intervention. En effet, il peut contribuer à améliorer la nature des services et peut constituer un outil d'apprentissage et de croissance pour l'intervenant et pour les membres du groupe. Il y a plusieurs raisons pour lesquelles il est utile de constituer un dossier ; la qualité des services, le développement professionnel de l'intervenant, l'amélioration des connaissances.

En ce qui concerne la qualité des services, la tenue d'un dossier permet notamment :

- *de documenter l'activité d'intervention.* Le dossier fournit une image de la nature de l'intervention auprès des membres et décrit les progrès réalisés vers l'atteinte des objectifs et les résultats de l'intervention. En consultant le dossier, une personne peut dire : « Voici les types de personnes auprès de qui j'interviens, le type d'intervention que je fais et les résultats que j'obtiens » ;

- *d'assurer la continuité des services.* Lorsqu'un intervenant décrit avec précision la nature et les fondements de son action, une autre personne peut prendre la relève si cela est nécessaire et continuer dans la même direction. Les membres du groupe se sentent alors moins dépaysés et n'ont pas à tout recommencer à zéro. Un dossier dans lequel est décrite une intervention antérieure évite le gaspillage d'énergie, permet de gagner du temps et augmente l'efficacité des services ;

- *de vérifier la qualité des interventions.* La rédaction de rapports précis permet à l'intervenant de remettre en question ses pratiques et de retirer des enseignements pour améliorer son action. Elle lui permet également de témoigner de la nature de ses interventions auprès de ses employeurs ou d'autres personnes et lui offre l'occasion de consulter des pairs sur des questions précises en lien avec la nature des actions menées.

Le dossier peut également constituer un outil de développement professionnel pour l'intervenant, puisqu'il permet :

- *d'organiser la pensée de l'intervenant.* La rédaction de rapports oblige l'intervenant à structurer sa pensée. La présentation des données factuelles et des observations conduit à une évaluation plus poussée et à une meilleure planification de l'action ;

- *de communiquer avec des collègues.* La rédaction de rapports permet à l'intervenant de documenter son intervention et de transmettre des informations ou des recommandations à des collègues utilisant d'autres méthodes d'intervention ou venant d'autres disciplines ;

- *d'améliorer ses habiletés d'intervention.* Utilisé correctement, en contexte de supervision et d'encadrement professionnel, le dossier peut aider à évaluer les habiletés professionnelles de l'intervenant et contribuer à l'apprentissage de nouvelles techniques.

Enfin, le dossier est une source d'information qui peut contribuer au développement des connaissances puisqu'il contient des données qui ne sont pas accessibles autrement. En ce sens, le dossier peut fournir :

- *des données utiles pour l'étude des pratiques.* Les dossiers bien tenus contiennent des informations utiles pour le chercheur et l'intervenant désireux de connaître par exemple les types de clients ou les activités réalisées. Quand des mesures sont prises pour assurer la confidentialité, l'étude des dossiers peut fournir des informations utiles pour les personnes désireuses d'étudier la nature des services qui sont proposés.

- *des données statistiques.* Le dossier fournit des données précises sur le nombre de participants à un groupe, le nombre de rencontres et leur durée ainsi que la nature des activités réalisées. Il peut ainsi être utilisé pour justifier l'intervention ou pour demander des montants d'argent qui serviront à la mise en place d'un programme.

Dans certains organismes, des formulaires sont conçus pour consigner l'information qui est jugée utile ou qui est exigée par la loi. Dans d'autres milieux, il n'y a pas de formulaires préétablis, mais il existe des lignes directrices quant à la nature des informations à consigner. Par ailleurs, l'Ordre professionnel des travailleurs sociaux du Québec (OPTSQ) fournit des indications à cet effet, en fixant des normes relatives à la tenue d'un dossier et en spécifiant que l'intervention de groupe est un acte professionnel, d'où l'obligation pour le travailleur social de constituer un dossier de groupe contenant :

- les informations nominatives concernant chacun des participants, avec leur autorisation ;
- l'évaluation des besoins des participants (pré-groupe) ;
- les objectifs poursuivis ;
- la plan ou le projet d'intervention ;
- le sommaire des activités (thèmes abordés et actions entreprises) ;
- l'évaluation des résultats par les participants.

Les indications de l'OPTSQ précisent également que le dossier de groupe doit contenir le calendrier des activités réalisées et, notamment, les dates des sessions, les présences, le sommaire de l'évaluation du groupe et du déroulement du programme d'activités. Si des évaluations psychosociales individuelles des participants sont réalisées en phase pré-groupe ou s'il y a eu des interventions individuelles auprès des participants pendant les sessions de groupe, un dossier est ouvert à leur nom, en plus du dossier de groupe, selon toutes les règles habituelles.

Le dossier se constitue tout au long du processus d'intervention. En effet, dès qu'il commence à planifier son intervention, l'intervenant doit consigner et mettre en forme les informations qui appuient sa démarche. Le dossier est le résultat de l'organisation d'un ensemble de documents et de notes accumulés pendant les rencontres. Ainsi, pour que le dossier vienne enrichir la démarche d'intervention sans faire obstacle au cheminement du groupe, l'intervenant devrait prendre les précautions suivantes :

- Prendre l'habitude de mettre son dossier à jour d'une façon constante et assidue en y incluant les documents pertinents au fur et à mesure du processus d'intervention ;
- Noter les informations à caractère factuel dont il est difficile de se souvenir. Par exemple, les nom, adresse, type d'emploi, nombre d'enfants et autres caractéristiques des membres peuvent constituer des informations utiles pour l'intervention. Lorsque ces informations sont notées, il est souvent préférable d'indiquer aux membres ce qu'on fait : « Pendant que chacun va se présenter, je vais noter certaines informations pour ne pas avoir à vous

les faire répéter. » Si certaines personnes semblent mal à l'aise, il peut être utile de leur faire la lecture des informations consignées sous prétexte de vérifier si ce qui a été noté est exact. Évidemment, si la prise de notes instaure un climat de malaise, l'intervenant doit se raviser ; la priorité, c'est le groupe et non le dossier ;

- Se réserver du temps, idéalement tout de suite après la rencontre, pour noter quelques mots ou quelques phrases qui permettront ensuite de reconstituer le déroulement de la rencontre. Il est préférable d'inscrire des sujets définis, dont il est plus difficile de se rappeler, plutôt que de décrire des impressions, qui restent souvent plus longtemps en mémoire. Ces notes rapides serviront ensuite à rédiger un rapport sur la rencontre.

Il n'est généralement pas nécessaire de constituer un dossier sur chacun des membres du groupe, à moins qu'il ne s'agisse d'un groupe de traitement. Dans la mesure où c'est le groupe qui constitue la cible de l'intervention, il est plus logique de consigner des informations sur la démarche collective plutôt que sur le fonctionnement individuel des membres. Le dossier de groupe devrait contenir les documents et informations qui sont présentés dans l'encadré 5.3 et qui, rappelons-le, sont rassemblés tout au long du processus d'intervention.

| ENCADRÉ 5.3 | Contenu du dossier de groupe |

**I. Page de titre indiquant le nom du groupe**

**II. Document précisant la nature du projet d'intervention**

Cette section devrait contenir les renseignements suivants :

a) Organisme
- Mission et philosophie d'intervention de l'organisme.
- Programmes, ressources et structure.
- Règles de fonctionnement.

b) Problématique
- Problèmes et besoins des personnes à qui s'adresse le groupe.

c) Buts du groupe
- Besoins auxquels doit répondre le groupe.
- Objectifs de l'intervenant et des membres.
- Indicateurs de résultats.

d) Programme
- Format prévu (taille, nombre de rencontres, type de groupe, etc.).
- Fréquence et lieu des rencontres.
- Début et fin du groupe.
- Activités prévues.

e) Ressources

- Personnes qui pourront être mises à contribution au cours de l'intervention.
- Matériel nécessaire.
- Rôle de l'animateur.

f) Processus de mise sur pied du groupe

- Méthode et critères de sélection des membres.

### III. Sommaire de chaque rencontre

a) Date de la rencontre.

b) Nom des personnes présentes et des personnes absentes.

c) Brève description du déroulement de la rencontre : activités réalisées, commentaires formulés, émotions exprimées, sujets de discussion soulevés pour les prochaines rencontres.

d) Sommaire des interactions au sein du groupe et commentaire analytique.

e) Plan ou ordre du jour de la rencontre suivante.

### IV. Bilan de fin de groupe

a) Sommaire des principaux sujets discutés en groupe.

b) Courte description de la participation de chacun des membres.

c) Obstacles rencontrés et solutions trouvées.

d) Présentation des résultats : données collectées et commentaire évaluatif.

e) Motifs de terminaison du groupe.

### V. Annexes

a) Résumé de textes ou d'articles portant sur la problématique ou sur la clientèle visée.

b) Textes ou notes de lecture sur le modèle d'intervention privilégié.

c) Description des activités réalisées dans le groupe : nature et déroulement.

d) Présentation des instruments utilisés pour évaluer les résultats du groupe.

### VI. Dossiers individuels

Dans certains types de groupes, notamment les groupes de changement personnel, il peut être utile de consigner des informations sur chacun des membres. Chaque dossier individuel qui est alors constitué devrait préciser les objectifs personnels du membre, la nature de sa participation et tout autre élément pertinent pour la compréhension de son cheminement dans le groupe.

Chaque fois qu'un membre se retire du groupe, on devrait faire un court bilan de sa participation énonçant :

a) la nature de sa participation au groupe ;

b) les progrès réalisés et les difficultés éprouvées ;

c) les motifs de la fin de la participation ;

d) quelques recommandations ou suggestions.

En conclusion, rappelons que le dossier est d'abord et avant tout un outil qui doit servir l'intervention. Il est utile s'il permet à une personne externe de comprendre la démarche d'intervention et d'en suivre à tout moment le déroulement, et s'il permet à l'intervenant d'en tirer des enseignements qui lui serviront dans d'autres situations. Un dossier se constitue et s'enrichit progressivement. Il ne s'agit donc pas de rédiger un rapport à la fin de l'intervention ou de rassembler divers documents lorsqu'un groupe se termine. Il s'agit de construire peu à peu un outil qui sert tout au long de la démarche d'intervention et qui rend compte de l'évolution du groupe. L'intervenant a donc intérêt à suivre les conseils suivants :

- Garder à l'esprit l'objectif du dossier. Il faut éviter les détails non appropriés et se limiter aux informations pertinentes. Il faut se demander : « Pourquoi est-ce que j'écris ceci ? » et « Qui va lire cette information ? » ;

- S'assurer que le nom de la personne qui remplit le dossier est écrit lisiblement ;

- Toujours indiquer les dates précises plutôt que les périodes de temps (dans 10 jours). Il faut éviter que le lecteur ne soit obligé de consulter à nouveau la date du rapport ;

- Être aussi bref que possible. Les rapports n'ont pas à être longs pour être utiles. Au contraire, un rapport trop long rebutera le lecteur ;

- Essayer de ne pas répéter ce qui a déjà été dit. Faire plutôt des renvois (« les problèmes mentionnés par les membres et indiqués à la page 3 ») ;

- Mettre des titres et des sous-titres aux sections afin que le lecteur puisse s'y retrouver facilement ;

- Éviter les abréviations peu connues, les symboles et autres termes de jargon. Se rappeler que le dossier est un outil qui sera utilisé par d'autres personnes ;

- Quand des diagnostics ou des « étiquettes » provenant de personnes issues d'autres disciplines sont utilisés, toujours en indiquer la source (« Selon le docteur X, que j'ai consulté le 20 décembre 1999, Mme A souffre de dépression nerveuse »). Faire la distinction entre ses impressions d'intervenant, les évaluations faites par d'autres professionnels et les informations obtenues d'autres sources.

Il faut se rappeler que la tenue de dossier est une composante de l'intervention ; une rédaction soignée est souvent associée à une intervention efficace. Une tenue de dossier adéquate fait donc partie intégrante d'une bonne intervention.

Au moment de la phase de travail, les membres devraient être davantage engagés envers le groupe ; l'individualisme initial doit faire place à un sentiment du «nous» qui s'accompagne d'une meilleure cohésion et d'un esprit de coopération plus important. Durant cette phase, l'intervenant a pour tâche principale de soutenir les membres dans la poursuite de leurs objectifs. Il doit donc porter une attention particulière au contenu des rencontres et s'assurer que les activités proposées sont adaptées aux besoins des membres et du groupe. Il doit être à l'affût des indices verbaux ou non verbaux qui traduisent les préoccupations des membres. Il doit également favoriser l'émergence des facteurs d'aide et soutenir le groupe dans les situations problématiques. Pour être en mesure d'accompagner correctement le groupe, l'intervenant doit évaluer de façon continue le cheminement du groupe. L'information recueillie au cours de ce processus d'évaluation doit être consignée dans un dossier qui constitue en quelque sorte la trace du groupe. Cette information sera particulièrement utile pour préparer la dissolution du groupe.

## EXERCICES

1. Vous préparez l'animation d'un groupe de socialisation s'adressant à des enfants âgés de 9 à 12 ans. Le but de l'intervention est le développement des habiletés sociales. Proposez deux activités à réaliser avec ce groupe en notant les éléments qui justifient votre choix.

2. Associez les rôles suivants à la description appropriée.

a) Médiateur

1) Nicole s'adresse à Pierre et lui dit qu'elle n'aime pas sa façon agressive de s'exprimer. L'intervenant explore avec Nicole les raisons pour lesquelles elle a autant de difficulté à composer avec l'agressivité.

b) Thérapeute

2) Pierre mentionne que certains membres du groupe ne sont pas intéressés à participer. Claire réagit en disant qu'elle n'est pas d'accord. L'intervenant aide le groupe à préciser les éléments qui provoquent les tensions entre les membres.

c) Promoteur d'aide mutuelle

3) Voyant la tristesse que Nathalie éprouve lorsqu'elle parle de sa fille, l'intervenant lui rappelle que le groupe est là pour l'aider et qu'elle peut s'exprimer librement. Il invite ensuite les membres à réagir aux propos de Nathalie en s'assurant que leurs réactions soient aidantes pour elle.

d) Personne-ressource

4) À la demande des membres du groupe, l'intervenant fournit de l'information sur les différentes ressources qui sont disponibles pour les parents en difficulté.

3. Donnez une brève définition des facteurs d'aide suivants :

- L'universalité
- L'altruisme
- L'apprentissage par interaction
- La révélation de soi
- La catharsis

## LECTURES COMPLÉMENTAIRES

Lindsay, J., Turcotte, D., Montminy, L. et Roy, V. (2006). *Les effets différenciés de la thérapie de groupe auprès de conjoints violents : une analyse des facteurs d'aide.* Université Laval : Cri-Viff.

Reid, K.E. (1997). « Therapeutic factors in groups » et « Program activities », dans *Social Work Practice with Groups. A Clinical Perspective.* Pacific Grove : Brooks/Cole Pub. Co, p. 39-54 et p. 209-228. Chapitres 3 et 11 de l'ouvrage.

Zastrow, C. (2006). « Controversy, creativity and decision making », dans *Social Work with Groups,* 6e éd. Belmont, CA : Thomson Brooks/Cole, p. 207-224. Chapitre 11 de l'ouvrage.

# Les habiletés et les attitudes en intervention de groupe

S i l'animation d'un groupe fait appel aux ressources personnelles d'un intervenant, elle suppose aussi qu'il a développé un ensemble de façons de faire et d'être qui le rendent apte à soutenir le groupe dans sa démarche, tant en ce qui concerne l'atteinte du but et des objectifs que le développement du groupe. Ce chapitre, divisé en deux grandes sections, présente les habiletés et les attitudes sur lesquelles l'intervenant doit miser pour influencer le processus de groupe. La première section porte sur les habiletés générales, soit les habiletés applicables à l'ensemble des situations de groupe. Après une brève description de ces habiletés, nous abordons celles orientées sur le groupe comme entité, puis celles utilisées dans l'animation de réunion, enfin, les attitudes perçues comme souhaitables dans une intervention de groupe. La deuxième section a pour objet les habiletés utiles à la gestion des situations problématiques qui peuvent se présenter dans un groupe. Ces situations peuvent avoir pour cause le comportement individuel de certains membres, les rôles dysfonctionnels, la dynamique d'ensemble du groupe ou la présence de conflits au sein du groupe. Enfin, les facteurs qui influencent l'utilisation et la démarche d'apprentissage des habiletés sont les deux thèmes qui concluent ce chapitre.

# 6.1 Les habiletés génériques

Le terme « habileté » est ici défini comme une aptitude fondée sur le savoir, aptitude qui peut être manifestée à un moment approprié. Elle consiste en « un ensemble de gestes […] posés avec adresse et dextérité dans l'intention d'aider le groupe à progresser vers la satisfaction de ses besoins socioémotifs et la réalisation de sa cible commune » (Berteau, 2006). Cette auteure mentionne avec justesse que dans les ouvrages ayant pour objet l'intervention de groupe, les termes « habileté » et « technique » sont souvent utilisés de façon indifférenciée ; dans les deux cas, il s'agit d'un geste concret basé sur des connaissances et exécuté en fonction d'un but déterminé. Elle souligne aussi que la mise en œuvre d'habiletés suppose l'utilisation d'un grand nombre de techniques. Enfin, le concept d'habileté est différent de celui de rôle, plus global et qui renvoie à ce que doit faire une personne en fonction de son statut.

Même si on accorde souvent beaucoup de pouvoir à l'animation et à l'utilisation d'habiletés, il est essentiel de se rappeler que ce sont des moyens au service du groupe, et non des finalités ni des moyens à l'effet magique ou des modalités de contrôle utilisés par l'intervenant. Le recours à une habileté constitue toujours une tentative d'action à un moment précis de l'évolution du groupe.

## 6.1.1 Les habiletés ayant trait au groupe comme entité

Nous présentons ici un aperçu des habiletés utilisées en intervention de groupe. Mentionnons que les chapitres précédents, particulièrement ceux portant sur les phases du processus d'intervention ou sur certaines dynamiques comme les prises de décision, ont déjà permis d'aborder plusieurs de ces habiletés.

En procédant à une recension des écrits, Berteau (2006) a dénombré 34 typologies d'habiletés ou de techniques. La typologie de Middleman (1990) distingue trois catégories d'habiletés : les fondamentales et d'usage continu, celles axées sur la cohésion du groupe et celles qui concernent la production ou le travail. Quant à Glassman et Kates (1986), ils proposent trois types de techniques : celles qui ont trait au développement de l'aide mutuelle, celles qui se rapportent à la tâche ou à l'actualisation du but et celles qui concernent à la fois le développement du système d'aide mutuelle et l'actualisation du but.

Sans utiliser une typologie déjà existante, nous avons intégré les travaux de plusieurs auteurs, principalement ceux traitant des interactions entre les membres. De plus, nous avons distingué les habiletés dites simples des habiletés plus complexes. En effet, certaines habiletés peuvent avoir un plus haut degré de complexité, par exemple celles liées à la prise de décision en groupe ou à la résolution de conflits. La typologie que nous proposons ici comporte 23 habiletés susceptibles d'être utilisées fréquemment en intervention de groupe. Comme il est indiqué dans l'encadré 6.1, ces habiletés peuvent être divisées en six grandes catégories.

| ENCADRÉ 6.1 | Catégorisation des habiletés en intervention de groupe |
|---|---|

**A. Favoriser la constitution d'une entité groupale**

1) Établir un contact visuel avec tous les membres

2) Accorder une attention particulière à chaque membre

3) Déterminer les perceptions des membres au sujet de leurs besoins

4) Impliquer le groupe comme un tout

**B. Mettre en place les paramètres de fonctionnement du groupe**

1) Établir des règles et des normes avec les membres du groupe

2) Clarifier les rôles

**C. Dynamiser la réalisation de la tâche**

1) Organiser le travail

2) Fixer des buts ensemble et les rappeler au groupe

3) Mettre au travail et éviter l'illusion de travail

4) Faire le point sur le chemin parcouru

**D. Enrichir la communication**

1) Donner de l'information

2) Diriger les communications

3) Tenir compte des messages non verbaux

4) Favoriser l'expression appropriée des sentiments

5) Faciliter la participation collective

**E. Faciliter le passage des moments difficiles**

1) Lancer la discussion sur des sujets délicats

2) Clarifier les obstacles au travail

3) Faire émerger des opinions divergentes

4) Inviter les membres à construire selon leurs contributions

5) Vérifier s'il y a consensus

**F. Favoriser le développement d'un climat positif**

1) Soutenir les membres et reconnaître leurs efforts

2) Permettre au groupe de se détendre

3) Faire part des réactions de satisfaction

## A. Favoriser la constitution d'une entité groupale

**1) Établir un contact visuel avec tous les membres** L'intervenant regarde tour à tour chaque membre du groupe. Cela lui permet de prendre le pouls du groupe, de percevoir différents signaux de communication et de signifier son intérêt pour l'expérience commune. Il faut éviter de trop centrer son attention sur un membre en particulier, surtout s'il monopolise le groupe au plan verbal.

**2) Accorder une attention particulière à chaque membre** L'intervenant accueille chaleureusement chaque membre et lui accorde une attention particulière, quel que soit son statut. Lorsqu'un membre participe moins, il l'invite à s'impliquer davantage. Il favorise la participation de chaque individu et il fait ressortir l'importance de chacun aux yeux des autres.

**3) Déterminer les perceptions des membres au sujet de leurs besoins** Il est essentiel pour l'intervenant de s'intéresser à la perception que les membres ont de leurs besoins et de respecter cette perception. Souvent, il y a une différence importante entre la perception des membres et celle de l'intervenant. Celui-ci doit donc s'assurer que tout le monde a une vision commune des besoins des membres.

**4) Impliquer le groupe comme un tout** Afin de favoriser la cohésion, l'intervenant s'adresse le plus souvent possible à l'ensemble du groupe. Il utilise le « nous » afin d'indiquer qu'il perçoit le groupe comme une expérience d'ensemble.

## B. Mettre en place les paramètres de fonctionnement du groupe

**1) Établir des règles et des normes avec les membres du groupe** L'intervenant a pour tâche d'aider les membres à établir des normes qui serviront à protéger et à faciliter une communication ouverte et directe. Dans certains cas, il peut être nécessaire d'établir des normes explicites interdisant la violence physique, les abus verbaux ou les menaces. Les normes sécurisent les membres et les incitent à participer aux discussions portant sur des désaccords ou des conflits ; elles apportent un soutien et constituent une autorisation à l'expression pour les membres de statut moins élevé ou moins à l'aise pour exprimer leur opinion. À l'occasion, l'intervenant doit rappeler aux membres les normes déjà établies et les inviter à s'y conformer.

**2) Clarifier les rôles** Il est essentiel que les membres connaissent le rôle de l'intervenant ; ce dernier doit donc bien définir sa tâche et sa façon de travailler avec un groupe. L'intervenant devrait, s'il y a lieu, spécifier son rôle et la répartition des tâches, et ce, bien avant d'entreprendre des actions ou des activités collectives.

## C. Dynamiser la réalisation de la tâche

**1) Organiser le travail** Il s'agit de structurer les rencontres de façon que le travail du groupe soit efficace. Il faut évaluer l'emploi du temps en fonction des thèmes à traiter, souligner le temps encore disponible et éviter des digressions sur des questions de détails.

**2) Fixer des buts ensemble et les rappeler au groupe** L'intervenant détermine les buts du groupe et établit des liens entre ces buts et les besoins des membres. Il s'assure que le vocabulaire utilisé pour définir les buts a la même signification pour tous. Cette habileté favorise la cohésion et l'appropriation de l'expérience de groupe. De plus, elle offre aux membres et à l'intervenant un cadre de référence commun. Au besoin, l'intervenant peut rappeler aux membres les buts déterminés.

**3) Mettre au travail et éviter l'illusion de travail** Cette habileté consiste à susciter l'attention sur les objectifs et à la maintenir, surtout si le groupe a une propension à s'en éloigner. L'intervenant doit faire part de ses impressions concernant le travail accompli et déterminer ce qui reste à faire.

**4) Faire le point sur le chemin parcouru** L'intervenant résume les événements et les thèmes cruciaux pour rappeler les éléments essentiels de la démarche, il aide à terminer des discussions sur des sujets importants et il propose de nouvelles pistes (à la demande de l'intervenant, cette intervention peut également être faite par un membre).

## D. Enrichir la communication

**1) Donner de l'information** L'intervenant fournit souvent des idées, des opinions et des faits qui concernent directement la tâche du groupe. Si cette information est accessible, l'intervenant doit encourager les membres à aller la chercher eux-mêmes et à en faire part pour amener le groupe à développer une base d'information commune.

**2) Diriger les communications** Cette habileté consiste à diriger les messages. Par exemple, l'intervenant peut inviter un membre à s'adresser directement à la personne concernée par son message. Ce type d'intervention favorisera la discussion entre les membres.

**3) Tenir compte des messages non verbaux** L'intervenant étudie, grâce à différents indices, le comportement non verbal des membres. Ces indices non verbaux sont, par exemple, la posture, les gestes, le ton et le timbre de la voix, le toucher et le regard.

**4) Favoriser l'expression appropriée des sentiments** Cette habileté consiste à aider les membres à déceler leurs sentiments et à en faire part aux autres. L'intervenant doit reconnaître l'importance des sentiments exprimés par les membres. Il doit également s'assurer qu'il n'y aura pas de malaise dû à une expression prématurée ou inappropriée des sentiments.

**5) Faciliter la participation collective** Les actions et les activités collectives sont très importantes pour le développement des individus. Elles nécessitent une bonne communication, de la planification, des prises de décision et des interactions. Pour faciliter la participation collective, l'intervenant doit, d'une part, inciter les membres silencieux à participer davantage et, d'autre part, refréner l'entrain des trop bavards ; il doit encourager l'expression des opinions et montrer du respect envers chaque individu.

## E. Faciliter le passage des moments difficiles

**1) Lancer la discussion sur des sujets délicats** L'intervenant incite les membres à aborder des sujets tabous, à faire part de leurs sentiments négatifs et à discuter de thèmes parfois inhabituels, mais souvent au centre de la participation du groupe. Il les empêche de faire dévier la conversation en leur rappelant le sujet de discussion.

**2) Clarifier les obstacles au travail** Le groupe développe parfois une façon inadéquate de communiquer, ce qui l'empêche de progresser vers l'atteinte de ses objectifs ou favorise l'émergence de rôles dysfonctionnels (par exemple, le bouc émissaire). La tâche de l'intervenant consiste alors à agir directement sur les obstacles en aidant les membres à prendre conscience de ce qui se passe et en les invitant à en discuter.

**3) Faire émerger des opinions divergentes** L'intervenant aide les membres à considérer tous les aspects d'une situation et à percevoir les choses sous différents angles. Il ne faut pas éviter l'expression de points de vue divergents ; au contraire, il faut encourager cette expression en vue de favoriser la communication et l'aide mutuelle. Généralement, lorsqu'ils peuvent s'exprimer, les membres se sentent respectés et constatent que l'intervenant a confiance dans leurs habiletés à communiquer et à aborder leurs différends. Toutefois, cette habileté n'est pertinente que lorsque les membres sont prêts à accepter leurs disparités et qu'un climat de confiance est déjà établi.

**4) Inviter les membres à construire à partir de leurs contributions** Cette habileté consiste à faire des liens entre les interventions des membres. Ces liens montrent bien la richesse d'une discussion qui dépasse le dialogue de deux personnes.

**5) Vérifier s'il y a consensus** Cette habileté est particulièrement importante lorsque les membres souhaitent prendre une décision par consensus. Elle permet également de vérifier si une majorité de membres approuvent la façon dont se déroulent les rencontres. La vérification du consensus est surtout pertinente lorsque la discussion est animée ou lorsqu'un petit groupe de membres cherchent à dominer les autres.

## F. Favoriser le développement d'un climat positif

**1) Soutenir les membres et reconnaître leurs efforts** Le travail de groupe est souvent très exigeant pour les membres ; ils ont parfois l'impression d'être exploités ou d'être en compétition avec les autres. Pour favoriser l'émergence et le développement d'une dynamique d'aide mutuelle et d'une communication ouverte au sein du groupe, l'intervenant doit encourager les membres à prendre certains risques et à faire des efforts ; il doit, notamment, soutenir leurs efforts et faire ressortir leur capacité à résoudre des problèmes.

**2) Permettre au groupe de se détendre** À chaque rencontre, l'intervenant invite les membres du groupe à faire une ou plusieurs pauses de quelques minutes. Il leur permet également, à l'occasion, de se détendre et de plaisanter ; cela a pour effet, d'une part, d'atténuer certaines tensions dues à la fatigue et, d'autre part, de faciliter le travail du groupe.

**3) Faire part des réactions de satisfaction** L'intervenant encourage les membres à émettre leurs opinions concernant le déroulement des rencontres, en les invitant à préciser ce qu'ils ont aimé ou non. L'intervenant doit lui aussi faire part de son point de vue. La réalisation de cet exercice à chaque rencontre peut entraîner une plus grande satisfaction des membres.

Les personnes qui s'intéressent à l'animation de groupe ont intérêt à compléter cette typologie par des lectures portant sur des aspects qui les concernent plus particulièrement. Ainsi, un lecteur intéressé par l'aide mutuelle devrait étudier les travaux de Middleman (1990), de Glassman et Kates (1986) et de Gitterman (1989). Les ouvrages de Corey, Schneider Corey, Callanan et Russell (1982) et de Wickham (2003) sont spécialement pertinents pour un intervenant qui privilégie une perspective clinique et le travail avec les individus dans le groupe. Il existe également des classifications des techniques utilisées auprès de populations particulières, par exemple avec des clientèles non volontaires (Thomas et Caplan, 1999). D'autres auteurs ont classifié les habiletés selon les stades de développement du groupe (Anderson, 1984 ; Berman-Rossi, 1993). Enfin, les ouvrages issus de modèles ou de théories plus particulières insistent davantage sur certaines catégories d'habiletés (Mullender et Ward, 1991 ; Rose, 1998 ; Corey, 1989).

# 6.1.2 Les habiletés utilisées pour l'animation de réunion

On trouve dans de nombreux ouvrages (Aubry et St-Arnaud, 1967 ; Mucchielli, 1992 ; Beauchamp, Graveline et Quiviger, 1976) l'énoncé de modalités pour l'animation de réunion. Ces ouvrages traitent des groupes de tâche non centrés sur le développement ou le traitement individuel. On considère ici l'animation d'une réunion et non tout l'encadrement d'un projet d'intervention, et ce, en fonction des dimensions du contenu, de la procédure et du niveau socioémotif, chaque niveau étant favorisé par certaines actions de l'intervenant. On fait ici l'hypothèse que l'intervenant doit tenir compte à la fois de ces trois plans de participation.

La dimension du contenu a trait aux besoins exprimés, aux buts et aux objectifs, de même qu'aux idées et opinions. L'intervenant s'assure que l'information circule et que chaque membre participe activement à la discussion. À cet égard, l'intervenant fait les gestes suivants, il :

- *définit,* en précisant l'objectif et en veillant à ce que les idées soient comprises de façon uniforme ;
- *reformule,* en utilisant d'autres termes pour exprimer ce qui vient d'être dit ; cela permet de nuancer les propos tout en augmentant la capacité d'écoute des participants ;
- *fait des liens,* soit en demandant de faire des liens avec ce qui a été dit précédemment ou en en faisant lui-même, ce qui permet de bien recentrer la discussion sur ses éléments essentiels ;
- *résume,* en associant les principaux éléments des discussions afin de faire le point ; cela permet de faire le point et de réorienter le travail au besoin.

Dans la dimension de la procédure, l'intervenant exerce une certaine fonction de contrôle. Il s'assure que l'information circule et que chaque membre participe activement à la discussion. Plus particulièrement, l'intervenant :

- *suscite,* en favorisant la participation des membres silencieux ;
- *refrène,* en incitant les membres volubiles à prendre moins de place et à mieux gérer leur temps de parole ;
- *sensibilise au temps,* en vue de maximiser l'emploi du temps et de respecter l'échéancier ;
- *donne la parole ;* cela peut se faire de façon formelle ou informelle, selon la procédure mise en place.

L'aspect socioémotif réfère à la vie affective du groupe et au maintien d'un climat favorable à la discussion, car les tensions et les divergences d'opinions sont partie intégrante d'un fonctionnement en groupe ; l'intervenant :

- *accueille,* en adoptant une attitude chaleureuse à l'égard de chaque membre ;
- *solidarise,* en permettant aux membres de se détendre et en les encourageant ; cela permet de réduire les tensions et facilite le travail de groupe ;
- *objective,* par exemple en séparant le contenu de sa charge émotive ou en reformulant ce qui a été émis avec beaucoup de subjectivité, ce qui permet d'éviter des oppositions non productives ;

- *suscite la verbalisation* : en permettant aux membres d'exprimer ce qu'ils ressentent, on est susceptible d'obtenir des conséquences positives sur le climat du groupe.

Une autre précision s'impose en lien avec les groupes de tâche. Plusieurs auteurs (De Robertis et Pascal, 1987 ; Weil, 1985 ; Deslauriers et Bourget, 1997) ont insisté sur les points de convergence entre le travail de groupe et l'organisation communautaire. Au cœur de cette dernière, les groupes de tâche sont des moyens grâce auxquels les buts peuvent être atteints. Ces pratiques exigent un certain nombre d'habiletés de groupe sur l'équilibre entre le processus et la tâche, sur la facilitation de la participation, sur l'atteinte de consensus et sur la gestion de conflits.

## 6.1.3 Les attitudes dans l'intervention de groupe

Bien que l'intervention de groupe soit souvent définie en termes de comportements et d'habiletés, il est également approprié de s'y intéresser en fonction de certaines qualités personnelles ou attitudes. Les attitudes ne doivent pas être considérées ici comme des traits innés et immuables ; elles représentent plutôt une disposition ou une façon d'être et de ressentir dont la composante socioaffective est importante. Elles s'expriment avec constance chez les personnes et font l'objet d'un apprentissage, parfois long, comme à l'intérieur du système familial. George et Dustin (1988) ont défini huit qualités importantes pour l'intervention de groupe : la conscience de soi, l'authenticité, la capacité d'établir des relations chaleureuses, la sensibilité, la confiance en soi, le sens de l'humour, la flexibilité et le désir de s'améliorer.

La *conscience de soi* réfère à l'attention portée par l'intervenant à ses réactions émotionnelles durant les rencontres. Prenant conscience de ses émotions sans les réprimer, l'intervenant peut ainsi éviter qu'elles affectent son comportement sans qu'il en soit trop conscient. Cette attitude va l'aider à être proche du vécu des membres.

Par son *authenticité,* l'intervenant évite de se cacher derrière une façade pour établir une relation avec les membres. De façon appropriée, il partage ce qu'il vit dans l'expérience de groupe. Il ne joue pas à l'expert et ne feint pas d'avoir telle émotion si tel n'est pas le cas.

La *capacité d'établir des relations chaleureuses* se fonde sur une confiance fondamentale avec les membres du groupe. L'intervenant ne se sent pas vulnérable et défensif et ne pense pas qu'étant lui-même, les membres vont utiliser les faiblesses qu'il peut montrer. Il ne craint pas de se « faire avoir » ou d'être rejeté, ou qu'on lui fera des demandes impossibles à satisfaire. Il ne met pas d'énergie à se garder à distance et pour lui, établir une relation chaleureuse et positive est un risque qui en vaut la peine. Dans la même veine, il croit que les membres vont réagir plus positivement, s'ils se sentent acceptés pour ce qu'ils sont.

Par *sensibilité,* nous entendons que l'intervenant développe une capacité à sentir les émotions des membres telles que ceux-ci les vivent. En même temps, il a conscience des différences entre ce que vivent les membres et lui-même. Il est donc capable de saisir rapidement les significations du langage et du comportement des membres.

Par la *confiance en soi,* l'intervenant est conscient de ses forces comme de ses limites. Tout en reconnaissant qu'il possède certaines connaissances et habiletés, il n'est pas arrogant et ne se croit pas parfait. Il est conscient de l'influence qu'il peut avoir sur les autres et reconnaît qu'il n'a pas à maintenir les autres dans une position inférieure pour avoir du pouvoir.

L'*humour* est un ingrédient important de la vie en groupe. Il ne s'agit pas ici de l'utiliser pour exprimer de la colère, ironiser pour ridiculiser quelqu'un ou pour éviter de discuter d'un thème important. Être capable de rire de soi et de voir le côté humoristique du comportement humain est important pour l'intervenant. L'humour permet de recadrer des problèmes, d'en resituer l'importance et d'abaisser la tension. Cette habileté exige une écoute active et reflète une perspective positive de la vie.

Au lieu de s'attendre à ce que le groupe suive simplement la direction indiquée et d'utiliser rigidement certaines techniques, l'intervenant s'adapte aux particularités du groupe ; c'est ce qu'on entend par *flexibilité.* Il fait preuve de créativité et donne une place aux membres dans la direction du groupe. Cela s'appuie sur une croyance que le groupe a la force de trouver la voie à suivre et les moyens d'y parvenir.

L'intervenant se préoccupe de sa contribution positive au groupe. Sensible à ce qui se passe dans le groupe et non hanté par le désir de donner une bonne impression, il a un *désir de s'améliorer* en s'intéressant aux moments plus difficiles et non productifs de l'expérience de groupe. En incluant dans son évaluation la réaction des membres à son animation, il voudra ainsi savoir ce qu'on peut faire différemment pour favoriser l'atteinte des buts collectifs ou individuels.

## 6.2 Les habiletés relatives à la gestion des situations problématiques

Diverses situations problématiques peuvent se présenter dans la vie d'un groupe ; certaines sont liées au comportement individuel de quelques membres, d'autres aux rôles dysfonctionnels, et d'autres encore à la dynamique d'ensemble du groupe. La présence de conflits peut également freiner le développement d'un groupe et même compromettre son existence.

Les situations problématiques associées à des comportements individuels résultent essentiellement du mode de participation qu'adoptent certaines personnes pour satisfaire leurs besoins personnels. Ce mode de participation entraîne souvent une réaction négative des autres membres du groupe, qui peut se traduire par la mise à l'écart, le rejet ou le conflit ouvert. Mais, dans certaines situations, les comportements individuels sont en quelque sorte récupérés par le groupe, qui assigne aux membres concernés des rôles dysfonctionnels dans le but de maintenir un équilibre. Les situations problématiques liées à la dynamique d'ensemble du groupe résultent de comportements de tout le groupe ou chez la plupart des membres. Enfin, les situations conflictuelles résultent de tensions entre certains membres ou certains sous-groupes. Bien qu'elles aient un caractère problématique, elles peuvent représenter une occasion de croissance, d'où l'intérêt de les aborder comme une réalité qui concerne tout le groupe.

## 6.2.1 Les comportements individuels problématiques

Les écrits sur les groupes, et plus particulièrement sur les groupes de tâche, présentent plusieurs typologies des comportements individuels inadéquats. Nous nous limiterons ici à une présentation sommaire de quelques-uns de ces comportements, qui peuvent être divisés en deux grandes catégories : l'ingérence et le retrait.

### L'ingérence

Les comportements d'ingérence sont plus évidents et requièrent généralement une réaction concrète et rapide de l'intervenant, car ils peuvent conduire à la démotivation des autres membres. Ils sont associés à deux types de membres : ceux qui perturbent la démarche du groupe et ceux qui y font opposition.

Cinq profils de membres gênant la démarche du groupe peuvent être distingués : 1) le bavard, qui pense tout haut, s'exprime sans arrêt et cherche à attirer l'attention sur lui en prenant constamment la parole ; 2) le « digresseur », qui fait son possible pour détourner la discussion en passant du coq à l'âne ou en abordant des sujets personnels sans lien avec l'objet central de la discussion ; 3) le spécialiste, qui se présente comme le conseiller inépuisable qui sait tout et donne son avis sans être sollicité ; généralement, il cherche à attirer l'attention en proclamant son expertise et en relatant ses succès antérieurs ; 4) le pointilleux, qui gêne la discussion en soulevant sans arrêt des points de détail ou en interrompant constamment les autres sous prétexte qu'il y a un aspect de la question dont ils ne tiennent pas compte ; et enfin 5) le rigolo, qui freine le groupe en prenant tout à la blague, en évitant les sujets sérieux et en faisant de l'humour à propos de tout sans se soucier de la pertinence de ses interventions.

Quatre profils de membres faisant opposition au cheminement du groupe peuvent d'un autre côté être distingués : 1) le buté, qui adopte une idée et y revient constamment sans tenir compte des propos des autres ou de l'évolution de la discussion ; 2) l'objecteur, inquiet et enclin à tout critiquer, qui met des bâtons dans les roues en opposant une résistance exagérée et en bloquant toute possibilité de prise de décision ou d'action ; 3) l'esprit fort, qui se comporte comme s'il était au-dessus de la mêlée, qui en sait plus, a de meilleures relations, possède plus d'expérience que les autres ; et 4) l'agressif, dont la susceptibilité ou l'impulsivité empêchent toute communication rationnelle, qui tente d'influencer le groupe par la peur, la manipulation ou le chantage et qui fait régner au sein du groupe un climat de méfiance ou d'hostilité destructrice.

## Le retrait

Les comportements de retrait sont adoptés par des membres qui restent en marge du groupe. Ils posent des problèmes à l'intervenant dans la mesure où ils sont généralement difficiles à décoder rapidement et encore plus à interpréter correctement. Cinq profils de membres restant en retrait peuvent être distingués : 1) le renfrogné, qui se tait parce qu'il est en désaccord avec le groupe ou avec la façon dont les choses se passent ; 2) le craintif, qui n'intervient pas parce qu'il se croit inférieur aux autres ou moins compétent quant à la question discutée ; 3) le prétentieux, qui refuse de participer parce qu'il estime ne pas être à sa place ou qu'il s'attribue un statut supérieur aux autres ; 4) l'indifférent, qui se comporte comme s'il n'était pas concerné par le groupe ou comme s'il avait d'autres centres d'intérêt plus importants à l'extérieur du groupe ; et 5) le conformiste, qui ne semble jamais avoir d'opinion personnelle, qui est toujours de l'avis de quelqu'un d'autre et qui ne s'exprime que pour répéter des opinions déjà formulées. Les deux premiers profils caractérisent les personnes qui sont à l'écart, alors que les trois derniers caractérisent des membres qui sont considérés comme des poids morts pour le groupe.

Le tableau 6.1, établi d'après le texte de Grzybowski (1976), présente une synthèse des différents comportements individuels problématiques. Ces derniers ont pour effet de faire obstacle au développement du groupe et au cheminement vers l'atteinte des objectifs. Pour cette raison, ils sont généralement jugés sévèrement par les autres membres. Tôt ou tard, les membres qui adoptent ces comportements sont ignorés ou rejetés, à moins que le groupe n'utilise leur attitude pour exprimer certains malaises et n'assigne alors à ces membres des rôles dysfonctionnels.

| | Catégorie | Profils |
|---|---|---|
| **L'ingérence** | **Les gêneurs** | • Le bavard : pense tout haut, parle sans arrêt. |
| | | • Le « digresseur » : détourne la conversation, passe du coq à l'âne. |
| | | • Le pointilleux : s'attarde à des détails. |
| | | • Le rigolo : évite les sujets sérieux, tourne tout à la blague. |
| | **Les opposants** | • Le buté : reste sur ses positions. |
| | | • L'objecteur : critique sans arrêt. |
| | | • Le dominateur : contrôle les échanges, prend toute la place. |
| | | • L'esprit fort : impose ses idées, sait tout. |
| | | • L'agressif : fait régner un climat d'hostilité. |
| **Le retrait** | **Les personnes qui restent à l'écart** | • Le renfrogné : se tait parce qu'il est en désaccord. |
| | | • Le craintif : se sent incompétent. |
| | **Les poids morts** | • Le prétentieux : trouve les débats sans intérêt. |
| | | • L'indifférent : ne se sent pas concerné. |
| | | • Le conformiste : n'a pas d'opinion personnelle. |

**TABLEAU 6.1** Catégories et profils de comportements individuels problématiques

Lorsqu'il observe de tels comportements, l'intervenant doit prendre une position centrale et structurer les échanges de façon que les membres participent de manière enrichissante. Parfois, cela veut dire organiser des activités en sous-groupes ou consacrer une attention particulière à chaque personne pendant un certain temps pour réduire la place occupée par certains membres. D'autres fois, cela veut dire faire un commentaire, en prenant soin évidemment de ne pas contredire l'opinion des membres concernés ou de ne pas les diminuer devant les autres. Voici quelques exemples : « Je trouve que tu as des idées bien intéressantes, mais j'aimerais savoir ce que les autres pensent » ; « J'ai l'impression que tu insistes pour obtenir l'accord des autres membres. J'aimerais connaître les autres points de vue sur cette question » ; « Il me semble que la démarche est lente actuellement. Quelqu'un aurait-il quelque chose à suggérer pour faire avancer la discussion ? »

## 6.2.2 Les rôles dysfonctionnels

Certains comportements problématiques s'expliquent par leur fonction dans le maintien de l'équilibre du groupe. Ils sont liés aux rôles des membres au sein du groupe. Généralement, ces rôles ne relèvent pas de choix individuels et de décisions explicites, mais ils sont le fruit d'une dynamique combinant les caractéristiques personnelles et les besoins du groupe à un moment précis de son développement. Ils apparaissent comme une réponse à la recherche d'équilibre et de survie du groupe. On distingue six comportements problématiques : 1) le membre silencieux ; 2) le membre déviant ; 3) le chef interne ; 4) le membre divergent ; 5) le membre défensif ; et 6) le bouc émissaire. Ils peuvent avoir un effet plus ou moins négatif sur le fonctionnement du groupe. Le tableau 6.2 présente la définition de ces rôles, suggère quelques fonctions qu'ils peuvent avoir pour le groupe et décrit quelques interventions possibles.

**TABLEAU 6.2**    **Les rôles dysfonctionnels dans un groupe**

| Nature | Définition | Fonctions | Interventions |
|---|---|---|---|
| Le membre silencieux | Personne qui reste silencieuse longtemps. Les autres membres, qui ne savent pas comment interpréter ce comportement, vont alors ressentir un malaise. | • Indique parfois que le sujet est important.<br>• Est quelquefois un signe de réflexion.<br>• Aide à régulariser la discussion. | • Essayer de trouver la signification du silence.<br>• Au besoin, questionner le membre silencieux sur les motifs de son silence. |
| Le membre déviant | Personne dont le comportement se situe en marge de la culture du groupe. | • Provoque certaines émotions.<br>• Exprime ce que d'autres n'osent pas dire.<br>• Oriente le groupe vers certaines questions. | • Tolérer le comportement déviant tout en rappelant les normes et limites du groupe.<br>• Déterminer l'impact de ce comportement sur le groupe.<br>• Faire part au membre déviant et au groupe des observations sur l'impact du comportement. |
| Le chef interne | Membre qui a une position supérieure aux yeux des autres. Il peut être vu comme une menace pour le leader formel. | • Indique qu'il y a une différenciation des rôles dans le groupe.<br>• Apporte quelque chose à la tâche ou au climat. | • Éviter de se placer dans un rapport de force.<br>• Déterminer la contribution positive du chef interne.<br>• Au besoin, préciser son rôle d'intervenant. |

>>>

>>> **TABLEAU 6.2** **Les rôles dysfonctionnels dans un groupe** (suite)

| Nature | Définition | Fonctions | Interventions |
|---|---|---|---|
| Le membre divergent | Personne qui fait dévier la conversation lorsque le groupe aborde un thème difficile. | • Ralentit la discussion pour tenir compte du malaise du groupe. | • Amener le membre à prendre conscience de ses agissements en groupe.<br>• Aborder directement l'impact de ce comportement. |
| Le membre défensif | Personne qui a de la difficulté à voir un problème, à assumer sa responsabilité ou à accepter des suggestions. | • Évite d'avoir à prendre les problèmes de front. | • Reconnaître ouvertement le comportement du membre.<br>• Demander au membre d'exprimer ses sentiments sur le fonctionnement du groupe.<br>• Demander aux autres s'ils vivent des choses semblables. |
| Le bouc émissaire | Membre du groupe qui possède une caractéristique que les autres n'aiment pas ou redoutent. | • Détourne l'attention sur un membre pour éviter qu'un vécu difficile ou une situation menaçante ne soient abordés. | • Reconnaître ses propres sentiments face à cette situation.<br>• Amener les membres à prendre conscience de la position du groupe.<br>• Demander aux membres de suggérer une façon de corriger la situation. |

**Source :** Adapté de Shulman (2006).

Deux préoccupations doivent guider l'intervenant en présence de rôles dysfonctionnels : promouvoir la flexibilité des rôles et relever la fonction du rôle pour le groupe. Pour éviter que certains membres ne se trouvent pris dans des rôles auxquels ils ne peuvent échapper, il est important que l'intervenant privilégie la flexibilité des rôles en faisant varier la contribution de chacun. Il arrive que les modèles de comportements adoptés pendant les premières rencontres soient cristallisés par la réaction du groupe, qui s'attend à ce que les personnes se comportent toujours de la même façon. Ainsi, les membres ne se sentent plus autorisés à se comporter différemment, même s'ils le souhaitent. Parfois, certains comportements appropriés au départ deviennent problématiques par la suite. Pour éviter que certains membres ne se trouvent « coincés » dans des rôles mal adaptés, il faut promouvoir la flexibilité et la souplesse des rôles.

Cette cristallisation des rôles est particulièrement problématique dans le cas des rôles dysfonctionnels, qui ont une fonction dans le groupe bien qu'ils fassent obstacle à son développement. Dans un groupe, les rôles s'inscrivent dans une dynamique de réciprocité, dans la mesure où ils conditionnent les réactions des membres tout en étant conditionnés par celles-ci. Comme il y a un lien entre les besoins du groupe et les rôles, même s'il s'agit de rôles dysfonctionnels, l'intervenant doit être particulièrement attentif à ce qui se passe afin de cerner l'utilité de ces rôles pour le groupe. À cet égard, il doit observer avec attention les interactions entre les membres afin de déceler la dynamique qui contribue au maintien des rôles dysfonctionnels et faire part au groupe de ses observations en présentant la situation comme un problème qui concerne tout le groupe et non seulement les membres qui tiennent ces rôles.

Dans cet exercice de médiation entre certains membres et le groupe, l'intervenant doit être vigilant pour éviter deux écueils. Tout d'abord, il ne doit pas surprotéger le membre qui joue un rôle dysfonctionnel en prenant sa défense devant le groupe ou en parlant en son nom. Ensuite, il ne doit pas s'identifier au groupe, car il participerait alors à la dynamique qui contribue au maintien du membre dans ce rôle. L'intervenant doit adopter une position d'observateur participant et ne doit pas hésiter à expliquer clairement aux membres ce qu'il observe au sein du groupe (Kurland et Salmon, 1998).

## 6.2.3 Les situations problématiques dans la dynamique du groupe

Les situations problématiques peuvent être attribuées à la dynamique d'ensemble du groupe lorsqu'elles résultent du comportement de tous les membres du groupe ou de la plupart d'entre eux. Kirschenbaum et Glaser (1978) distinguent six types de situations problématiques : 1) la prudence excessive ; 2) les discussions incessantes ; 3) les conversations sociales ; 4) le surinvestissement affectif ; 5) la dépendance ; et 6) l'éclatement du groupe.

### La prudence excessive

Dans une situation de prudence excessive, les membres ont tendance à répéter les mêmes modèles de comportements. Par exemple, un membre ayant comme tâche de préparer une rencontre utilise une approche qui consiste à distribuer un texte, montrer un film ou utiliser un jeu de rôle. Par la suite, si un autre membre est invité à préparer à son tour une rencontre, il procédera exactement de la même manière, sans oser innover, introduisant ainsi une certaine rigidité dans la façon de faire les choses. Une telle attitude peut apporter beaucoup de sécurité, mais réduit l'efficacité du groupe en éliminant la variété et la créativité. Prendre des risques, c'est-à-dire essayer quelque chose de nouveau et de différent, est essentiel pour élargir le répertoire de comportements. Quand les membres se mettent à éviter tout risque, ils retirent peu de profit de leur participation. Cela ne veut pas dire qu'ils ne peuvent pas répéter certaines façons de faire qui ont eu du succès. Cependant, le groupe doit non seulement leur permettre d'essayer de nouvelles choses, mais les y encourager.

## Les discussions incessantes

Les discussions incessantes ont lieu dans un type particulier de groupe qui écarte les risques en refusant de participer à des activités ou en évitant d'essayer de nouveaux comportements, préférant se limiter à discuter. Bien que la discussion soit une composante très importante d'une démarche de groupe, il est nécessaire qu'elle débouche sur des actions concrètes, sinon les membres risquent d'en arriver à la conclusion qu'il ne se passe rien ou qu'ils retirent peu de bénéfices. L'intervenant se doit donc d'évaluer comment la discussion est utilisée dans le groupe et il doit proposer des activités ou faire différentes suggestions s'il constate que les membres du groupe évitent de prendre des risques.

## Les conversations sociales

Dans certains groupes, les membres commencent les rencontres avec une demi-heure de retard parce qu'ils ont de la difficulté à mettre fin à leurs conversations. En outre, la pause de 15 minutes se prolonge souvent et devient l'occasion de discuter du dernier téléroman, de la dernière partie de hockey ou du dernier film. Lorsque la situation se répète, l'intervenant doit rappeler aux membres la raison d'être du groupe. Par ailleurs, s'il constate qu'il s'agit d'un mode de fonctionnement résultant du malaise de certains à aborder les difficultés pour lesquelles ils se sont joints au groupe, il a intérêt à aborder directement le problème.

## Le surinvestissement affectif

Il arrive parfois, dans le cheminement d'un groupe, que les membres sont tellement fiers de réussir à partager honnêtement leurs sentiments qu'ils dépensent toutes leurs énergies à exprimer leurs réactions positives et négatives aux comportements des autres, à entretenir la confiance et l'intimité et à s'entraider pour des problèmes personnels qui n'ont pas de lien avec les objectifs du groupe. Bien que ce mode de fonctionnement favorise la confiance et l'intimité, il comporte également quelques écueils. Ainsi, certains membres peuvent s'éloigner des objectifs du groupe, qui se trouve divisé entre ceux qui sont centrés sur leurs sentiments immédiats et ceux qui sont préoccupés par les objectifs. Cette division crée une tension qui perturbe le fonctionnement, dans la mesure où le règlement des différends demande beaucoup de temps. Pour éviter cette situation, il est nécessaire de bien distinguer les activités d'évaluation, au cours desquelles sont partagés des sentiments, les discussions sur le processus de groupe et les activités axées sur l'atteinte des objectifs.

## La dépendance

Lorsqu'une situation de dépendance se présente, le groupe a tendance à s'en remettre totalement à l'intervenant ou à deux ou trois membres pour trouver des idées nouvelles, proposer des activités et assumer le leadership. Ce type de groupe constitue un milieu de prédilection pour l'émergence d'un membre dominateur ou d'un intervenant autocratique. L'idéal, pour éviter cette situation, est d'inviter chacun des membres à assumer certaines responsabilités. Cela signifie qu'il faut donner un pouvoir égal aux membres dans la planification et l'animation des rencontres, permettre à tous de s'exprimer au moment des évaluations et s'assurer que chacun participe aux prises de décisions. Le groupe devient alors un cadre qui permet à tous de s'affirmer et d'acquérir des habiletés de leadership.

## L'éclatement du groupe

L'éclatement se manifeste lorsque les membres commencent à former des sous-groupes. Certains comportements se manifestent alors : les conversations sont dirigées vers les membres d'un sous-groupe en particulier, les sous-groupes ont tendance à privilégier des activités ou des sujets de conversation différents et les membres d'un même sous-groupe sont portés à formuler des jugements similaires. Bien que la formation de sous-groupes soit une tendance naturelle dans un groupe, elle peut avoir pour effet de diviser le groupe et peut ainsi contribuer à réduire les occasions d'apprentissage et les manifestations de soutien mutuel. Pour l'éviter, il faut inviter les membres à aller les uns vers les autres, même s'ils se sentent plus ou moins à l'aise dans leurs démarches initiales. Il peut également être utile de faire changer les membres de place afin qu'ils soient en contact immédiat avec des personnes différentes. Si la division en sous-groupes persiste, cela peut indiquer que les membres ne se connaissent pas suffisamment les uns les autres et il peut être adéquat de planifier une activité visant à les rapprocher.

## 6.2.4 Les conflits au sein du groupe

Le conflit est essentiel dans les relations interpersonnelles et, à cet égard, il doit être considéré comme une composante naturelle, voire inévitable, d'une démarche de groupe (Witteman, 1991). Il pourrait même être vu comme une manifestation positive dans la mesure où il traduit une volonté des membres d'affirmer leur position par rapport à des décisions qui les concernent. Bien que la plupart des personnes aient une vision plutôt négative du conflit, celui-ci n'est pas problématique en soi : il peut tout autant avoir des conséquences positives que des conséquences négatives. D'ailleurs, pour qu'un groupe puisse évoluer, il est essentiel que les membres non seulement aient des intérêts communs et travaillent ensemble à l'atteinte de leurs objectifs, mais parviennent à régler avec succès leurs différends (Brown, 1991).

Se situant dans le courant central, Steinberg (1997) a envisagé une perspective intéressante et originale concernant le conflit. Ce sont peut-être la découverte et l'expression des points communs qui aident les membres du groupe à s'ouvrir les uns aux autres et à devenir des sources potentielles d'aide, mais c'est le conflit (ou la découverte, l'expression et l'exploration des différences) qui va les amener à de nouvelles façons de regarder une même réalité. Le conflit est souvent vu comme une situation qui finit dans le chaos. Toutes les ressources possibles sont donc utilisées pour éviter les moments de provocation ou y mettre fin rapidement. Un conflit est le résultat de l'expression de différences, et si les points communs sont une facette importante de l'aide mutuelle, les occasions d'explorer les différences sont également importantes. La pratique fondée sur l'aide mutuelle s'intéresse moins à la résolution de conflit en soi qu'à son utilisation comme moyen pour explorer le sens des différences, pour encourager la compréhension et l'appréciation des autres et pour aider les personnes à acquérir un respect mutuel et une empathie en cas de différences irréconciliables.

Le conflit se définit généralement comme un processus qui s'enclenche quand une personne estime qu'une autre contrecarre ses projets ou a des préoccupations opposées aux siennes : « Quand une personne agit d'une façon qui empêche une autre personne d'atteindre ses buts, ces deux personnes sont en *conflit* » (Johnson, 1988 : 190). Pour Northen (1988), trois éléments essentiels caractérisent une situation de conflit : 1) la présence d'au moins deux parties ; 2) le fait que les parties perçoivent, quant à leur position respective, des différences incompatibles qui sont source de frustration ; et 3) le fait que ces parties interagissent à propos de ces différences.

## Les types de conflits

Plusieurs classifications des conflits sont proposées dans les écrits. Une première classification distingue deux grands types de conflits : le conflit *affectif* ou social et le conflit *substantif* ou de tâche. Le premier a trait à des questions émotionnelles ou à la personnalité des membres. Il peut se traduire par la dépréciation de l'autre. Le second découle d'une opposition sur des questions d'ordre rationnel mettant en cause des idées, des valeurs, des opinions ou des normes. Il implique un désaccord entre les membres à propos de l'ordre du jour du groupe ou des idées abordées pendant la discussion (Burgoon, Heston et McCroskey, 1974 ; Hooloman et Hendrick, 1972 ; Falk, 1982). Alors que le conflit substantif est généralement considéré comme productif, le conflit affectif est jugé dysfonctionnel (Putnam, 1986 ; Wall, Galanes et Love, 1987).

Une deuxième classification distingue trois types de conflits : 1) le conflit de valeurs, qui découle de différences sur le plan des valeurs, des objectifs ou des normes ; 2) le conflit de pouvoir, qui porte sur l'attribution des ressources matérielles ou non matérielles telles que l'influence, l'argent, l'espace ou le statut social ; et 3) le conflit résultant de la rivalité ou de conceptions différentes de la réalité (Essed, 1991 ; Johnson et Johnson, 2003).

Sans établir explicitement de classification, Weeks (1992) relève cependant six sources de conflits : les besoins, les valeurs, les perceptions, les objectifs, les sentiments et les intérêts. Bisno (1988) suggère, à partir de l'analyse des facteurs sous-jacents au conflit, une classification comportant six types de conflits : 1) le conflit d'intérêts, qui résulte d'une opposition entre les intérêts ou les engagements des membres ; 2) le conflit induit, qu'un membre provoque intentionnellement pour atteindre des objectifs autres que ceux qui sont explicites (par exemple, s'opposer à une idée dans le but de miner la crédibilité d'un membre du groupe) ; 3) le conflit d'attribution, qui résulte d'une erreur dans l'analyse des causes d'une situation ou dans l'attribution de la responsabilité d'une action ; 4) le conflit d'interprétation, qui est fondé sur une perception biaisée ou sur une mauvaise interprétation des intentions ou des comportements d'une personne ; 5) le conflit déplacé, dans lequel se manifeste une opposition à l'égard de préoccupations ou de personnes qui ne sont pas les cibles réelles ; et 6) le conflit d'expression, qui est causé par l'expression, sans raison apparente, d'hostilité et d'antagonisme envers d'autres personnes.

## Les réactions aux conflits

Lorsqu'elles vivent des conflits, les personnes peuvent réagir différemment selon l'importance qu'elles accordent à l'atteinte des objectifs personnels mis en cause et au maintien de la relation avec l'opposant. Sur la base de ces deux dimensions, Johnson (1988) discerne cinq styles de réactions :

- La *fuite,* qui se traduit par un renoncement concernant à la fois la poursuite d'objectifs personnels et l'établissement de rapports avec les autres. La personne qui adopte ce style estime qu'il est plus facile et plus aisé de fuir une situation conflictuelle que d'y faire face.

- La *domination,* qui consiste à essayer de dominer ses opposants en les forçant à accepter sa solution au conflit. L'accent est mis sur l'atteinte des objectifs personnels même au détriment des rapports avec les autres.

- La *complaisance* est le contraire de la domination. Dans ce cas, ce sont les rapports avec autrui qui sont plus importants que les objectifs personnels. Éviter les conflits pour préserver l'harmonie, tel est le mot d'ordre de la personne qui privilégie ce style de gestion des conflits.

- La *recherche de compromis,* qui se présente comme une tentative de conciliation entre l'atteinte des objectifs personnels et le maintien de rapports harmonieux. On recherche une solution permettant à chaque partie de retirer un avantage de la situation.

- La *confrontation,* qui découle de la conception du conflit comme problème à résoudre de façon que chaque partie puisse atteindre ses objectifs. La solution satisfaisante du conflit passe par la dissipation complète des tensions et des sentiments négatifs.

## La place des conflits dans le groupe

Bien que des conflits puissent éclater à n'importe quel moment de la démarche d'intervention, leur nature et leur intensité varient selon l'étape de développement du groupe. Au début, ils tournent généralement autour d'enjeux d'intégration et de pouvoir. Par la suite, ils portent sur des thèmes liés à la tâche, aux normes et aux activités. Dans un groupe, les conflits peuvent se situer à trois niveaux : entre les membres ; entre les membres et l'intervenant ; ou entre le groupe et son environnement. Par ailleurs, ils peuvent être d'origines diverses. Ainsi, ils peuvent résulter de facteurs individuels tels que l'irritation provoquée par un événement extérieur au groupe et qui intervient à l'intérieur, le manque d'habiletés sociales ou des réactions provoquées par une personne et dirigées vers une autre. À titre d'exemple, les comportements avec l'intervenant sont généralement influencés par les expériences antérieures avec les figures d'autorité (Heap, 1994).

Le conflit peut également être lié à la dynamique du groupe. Il résultera alors d'une antipathie entre certains membres, de différences d'opinions quant aux objectifs, aux valeurs ou aux normes à privilégier, d'une information erronée sur des faits ou d'une mauvaise compréhension de l'autre. Dans certains cas, un membre peut être pris à partie non pas pour ce qu'il est, mais pour ce qu'il symbolise pour le groupe.

Lorsqu'une situation de conflit se présente, le groupe peut réagir de différentes façons. Il peut d'abord laisser tomber l'enjeu en changeant de sujet ou en évitant les questions litigieuses. Il peut aussi reconnaître qu'il n'y a pas de solution possible et se dissoudre. Il peut enfin s'engager dans une démarche de résolution du conflit. Dans ce dernier cas, plusieurs stratégies peuvent être utilisées : l'élimination de l'une des parties en cause par son expulsion ou son retrait ; l'adoption du point de vue du plus fort ou la subjugation ; la recherche de compromis ; et la découverte d'une solution nouvelle qui satisfait toutes les personnes concernées. Évidemment, cette dernière stratégie aboutit au dénouement le plus prometteur (Northen, 1988).

Si les conflits peuvent contribuer au cheminement d'un groupe (Johnson, 1988), ils représentent parfois aussi des écueils. Ils peuvent en effet faire obstacle à l'atteinte des objectifs, briser des relations, entraîner une exacerbation des différences, accentuer l'hostilité et les perceptions erronées et provoquer l'épuisement émotionnel des membres. Ils deviennent destructeurs quand leur intensité excède le niveau de tolérance des membres du groupe (Yalom, 1995). Par contre, lorsqu'ils sont bien abordés, ils ont un effet positif. Grâce à eux, les membres ont une meilleure conscience de ce qu'ils sont et de ce qu'ils valorisent (Johnson et Johnson, 2003). Ils peuvent également acquérir des habiletés en matière de résolution de conflit, ce qui leur servira à l'extérieur du groupe (Cowger, 1979). Les conflits ont par ailleurs un effet restructurant sur le groupe, car ils contribuent à l'accroissement de la solidarité en améliorant la compréhension mutuelle et en renforçant les relations entre les membres. En effet, au fur et à mesure que les désaccords sont exposés, discutés et clarifiés, les zones d'accord se précisent et la cohésion du groupe augmente. En outre, la résolution des conflits peut faire naître des idées nouvelles, conduire à l'adoption de nouvelles procédures de prise de décision et renouveler l'enthousiasme des membres. Elle peut également contribuer à une intensification et à un approfondissement des relations (Glassman et Kates, 1990). Wood (1977) mentionne trois raisons pour lesquelles le conflit découlant de l'expression d'idées et de perspectives opposées peut être positif : 1) il permet d'élargir la vision de la situation et de ses implications ; 2) il facilite la suggestion d'un large éventail de solutions dans une situation ; 3) il stimule les interactions et la participation.

On peut donc affirmer que, dans un groupe, les efforts pour supprimer les conflits et nier les différences sont improductifs à long terme : ils risquent en effet d'entraîner la stagnation, le dysfonctionnement et même l'éclatement du groupe (Northen, 1988). L'intervenant n'a donc pas pour rôle d'éviter le conflit, mais d'aider le groupe à saisir les possibilités qu'il offre. Comme les conflits sont inévitables et qu'ils font partie de toutes les relations humaines, il doit aider les membres à faire l'apprentissage de moyens efficaces pour les régler (Weeks, 1992).

## Les principes d'action à suivre par l'intervenant lors d'un conflit

Avant de traiter des stratégies que l'intervenant peut utiliser pour aider un groupe à résoudre efficacement les conflits, il est nécessaire de mentionner certains principes d'action. Cowger (1979) suggère cinq principes sur lesquels doit s'appuyer la stratégie d'intervention en cas de conflit : 1) le conflit doit être abordé directement, 2) dans une dynamique où il n'y a ni perdant ni gagnant, 3) où une attention spéciale est accordée à la clarification et à l'interprétation de la situation, 4) où le conflit est défini comme une situation qui concerne l'ensemble du groupe et 5) où les possibilités d'action sont délimitées par des normes explicites. Nous allons maintenant expliquer la portée de ces principes.

**Aborder directement le conflit** Dans la mesure où le conflit est essentiel au développement d'un groupe, l'éviter ou l'ignorer peut freiner la démarche collective, car cela provoque un malaise ou de l'hostilité chez certains membres. Il est donc nécessaire que l'intervenant fixe une norme indiquant que le conflit est acceptable. Si le groupe peut considérer le conflit comme normal, les membres pourront l'aborder avec confiance, et ce, d'autant plus que la contribution de chacun sera respectée, que la communication sera ouverte et que l'expression des sentiments sera acceptée.

**Éviter les situations où il y a un gagnant et un perdant** Lorsque le règlement d'un conflit est obtenu par la subjugation ou l'élimination d'un membre, les conséquences sont généralement néfastes pour le groupe. Les perdants sont en effet moins motivés et la cohésion interne diminue. Pour éviter ce genre de dénouement, trois techniques peuvent être particulièrement utiles à l'intervenant : la confrontation, la détermination des intérêts communs et l'analyse du problème (Shulman, 1976).

**Clarifier et interpréter la situation conflictuelle** Les situations conflictuelles entraînent généralement des distorsions et des incompréhensions au sujet des positions respectives, ce qui introduit une confusion dans la démarche du groupe. L'intervenant doit alors clarifier la situation en amenant les membres à une définition commune du conflit, puis en facilitant une analyse du problème et une délimitation des zones d'entente et de mésentente. L'interprétation du conflit passe également par la détermination des circonstances qui ont conduit à son éclatement.

**Aborder le conflit comme une réalité qui concerne l'ensemble du groupe** Il est indispensable que le conflit soit abordé comme une réalité qui concerne l'ensemble du groupe et non comme un différend qui ne met en cause que quelques membres. À cet égard, tous les membres doivent être invités à s'exprimer, et leurs opinions doivent être considérées et acceptées de la même manière. Faire du conflit un problème de groupe plutôt qu'un problème individuel contribue à atténuer les aspects personnels et compétitifs et à dépersonnaliser la situation.

**Établir des règles sur les actions autorisées** Il est important de préciser quelles stratégies peuvent être utilisées par les opposants dans la négociation du conflit. Cela permet de protéger les membres contre le harcèlement, les abus ou l'exploitation. Les règles qui sont fixées sont généralement liées à d'autres normes du groupe qui spécifient les comportements acceptables. L'intervenant doit dès le départ amener le groupe à établir des normes de respect et de sécurité, et montrer l'exemple par son attitude ; il sert de modèle.

## Le processus de négociation pour la résolution d'un conflit

La résolution d'un conflit passe par un processus de négociation entre des parties qui sont intéressées à en arriver à une entente. Deux objectifs de base sont poursuivis : en arriver à une entente et préserver les liens de coopération. Le premier objectif est de l'ordre du gain primaire ; il concerne les bénéfices immédiats que procure l'entente. Le second est de l'ordre du gain secondaire et concerne l'ensemble du groupe. En effet, plus le conflit aura de conséquences positives sur le groupe, plus les membres pourront en tirer profit à long terme (Johnson et Johnson, 2003).

Globalement, il est possible de dégager certaines caractéristiques du processus de négociation :

- Il y a au moins deux parties concernées ;
- Les parties souhaitent en arriver à une entente ;
- Chaque partie est dépendante de l'autre quant à la résolution du conflit ;
- Les parties font face à un dilemme : retirer le plus de bénéfices personnels et obtenir l'accord de l'autre partie ;
- Il y a interdépendance dans l'obtention d'information sur le type d'entente qui serait acceptable ;
- Des normes sur les façons de conduire la négociation sont établies ;
- La négociation est évolutive : elle a un début, un milieu et une fin.

Pour arriver à définir une démarche de négociation, l'intervenant doit élaborer sa stratégie d'intervention en s'efforçant de comprendre la position des personnes concernées par le conflit, la nature des enjeux, la réaction des autres à la situation conflictuelle, le contexte dans lequel le conflit a lieu et les conséquences prévisibles des différentes solutions pour les parties concernées (Northen, 1988). Sa démarche peut se décomposer en trois étapes : 1) reconnaître et mettre en évidence le conflit ; 2) en analyser les composantes ; et 3) faire naître de nouvelles perspectives (Glassman et Kates, 1990).

**La reconnaissance et la mise en évidence du conflit** Il est nécessaire que l'intervenant détecte le conflit assez rapidement pour éviter que les membres ne s'enlisent dans des sentiments négatifs et qu'ils ne s'enferment dans des positions irréconciliables. Cela est particulièrement important dans les premières rencontres, le besoin des membres d'être appréciés et acceptés les conduisant alors très souvent à éviter ou à nier les situations conflictuelles. L'intervenant doit donc rapidement introduire l'idée que les différences et les controverses sont non seulement acceptables, mais utiles pour le cheminement du groupe. Si les membres estiment que le conflit peut être positif pour le groupe, ils seront plus susceptibles d'adopter des comportements qui facilitent le processus de résolution du conflit (Wood, 1977).

Pour aider le groupe à reconnaître le conflit, l'intervenant a intérêt à exprimer sa vision personnelle de ce qui se passe et à inviter les membres à en faire autant. Lorsqu'un conflit n'est pas reconnu, il doit aider le groupe à le mettre en lumière et à en cerner les composantes. Évidemment, son intervention doit tenir compte des caractéristiques des membres (expériences antérieures, conscience de soi, habileté à se maîtriser, capacité de communication et facilité à vivre avec le stress) et de l'étape d'évolution du groupe. Un conflit important dès la première rencontre peut faire hésiter les membres quant à leur présence aux rencontres suivantes alors qu'un conflit à la dernière rencontre peut remettre en question les acquis. L'intervenant peut également présenter le conflit comme une occasion de croissance pour le groupe et les membres.

**L'analyse des composantes du conflit**  Pour savoir comment réagir en cas de conflit, l'intervenant doit analyser la situation. Selon Bisno (1988), il doit alors considérer quatre variables : 1) les enjeux ; 2) les participants ; 3) le cadre physique ; et 4) les ressources disponibles. Mais il doit également tenir compte de l'environnement du groupe.

La *détermination des enjeux* est essentielle, car, d'une part, elle aidera les membres à voir la situation sous différents angles et, d'autre part, elle guidera l'action de l'intervenant : « Se mettre d'accord sur l'objet d'un conflit, c'est aussi important que de mettre de l'essence dans le réservoir d'une voiture. Si on oublie de le faire, on n'ira nulle part » (Johnson, 1988 : 211).

Pour déterminer les enjeux, l'intervenant peut d'abord demander à tous les membres du groupe d'exprimer leurs sentiments sur ce qui se passe, puis de relater des expériences similaires déjà vécues. Il peut ensuite les inviter à se prononcer sur la situation et à vérifier leurs perceptions et leurs intentions. Cette démarche permet de mettre en évidence les besoins et les attentes des membres, les aide à cerner leurs préoccupations et les conduit à confronter leurs positions respectives. Si l'intervenant se rend compte que le conflit découle d'une mauvaise compréhension, il peut se limiter à apporter des éclaircissements ou à reformuler des messages.

Avant d'intervenir dans un conflit, il est nécessaire de bien circonscrire les *parties concernées* (participants). Bisno (1988) relève cinq catégories de personnes qui peuvent être considérées dans l'analyse d'un conflit : les personnes directement concernées, les groupes qu'elles représentent ou qui les ont mandatées, les personnes qui peuvent être influencées de façon significative par l'issue du conflit, l'auditoire et les intervenants (conciliateur, arbitre, médiateur).

Le *cadre physique* est une variable importante, bien que souvent négligé. Par le simple arrangement d'une salle de réunion, il est possible de maximiser ou de minimiser l'affrontement direct, de mettre en évidence les différences, de modifier les rapports de pouvoir ou de décourager la monopolisation du débat par quelques personnes. Le cadre physique est donc important tant pour comprendre un conflit que pour infléchir son déroulement.

Les *ressources disponibles* pour les parties concernées sont importantes à évaluer, car elles peuvent servir à influer sur le dénouement du conflit. Évidemment, les ressources considérées ici n'ont d'intérêt que dans la mesure où elles peuvent être mises à contribution dans la situation conflictuelle. Ainsi, dans le fonctionnement d'un groupe, elles se rapportent essentiellement au pouvoir et à l'influence que chaque membre ou chaque sous-groupe peut exercer.

Tenir compte de l'*environnement* du groupe permet de déterminer dans quelle mesure le conflit est relié à ce qui se passe à l'extérieur du groupe. Lorsque le conflit semble prendre son origine à l'extérieur, l'intervenant doit s'efforcer de saisir comment les membres perçoivent la situation et il doit tenter de relier ce conflit à un enjeu pour le groupe.

Pour aider le groupe à cerner la nature du conflit, l'intervenant peut recourir à diverses stratégies, en particulier : amener les membres à présenter leurs positions respectives sans prononcer ni jugements ni insultes ; définir l'objet du litige le plus précisément possible ; définir clairement les zones d'accord et de désaccord ; présenter le conflit comme un problème commun à résoudre plutôt que comme un combat à gagner ; discuter des idées et des positions, mais non des personnalités ; permettre l'expression des sentiments qui sont liés à l'objet du litige ; cerner les comportements qui ont contribué à créer le conflit ou qui contribuent à le faire durer.

**La naissance de nouvelles perspectives** Une fois que l'intervenant a bien cerné la nature du conflit, il peut amener les membres à recadrer la situation pour ensuite l'aborder différemment. Ceux-ci s'approprient ainsi plus facilement le processus de résolution de problèmes en modifiant leur définition de la situation. À cette étape, l'objectif de l'intervenant est d'utiliser le sentiment du « nous » dans la recherche d'une issue au conflit (Glassman et Kates, 1990). Son rôle consiste principalement à encourager les membres à déterminer les sources du conflit et à suggérer des pistes de solution. « Son but est d'aider les membres à redécouvrir ce qu'ils ont en commun et d'obtenir une plus grande tolérance à l'égard de réactions inévitablement différentes » (Heap, 1994 : 124). La démarche du groupe sera alors influencée par les expériences antérieures d'aplanissement des différends, par les normes qui portent sur la façon d'aborder les divergences d'opinions et par les mécanismes de résolution de problèmes mis en place.

À cette étape, on peut relever cinq règles que l'intervenant doit s'efforcer de respecter : 1) établir clairement les intentions de coopération et affirmer que la solution recherchée doit satisfaire les besoins de chacun ; 2) définir le conflit comme un problème commun ; 3) amener chaque membre à envisager le litige du point de vue de l'autre (cela peut se faire notamment en demandant à chaque partie de présenter la position défendue par l'autre) ; 4) maintenir la motivation des membres à résoudre le conflit en faisant ressortir les coûts qui y sont associés et les avantages qui découleront de son règlement ; et 5) inciter les membres à suggérer des solutions.

L'intervenant a un rôle important à jouer en cas de conflits, car il aide le groupe à tirer profit de ces situations difficiles qui se présentent tout au long de son développement. Il doit alors agir comme un médiateur qui intervient non pas pour suggérer une issue au conflit, mais pour accompagner le groupe dans la recherche de sa propre solution. Les conflits sont généralement des situations à fort contenu émotif qui demandent à l'intervenant d'agir de manière réfléchie. Ce dernier doit être conscient de ses propres tendances, c'est-à-dire de son style de gestion des conflits, et en même temps adopter une démarche structurée. Évidemment, l'intervention ne peut reposer sur des recettes toutes faites ou sur des façons de faire prédéterminées. Elle ne saurait non plus résulter de la seule spontanéité naïve de l'intervenant. Elle est affaire de réflexion et d'intuition, de préparation et de spontanéité, de rationalité et de sensibilité.

Il est possible que le groupe ne veuille pas s'occuper du conflit lorsque celui-ci ne perturbe pas vraiment son fonctionnement. Dans ce cas, il faut se rappeler que le problème lui appartient et qu'il est libre de l'aborder ou non. Comme le conflit peut être autant un obstacle qu'une occasion de croissance, il importe de bien évaluer à quelles conditions la mise en évidence du conflit peut contribuer à faire cheminer le groupe vers l'atteinte de ses objectifs.

Quelle que soit la nature des obstacles qui se présentent, l'intervenant doit aider le groupe à les franchir en s'efforçant de faire en sorte que ces obstacles soient des facteurs de développement pour les membres et pour le groupe. Doel (2005) formule quelques suggestions visant à guider l'intervenant lorsqu'un groupe doit composer avec des situations problématiques, notamment : être conscient du contexte dans lequel évoluent les membres ; établir des normes précisant ce qui est acceptable et ce qui est inacceptable dans le groupe ; aborder les situations problématiques en tenant compte à la fois de ses propres émotions, de la situation du membre concerné et des besoins du groupe ; revenir sur les difficultés rencontrées afin d'en déterminer les causes et de les reconnaître plus rapidement si elles se présentent de nouveau. Au-delà de ces indications, lorsqu'il fait face à une situation problématique, l'intervenant a intérêt à analyser la situation en répondant aux questions proposées ci-dessous.

 **Questions pour analyser une situation problématique**

- De quel phénomène s'agit-il : comportement individuel problématique, rôle dysfonctionnel, fonctionnement d'ensemble du groupe inadéquat ou conflit ?

- Comment caractériser ce phénomène : quel est le type de comportement, de rôle, de situation ou de conflit en cause ?

- Comment puis-je interpréter ce phénomène : signification, fonction ou élément sous-jacent à la situation ?

- Quels principes doivent guider mon action ?

- Quelles sont les différentes interventions qui peuvent être réalisées dans le respect de ces principes ?

## 6.3 Les facteurs de mise en œuvre des habiletés

Berteau (2006) a classifié en trois catégories les facteurs qui peuvent influer, de façon positive ou négative, sur la mise en œuvre des habiletés utilisées en intervention de groupe :

- Les *facteurs d'ordre personnel*. Une personne qui s'intéresse à la dynamique de groupe et qui a du plaisir à intervenir auprès d'un groupe est plus susceptible de développer des habiletés en groupe qu'une personne qui redoute la multitude d'interactions générées par un groupe et qui a peur de perdre le contrôle ou de perdre son prestige.

- Les *facteurs liés au développement professionnel*. Un programme de formation qui comprend des cours portant sur l'intervention de groupe et qui accorde à cette méthode autant d'importance qu'aux autres stratégies d'intervention est un facteur favorisant la mise en œuvre des habiletés utilisées en intervention de groupe. Les choix des intervenants seront aussi influencés par leur satisfaction à l'égard de la formation reçue, non seulement théorique mais également pratique.

- Les *facteurs environnementaux*. Ces facteurs concernent la valeur accordée à l'intervention de groupe par les établissements d'enseignement ou les organismes employeurs, la perception d'un soutien de l'organisme et les installations (temps disponible, locaux) pour la réalisation de l'intervention.

## 6.4 L'acquisition des habiletés

La personne en formation dispose de plusieurs moyens pour acquérir des habiletés. Sur un plan conceptuel, particulièrement par des lectures, elle peut apprendre à définir des habiletés et à les distinguer, à les situer dans différentes classifications. Sur un plan de l'expérience, dans sa famille, ses amitiés ou en milieu scolaire, toute personne vit des événements de groupe, dont elle garde des souvenirs positifs ou négatifs. L'intervenant en formation doit réfléchir à l'impact de ces expériences. Prendre connaissance de dossiers ou de documents audiovisuels permet d'explorer des dynamiques de groupe et d'observer l'action d'un autre intervenant. Par différentes modalités de simulation ou de jeu de rôle, l'intervenant peut être mis en action et être amené à vivre dans un contexte sûr des incidents critiques fréquemment rencontrés en groupe, à développer une conscience de ce qui se passe, à réfléchir à une intervention et à la formuler concrètement. Que ce soit en situation de stage ou dans une pratique ultérieure, l'intervenant est amené, par la supervision, la coanimation ou la réflexion sur son action, à prendre conscience de son vécu et de ses habiletés d'intervenant, et ce, dans une perspective de développement continu.

## SYNTHÈSE

Ce chapitre présente les habiletés qu'un intervenant se doit de développer pour soutenir le groupe dans sa démarche. Les habiletés générales s'appliquent à la plupart des situations de groupe et, dans ce chapitre, elles sont présentées selon qu'elles concernent le groupe comme entité ou l'animation de réunion. Cette première section aborde les attitudes souhaitables dans une intervention de groupe. La seconde section porte sur des habiletés relatives à des situations précises comme le comportement particulier de certains membres, les rôles dysfonctionnels, les problèmes relatifs à la dynamique d'ensemble du groupe et la gestion des conflits. Nous concluons ce chapitre en traitant des facteurs pouvant influer sur la mise en œuvre des habiletés et sur leurs modalités d'acquisition.

## EXERCICES

1. Différenciez les concepts d'habileté, de technique, de rôle et d'attitude.

2. En vous référant au contenu de ce chapitre :
   a) dites si la position adoptée par l'intervenant dans les deux situations suivantes est adéquate ;
   b) indiquez quel est l'effet prévisible de chacune de ces interventions ;
   c) précisez quel est l'élément qui doit guider ces interventions dans de telles situations.

   *Depuis le début des rencontres, l'intervenant sent qu'il existe une sorte de tension entre Marcel et Caroline. Chaque fois que Marcel prend la parole, Caroline réagit comme si elle était attaquée personnellement. Elle reproche à Marcel son ton orageux et ses propos violents. De son côté, Marcel mentionne qu'il a l'impression que «certains membres du groupe en ont contre les hommes». Comme le problème semble se situer entre deux membres, l'intervenant décide de ne pas aborder lui-même la situation.*

   *Manon anime un groupe d'adolescents qui présentent des troubles du comportement. Depuis deux rencontres, elle se rend compte que Claude et Sébastien essaient tous deux de prendre le leadership du groupe. Elle décide de résoudre le problème en suggérant aux membres de procéder à l'élection d'un responsable.*

3. Associez chacune des descriptions suivantes au rôle dysfonctionnel approprié.

   1) membre déviant
   2) membre divergent
   3) membre défensif
   4) bouc émissaire
   5) aucun de ces rôles

   - Il exprime l'ambivalence du groupe pour un travail à effectuer.
   - Il fait régner dans le groupe un climat d'hostilité.
   - Il n'accepte pas les suggestions et refuse l'aide des autres membres.
   - Il fait dévier la discussion lorsque des sujets difficiles sont abordés.
   - Il n'ose pas affronter les problèmes.
   - Il exprime ce que d'autres n'osent pas dire.
   - Il est en marge des normes du groupe.

4. Observez une intervention de groupe et notez cinq habiletés utilisées par l'intervenant.

5. George et Dustin (1988) distinguent sept attitudes importantes en intervention de groupe. En réfléchissant à votre propre comportement en groupe, notez une attitude que vous croyez posséder et une autre que vous auriez avantage à développer.

## LECTURES COMPLÉMENTAIRES

BERMAN-ROSSI, T. (1993). « The tasks and skills of the social worker across stages of group development ». *Social Work With Groups,* 16 (1-2), p. 69-81.

MIDDLEMAN, R.R. (1990). « Habiletés propres au travail social avec le groupe comme entité ». *Service social,* 39 (1), p. 151-160.

GITTERMAN, A. (1989). « Building mutual support in groups ». *Social Work With Groups,* 12 (2), p. 5-21.

# La phase de dissolution du groupe

S i la phase de début du groupe est une étape déterminante pour les membres du point de vue de leur participation, la conclusion de l'intervention est également importante de par son influence sur les retombées de l'expérience de groupe. En effet, le souvenir que les membres conservent de leur participation au groupe et leur capacité à maintenir et à transposer dans leur quotidien les acquis qu'ils ont faits sont largement tributaires de la façon dont la dissolution du groupe est vécue. Cette phase du processus d'intervention exige donc une attention particulière, d'autant plus qu'elle est souvent escamotée par l'intervenant et par les membres, soit parce que les dernières rencontres se font à la hâte faute de temps pour aborder tous les sujets prévus, soit parce que tout le monde, sans le dire ouvertement, préfère ne pas trop aborder la fin du groupe.

La phase de dissolution se caractérise par l'ambivalence des membres. Ambivalence entre, d'un côté, la satisfaction que la démarche du groupe soit terminée et, de l'autre, l'anxiété devant la perspective de devoir poursuivre son cheminement sans le soutien des autres. En fait, si la fin du groupe procure un sentiment de liberté qui vient de ce que le membre n'a plus à se présenter aux rencontres, elle s'accompagne aussi d'une certaine tristesse devant la perte de personnes qui sont devenues significatives au fil des semaines. Pour aider les membres à vivre avec cette ambivalence et pour leur permettre de tirer le meilleur parti possible de cette étape importante du cheminement du groupe, l'intervenant doit accorder une attention particulière à la dissolution du groupe.

Il doit d'abord s'intéresser au contexte dans lequel se produit la fin du groupe. Plusieurs circonstances peuvent la provoquer. Dans les meilleures conditions, le groupe se terminera parce que les objectifs sont atteints ou parce que la période des rencontres initialement prévues prend fin. Dans ces circonstances, la dissolution du groupe est généralement bien vécue, d'une part parce que la participation au groupe est susceptible d'avoir débouché sur des résultats positifs pour les membres et, d'autre part, parce qu'il y a une anticipation et une préparation. Mais la fin du groupe peut également se produire dans des circonstances plus houleuses. Elle peut résulter de l'incapacité du groupe à progresser, du départ progressif ou précipité de plusieurs membres ou du retrait de l'intervenant. Dans ces circonstances, les membres risquent de rester amers quant à leur expérience, particulièrement si la situation n'est pas abordée directement ou s'ils n'y sont pas préparés. Par ailleurs, lorsque la dissolution du groupe résulte du retrait de l'intervenant, certaines conditions peuvent réduire l'effet négatif de la situation (Toseland et Rivas, 2005). L'intervenant doit aviser les membres le plus tôt possible de la date de la dernière rencontre ainsi que des motifs qui justifient son départ. En outre, il doit discuter avec les membres des tâches non réalisées et des objectifs qui restent à atteindre. Si le groupe est appelé à poursuivre sa démarche avec un nouvel intervenant, ce dernier doit être présenté aux membres le plus tôt possible et, idéalement, il devrait coanimer une rencontre de transition avec l'intervenant qui se retire.

Quelles que soient les circonstances, il est important que l'intervenant aide les membres à exprimer les sentiments qu'ils éprouvent concernant la dissolution du groupe et à déterminer ce qu'ils peuvent faire pour mettre pleinement à profit ce que leur participation au groupe leur a apporté. Pour faire en sorte que la dissolution du groupe soit une expérience positive, l'intervenant doit être attentif à quatre aspects que nous présentons tour à tour dans ce chapitre :

- Les réactions à la dissolution du groupe ;
- Le maintien et le transfert des acquis ;
- Les suites du groupe ;
- L'évaluation de l'intervention.

# 7.1 Les réactions à la dissolution du groupe

Lorsque la démarche du groupe approche de la fin, il est possible de déceler différentes réactions chez les membres. Certains se détachent du groupe ; ils prennent leurs distances et reviennent à des comportements d'évitement qu'ils avaient au début. Ils vont arriver en retard, partir avant la fin ou abandonner prématurément, préférant mettre eux-mêmes un terme à leur participation (Reid, 1997). D'autres, au contraire, se conduisent comme si la dissolution du groupe ne devait jamais se produire ; ils continuent de s'investir pleinement en cherchant à maintenir la cohésion ou ils reviennent sur des sujets qui ont déjà été abordés. Il arrive que des membres se présentent aux dernières rencontres plusieurs minutes à l'avance dans l'espoir que l'intervenant perçoive toute l'importance que le groupe revêt pour eux. D'autres se conforment soudainement aux normes ou ont des gestes de reconnaissance envers l'intervenant : ils lui apportent des cadeaux, l'invitent à manger ou l'incitent à continuer les discussions après les rencontres (Henry, 1992). Ces différentes réactions peuvent être interprétées comme autant de façons d'exprimer le malaise ressenti quant à la dissolution prochaine du groupe.

Les réactions à la fin du groupe dépendent de plusieurs facteurs : la durée du groupe, les progrès réalisés, la qualité des relations entre les membres et l'habileté de l'intervenant à accompagner le groupe à cette étape (Germain et Gitterman, 1996). Lorsque la dissolution d'un groupe est adroitement dirigée, plusieurs sentiments positifs peuvent naître chez les membres :

- Un sentiment de compétence et de contrôle devant le constat qu'ils ont été capables d'atteindre leurs objectifs et d'accomplir des choses difficiles ;
- Un sentiment d'indépendance résultant de leur capacité accrue de contrôler leur vie ;
- La fierté d'avoir contribué à mener à terme la démarche du groupe en dépit des périodes difficiles ;
- Un sentiment d'utilité résultant de l'aide qu'ils ont apportée aux autres membres du groupe ;
- L'espoir retrouvé quant à la possibilité d'améliorer leur situation.

Pour être en mesure de contrer les réactions négatives et pour favoriser les sentiments positifs, l'intervenant a intérêt à aborder la dissolution du groupe quelques rencontres avant la date prévue. Il doit être attentif aux commentaires et comportements des membres lorsqu'il traite de ce sujet et il doit s'efforcer d'en interpréter correctement le sens, ce qui n'est pas une tâche facile, car il est lui aussi affecté par la fin prochaine du groupe. Tout comme les membres, il est habité par des sentiments contradictoires de soulagement et de tristesse. Ses réactions peuvent osciller entre des sentiments très positifs, comme la fierté et le soulagement concernant les réalisations des membres et le rôle qu'il a joué, et des sentiments plus mitigés, comme la tristesse de mettre fin à des relations positives avec les membres du groupe, la remise en question de ses habiletés d'intervenant et le doute quant à la capacité des membres à maintenir leurs acquis.

Au cours des dernières rencontres, l'intervenant doit veiller à ce que le groupe s'en tienne aux sujets de discussion prévus. En outre, il a parfois intérêt à limiter le temps dont chaque membre dispose pour s'exprimer de façon à assurer à chacun un espace de parole suffisant. Il doit éviter de soulever des problèmes qui n'ont pas été abordés jusque-là ; il doit plutôt amener les membres à se concentrer sur la résolution des conflits et des problèmes en suspens afin que l'intervention se termine sur une note harmonieuse. Il doit également encourager les membres à discuter de leurs sentiments, émotions et réactions concernant la fin de l'intervention. Parfois, il peut être utile d'espacer les dernières rencontres pour modifier la routine du groupe et réduire la dépendance des membres. L'intervenant peut aider les membres en les incitant à compter sur leurs propres compétences et à utiliser davantage les ressources disponibles dans leur communauté. De plus, pour la dernière rencontre, il est généralement utile de prévoir une activité spéciale, tels un repas, une fête ou une petite cérémonie, afin de bien marquer la dissolution du groupe et de lui donner une connotation positive.

Devant l'absence ou le détachement de certains membres, l'intervenant, craignant que ces attitudes ne soient imitées, peut avoir tendance à adopter des comportements non appropriés aux besoins du groupe : par exemple, il peut être plus complaisant, étirer sans motif valable la durée des rencontres, reprendre une position centrale dans le groupe ou encore se placer totalement en retrait. L'intervenant doit être conscient de ses propres réactions face à la dissolution prochaine du groupe et il doit préparer minutieusement les dernières rencontres afin de s'assurer que la fin de l'intervention sera vécue comme une occasion de développement (Levine, 1979). Par ailleurs, si le groupe se termine de façon abrupte, sans que cela ait été planifié, il est important qu'il fasse une analyse approfondie de ce qui s'est passé pour ne pas garder une image négative de l'intervention de groupe et pour tirer des enseignements de cette expérience au lieu de rester avec un sentiment d'incompétence. Tant pour les membres que pour l'intervenant, les effets négatifs de la fin du groupe peuvent être atténués par des actions visant le maintien et le transfert des acquis des membres et par une préparation des suites du groupe.

## 7.2 Le maintien et le transfert des acquis

À la fin de l'intervention de groupe, il est important de faire un retour sur ce qui a été appris et de prendre le temps de trouver des moyens pour transposer les acquis dans la vie quotidienne. L'intervenant doit s'assurer que les membres reconnaissent leurs réalisations et prennent conscience des gains qu'ils ont faits. L'accent doit être mis sur les changements positifs plutôt que sur les objectifs non atteints. Le but ultime est de faire en sorte que la participation au groupe soit une expérience positive dont les effets seront transposés dans le quotidien des membres (Kosoff, 2003).

L'intervenant peut aider les membres à reconnaître les compétences qu'ils ont acquises en leur proposant des activités de réflexion sur leur situation au moment où ils se sont joints au groupe et sur leur situation actuelle. De plus, un retour systématique sur le déroulement de chacune des rencontres peut contribuer à augmenter la confiance en soi des membres en leur faisant prendre conscience des habiletés acquises et du chemin parcouru depuis le début du groupe. Dans cet exercice, l'intervenant doit être le plus concret possible afin que les membres puissent cerner avec précision les forces sur lesquelles ils peuvent maintenant compter pour affronter les situations à venir et sachent sur quoi ils ont intérêt à continuer de travailler. Ce type de retour est particulièrement nécessaire lorsque les membres se joignent à un groupe sans objectif précis ou lorsqu'ils ont des attentes très générales. L'intervenant doit les aider à voir qu'un changement dans un domaine particulier de leur vie peut en engendrer d'autres.

Lorsqu'ils participent à une démarche d'intervention, les membres ont souvent tendance à mettre l'accent sur les problèmes qu'ils éprouvent. Bien qu'il soit essentiel de prendre en compte les difficultés, ce qui montre que l'intervenant et le groupe sont préoccupés par leur situation, il est préférable, au cours des dernières rencontres, d'orienter les échanges vers les aspects positifs, satisfaisants ou agréables de leur vie (Metcalf, 1998). Comme le soulignent Goldstein, Keller et Sechrest (1966), porter beaucoup d'attention aux problèmes, aux situations conflictuelles et aux expériences négatives conduit à accorder trop d'importance à ces aspects au détriment des composantes positives de la vie. Au moment de la fin du groupe, l'intervenant doit encourager les membres à voir les solutions possibles aux situations problématiques qu'ils vivent et à reconnaître les moments exempts de difficultés. Pour qu'un sentiment d'espoir quant à l'avenir puisse naître, l'attention doit porter davantage sur les aspects positifs que sur les problèmes.

Une autre façon de faire prendre conscience aux membres de leurs compétences et de favoriser le maintien et le transfert des acquis consiste à organiser des jeux de rôles illustrant des situations susceptibles de se présenter. Pour maintenir la confiance, il est souhaitable que le niveau de complexité des situations proposées augmente progressivement. Lorsque les membres se rendent compte qu'ils peuvent faire face à ces situations, ils se sentent plus confiants et ont moins de difficulté à accepter la dissolution du groupe. Les jeux de rôles sont évidemment plus faciles à organiser et ont de meilleurs résultats lorsque le climat du groupe s'inscrit dans une dynamique de soutien et d'acceptation.

Il est difficile de poursuivre dans la voie du changement lorsque cela ne débouche pas sur des conséquences positives. Il est donc important que l'intervenant affine la sensibilité des membres quant aux conséquences positives qui vont résulter des changements dans leur vie et qu'il les aide à percevoir les bénéfices qu'ils vont récolter, malgré les résistances qu'ils vont certainement rencontrer dans leur environnement. Apporter des changements dans sa façon de se comporter provoque inévitablement dans l'entourage des réactions qui sont parfois positives, parfois négatives. Les membres du groupe doivent en être conscients et doivent être plus sensibles aux premières qu'aux secondes. En fait, ils doivent être prêts à faire face aux résistances et ils doivent garder en tête qu'il est généralement difficile de maintenir les acquis. L'intervenant doit les aider à prévoir les obstacles qui peuvent se présenter et les préparer pour qu'ils soient en mesure d'y réagir adéquatement. Il peut, par exemple, organiser des discussions où chacun expose sa vision de l'avenir et la façon dont il entend faire face aux différentes situations susceptibles de se présenter.

## 7.3 Les suites du groupe

Au terme d'une démarche d'intervention, il est possible que les membres ressentent des besoins auxquels le groupe n'a pas répondu, qu'ils aient de nouveaux intérêts ou de nouvelles préoccupations, qu'ils ne se sentent pas suffisamment en sécurité pour affronter l'avenir seuls ou tout simplement qu'ils aient le goût de partager leur cheminement futur avec les membres du groupe. Il peut alors être bénéfique de prévoir quelques rencontres de relance qui vont offrir aux membres l'occasion d'échanger sur ce qu'ils vivent depuis la fin du groupe et sur les moyens qu'ils utilisent pour faire face aux difficultés qu'ils éprouvent. Ces contacts peuvent encourager les membres à poursuivre leurs apprentissages et à persister dans leurs nouveaux comportements. L'intervenant doit cependant s'assurer que ce prolongement n'est pas une façon détournée d'éviter de faire face à la dissolution du groupe. C'est pourquoi il est souhaitable que les rencontres de relance se tiennent à un rythme moins intensif et qu'elles soient de plus en plus espacées. Les membres prennent alors progressivement leurs distances, car ils se rendent compte qu'ils peuvent continuer leur cheminement sans le soutien du groupe.

Il est possible que certains membres aient encore besoin d'aide au moment de la dissolution du groupe. L'intervenant peut alors planifier une nouvelle démarche d'intervention en fonction d'objectifs différents. Il peut aussi diriger les membres vers d'autres services disponibles dans leur communauté. Il peut également les aider à mettre en place des services répondant à leurs besoins. Ainsi, il n'est pas rare que certains membres d'un groupe décident de continuer à se rencontrer en mettant sur pied un groupe d'entraide ou en se joignant à un groupe existant. La conclusion correspond alors davantage à une transformation qu'à la fin d'un processus (Greenfield et Rothman, 1987).

À la fin de son intervention, l'intervenant doit s'assurer que les membres sauront à qui s'adresser en cas de problèmes ou de rechutes. Il doit fournir de l'information sur les ressources disponibles et ne doit pas hésiter à indiquer le nom de personnes qu'ils peuvent consulter. Pour être en mesure de bien cerner les besoins des membres au terme de la démarche du groupe, il doit par ailleurs accorder une attention particulière à l'évaluation de son intervention.

# 7.4 L'évaluation de l'intervention

L'évaluation de l'intervention est une composante importante de la phase de dissolution, non seulement parce qu'elle permet à l'intervenant de juger du cheminement des membres, mais aussi parce qu'elle lui fournit des informations de premier ordre pour améliorer son action. Plusieurs aspects doivent être examinés lors de l'évaluation des résultats d'une intervention. Fike (1980) distingue ainsi cinq catégories d'informations qui peuvent être prises en considération : 1) les actions de l'intervenant ; 2) le cheminement du groupe ; 3) la satisfaction des membres ; 4) les changements individuels ; et 5) les changements relatifs au groupe comme entité. Les deux premières catégories d'informations portent sur des aspects qui peuvent expliquer les résultats de l'intervention ; leur mesure s'inscrit généralement dans une démarche d'évaluation formative qui se déroule tout au long du processus d'intervention. Les deux dernières catégories sont considérées comme des variables dépendantes, c'est-à-dire comme des résultats de la démarche d'intervention ; elles font l'objet d'une démarche d'évaluation sommative. Pour ce qui est de la satisfaction des membres, elle se situe à mi-chemin ; certains la considèrent comme une conséquence de l'intervention.

## 7.4.1 Les actions de l'intervenant

La façon dont l'intervenant assume l'animation du groupe va nécessairement avoir un effet sur l'atteinte des objectifs ; il est donc important que les actions de l'intervenant soient consignées dans un rapport tout au long du processus d'intervention et qu'elles fassent l'objet d'un examen minutieux au moment de la dissolution du groupe. Évidemment, l'évaluation comporte ici une certaine imprécision dans la mesure où, d'une part, les caractéristiques d'une intervention efficace sont mal connues et, d'autre part, il n'y a pas d'absolu en cette matière puisque l'intervention doit être adaptée aux particularités des membres et du groupe. Mais c'est en raison de cette imprécision qu'il est essentiel d'accorder une attention particulière à la façon dont l'intervenant tient son rôle afin de mettre en relation les changements observés chez les membres et les actions menées. L'intervenant désireux d'améliorer son intervention ne peut se soustraire à une évaluation de son action dans le groupe. Sans négliger certaines caractéristiques de l'intervenant qui peuvent avoir une influence sur la réaction des membres (âge, sexe, formation, etc.), les éléments à considérer dans l'évaluation des actions de l'intervenant sont, notamment, les rôles qu'il a tenus, son style de leadership, sa position au sein du groupe, les activités qu'il a proposées, les techniques qu'il a privilégiées et ses réactions face aux incidents critiques.

L'évaluation des actions de l'intervenant sera évidemment facilitée si ce dernier avait précisé, au moment de la planification de l'intervention, la façon dont il entendait assumer son rôle compte tenu des objectifs et de la composition du groupe : Quels rôles prévoyait-il assumer ? Comment envisageait-il sa position au sein du groupe ? Quelles activités voulait-il réaliser ? Quelles techniques avait-il l'intention de privilégier ? Cependant, comme une intervention ne peut jamais être totalement prédéterminée, il importe que l'intervenant se penche sur la façon dont il s'est adapté au cheminement du groupe et sur ses réactions face aux situations imprévues et aux incidents critiques.

## 7.4.2 Le cheminement du groupe

Si tous les intervenants s'entendent sur la nécessité d'évaluer la démarche du groupe au regard d'aspects tels que la nature des objectifs, le degré de cohésion, l'établissement des normes, l'acceptation du leadership formel et le climat, pour n'en nommer que quelques-uns, ils n'ont pas les mêmes points de vue sur la pertinence de considérer ces aspects comme des résultats de l'intervention ou comme des moyens pour atteindre les objectifs. Par exemple, est-ce que le fait de permettre à une personne de participer à un groupe dans lequel elle va se sentir acceptée et au sein duquel elle va pouvoir exprimer librement ses émotions constitue un objectif d'intervention ou un moyen ? La réponse n'est pas nécessairement tranchée, comme l'indiquent les résultats d'une recherche sur les pratiques d'intervention auprès des enfants exposés à la violence conjugale (Turcotte, Beaudoin et Pâquet-Deehy, 1999). Dans le cadre de cette recherche, plusieurs intervenants interrogés sur leurs objectifs d'intervention ont répondu par des énoncés tels que « favoriser le soutien entre les pairs » et « développer la solidarité et la coopération entre les membres ».

À notre avis, si la démarche du groupe joue un rôle déterminant dans l'atteinte des objectifs, elle ne peut en soi constituer un objectif de l'intervention. La justification de l'intervention tient à l'acquisition de connaissances et d'habiletés ou à la modification des comportements, et non au climat ou au fonctionnement du groupe. S'il est essentiel de prendre en considération la démarche du groupe pour expliquer les résultats, l'objectif final de l'intervention consiste en un changement dans les connaissances, les habiletés ou les comportements des membres. L'évaluation de la démarche du groupe s'inscrit donc dans une orientation formative. L'intervenant consigne comment s'est déroulée l'intervention et il évalue dans quelle mesure les membres et le groupe ont participé à cette démarche. En reliant cette information aux changements observés chez les participants, il peut discerner les obstacles à l'intervention et les éléments qui ont contribué à l'atteinte des résultats. Il peut aussi dégager des pistes pour améliorer son intervention.

L'évaluation de la démarche du groupe conduit très souvent à une prise de conscience de l'influence de certains aspects de l'intervention qui sont négligés parce qu'ils sont tenus pour acquis ou parce que le temps manque pour s'y arrêter. Il est donc important, au terme d'une intervention, de réfléchir attentivement à la démarche du groupe.

Pour faire l'évaluation de la démarche du groupe, l'intervenant a intérêt à recueillir des informations sur les membres (caractéristiques sociodémographiques, assiduité et ponctualité aux rencontres, type de participation), sur le déroulement de l'intervention (activités réalisées, situations imprévues, incidents critiques, difficultés rencontrées) et sur la dynamique du groupe (climat, cohésion, communication, respect des normes, évolution, etc.). Le tableau 7.1 présente quelques éléments à considérer dans l'évaluation de la démarche du groupe.

| TABLEAU 7.1 | Éléments à considérer dans l'évaluation de la démarche du groupe | |
|---|---|---|
| **Membres** | **Intervention** | **Dynamique du groupe** |
| • Âge, sexe, revenu, structure familiale | • Nombre de rencontres | • Buts et objectifs du groupe |
| • Types de problèmes | • Nature des activités | • Éléments structurels |
| • Attentes initiales | • Procédures de choix et de réalisation des activités | • Vie socioaffective |
| • Ponctualité | | • Communication |
| • Assiduité | • Résultats des activités | • Modes de prise de décision |
| • Rôles tenus dans le groupe | • Incidents critiques | • Évolution du groupe |
| • Modes de communication | | |
| • Leadership | | |

## 7.4.3 La satisfaction des membres

La satisfaction des membres est un élément important à considérer dans l'évaluation d'une intervention ; elle permet de déceler les lacunes et fournit de l'information pour améliorer l'offre de services (Copeland, Koeske et Greeno, 2004). Généralement, la satisfaction des membres reflète dans quelle mesure un service répond aux attentes. On peut donc distinguer deux composantes de la satisfaction, soit les attentes des clients et la qualité effective ou perçue du service offert. Une mesure adéquate de la satisfaction comprend des appréciations séparées des attentes et de la qualité du service offert (SCTC, 1991). Il faut toutefois se garder d'interpréter cette information comme une indication du succès d'une démarche d'intervention. Certaines personnes peuvent être satisfaites de services qui sont inefficaces sur le plan des résultats, alors que d'autres peuvent être déçues des services même s'ils ont produit les résultats visés (WHO, 2000). L'évaluation de la satisfaction des membres se situe en quelque sorte à mi-chemin entre l'évaluation de la démarche (ou du processus) et celle des résultats.

La plupart des études qui se sont intéressées à la satisfaction de la clientèle concernant les services sociaux et de santé conduisent au même résultat : un haut degré de satisfaction (Nguyen, Attkisson et Stegner, 1983). Au terme d'une revue des études sur le sujet, Linn (1975) en arrive à la conclusion que le niveau de satisfaction est très élevé quels que soient la méthode de recherche utilisée, la population étudiée et le type de service concerné. Ainsi, s'il est intéressant d'étudier la satisfaction pour repérer les éléments à améliorer, il ne faut pas considérer cette information comme un indicateur fiable des effets de l'intervention. D'autres aspects doivent être pris en considération dans l'évaluation de l'intervention. Néanmoins, la satisfaction des membres est un aspect important à examiner en vue d'améliorer la qualité des services offerts.

Différentes méthodes peuvent être utilisées pour évaluer la satisfaction des membres. Pendant la démarche d'intervention, les intervenants vont généralement privilégier une méthode informelle visant à recueillir les commentaires des membres du groupe en ce qui concerne le déroulement des rencontres et l'évolution de la démarche du groupe. Cependant, à la fin de l'intervention, il est souhaitable de recourir à une méthode plus structurée permettant d'examiner de façon systématique différents aspects de l'intervention. Pour ce faire, l'intervenant peut utiliser des instruments déjà existants tels que l'échelle développée par McMurtry et Hudson (2000), ou encore le *Client Satisfaction Questionnaire* (CSQ-8) (Attkisson et Greenfield, 1994) qui a été traduit en français (Sabourin, Gendreau et Frenette, 1987 ; Charnbon, 1992).

L'intervenant peut aussi construire un questionnaire ou adapter des outils qui existent déjà en fonction de ses besoins particuliers. L'encadré 7.1 présente, à titre d'exemple, quelques énoncés adaptés de la grille proposée par Simard, Beaudoin, Champoux, Fortin, St-Amand, Turcotte et Turgeon (2001) visant à mesurer la satisfaction à l'égard des services psychosociaux.

| ENCADRÉ 7.1 | Évaluation des services |
| --- | --- |

**Jusqu'à quel point êtes-vous satisfait des éléments suivants ?**

| | | | | |
| --- | --- | --- | --- | --- |
| Le délai d'attente avant la première rencontre | ❑ Très | ❑ Assez | ❑ Peu | ❑ Pas |
| La qualité des locaux où les rencontres ont eu lieu | ❑ Très | ❑ Assez | ❑ Peu | ❑ Pas |
| L'attitude de l'intervenant | ❑ Très | ❑ Assez | ❑ Peu | ❑ Pas |
| Le nombre de rencontres | ❑ Très | ❑ Assez | ❑ Peu | ❑ Pas |
| La durée des rencontres | ❑ Très | ❑ Assez | ❑ Peu | ❑ Pas |
| Les heures des rencontres | ❑ Très | ❑ Assez | ❑ Peu | ❑ Pas |
| Ce que l'intervention vous a apporté | ❑ Très | ❑ Assez | ❑ Peu | ❑ Pas |

**Source :** Simard *et al.* (2001).

## 7.4.4 Les changements individuels

La stratégie la plus courante pour évaluer les résultats d'une intervention de groupe consiste à mesurer les changements qui se sont produits chez chacun des membres. Toutefois, ce type d'évaluation a de la valeur uniquement si les informations utilisées ne sont pas biaisées, c'est-à-dire si les membres parviennent à décrire les changements provoqués par l'intervention autrement qu'en fonction de leur niveau de satisfaction. En effet, les membres qui ont des sentiments positifs concernant le groupe ou l'intervenant peuvent avoir tendance à rapporter des changements importants, alors que ceux qui ont des sentiments négatifs ou mitigés peuvent rapporter des changements limités, voire une détérioration de leur situation (Fike, 1980). Les biais peuvent aussi être attribuables à la nature des questions posées pour mesurer les changements. Par exemple, une question telle que « Jusqu'à quel point avez-vous changé ? » va nécessairement conduire à une réponse positive, alors qu'une question très vague telle que « Est-ce que votre situation s'est améliorée ou est-ce qu'elle s'est détériorée ? » va conduire à une réponse qui est plus de l'ordre de l'impression que de l'ordre du changement réel. Enfin, dans le cas où la mesure des changements repose sur la perception de l'intervenant, son jugement à lui aussi risque d'être influencé par le climat des rencontres ou par son état d'esprit au moment de l'évaluation. Tout comme les membres, s'il est satisfait du déroulement des rencontres, il pourra avoir tendance à surestimer les changements.

Deux précautions peuvent contribuer à réduire ces biais : s'assurer de la qualité des outils utilisés pour recueillir l'information et faire porter les mesures sur les comportements plutôt que sur les impressions. Les comportements sont plus facilement observables et ils traduisent une réalité plus objective que les impressions ou les émotions. En outre, c'est généralement à travers les comportements qu'il est possible de percevoir les changements dans les attitudes, les habiletés et les connaissances. Mais il ne faut pas pour autant écarter tout recours à l'appréciation des membres et à leur perception des changements, car elles font très souvent ressortir des effets qui au départ n'avaient pas été prévus.

L'appréciation qualitative présente d'autres avantages. Elle permet, d'une part, de prendre en considération les circonstances particulières de l'intervention et, d'autre part, d'évaluer l'expérience de groupe à partir du point de vue des personnes qui ont vécu l'intervention. De plus, ce type d'appréciation peut facilement s'intégrer à la démarche du groupe grâce à des méthodes de collecte des données qui s'apparentent à l'intervention psychosociale, par exemple l'entrevue semi-dirigée ou le groupe de discussion.

Pour éviter que l'évaluation soit fortement influencée par le désir de ne pas déplaire à l'intervenant ou que les réponses soient trop générales, il est important que les questions d'évaluation soient bien préparées. À cet égard, il est généralement recommandé de débuter par une question générale, pour ensuite aborder des aspects plus spécifiques de la démarche du groupe. En outre, il est souvent utile d'inviter la personne interrogée à fournir des exemples de ce qu'elle avance afin de l'amener à préciser sa pensée. Enfin, pour mieux cerner l'influence du groupe sur la situation du membre, il est souhaitable d'inciter ce dernier à indiquer, le cas échéant, en quoi sa participation a contribué aux changements mentionnés. À titre d'exemple, voici quelques questions qui peuvent être utilisées pour évaluer les effets de la participation à un groupe ; elles s'inspirent de l'outil développé par McGuire (2003).

### Questions pour évaluer les effets de la participation à un groupe

- Que retenez-vous de votre participation au groupe ?
- Pouvez-vous me donner un exemple de l'utilisation que vous avez faite de ce que vous avez appris dans le groupe ?
- En quoi le programme vous a-t-il été utile dans l'atteinte de vos objectifs ?
- Avez-vous l'impression que votre situation personnelle s'est améliorée à la suite de votre participation au programme ? Si oui, de quelle façon ?
- Qu'avez-vous particulièrement apprécié dans ce groupe ?
- Qu'avez-vous moins aimé ?

Les questions formulées par Magura et Moses (1986) peuvent également guider l'évaluation qualitative des résultats d'une intervention. Dans leur schéma d'entrevue, ils invitent les personnes interrogées à se prononcer sur trois éléments : la situation qui existait au début de l'intervention, notamment les raisons qui ont entraîné la demande de services ; la situation actuelle en regard des raisons énoncées (amélioration, détérioration ou absence de changement) ; et la contribution de l'intervention aux changements observés, s'il y a lieu.

### Questions pour évaluer les résultats de l'intervention

- Pour quelle(s) raison(s) avez-vous été dirigé vers (ou avez-vous demandé) ce service ?
- D'une façon générale, comment est votre situation actuelle par rapport à celle qui existait au moment de la demande de services ?
  Diriez-vous que votre situation s'est :
  - ❏ Beaucoup améliorée  ❏ Un peu détériorée  ❏ N'a pas changé
  - ❏ Un peu améliorée  ❏ Beaucoup détériorée
- Si la situation s'est améliorée :
  - Croyez-vous que ces changements se seraient produits si vous n'aviez pas obtenu de services ?
  - En quoi les services obtenus ont-ils eu une influence sur votre situation ?
- Si la situation ne s'est pas améliorée :
  - Pour quelles raisons, selon vous, la situation ne s'est-elle pas améliorée ?

Pour avoir une image plus précise des résultats d'une intervention, il est préférable de compléter les appréciations subjectives par des mesures plus formelles. Plusieurs stratégies peuvent être utilisées pour apprécier les changements chez les membres d'un groupe (Turcotte et Tard, 2000). Nous en présentons brièvement deux ici : l'évaluation sur système unique et l'échelle d'atteinte des objectifs.

## L'évaluation sur système unique

L'évaluation sur système unique vise à mesurer l'effet spécifique de l'intervention sur chaque membre du groupe. Cette stratégie exige une collecte d'informations à deux reprises au moins, au début et à la fin de l'intervention. Mais, généralement, les mesures sont effectuées à plusieurs reprises avant, pendant et après l'intervention. L'évaluation sur système unique comporte trois étapes : 1) la détermination des objectifs d'intervention, qui sont formulés dans des termes mesurables ; 2) la sélection de la méthode de mesure ; et 3) la présentation graphique des données.

Si la détermination des objectifs est faite conjointement par le membre et l'intervenant, la sélection de la méthode de mesure est généralement suggérée par l'intervenant. Toutefois, le membre du groupe peut avoir à recueillir lui-même l'information qui sera utilisée pour apprécier son cheminement. Les modalités de collecte de données qui sont les plus fréquemment utilisées dans l'évaluation sur système unique sont le journal de bord, la grille d'observation, l'échelle d'évaluation et le test standardisé.

Le journal de bord est un document dans lequel le membre consigne lui-même l'information qui est utilisée pour apprécier les changements qui ont lieu dans sa situation : il note ses comportements, ses émotions ou ses impressions au fur et à mesure. Cette méthode offre l'avantage de montrer l'évolution de la situation du point de vue du membre lui-même. Par contre, elle conduit souvent à des résultats très différents d'une personne à l'autre. Il est donc important de donner des directives claires sur la nature des informations à consigner et sur la façon de le faire. Par exemple, le membre pourrait être invité à remplir son journal de bord chaque fois qu'il se querelle avec quelqu'un d'autre. L'information consignée pourrait porter sur le contexte de la querelle, l'élément qui l'a déclenchée, le comportement du membre face à l'autre et ses impressions après l'épisode. En analysant de façon régulière cette information, le membre peut évaluer s'il y a une augmentation ou une diminution du nombre de querelles, si les motifs changent et si les réactions aux querelles se transforment.

La grille d'observation est un tableau dans lequel sont notées de façon systématique des informations à propos d'un ou de plusieurs comportements. Elle peut être remplie par l'intervenant qui veut signaler certains aspects du comportement des membres en lien avec les rôles, les normes, la communication ou d'autres dimensions de la dynamique du groupe. Elle peut également être remplie par le membre lui-même. Dans ce dernier cas, il est important que l'intervenant précise la nature des comportements à observer ainsi que les informations à consigner à propos de ces comportements. Ces informations peuvent se rapporter à la durée, à la fréquence ou à l'intervalle d'apparition des comportements. Il est préférable que les observations portent sur des situations positives ou sur des comportements à acquérir plutôt que sur des aspects négatifs, parce que l'utilisation de la grille peut contribuer à faire apparaître ces situations ou ces comportements par un phénomène de prédiction créatrice (Watzlawick, 1988 ; De Shazer, 1991).

L'échelle d'évaluation est un troisième outil de collecte d'information qui peut être utilisé par l'intervenant, par le membre ou par une personne de l'entourage de ce dernier. Le membre doit se positionner en choisissant parmi une série de réponses ; il s'agit alors d'une évaluation par énoncés. Il peut également devoir se situer sur une échelle allant de bas à élevé ou de souvent à jamais ; il s'agit d'une évaluation par auto-ancrage. Ce dernier type d'échelle est particulièrement pertinent pour les émotions, la douleur ou la satisfaction. Il est assez facile à utiliser, mais les énoncés doivent être

| TABLEAU 7.2 | Illustration des types d'échelles d'évaluation |
|---|---|
| **Types** | **Exemples** |
| **L'évaluation par énoncés** | Imagine que tu fais la queue pour boire de l'eau. Quelqu'un de ton âge vient vers toi et te pousse en dehors de la queue. Que fais-tu ?<br>❑ Je lui dis quelque chose de méchant.<br>❑ Je lui demande pourquoi il m'a poussé.<br>❑ Je ne fais rien ; je m'en vais.<br>❑ Je lui dis que c'est ma place dans la queue.<br>❑ Je le pousse en dehors de la queue. |
| **L'évaluation par auto-ancrage** | Sur une échelle de 0 (très mauvaise) à 9 (excellente), évaluez votre relation avec votre adolescent au cours de la dernière semaine<br>0  1  2  3  4  5  6  7  8  9 |

bien formulés et expliqués afin que l'information soit de meilleure qualité. Le tableau 7.2 présente un exemple de chacun de ces types d'échelles.

Le test standardisé est l'outil considéré comme le plus fiable, parce qu'il fait appel à une échelle de mesure dont les propriétés métriques ont été validées. Évidemment, malgré cet avantage, il est nécessaire de s'assurer que les tests sont appropriés aux caractéristiques des membres du groupe et aux changements visés. En effet, avant d'utiliser un test, l'intervenant doit se demander jusqu'à quel point ce test va lui permettre de déceler les changements que va susciter l'intervention. Par exemple, si le but est de restaurer l'estime de soi ou d'augmenter le sentiment de compétence parentale, il doit s'assurer que l'échelle peut détecter le degré de changement prévisible pendant la durée de l'intervention. On trouve la description de tests standardisés dans différents textes, dont ceux de Fischer et Corcoran (1994).

Après la détermination des objectifs et la sélection de la méthode de mesure, la troisième étape de la démarche d'évaluation sur système unique est la présentation graphique des données. Il s'agit ici de présenter les aspects mesurés sous forme graphique de manière à en faciliter la lecture et l'analyse. Dans la présentation des informations recueillies, l'axe horizontal représente les différents moments auxquels ont été faites les mesures et l'axe vertical, les scores obtenus concernant les aspects mesurés. La figure 7.1 (p. 208) illustre le score d'un parent ayant des difficultés avec son adolescent à différents moments de la démarche d'intervention, qui comportait neuf rencontres. Le score traduit le degré d'insatisfaction du parent concernant sa relation avec son adolescent mesuré avec l'échelle d'Hudson (1990). Les mesures ont été faites à la première, à la troisième, à la sixième et à la dernière rencontre, ainsi qu'à l'occasion d'une relance, trois mois après la fin de l'intervention. On constate qu'entre la première (score de 77) et la dernière rencontre (score de 30), il y a eu une baisse constante du niveau d'insatisfaction ; on observe toutefois une légère hausse (score de 34) lors de la relance. Trois mois après la fin de l'intervention, la situation est donc nettement meilleure qu'au moment de la première rencontre. Selon l'échelle utilisée, un score supérieur à 70 traduit une situation très critique et un score supérieur à 30 signale une situation qui doit être considérée avec attention. Ainsi, d'après le graphique, si la relation parent-adolescent s'est nettement améliorée, il existe encore des tensions importantes, de sorte qu'il est nécessaire de mettre le parent en contact avec d'autres ressources après l'intervention de groupe.

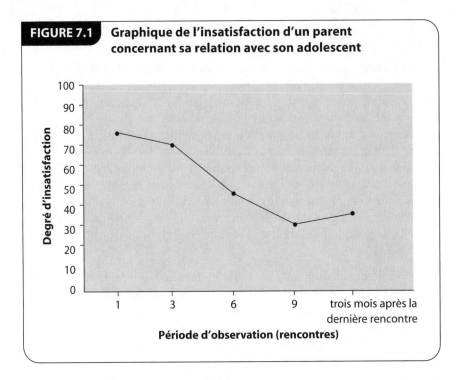

**FIGURE 7.1** Graphique de l'insatisfaction d'un parent concernant sa relation avec son adolescent

## L'échelle d'atteinte des objectifs

L'autre stratégie qui peut être utilisée pour mesurer les résultats d'une intervention est l'échelle d'atteinte des objectifs. Cette méthode permet d'évaluer jusqu'à quel point les changements qui se sont produits pendant l'intervention sont allés dans la direction prévue. Elle prend comme point de départ les objectifs individuels de chaque membre et convient donc à toutes les interventions. Par contre, elle ne permet pas d'établir avec certitude si les changements sont le résultat de l'intervention ou s'ils sont attribuables à d'autres facteurs. Alter et Evens (1990) proposent six étapes pour l'utilisation de l'échelle d'atteinte des objectifs :

1. Déterminer le ou les problèmes sur lesquels portera l'intervention.
2. Pour chaque problème, définir cinq niveaux d'objectifs en les situant sur une échelle allant de −2 à +2 :
   - −2 : résultat très inférieur aux attentes de départ ;
   - −1 : résultat inférieur aux attentes de départ ;
   - 0 : résultat conforme aux attentes de départ ;
   - +1 : résultat supérieur aux attentes de départ ;
   - +2 : résultat très supérieur aux attentes de départ.

Pour attribuer ces résultats, le membre et l'intervenant doivent se fonder sur des comportements ou des états émotionnels mesurables.

3. Attribuer à chaque problème une pondération indiquant son niveau d'importance par rapport aux autres.

4. Pour chaque problème, établir à quel niveau se situe la personne au tout début de l'intervention. Cette information constitue le point de départ.

5. Faire des mesures à différents moments du processus d'intervention. Il est aussi recommandé de faire une mesure après quelques mois, à l'occasion d'une relance.

6. Calculer un score global d'atteinte des objectifs selon la procédure suivante :
   - Établir le score pour chaque problème (différence entre le point de départ et la dernière mesure) ;
   - Multiplier le score pour chaque problème par la pondération établie ;
   - Additionner les différents scores pondérés.

Le tableau 7.3 donne un exemple d'échelle d'atteinte des objectifs utilisée avec un élève qui présente des problèmes scolaires. À partir des objectifs d'intervention, des niveaux possibles de réussite, avec des possibilités extrêmes, ont été précisés. Comme la consommation de drogue est considérée comme le problème principal, elle se voit attribuer une pondération plus élevée (20) que les deux autres problèmes, soit la fréquentation des cours et la réalisation des travaux scolaires (pondération de 15). Le score d'atteinte des objectifs pour cette intervention peut se calculer de la façon suivante :

- Score pour chaque problème :

  Fréquentation des cours :      $1 \times 15 = 15$

  Consommation de drogue :      $0 \times 20 = 0$

  Remise des travaux scolaires :      $2 \times 15 = 30$

- Score total à l'échelle d'atteinte des objectifs : 45.

**TABLEAU 7.3**  **Échelle d'atteinte des objectifs**

| Niveau | Fréquentation des cours (Pondération : 15) | Consommation de drogue (Pondération : 20) | Remise des travaux scolaires (Pondération : 15) |
|---|---|---|---|
| Résultat très inférieur aux attentes ($-2$) | S'absente 2-3 jours par semaine | Consomme chaque jour | Ne remet aucun travail |
| Résultat inférieur aux attentes ($-1$) | S'absente moins de 1 jour par semaine | Consomme à l'occasion, la semaine et la fin de semaine | Remet un travail à l'occasion |

>>> **TABLEAU 7.3** **Échelle d'atteinte des objectifs** (*suite*)

| Niveau | Fréquentation des cours (Pondération : 15) | Consommation de drogue (Pondération : 20) | Remise des travaux scolaires (Pondération : 15) |
|---|---|---|---|
| Résultat attendu (0) | S'absente 1 jour par mois | Consomme en fin de semaine seulement | Remet les travaux dans les matières qu'il considère comme importantes |
| Résultat supérieur aux attentes initiales (+1) | Aucune absence, mais quelques retards | Consomme à des occasions spéciales | Remet tous les travaux, avec quelques retards |
| Résultat très supérieur aux attentes (+2) | Aucune absence ni aucun retard | Aucune consommation | Remet tous les travaux à temps |

## 7.4.5 Les changements relatifs au groupe comme entité

Dans une intervention de groupe, il est possible de regrouper les informations obtenues grâce aux mesures individuelles pour tracer un portrait global des effets de l'intervention. Toutefois, ce regroupement doit être fait prudemment. En effet, si le regroupement des informations peut donner plus de crédibilité aux résultats, l'évaluation portant alors sur un plus grand nombre de personnes, il peut cacher certains phénomènes qui ne sont perceptibles que par une analyse des résultats de chaque individu. Par exemple, si la moitié des membres voient leur situation s'améliorer et l'autre moitié se détériorer, le regroupement des informations pourrait laisser croire à une absence de changement, alors que ce n'est pas le cas. Cette situation n'est pas exceptionnelle, car, dans une démarche de groupe, tous les membres ne changent pas au même rythme et de la même façon. D'autant plus que dans une dynamique de groupe, le succès repose sur la complémentarité des membres. Ainsi, dans un groupe fonctionnel, tous les membres ne peuvent devenir plus directifs et plus affirmatifs en même temps. Lorsque certains membres prennent plus de place, d'autres doivent demeurer en retrait. On pourrait considérer qu'une intervention conduit à des résultats positifs lorsqu'elle permet aux personnes les plus effacées de s'affirmer davantage et qu'elle amène les personnes les plus directives à être davantage à l'écoute des autres. Or, une évaluation qui s'appuie sur le regroupement des changements individuels décelés chez chacun des membres rend difficilement compte de cette double perspective. Un examen approfondi des résultats individuels permet de déterminer le cheminement de chacun des membres et de cerner les facteurs susceptibles d'expliquer les écarts. Si l'examen des informations individuelles laisse entrevoir une tendance similaire chez tous les membres, il est alors intéressant de les regrouper pour dégager des observations globales sur les effets de l'intervention.

L'important, dans une démarche d'évaluation, est d'évaluer autant les réussites que les échecs, cela dans une perspective constructive, c'est-à-dire en recueillant les informations qui permettent non seulement de savoir si l'intervention a produit les résultats attendus, mais aussi de comprendre les raisons des changements mesurés et de trouver des moyens pour améliorer les interventions. L'évaluation de l'intervention est une composante très importante de la phase de dissolution du groupe, car elle a plusieurs fonctions, comme l'indique Anderson (1997):

- Elle permet à l'intervenant de connaître les effets de son intervention;
- Elle lui fournit des informations qui peuvent l'aider à développer ses compétences;
- Elle peut être employée pour démontrer la pertinence et l'utilité d'une intervention;
- Elle aide les membres et le groupe à évaluer leurs progrès par rapport à leurs objectifs de départ;
- Elle constitue pour les membres une occasion d'exprimer de façon formelle leurs satisfactions et leurs insatisfactions concernant la démarche du groupe;
- Elle peut contribuer à l'approfondissement de connaissances qui pourront être partagées avec d'autres intervenants qui animent des groupes semblables.

## 7.5 La fin de la participation dans les groupes ouverts

Dans les groupes ouverts, la fin de la participation à la démarche d'intervention ne correspond pas nécessairement à la dissolution du groupe; un membre peut mettre un terme à sa participation sans que les autres membres du groupe en fassent autant. Bien qu'il soit généralement admis que les membres vont continuer de participer à un groupe ouvert aussi longtemps qu'ils vont en retirer des bénéfices, il n'y a pas d'études qui ont examiné de façon systématique les motifs de retrait d'un groupe ouvert. En fait, les membres peuvent partir parce qu'ils n'ont plus de lien institutionnel avec l'organisme qui parraine le groupe, parce qu'ils ont atteint le nombre de rencontres initialement prescrit ou parce qu'ils ont l'impression que le groupe ne leur apporte plus rien (Schopler et Galinsky, 2005).

Du point de vue du membre, la fin de la participation à un groupe ouvert comporte sensiblement les mêmes particularités que la dissolution du groupe; l'intervenant doit donc porter une attention particulière aux réactions du membre à la fin de sa participation au groupe, au maintien et au transfert de ses acquis ainsi qu'aux suites à prévoir au groupe. Cependant, du point de vue du groupe, la fin de la participation de certains membres se présente différemment puisque la démarche se poursuit pour les membres qui restent. Il est donc important que l'intervenant soit attentif à l'impact des départs sur le fonctionnement du groupe et qu'il tente d'en atténuer les effets négatifs. À cet égard, il est impératif de déterminer à l'avance les procédures à respecter au moment de quitter le groupe. Il peut même être utile de prévoir un rituel de fin de la participation, pour faire en sorte que le départ d'un membre soit vécu comme un événement positif à la fois par le membre qui s'en va et par ceux qui poursuivent leur démarche dans le groupe.

## SYNTHÈSE

Pour les membres du groupe, la fin est généralement marquée par l'ambivalence entre la satisfaction d'être arrivés au bout de la démarche du groupe et l'anxiété devant l'éventualité de poursuivre le cheminement sans le soutien des autres. Pour les aider à vivre au mieux avec cette ambivalence et leur permettre de tirer le meilleur parti possible du groupe, l'intervenant doit inciter les membres à cerner les sentiments qu'ils éprouvent et à trouver ce qu'ils pourraient faire pour mettre pleinement à profit ce que leur expérience de groupe leur a apporté. Pour que la phase de conclusion contribue au cheminement des membres, quatre aspects doivent faire l'objet d'une attention particulière: les réactions à la fin du groupe; le maintien des acquis; les suites du groupe; et l'évaluation de l'intervention. Comme tout groupe doit se terminer un jour ou l'autre et que la façon dont cette fin est vécue marque le souvenir que les membres et l'intervenant conservent de cette expérience, il est essentiel de bien préparer la phase de dissolution et de la structurer de manière que les participants se quittent sur une note positive. Les suggestions de Parsons (1995) peuvent être utiles pour structurer le déroulement de la phase de dissolution du groupe:

1) Revenir sur la situation initiale. Ce retour sert de point de départ pour mesurer les progrès;

2) Décrire la situation actuelle en soulignant les compétences et habiletés que les membres ont développées pendant le processus;

3) Passer en revue les stratégies qui ont été utilisées par le groupe pendant le processus afin de favoriser le recours à ces stratégies une fois le groupe terminé;

4) Répondre aux questions des membres, de façon à éviter de fausses croyances ou interprétations;

5) Prévoir des situations à venir afin de favoriser le transfert des acquis;

6) Explorer les sentiments des membres face à la fin du groupe;

7) Mettre l'accent sur les éléments positifs (besoins comblés, habiletés acquises, problèmes résolus) plutôt que sur les éléments négatifs (séparation, perte de relation, fin du groupe);

8) S'assurer que le bilan de la fin va contribuer à maintenir le processus de développement dans lequel les membres se sont engagés;

9) Aider les membres à déterminer et localiser les ressources de la communauté et les sources de soutien informel auxquelles ils peuvent faire appel au besoin;

10) Terminer en s'assurant que tous les membres sont en accord avec la fin et qu'ils comprennent qu'ils peuvent demander de nouveau de l'aide.

1. Pensez à un groupe auquel vous avez déjà participé et qui a revêtu pour vous une signification particulière : un groupe d'amis, une équipe sportive, une troupe de théâtre, etc. Faites la liste des sentiments qu'évoque pour vous le souvenir de votre appartenance à ce groupe.

2. Vous venez de terminer votre troisième groupe pour parents envoyés à la protection de la jeunesse pour négligence. Vous êtes convaincu que ce groupe contribue à l'amélioration des pratiques éducatives et à l'enrichissement du réseau de soutien de ces parents. Toutefois, votre coordonnateur en veut la preuve. Avant de commencer votre quatrième groupe, il vous demande de prévoir un plan d'évaluation. Faites une présentation sommaire de ce plan en indiquant :

    a) les éléments à mesurer ;

    b) la ou les modalités de collecte des données.

3. Formulez cinq questions qui pourraient servir pour évaluer la satisfaction des membres d'un groupe.

4. Vous voulez mesurer les effets de votre intervention sur chacun des membres de votre groupe ; vous optez alors pour l'évaluation sur système unique. Vous hésitez entre trois modalités de collecte des données. Indiquez, pour chacune de ces modalités, un avantage et une limite.

    a) La grille d'observation ;

    b) L'échelle d'évaluation ;

    c) Le test standardisé.

5. Dans l'appréciation des résultats d'une intervention de groupe, le fait de regrouper les informations sur chaque membre dans un tableau d'ensemble peut cacher certains phénomènes particuliers. Commentez cette affirmation.

## LECTURES COMPLÉMENTAIRES

GARVIN, C. (1997). « The evaluation of group work practice » et « The group and endings », dans *Contemporary Group Work*. 3ᵉ édition. Toronto : Allyn and Bacon, p. 190-207 et 208-221. Chapitres 9 et 10 de l'ouvrage.

SAINT-JACQUES, M.C., OUELLET, F. et LINDSAY, J. (1994). « L'alliance de l'évaluation et de la pratique en service social des groupes », dans *Cahiers du service social des groupes*, 8.

TURCOTTE, D. et TARD, C. (2000). « L'évaluation de l'intervention et l'évaluation de programme », dans R. Mayer, F. Ouellet, M.C. Saint-Jacques et D. Turcotte (dir.), *Méthodes de recherche en intervention sociale*. Boucherville : Gaëtan Morin Éditeur, p. 327-358.

## CHAPITRE 8

# Quelques situations particulières en intervention auprès des groupes

Les chapitres précédents ont présenté les différentes phases du processus d'intervention de groupe, de la planification à la dissolution. Ce dernier chapitre aborde quatre situations particulières d'intervention de groupe, soit : la coanimation, l'intervention en contexte multiculturel, l'intervention avec les personnes non volontaires et les groupes à court terme. Nous tenterons de faire ressortir les enjeux particuliers de chaque modalité et les éléments à considérer pour favoriser la réussite de l'intervention.

# 8.1 La coanimation

La coanimation peut se définir comme l'art, pour deux intervenants d'une même discipline ou de formations différentes et complémentaires, de partager l'animation d'un groupe. Il s'agit d'un mode d'intervention planifié dont l'utilisation est appropriée aux besoins des membres du groupe, qui est appliqué durant tout le processus de groupe et qui s'actualise dans différents contextes de pratique. Malgré l'absence de fondements théoriques et la faiblesse de ses assises empiriques (Heap, 1994), la coanimation est de plus en plus utilisée, particulièrement depuis le début des années quatre-vingt (Turcotte, 1996). Cette section présente quelques-uns des motifs qui incitent les intervenants à recourir à la coanimation, puis aborde brièvement ses limites et les éléments à prendre en considération pour en favoriser le succès.

## 8.1.1 Les avantages de la coanimation

Plusieurs raisons d'ordre pédagogique, professionnel et organisationnel motivent le recours à la coanimation : la formation des étudiants, le soutien entre intervenants, le travail interdisciplinaire et la diversification des expertises. En fait, le choix de cette modalité découle d'un ensemble de facteurs qui tiennent à la fois des particularités du groupe (nature, taille et durée), des préoccupations des intervenants et des exigences du contexte organisationnel.

### Pour les membres

Quel que soit le contexte, la décision de recourir à la coanimation doit être fondée sur « la primauté des besoins et des sentiments des membres et sur le respect du processus de groupe » (Heap, 1994 : 182). Les membres d'un groupe peuvent retirer de multiples bénéfices d'une coanimation harmonieuse et respectueuse de leurs besoins. Dans les groupes de thérapie et d'éducation, le modèle que les coanimateurs peuvent présenter aux membres concernant la communication et la résolution de conflit est l'un de ces avantages (Galinsky et Schopler, 1980 ; Balgopal et Vassil, 1983 ; Posthuma, 1989 ; Côté, 1990 ; Heap, 1994 ; Daudelin, 1998 ; Nosko, 2002 ; Wickham, 2003).

La coanimation donne aux membres l'occasion d'expérimenter différents styles d'interaction (Wickham, 2003). Elle leur permet de voir un large éventail de techniques et de stratégies d'intervention. Les participants reçoivent aussi une information plus variée, surtout si les intervenants sont issus de disciplines différentes. De plus, ils ont la possibilité de nouer des liens plus significatifs avec le coanimateur avec lequel ils se sentent le plus à l'aise.

La coanimation est parfois utilisée pour offrir aux membres du groupe un modèle de communication, à la fois dans la relation que les coanimateurs tissent avec les membres et dans leurs interactions. Selon Heap (1994 : 182), « le rôle des animateurs, leur autorité et leur aisance dans les interventions font qu'ils deviennent inévitablement des modèles de relation ». La coanimation peut être mixte (homme-femme) ou non, selon les objectifs du groupe et les besoins des membres. Dans les groupes dont tous les membres sont du même sexe, une coanimation mixte assure la présence d'une personne du sexe opposé (Lindsay, 1991). En outre, les membres sont exposés à un modèle de relation homme-femme égalitaire et non conflictuel. C'est pourquoi la coanimation mixte est particulièrement appropriée avec certains types de clientèle tels que les hommes violents, les enfants exposés à la violence conjugale et les enfants dont les parents se sont récemment séparés. De plus, elle permet généralement d'universaliser des valeurs, des attitudes, des émotions et des comportements qui sont souvent associés à un seul des deux sexes. Enfin, la coanimation peut sécuriser le groupe quant à l'éventualité qu'un des intervenants soit dans l'obligation de mettre fin à sa participation.

## Pour les intervenants

La coanimation peut constituer un contexte d'apprentissage particulièrement intéressant pour les étudiants ou pour les intervenants qui sont moins familiarisés avec l'intervention de groupe (Cohen et DeLois, 2001). En contexte de formation, elle peut associer un étudiant et un superviseur ou deux étudiants encadrés par un superviseur. Dans le cas où un superviseur coanime avec un étudiant, tous les deux devront être vigilants et s'assurer que le statut du premier ne subordonne pas l'évolution du second. À cet égard, Middleman (1980) souligne que la coanimation est une méthode de formation et non une méthode d'enseignement. Elle n'en demeure pas moins un cadre particulièrement intéressant pour l'apprentissage.

Henry (1992) mentionne que la coanimation favorise le développement d'habiletés chez les intervenants et diminue l'anxiété reliée au trac du débutant. Stempler (1993) pense que la coanimation facilite la communication entre un étudiant et son superviseur, tant sur le plan de la théorie de l'intervention de groupe que sur celui du processus de développement du groupe. Levine (1980) précise que la possibilité d'apprendre en suivant l'exemple d'un coanimateur plus expérimenté, le partage des responsabilités et le soutien mutuel sont des avantages importants de la coanimation. Heap (1994) estime que les coanimateurs contribuent mutuellement à se former, que la coanimation implique un étudiant et son superviseur ou des collègues. Côté (1990) ajoute que la coanimation permet d'obtenir rapidement une rétroaction et favorise ainsi l'évolution professionnelle. Elle permet donc un enrichissement mutuel entre les deux coanimateurs.

La coanimation peut également être utilisée pour la formation des intervenants qui se sentent moins à l'aise avec l'intervention de groupe. Pour ces personnes, elle s'avère à la fois sécurisante et stimulante. Un collègue expérimenté ou un superviseur extérieur peuvent les guider et les soutenir dans leur nouvel apprentissage.

En plus d'être une occasion d'apprentissage, la coanimation favorise le soutien entre animateurs. Dans les groupes où les membres vivent des problématiques lourdes ou lorsqu'un membre perturbe le groupe, la coanimation permet un partage des responsabilités (Galinsky et Schopler, 1980). Par exemple, l'un des coanimateurs ému par une situation ou perturbé par le discours d'un membre peut s'éloigner des objectifs ; son collègue pourra prendre la relève et recentrer l'intervention. En permettant le soutien et l'entraide, la coanimation peut prévenir l'épuisement professionnel (Henry, 1992), notamment lorsque les intervenants ont affaire à des populations réfractaires aux services sociaux ou font face à des problématiques particulièrement difficiles, comme les abus, les agressions, la victimisation ou les troubles mentaux sévères.

Par ailleurs, le choix de la coanimation s'avère souvent incontournable avec certaines clientèles pour lesquelles la gestion du groupe comporte l'utilisation d'une variété d'activités, de la discipline, des règles de sécurité et même des interventions individualisées ponctuelles (comportement très déviant d'un membre, situation de crise). Le jeune âge des membres est aussi un élément important à considérer. L'étude de plusieurs interventions de groupe menées auprès d'enfants fait ressortir que la coanimation est avantageuse avec les enfants de parents séparés (Kalter, Pickan et Lesowitz, 1984 ; Pedro-Carroll et Cowen, 1985 ; Côté, 1990 ; Mireault, Drapeau, Fafard, Lapointe et Cloutier, 1991) et avec les enfants et les adolescents exposés à la violence conjugale (Alarie et Rose, 1989 ; Pâquet-Deehy, Proulx et Hamel, 1997 ; Beaudoin, Côté, Delisle, Gaboury, Guénette et Lessard, 1998 ; Turcotte, Beaudoin et Pâquet-Deehy, 1999).

### Pour l'organisation

La coanimation peut se révéler un cadre facilitant pour l'interdisciplinarité, car elle permet à des intervenants ayant des formations, des compétences et des expériences différentes de travailler de façon concertée et complémentaire : « Un autre argument en faveur de la coanimation est la participation et la coopération interprofessionnelle qu'elle met en œuvre » (Heap, 1994 : 180). Voici quelques exemples de coanimation interdisciplinaire : un travailleur social et un ergothérapeute avec un groupe d'enfants d'âge préscolaire ; un travailleur social et un éducateur spécialisé avec un groupe d'éducation pour les parents de jeunes enfants ; une infirmière et un travailleur social avec un groupe de soutien pour les proches aidants de personnes âgées ; un travailleur social et un criminologue avec un groupe d'éducation structurée pour de jeunes contrevenants.

La coanimation permet par ailleurs à plusieurs organismes de travailler en collaboration. Il s'agit là d'un aspect non négligeable, car le partenariat interorganisationnel apparaît de plus en plus comme une voie incontournable pour assurer l'accessibilité à des services psychosociaux adaptés aux besoins des personnes en difficulté. Dans la pratique, il existe plusieurs exemples concrets de coanimation en partenariat interorganisationnel. On peut citer les groupes de femmes victimes de violence conjugale coanimés par une travailleuse sociale d'un établissement du réseau de la santé et des services sociaux, et une intervenante travaillant dans une maison d'hébergement ; ou encore, les groupes axés sur la prévention de la toxicomanie dirigés conjointement par un travailleur social du milieu scolaire et un intervenant d'un organisme spécialisé en toxicomanie.

Les expériences de coanimation en partenariat interorganisationnel semblent répondre à la fois à des besoins cliniques et à des enjeux d'efficacité et de rentabilité pour les organisations concernées. Toutefois, ce type de coanimation exige une planification rigoureuse et une évaluation continue, donc beaucoup de temps et une bonne entente entre les intervenants.

L'utilisation de la coanimation en intervention de groupe, qu'elle soit unidisciplinaire ou interdisciplinaire, comporte donc des avantages nombreux et indéniables à la fois pour les membres, pour les professionnels et pour les organisations. Mais elle a aussi sa part d'inconvénients.

## 8.1.2 Les limites de la coanimation

Plusieurs auteurs reconnaissent que la coanimation comporte des risques pour les membres et soulignent qu'il faut tenter de les atténuer, à défaut de pouvoir les prévenir complètement (Pfeiffer et Jones, 1972, 1974, 1976 ; Côté, 1990 ; Henry, 1992 ; Wickham, 2003). Selon Heap (1994), la qualité de la coanimation dépend beaucoup de la nature de la relation entre les intervenants et de la cohérence de leurs actions. Si cette relation est conflictuelle ou si les actions manquent de cohérence, les membres peuvent se sentir en situation de conflit de loyauté et peuvent craindre d'être perçus comme plus proches de l'un ou l'autre intervenant. De plus, s'ils constatent l'existence de conflits latents entre les coanimateurs, ils en déduiront qu'il vaut mieux tenter d'atténuer les conflits plutôt que de les aborder directement (Glassman et Kates, 1990). Shulman (2006) précise que les membres d'un groupe sont très observateurs et qu'ils peuvent repérer les plus subtils signes de tension, même si les coanimateurs font tout pour les cacher. Boudreau (1998) mentionne qu'une compétition malsaine entre les intervenants peut empêcher les membres de prendre « leur place ». Quand il existe une lutte de pouvoir ou une grande rivalité entre les intervenants, les membres peuvent se sentir obligés de faire un choix. Ils se divisent alors en sous-groupes et leur énergie est détournée des objectifs.

D'autres inconvénients de la coanimation sont à signaler. Par exemple, lorsque les intervenants sont de sexe différent, les membres peuvent s'intéresser davantage à la relation qu'il y a entre ces derniers qu'à leur rôle dans le groupe. Dans un autre ordre d'idées, l'absence non planifiée ou non expliquée d'un des coanimateurs peut déranger les membres, s'ils vivent cette situation comme une forme d'abandon.

La coanimation doit être utilisée pour permettre le développement optimal des membres et du groupe. Glassman et Kates (1990) soulignent qu'en coanimation deux personnes sont en position d'autorité et doivent « négocier » avec les membres en ce qui concerne l'indépendance et l'autonomie du groupe. Quand leur leadership se traduit par une prise de contrôle du groupe, le développement de l'autonomie des membres et l'émergence de l'aide mutuelle sont largement compromis (Middleman, 1980). Ainsi, autant une coanimation peut être riche et stimulante pour un groupe lorsqu'elle se passe bien, autant elle peut être contraignante et même démobilisatrice quand des difficultés importantes surgissent.

Il en est de même pour les intervenants : dans certaines situations, la coanimation peut se révéler davantage un fardeau qu'un soutien. C'est particulièrement le cas lorsque les coanimateurs ont des personnalités diamétralement opposées, lorsqu'ils ne partagent pas les mêmes valeurs ou lorsqu'ils ne s'inscrivent pas dans les mêmes orientations théoriques sur l'intervention de groupe (Pfeiffer et Jones, 1975 ; Shulman, 1992). Ces situations peuvent conduire à l'expression de désaccords pendant les rencontres, déboucher sur une absence de complémentarité dans les rôles et même donner lieu à des luttes de pouvoir pour le contrôle du groupe.

La coanimation est également source de difficulté lorsque la relation entre les deux coanimateurs s'inscrit dans une dynamique plus axée sur leurs propres besoins que sur ceux des membres. Trois scénarios peuvent se présenter : 1) l'un des deux intervenants prend le contrôle alors que l'autre adopte une position effacée ; 2) l'un des deux intervenants se sert de l'autre comme « coussin de sécurité » pour masquer son insécurité ; et 3) l'un des deux intervenants se pose comme expert reléguant son collègue dans une position de faire-valoir. Lorsque l'un ou l'autre de ces scénarios se présente, les désavantages de la coanimation prennent le pas sur les avantages ; les intervenants, les membres et le groupe en subissent les conséquences.

## 8.1.3 Les éléments à prendre en considération en coanimation

Avant de s'aventurer dans une démarche de coanimation, il faut bien s'assurer que cette modalité facilitera le processus de groupe. À cet égard, certains éléments doivent faire l'objet d'une attention particulière au moment de la planification du groupe, pendant l'intervention et lors de l'évaluation.

## Une planification rigoureuse

Lorsque la pertinence de la coanimation est bien établie, il est nécessaire de procéder à une planification rigoureuse de la démarche, car la coanimation ne s'improvise pas. Trois éléments doivent faire l'objet d'une attention toute spéciale au moment de cette planification : 1) le choix du coanimateur, 2) l'évaluation des habiletés nécessaires à la coanimation, et 3) la préparation des rencontres.

**Le choix d'un coanimateur**   Posthuma (1989) souligne qu'on pourrait éviter la plupart des problèmes vécus en coanimation en procédant à un choix méticuleux des coanimateurs. Les critères sur lesquels doit s'appuyer ce choix ne font cependant pas l'unanimité. Ainsi, pour Yalom (1995) et Heap (1994), il faut viser à ce que les deux coanimateurs aient un statut professionnel égal. Dans le même sens, Wickham (2003) prône un niveau d'habileté et de compétence équivalent. Par contre, selon Toseland et Rivas (2005), le choix des coanimateurs doit viser la complémentarité plutôt que la similarité, ce qui implique que la coanimation peut être fructueuse même si les deux personnes n'ont pas un pouvoir égal (Balgopal et Vassil, 1983). C'est particulièrement le cas lorsqu'il s'agit d'un superviseur et d'un étudiant.

Il faut retenir que le choix d'un coanimateur est une décision importante qui doit se fonder sur un certain nombre de facteurs tels que l'expérience, la formation, les orientations théoriques, les croyances, le style d'animation, la discipline professionnelle et le niveau d'expertise. L'option pour la complémentarité ou l'égalité, de même que l'importance relative à accorder à chaque facteur, doit être examinée à la lumière de la composition du groupe, des objectifs poursuivis et du contexte organisationnel et culturel dans lequel s'inscrit l'intervention. En outre, si les deux intervenants ont des statuts différents, comme dans une démarche de formation, il est important que le statut de chacun soit expliqué clairement aux membres du groupe et que leurs rôles respectifs soient bien définis.

La formation d'un duo « gagnant » de coanimateurs demande beaucoup de réflexion et de discernement, car ces deux personnes ont un défi de taille à relever. Les deux intervenants ont à établir une relation de travail qui s'appuie sur la mutualité, le soutien et le respect plutôt que sur la compétition et la division. Cela implique qu'ils aient la volonté de partager honnêtement leurs réactions, leurs sentiments et leurs opinions et fassent preuve d'ouverture face aux critiques et aux points de vue différents des leurs. Ils doivent être capables de travailler en coopération et en collaboration avant, durant et après les rencontres (Boudreau, 1998 ; Cohen et DeLois, 2001 ; Nosko, 2002). Comme le mentionne Lindsay (1991 : 285) : « Selon un certain nombre de travaux de recherche, l'entente ou la mésentente entre les coanimateurs est le facteur le plus critique dans le succès de la coanimation. »

**Les habiletés de l'intervenant**  Afin de réussir leur intervention de groupe, les coanimateurs doivent être « capables de faciliter l'expression des sentiments, d'aborder les conflits, de garder la préoccupation des objectifs du groupe, quoiqu'il puisse advenir » (Heap, 1994 : 185). Pour atteindre ce résultat, ils doivent posséder certaines habiletés que Wickham (2003), s'appuyant sur Brandler et Roman (1999), présente de la façon suivante :

- Expression adéquate de ses sentiments ;
- Aisance dans la résolution de problèmes ;
- Capacité de fournir au groupe un éventail d'outils réutilisables ;
- Attitude de respect pour le sexe opposé ;
- Aptitude à partager le pouvoir ;
- Capacité de gérer les situations explosives dans le respect des besoins individuels ;
- Capacité d'animer le groupe de façon autonome en cas d'absence du coanimateur ;
- Aptitude à offrir un soutien affectif dans les situations chargées d'émotion.

**La préparation de la coanimation**  En coanimation, plusieurs obstacles pourront être évités par une préparation minutieuse (Heap, 1994). À la phase pré-groupe, les coanimateurs doivent prévoir un temps d'échange pour mieux se connaître et discuter de la problématique, du cadre d'intervention et de leur contribution. C'est à cette étape que chacun doit clarifier sa motivation à intervenir en groupe et ses attentes concernant la coanimation. Toseland et Rivas (2005) déterminent certains aspects que les coanimateurs ont intérêt à partager avant de s'engager dans une démarche de coanimation. On y retrouve notamment le style d'animation privilégié par chacun, leurs forces et faiblesses respectives comme animateur, leurs croyances sur les besoins des membres et les stratégies d'aide à privilégier, leurs attentes à l'égard du groupe et les rôles que chacun prévoit assumer dans le groupe.

Pour Henry (1992), il est important que les coanimateurs communiquent clairement à propos de leurs orientations théoriques et de leurs assises disciplinaires. Une communication positive implique une ouverture à l'autre, de l'honnêteté, un respect mutuel, de la générosité, de la confiance en soi et en l'autre et la re connaissance des habiletés respectives. Nosko (2002) ajoute à ces caractéristiques un bon sens de l'humour.

Au cours de cette étape de planification, les intervenants doivent effectuer ensemble le recrutement, les contacts pré-groupe et la sélection des membres. S'il ne leur est pas possible de rencontrer à deux les participants potentiels, ils doivent essayer de rencontrer un nombre identique de personnes. Ainsi, dès le départ, il y a un partage des tâches et les membres voient que les deux coanimateurs sont également engagés à l'égard du groupe. En outre, les intervenants ont intérêt à prévoir comment va s'effectuer le partage de tâches telles que la tenue de dossier, l'arrangement de la salle, l'achat de matériel et l'organisation des pauses.

Pour se préparer adéquatement, ils ont intérêt à définir leurs rôles respectifs et leurs modes de collaboration. Cela permet de diminuer les risques de tension, notamment dans les situations de formation ou de stage ; la définition claire des rôles protège alors l'intervenant ayant un statut inférieur et lui procure un sentiment de sécurité (Galinsky et Schopler, 1980). En coanimation, la souplesse doit cependant être privilégiée pour un développement optimal du groupe.

## Une souplesse des rôles pendant l'intervention

Les conditions de base d'une coanimation fructueuse ayant été établies pendant la phase pré-groupe, les intervenants sont en droit de penser que bien des difficultés seront évitées ou atténuées. Mais comme la planification la plus méticuleuse ne peut jamais tout prévoir, ils constateront vite qu'une démarche d'intervention de groupe s'inscrit dans un processus qui exige des ajustements constants. Des modifications doivent être apportées à la lumière de l'évolution du groupe. Comme le soulignent Galinsky et Schopler (1980), l'interchangeabilité des rôles doit varier en fonction du développement du groupe. Ainsi, au premier stade (préaffiliation/confiance), les coanimateurs doivent privilégier la constance de façon à sécuriser les membres et à favoriser l'émergence de la cohésion. Au stade suivant (pouvoir-contrôle/autonomie), étant donné les tensions entre les membres et les risques de conflits, ils doivent se présenter comme des modèles de collaboration. À cet égard, ils doivent faire preuve de respect l'un envers l'autre, reconnaître mutuellement la valeur de leurs interventions et réagir avec souplesse. Il est souhaitable que les rôles varient en fonction des forces et des limites respectives des intervenants et de la dynamique du groupe. C'est généralement à ce stade de l'évolution du groupe que les coanimateurs éprouveront le besoin de recourir à un superviseur externe pour régler, s'il y a lieu, leurs difficultés. Une fois que le groupe est passé au stade suivant, les rôles sont généralement bien définis et les intervenants se connaissent mieux, de sorte qu'il leur est plus facile de prévoir les réactions de l'autre et de s'adapter en cas d'imprévus.

## Une évaluation continue de la démarche du groupe

Que les intervenants soient habitués ou non à coanimer ensemble et qu'ils proviennent d'une même organisation ou d'établissements différents, il est essentiel qu'ils prévoient du temps pour évaluer la démarche d'intervention et la qualité de la coanimation. Comme le mentionne Daudelin (1998 : 50), « une condition majeure pour le bon fonctionnement de la coanimation s'avère le temps accordé à la discussion et à l'évaluation ». Selon plusieurs autres auteurs (Posthuma, 1989 ; Henry, 1992 ; Cohen et DeLois, 2001 ; Nosko, 2002 ; Toseland et Rivas, 2005), il est important que les intervenants procèdent à une évaluation après chaque rencontre et partagent leurs impressions sur la dynamique du groupe et leurs analyses du cheminement des membres. Cette évaluation formative permet une réflexion féconde sur les adaptations nécessaires. De même, il est important de procéder à une évaluation sommative à la toute fin de l'intervention pour vérifier l'atteinte des objectifs fixés, la satisfaction des membres et la contribution de la coanimation à ce résultat. Prévoir des méthodes d'évaluation de la coanimation et de sa portée sur le groupe confirme la rigueur de cette modalité d'intervention et lui donne, de ce fait, beaucoup plus de crédibilité.

La coanimation peut constituer un atout important dans une démarche d'intervention de groupe. Mais pour que cette modalité contribue de façon significative au cheminement du groupe, tous les acteurs, à savoir les intervenants, les membres et les représentants de l'organisme, doivent se concerter pour mettre en place les conditions essentielles à sa réussite. Par conséquent, une attention particulière doit être accordée aux éléments suivants :

- L'évaluation des compétences individuelles des intervenants ;
- La mise en commun des orientations théoriques et idéologiques des intervenants ;
- La définition des responsabilités et des rôles respectifs des intervenants au sein du groupe ;
- La planification, la supervision et l'évaluation de la démarche d'intervention et de la coanimation ;
- L'élaboration d'une procédure dynamique de résolution des conflits.

Pour le succès de la coanimation, il est essentiel que les intervenants discutent ouvertement de tous les aspects de leur pratique, afin de pouvoir travailler de concert avant, pendant et après leur démarche d'intervention. Le travail d'équipe est essentiel pour que les coanimateurs arrivent à trouver une façon de faire offrant à chacun un sentiment de sécurité face aux imprévus qui se présentent inévitablement pendant une démarche d'intervention.

## 8.2 L'intervention de groupe en contexte multiculturel

Comme il rassemble des personnes présentant des caractéristiques différentes, tout groupe représente un contexte marqué par la diversité. Parfois ces différences peuvent être invisibles ; c'est le cas, par exemple, des différences sur le plan des valeurs, des croyances religieuses, de la classe sociale, de l'orientation sexuelle ou de la nationalité. Parfois, elles sont immédiatement apparentes, comme dans le cas des différences ethniques et raciales. Par ailleurs, les disparités peuvent se situer sur différents plans : entre les membres eux-mêmes, entre les membres et l'intervenant, entre les membres et leur environnement. Si les différences entre les membres d'un groupe constituent un défi dans toutes les situations d'intervention, l'ampleur de ce défi et les façons de le relever varieront selon la nature des situations. En effet, il est différent de composer avec les diverses valeurs ou avec les écarts économiques dans un groupe composé de personnes de même origine ethnique que d'intervenir dans un groupe multiracial ou dans un groupe formé de membres dont l'origine ethnique diffère de celle de l'intervenant. Bien que plusieurs facteurs entrent en ligne de compte dans l'appréciation de la complexité culturelle d'une intervention de groupe, on pourrait avancer comme principe général que cette complexité augmentera avec le nombre d'aspects sur lesquels les membres ont des différences, avec l'ampleur de l'écart culturel entre l'intervenant et les membres du groupe, et avec l'importance de la discrimination dont sont victimes les membres à l'extérieur du groupe.

Les enjeux des différences ethniques et culturelles en intervention font l'objet d'une attention particulière depuis une vingtaine d'années. Cette situation s'expliquerait à la fois par le fait que la population est de plus en plus multiethnique (Chau, 1990a; Henry, 1992) et que les personnes immigrantes sont plus susceptibles de recourir aux services sociaux en raison des difficultés auxquelles elles font face sur le plan économique et sur le plan de l'adaptation sociale (Davis, Galinsky et Schopler, 1995).

## 8.2.1 Les assises de l'intervention adaptée aux réalités culturelles multiples

Certains auteurs (Chau, 1990b; Gutierrez, 1990; Northen, 1990) avancent que le groupe constitue une méthode d'intervention toute indiquée pour le développement de services adaptés aux particularités culturelles; de plus, Dhooper et Moore (2000) soulignent qu'on retrouve dans la tradition en service social de solides assises au développement d'une pratique compétente en regard des enjeux culturels. Les valeurs d'égalité, de justice, d'équité, de respect de la diversité, de tolérance, de respect de la dignité et d'autodétermination, qui sont centrales en service social, de même que la reconnaissance du caractère unique de chaque personne sont des éléments essentiels d'une pratique multiculturelle adéquate. Il en est de même de la vision bifocale du service social qui met en avant simultanément le besoin d'accomplir des actions visant à réduire la détresse des groupes les plus désavantagés et la nécessité de promouvoir le changement social. La perspective systémique dans laquelle s'inscrit la pratique en service social, perspective qui véhicule la nécessité de s'intéresser simultanément à la personne et aux composantes proximales et distales de son environnement, au regard tout autant de leurs forces que de leurs limites, contribue également à une pratique multiculturelle adéquate. À ces caractéristiques s'ajoute l'importance accordée en service social à l'*empowerment* des personnes, processus orienté vers l'acquisition d'un pouvoir par les groupes les plus vulnérables.

Même si l'intervenant social peut s'appuyer sur une tradition pour structurer son intervention de groupe en contexte multiculturel, il n'en demeure pas moins qu'il doit développer des compétences particulières en cette matière. En effet, il doit souvent faire face à des chocs culturels qui exigent un ajustement de ses pratiques (Roy, 1991). Depuis une vingtaine d'années, de plus en plus d'écrits traitent des enjeux de l'intervention de groupe en contexte multiculturel (Chau, 1990c ; Davis et Proctor, 1989 ; Bilides, 1990 ; Legault, 2000) et sur les stratégies à développer pour composer avec ces enjeux (Mullender, 1990 ; Van Den Bergh, 1990 ; Chau, 1990, 1990a ; Gutierrez, 1990 ; Hurdle, 1990 ; Lewis et Ford, 1990 ; Lewis et Kissman, 1989 ; Tsui et Schultz, 1988). Dans cet effort de développement de paramètres pour guider l'intervention de groupe en contexte multiculturel, Toseland et Rivas (2005) déterminent trois exigences à une pratique efficace en contexte multiculturel : 1) développer une sensibilité culturelle, 2) cerner l'influence des facteurs ethniques sur le fonctionnement du groupe et 3) intervenir en étant sensible à la diversité culturelle. S'appuyant sur Green (1990), ils mentionnent que les intervenants ayant développé une sensibilité culturelle sont conscients des particularités de leur propre culture, sont ouverts aux différences culturelles et reconnaissent l'intégrité des autres cultures. Dans leur intervention, ils doivent aider les membres du groupe à développer leur sensibilité culturelle, notamment en structurant les discussions sur les forces des différentes cultures, en offrant aux membres des opportunités de témoigner de la façon dont ils vivent leur identité culturelle, en offrant un modèle d'acceptation et de non-jugement à l'égard des croyances, valeurs et modes de vie des autres, et en explorant avec honnêteté et ouverture les préjugés, biais et stéréotypes entretenus par les membres à propos des autres cultures.

Dans cette section, nous reprendrons les principales spécificités de l'intervention en contexte multiculturel en fonction des quatre phases du processus d'intervention : la planification, le début, le travail et la dissolution du groupe.

## 8.2.2 La planification de l'intervention en contexte multiculturel

Au moment de la planification de son intervention, l'intervenant de groupe doit porter une attention spéciale à deux éléments : la réalité particulière des personnes appartenant à des minorités ethniques et son propre positionnement par rapport aux différences culturelles.

### La réalité des minorités ethniques

Lors de l'étude de la demande, l'intervenant doit avoir à l'esprit les liens entre le statut d'immigrant, le niveau d'acculturation à la culture de la majorité et la dominance de certains problèmes. Parmi les problèmes que ces personnes doivent affronter, la pauvreté économique et l'absence de pouvoir (*disempowerment*) figurent parmi les plus répandus et les plus importants. L'intervenant doit donc examiner avec attention ces éléments en considérant la population visée par son intervention. Par ailleurs, comme pour l'ensemble des situations, il doit faire son évaluation dans une perspective non pathologique qui conduit à voir les problèmes comme des besoins non comblés ou comme des désirs non satisfaits plutôt que comme le résultat de défaillances personnelles. Cette perspective doit l'amener à rechercher les forces, les compétences et les ressources internes et externes des membres potentiels, tout en distinguant les éléments de leur situation qui relèvent de la responsabilité de la personne elle-même et ceux qui relèvent de facteurs extérieurs sur lesquels son contrôle est généralement limité.

Par ailleurs, l'intervenant doit développer une stratégie de recrutement adaptée aux particularités des personnes cibles. À cet égard, Dana (1998) relève certains phénomènes souvent observés chez les minorités ethniques et qui peuvent avoir un impact sur l'intervention : la présence d'un sentiment d'impuissance sur les plans politique, social ou économique, la vision de la famille à la fois comme un facteur de stress et comme une ressource sur laquelle on peut compter, l'importance accordée aux institutions religieuses comme sources d'aide, la réticence à demander de l'aide auprès des structures formelles et les écarts entre la conception des problèmes et leurs solutions.

## La position de l'intervenant

L'intervention en contexte multiculturel requiert de l'intervenant une préparation toute particulière. Schopler, Galinsky, Davis et Despard, (1996) y réfèrent en parlant de l'habileté à composer de façon appropriée avec les dynamiques culturelles du groupe, habileté qui tient à la fois de la compétence culturelle et du sentiment d'aisance à se retrouver dans un groupe multiethnique. Ce sentiment d'aisance est considéré comme un préalable à l'utilisation de ses connaissances, de ses habiletés et de sa sensibilité pour affronter les membres aux tensions culturelles, ethniques ou raciales présentes dans le groupe. Toseland et Rivas (2005) soulignent l'importance pour l'intervenant de développer une sensibilité culturelle rejoignant la notion de compétence culturelle que Pinderhugues (1995) associe à six éléments :

- La capacité de voir les autres à travers leurs propres schèmes culturels ;
- La connaissance des valeurs et des croyances partagées dans la communauté ;
- Une aisance à composer avec les différences ;
- La volonté de remettre en question ses préjugés et ses stéréotypes ;
- La capacité d'adapter ses façons de penser et d'agir en fonction du contexte ;
- L'habileté à filtrer les informations qui circulent sur une collectivité afin de distinguer celles applicables à des personnes définies.

Le développement de la compétence culturelle passe par un certain nombre d'acquisitions dont la nature varie selon les auteurs. Par exemple, Carr-Rufino (1996) distingue cinq éléments à la compétence culturelle alors que Hogan (2007) cite quatre habiletés. Dans cet éventail, deux éléments apparaissent au centre du développement de la compétence culturelle : la compréhension de sa propre culture et la connaissance de la culture des autres.

Concernant la compréhension de sa propre culture, l'intervenant doit non seulement s'attarder à clarifier les positions fondamentales de son groupe d'appartenance sur des aspects comme le lien entre l'être humain et la nature, le rapport au temps, la place de l'action et de la réflexion, l'importance relative des droits individuels et des droits collectifs, les modes de communication et les valeurs religieuses, mais il doit également se définir personnellement au regard de ces positions. Comment se situe-t-il du point de vue de son groupe d'appartenance ? Jusqu'à quel point correspond-il à la culture dominante ? Quel est l'impact de sa position particulière sur sa vie personnelle et profes-sionnelle ? (Hogan, 2007). La connaissance de la culture des autres passe par la capacité de cerner les différences entre les groupes minoritaires et la culture dominante. Ainsi, il peut être éclairant d'examiner jusqu'à quel point la culture de ces groupes présente des traits communs avec la culture dominante au regard d'éléments comme la signification de la famille nucléaire et de la famille étendue, la place de la religion, l'histoire des rapports avec des groupes dominants, la réalité socioéconomique, l'acculturation et les difficultés psycho-sociales liées à la culture. En situant la culture des autres par rapport à sa propre culture, l'intervenant peut non seulement se positionner par rapport aux membres du groupe, mais il peut aussi mieux discerner les similitudes et les différences entre les membres eux-mêmes. Il est donc mieux préparé à amorcer son intervention (Hogan, 2007).

## 8.2.3 Les particularités de l'intervention en contexte multiculturel

### La phase de début

Lors de la phase de début, il est important que l'intervenant soit à l'affût des sources de tensions d'origine raciale ou ethnique au sein du groupe et soit en mesure de discerner si les tensions sont attribuables aux caractéristiques des membres composant le groupe, à la nature du groupe ou à des facteurs ex-ternes. Il doit porter une attention particulière à la composition du groupe de même qu'aux objectifs, aux normes et aux statuts, mais aussi à la distribution du pouvoir, pour éviter qu'ils deviennent des facteurs de division des membres en fonction de leur appartenance ethnique ou culturelle. Il doit également être au fait de particularités environnementales qui peuvent être source de tension au sein du groupe, notamment, le climat social, les relations entre les groupes ethniques dans la communauté et la position de l'organisme sur les enjeux ethniques. Il doit être conscient que l'intervention de groupe est souvent complexifiée lorsqu'il y a un déséquilibre dans la composition ethnique du groupe ou lorsqu'il existe des tensions ethniques entre l'intervenant et les membres, entre les membres ou entre certains membres et la communauté (Schopler, Galinsky, Davis et Despard, 1996).

L'appartenance ethnique et culturelle des membres peut avoir une influence sur différents aspects du fonctionnement d'un groupe, notamment les modes de communication et d'interaction, l'intégration des membres et la cohésion. Il est donc important d'accorder une attention particulière à des éléments comme la correspondance entre les antécédents de l'intervenant et ceux des membres, la vision des membres de l'organisme qui soutient le groupe, la formation des relations entre les membres ayant une appartenance ethnique différente, les modèles de comportement, les valeurs ainsi que les modalités de communication privilégiées dans le groupe (Toseland et Rivas, 2005).

Pour favoriser dès le départ un climat positif au sein du groupe et mettre en place un contexte propice à la réduction des tensions ethniques ou raciales, l'intervenant a intérêt à reconnaître les acquis de chaque membre et à leur en donner crédit, qu'il s'agisse de ses expériences, de ses croyances ou de ses aspirations. Il peut également mettre en évidence les aspects positifs, actuels ou potentiels, de la situation de chacun, selon sa motivation, ses connaissances et de capacités, au regard des ressources, des capacités et des préoccupations de son groupe d'appartenance. Il peut également spécifier la possibilité qu'au fil des rencontres, certaines personnes tiennent des propos à caractère racial éventuellement blessants et, le cas échéant, ces propos seront relevés et abordés en groupe.

Dans cette démarche de reconnaissance des forces liées à l'appartenance ethnique, le « culturagramme » développé par Congress (1994) peut être un outil intéressant avec les personnes immigrantes. L'utilisation de cet instrument amène chaque personne à se définir en fonction d'un certain nombre d'aspects : raisons d'immigration, durée de présence dans la communauté, statut d'immigrant, âge au moment de l'immigration, langage parlé à la maison et dans la communauté, fêtes et événements importants, rapport avec les institutions culturelles, croyances à propos de la santé, valeurs concernant la famille, l'éducation, le travail et la façon d'aborder les situations de crise.

## La phase de travail

Comme les relations entre les membres, au même titre que les relations entre le groupe et l'environnement, se transforment avec le temps, l'intervenant doit, tout au long du processus, demeurer sensible aux tensions ethniques et ajuster son intervention en conséquence. Selon Toseland et Rivas (2005), la phase de travail doit se caractériser par le souci de faire en sorte que les membres du groupe reconnaissent les éléments positifs de leur culture et qu'ils en soient fiers. Par ailleurs, les interventions pour répondre à leurs besoins et les aider à résoudre leurs problèmes doivent être combinées à des actions visant à renforcer et à mobiliser les ressources de la communauté. À cet égard, l'intervenant doit veiller à les outiller afin qu'ils accèdent aux ressources disponibles et puissent revendiquer leurs droits. L'atteinte de ces objectifs peut se faire par l'acquisition d'habiletés de communication, l'apprentissage de stratégies de résolution de problèmes et le développement de leur capacité d'affirmation.

Ce processus peut cependant être entravé par la présence de tensions ethniques au sein du groupe. Le modèle de Davis, Galinsky et Schopler (2005) propose que la résolution positive des enjeux raciaux ou ethniques comporte trois impératifs d'action pour l'intervenant : reconnaître (R) les dynamiques raciales présentes au sein du groupe, anticiper (A) l'impact des tensions raciales sur les membres et sur le groupe, et piloter (P) le groupe dans la résolution des problèmes lorsqu'ils surviennent. Relativement à chacune de ces actions, ils suggèrent différentes solutions d'intervention ; quelques-unes sont reprises dans ce texte. Ainsi, pour être efficace dans la reconnaissance des dynamiques raciales ou ethniques présentes au sein du groupe, ils avancent que l'intervenant doit :

- être conscient de ses valeurs et de ses attitudes raciales, ethniques et culturelles ;
- être respectueux de l'histoire, des croyances et de la culture de chacun des membres ;
- être sensible aux différentes formes de discrimination institutionnelle et à leurs impacts sur les communautés minoritaires ;
- être informé des préoccupations des membres du groupe à propos des différences raciales, ethniques et culturelles ;
- pouvoir consulter des intervenants de la même communauté ethnique que les membres du groupe ou qui connaissent bien les enjeux de l'intervention en contexte multiculturel.

Pour prévenir l'émergence de tensions raciales ou ethniques, ou en atténuer l'impact sur les membres, ils suggèrent, entre autres, que l'intervenant :

- adopte un style de leadership approprié à la composition du groupe ;
- reconnaisse explicitement les enjeux inhérents à la présence d'un membre unique représentant de son ethnie ou de sa communauté culturelle tout en veillant à ne pas être perçu comme le porte-étendard de cette communauté au sein du groupe ;
- aborde directement, tout en reconnaissant la complexité du sujet, les différences raciales et ethniques entre les membres et discute de leur impact possible sur le fonctionnement du groupe ;

- aide le groupe à adopter des objectifs conformes aux préoccupations et aux besoins de tous les membres ;
- s'assure de l'adoption et du respect de normes axées sur la tolérance et le respect mutuel ;
- soutienne les actions des membres pour obtenir la reconnaissance de leurs droits, dans une optique d'acquisition de pouvoir (*empowerment*).

Concernant la résolution des incidents à caractère racial, ethnique ou culturel, ces auteurs avancent notamment que l'intervenant doit piloter la démarche du groupe et s'efforcer que les membres et le groupe :

- utilisent des stratégies de résolution de problèmes respectueuses des membres et appropriées à leurs besoins ;
- se comportent avec respect et authenticité tant sur le plan verbal que sur le plan non verbal ;
- discutent ouvertement des conflits d'ordre racial, ethnique ou culturel et le fassent en se focalisant sur l'apport positif de la diversité.

L'intervention de groupe en contexte multiculturel est un processus de développement et elle est généralement moins bien maîtrisée par les intervenants. Il est donc nécessaire que l'intervenant mette en place des modalités d'évaluation formative lui assurant d'obtenir des rétroactions sur sa démarche et sur le cheminement des membres et du groupe, tout au long du processus. Cette information lui permettra non seulement de s'ajuster au fur et à mesure, mais également de déceler les facteurs de succès, les sources d'échecs de même que les difficultés inhérentes au processus.

## La phase de dissolution du groupe

Comme dans tous les groupes, les membres doivent être préparés à la phase de dissolution. En outre, il est important d'être attentif à la réaction des membres à l'approche de la fin du groupe et de les accompagner afin que les acquis du groupe soient transposés dans leur quotidien et qu'ils se maintiennent au fil du temps. À cet égard, faire un retour sur la situation initiale des membres et sur les objectifs spécifiques établis au départ peut les aider à voir l'évolution de leur situation et à prendre conscience des compétences et habiletés acquises pendant le processus. Passer en revue les stratégies utilisées pour arriver à ces résultats peut faciliter le recours à ces stratégies une fois le groupe dissous. Enfin, dans certaines situations, il sera pertinent d'aider les membres à déterminer et à localiser les ressources de la communauté et de les orienter vers les sources de soutien informel auxquelles ils pourront faire appel au besoin (Parsons, 1995).

## 8.2.4 Quelques principes de pratique

En conclusion de cette brève section sur l'intervention de groupe en contexte multiculturel, il nous apparaît utile de mentionner les 12 principes énoncés par Toseland et Rivas (2005) pour guider l'intervention de groupe en contexte multiculturel.

1. Dans tous les groupes, la diversité est présente. L'intervenant doit la reconnaître et doit aider les membres à prendre conscience de leurs différences.

2. La sensibilité à la diversité est importante à la fois pour l'intervenant et pour les membres. Les intervenants qui s'engagent dans une démarche de prise de conscience de leur propre identité culturelle sont plus susceptibles de faire des interventions culturellement sensibles que ceux qui n'ont pas cette conscience.

3. Tous les intervenants de groupe doivent être à l'affût de la façon dont les membres se définissent et de l'influence de leur identité sur leur participation au groupe.

4. Il est important que les intervenants ne portent pas de jugement sur les différences entre les membres du groupe et qu'ils tirent profit de l'apport positif de cette diversité.

5. Les intervenants doivent reconnaître les effets des préjugés, des stéréotypes, de la discrimination et de l'oppression, et ils doivent aider les membres à prendre conscience de leur influence.

6. La diversité a une influence majeure sur le fonctionnement du groupe ; l'intervenant doit aider les membres à le reconnaître.

7. L'identité ethnique des membres influence la façon dont ils cheminent pour atteindre leurs objectifs ; l'évaluation doit donc prendre en considération leur contexte culturel.

8. Les différences dans les styles de communication et dans le langage affectent l'interaction au sein du groupe. Les intervenants doivent surveiller cette influence pour la conduite du groupe.

9. Le développement du pouvoir individuel et collectif des membres est particulièrement important dans une intervention de groupe en contexte multiculturel.

10. Les intervenants doivent porter attention à la place occupée par la spiritualité et la tradition face à la maladie et à la guérison, dans la vie des membres.

11. Les biais, préjugés et stéréotypes des membres doivent être confrontés.

12. Les intervenants ont intérêt à développer un répertoire de techniques et d'activités de façon à pouvoir s'adapter aux particularités culturelles des groupes avec lesquels ils sont susceptibles de travailler.

## 8.3 L'intervention avec les populations non volontaires

Les intervenants sociaux sont de plus en plus appelés à agir auprès de personnes qui n'ont pas demandé elles-mêmes les services ou qui l'ont fait sous pression. C'est notamment le cas des intervenants qui œuvrent en protection de la jeunesse, en criminalité, en toxicomanie et en violence conjugale. Rooney (1992) définit les clientèles non volontaires comme des personnes contraintes de demander des services en raison d'un mandat légal ou d'un ordre de cour, ou qui acceptent de l'aide professionnelle en réaction aux pressions exercées par des proches, des personnes de l'entourage ou des intervenants. Cette définition fait ressortir deux caractéristiques principales de l'intervention en contexte non volontaire : 1) une attitude ambivalente, voire réfractaire, à l'égard des services, et 2) l'éventualité de conséquences négatives si la personne refuse de participer à la démarche d'intervention.

Plusieurs termes à connotation négative sont utilisés pour décrire ces personnes : hostiles, résistantes, opposantes, non motivées, dysfonctionnelles. Ces concepts mettent l'accent sur des traits de la personne plutôt que sur son rapport avec les services. Certains auteurs tentent cependant de sortir de cette logique en abordant plutôt la relation entre la personne non volontaire et l'intervenant. Ainsi, Rooney (1992) fait référence à la notion de *transaction involontaire* qui se situe sur un continuum selon le contexte légal et normatif dans lequel s'inscrit la dynamique d'échange entre le membre du groupe, l'intervenant et l'organisme. Slonim-Nevo (1996) évoque également l'idée de continuum, allant du moins au plus volontaire, sur lequel la position du membre varie en fonction de trois facteurs : 1) la sévérité des conséquences imposées s'il refuse de recevoir les services, 2) la liberté dont il dispose dans le choix du mode d'intervention, et 3) le contrôle exercé par les politiques externes, les normes et les ressources sur le processus d'intervention.

Dans la thérapie orientée vers les solutions, la position à l'égard des services conduit à distinguer trois modèles de coopération entre le client et l'intervenant : le « visiteur », le « plaignant » et « l'acheteur » (De Shazer, 1988). Breton (1985, 1991) distingue quatre types de comportements chez les populations décrites comme difficile à atteindre : 1) ne cherchent pas les services sociaux utiles pour eux ; 2) ne répondent pas à des offres spécifiques de services ; 3) répondent aux offres, mais n'utilisent pas les services offerts ; et 4) font usage des services, mais ne participent pas à la vie de groupe ou ne s'engagent pas dans la démarche d'intervention. Elle donne certaines explications à ces comportements que nous avons synthétisées dans l'encadré 8.1 (page 234).

| ENCADRÉ 8.1 | Nature et explications des comportements observés chez les populations difficiles à atteindre |
|---|---|

**Ne cherchent pas les services sociaux utiles pour eux**

- Ne sont pas conscients d'avoir des problèmes ou d'avoir besoin de services.
- Sont conscients d'une situation pénible ou dysfonctionnelle, mais conçoivent ces états comme « donnés », représentant la norme, et donc pas comme des problèmes à résoudre.
- Sont conscients et des problèmes et des services, mais à cause d'expériences négatives, sont convaincus de leur inefficacité.
- Calculent que le coût de ces services est trop élevé.

**Ne répondent pas à des offres spécifiques de services**

- Sont en désaccord avec les façons des professionnels de percevoir ou de définir les problèmes et les stratégies à suivre.
- Ne savent pas comment utiliser les ressources et services offerts.
- Sont convaincus que leurs problèmes sont sans solution et veulent éviter l'échec en refusant les services.

**Répondent aux offres, mais n'utilisent pas les services offerts**

- Acceptent des offres de services, mais rejettent en privé ce qu'ils acceptent en public, car ils sont incapables de dire « non » directement à une personne perçue comme une autorité ou ont appris que dire « oui » est la meilleure tactique pour se débarrasser des aidants.
- Incapables de recevoir des services en raison de contraintes matérielles.
- Concluent, après réflexion, qu'utiliser le service comprendrait trop de risques et s'avérerait trop dangereux.
- Craignent de se faire rejeter par ceux qui offrent les services.

**Font usage des services, mais ne participent pas à la vie de groupe ou ne s'engagent pas dans la démarche d'intervention**

- Se trouvent souvent pris dans une lutte de manipulation et de contre-manipulation, où la non-participation devient un moyen de maintenir un peu de contrôle sur leur vie.
- Découvrent dès les premières sessions qu'ils ne sont pas d'accord avec les buts imposés subtilement ou non.
- Apparaissent passifs, mais sont au contraire activement engagés à tester le système et à établir les limites du pouvoir de l'intervenant.

**Source :** Adapté de Breton (1991).

Essentiellement, Breton (1991) estime que trois principales motivations seraient sous-jacentes à ces comportements : 1) éviter l'échec ; 2) écarter les risques ; et 3) maintenir le contrôle sur sa vie. Dans le même sens, Behroozi (1992) détermine trois facteurs qui peuvent être à l'origine de la difficulté à s'engager dans une démarche d'intervention : 1) la perception d'être contraint à changer et d'avoir ainsi à se soumettre au jugement et à des conditions imposées par d'autres, 2) la négation de son problème, et 3) le scepticisme à propos de l'efficacité de l'aide, lequel peut résulter d'un sentiment d'impuissance à changer, d'expériences négatives avec les services ou de la méfiance envers le système. En plus de la négation du problème, Toseland et Rivas (2005) définissent trois facteurs pouvant expliquer la réticence de certaines personnes à s'engager dans une démarche d'aide : 1) elles sont embarrassées de révéler leur problème, 2) elles sont en colère d'avoir été jugées incapables de résoudre leur problème par elles-mêmes, et 3) elles se voient comme incompétentes.

### 8.3.1 L'intervention de groupe : une méthode pertinente avec les personnes non volontaires

L'intervention de groupe apparaît comme une méthode de choix pour l'intervention avec les personnes non volontaires (Behroozi, 1992). En effet, la participation à un groupe peut réduire la négation, faciliter la reconnaissance du problème, accroître le désir de changement et faciliter le développement de façons plus acceptables de se comporter (Levine et Gallogly, 1985). Le groupe constitue un contexte de soutien qui permet aux membres d'être en contact avec des personnes vivant une situation similaire à la leur, il leur propose des modèles de rôle fournis par l'intervenant et par les autres membres, il offre à la fois la possibilité d'être aidé par les autres et de les aider en retour, et il fournit un cadre permettant l'apprentissage et la mise en application *in vivo* de nouvelles connaissances, habiletés et attitudes. En outre, la confrontation est plus efficace en groupe parce qu'elle est réalisée par les pairs plutôt que par l'intervenant (Harris et Watkins, 1987). Même s'il comporte également certains inconvénients, comme la possibilité d'être mis en présence de modèles négatifs et d'être en contact avec des membres qui minent la qualité du groupe (Rooney, 1992), les avantages en font une méthode de choix lorsqu'elle est bien utilisée.

Trois types de connaissances théoriques peuvent être utilisés comme assises à une intervention de groupe avec les personnes non volontaires. La première est la théorie de la réactance psychologique (Brehm et Brehm, 1981 ; Brehm, 1989). Cette théorie peut être illustrée de la sorte : si la possibilité de choix entre deux options est menacée en rendant l'une d'entre elles difficile ou impossible, cette option devient alors plus attrayante. Ainsi, lorsque la liberté de choix entre deux options est menacée, l'option perdue est préférée, même si tel n'était pas le cas avant la suppression de l'alternative. Lorsque la liberté d'agir est menacée, le comportement condamné devient alors plus désirable. Par ailleurs, les personnes forcées ou contraintes à agir auront des réactions comme exprimer de la colère envers la représentation de la coercition, adopter une position de passivité, ou se retirer du traitement. Cette théorie fournit des pistes sur les stratégies à adopter pour réduire l'opposition au changement, comme offrir certains choix à la personne, fournir des précisions sur les éléments obligatoires et ceux optionnels, et soutenir la personne émotion- nellement (Rooney et Chevanec, 2006).

Le second cadre théorique utile avec les personnes non volontaires est le modèle transthéorique (Prochaska et DiClemente, 1982 ; Prochaska, DiClemente et Norcross, 1995). Les auteurs de ce modèle suggèrent que le changement de comportement s'effectue au cours d'une démarche constituée de différents stades ordonnés de façon chronologique, soit : la pré- contemplation, la contemplation, la préparation, l'action et le maintien (Brodeur, 2006). Ils ont également déterminé neuf procédés de changement, qui renvoient aux différents mécanismes utilisés par les gens pour modifier leurs comportements (Prochaska et Norcross, 1999). Lorsqu'un intervenant utilise des stratégies inadaptées au stade de changement du client, celui-ci risque de résister. Donc, si un client résiste, peut-être l'intervenant n'utilise- t-il pas une stratégie appropriée au stade de changement. Ce modèle n'est cependant pas exempt de critiques, notamment concernant l'appariement des stratégies de changement avec les stades de changement (Corden et Somerton, 2004 ; Littell et Girvin, 2004 ; Brodeur, 2006).

L'entrevue motivationnelle fournit une autre assise théorique à l'interven- tion avec les personnes non volontaires. Selon Rollnick et Miller (1995), l'entrevue motivationnelle est un style d'intervention directif et centré visant à commencer le changement de comportement en aidant le client à explorer et à résoudre son ambivalence. La résistance y est interprétée comme de l'ambivalence et la motivation est vue comme le fruit d'une interaction entre le client et l'intervenant. L'aidant influence positivement ou négativement la motivation par la qualité de ses stratégies d'interven- tion, notamment, par sa capacité à identifier et à soutenir les énoncés du client orientés vers le changement (Rooney et Chevanec, 2006). S'appuyant sur Rollnick et Miller (1995), Rossignol (2001 : 26) détermine sept princi- pes directeurs à la base de l'entrevue motivationnelle : 1) la motivation au changement doit émaner du client et non être imposée de l'extérieur ; 2) il revient à la personne aidée, et non à l'aidant, de nommer et de résoudre son ambivalence ; 3) la persuasion directe n'est pas une méthode efficace pour résoudre l'ambivalence, 4) le changement est facilité par un *counseling* qui invite à l'exploration ; 5) le thérapeute doit être directif dans l'exploration et la résolution de l'ambivalence ; 6) la motivation au changement n'est pas un trait de caractère, mais un état qui vacille selon la qualité des interactions intervenant-client ; 7) la relation thérapeutique doit miser sur le partenariat plutôt que sur une relation inégalitaire expert-client. Ces différentes assises théoriques peuvent servir de toile de fond à l'intervention à toutes les étapes du processus.

## 8.3.2 Les particularités de l'intervention avec les personnes non volontaires

### La planification

Dans la planification d'une intervention de groupe qui s'adresse à des personnes non volontaires, certains éléments doivent faire l'objet d'une attention particulière. En matière d'analyse de la situation, il est d'abord nécessaire de bien apprécier les avantages et les inconvénients de la méthode de groupe avec la population visée. Il faut établir si les participants pourront profiter du contexte de groupe et s'ils pourront y contribuer positivement.

Certaines décisions doivent être prises sur les objectifs et le cadre général de l'intervention en fonction de la structuration initiale du groupe. Il est nécessaire de définir les règles qui encadreront la participation au groupe ainsi que les conséquences entraînées par la transgression de ces règles, et de déterminer des zones dans lesquelles les membres pourront exercer leur liberté de choix. Selon la théorie de la réactance, les membres réagiront négativement s'ils ont l'impression de n'avoir aucun pouvoir ; par contre, ils sont plus susceptibles de s'engager dans la démarche s'ils peuvent participer à certaines décisions. Avant de commencer l'intervention, l'intervenant doit donc établir les zones de contrainte et les éléments sur lesquels les membres disposeront d'une marge de manœuvre.

Dans l'intervention avec les populations non volontaires, la composition du groupe comporte des enjeux particuliers. Dans son modèle d'entrevue motivationnelle de groupe, Rossignol (2001) souligne que le nombre idéal pour un tel groupe se situe entre trois et quatre participants (excluant l'animateur), pour éviter d'en diluer l'effet thérapeutique en le transformant en groupe éducationnel. Mais on trouve aussi des groupes s'adressant à des conjoints violents, qui comptent plus de 30 membres (Paré, Bondy, Malhotra, 2006). Donc, comme pour toute intervention, il n'y a pas de règle absolue concernant le nombre de membres, mais cet aspect doit être examiné avec soin à la lumière des caractéristiques des membres potentiels et des objectifs de l'intervention.

Au moment du contact pré-groupe, il est important de discuter du caractère obligatoire du groupe et d'amener les membres potentiels à clarifier leurs opinions et leurs sentiments à l'égard de cette obligation. L'intervenant doit s'efforcer de clarifier les zones de choix, même s'il s'agit de choix forcés entre deux options, et de stimuler la motivation à participer au groupe plutôt que de miser sur les menaces de punition ou les promesses de récompense. Par ailleurs, le membre potentiel doit être informé de ses obligations et de ses droits s'il décide de se joindre au groupe, de même que des éléments sur lesquels il pourra exprimer ses préférences (Rooney et Chevanec, 2006). Par exemple, il lui sera possible de participer aux décisions sur l'horaire des rencontres, sur les sujets abordés ou sur le choix des invités aux rencontres. Le contact pré-groupe peut également servir à recueillir l'information nécessaire pour mesurer la motivation du membre potentiel et établir à quel stade de changement il se trouve.

Lors de la phase pré-groupe, l'intervenant doit également bien se préparer à l'intervention avec des personnes non volontaires. Ainsi, il doit anticiper comment il va réagir à la méfiance, à la négation, à la honte, à l'hostilité et à la colère, réactions fréquentes chez les personnes non volontaires (Rooney, 1992 ; Behroozi, 1992). À ce sujet, Breton (1991) souligne que les intervenants, tout comme les membres du groupe, ont souvent de la difficulté à s'engager avec les personnes réfractaires pour les raisons suivantes : éviter les échecs, écarter les risques et maintenir le contrôle sur leur vie.

## La phase de début

Dans tous les groupes, la phase de début se caractérise par la prudence, l'ambivalence et le doute. Ces réactions sont encore plus marquées avec les personnes non volontaires notamment parce qu'elles ont de la difficulté à établir le lien entre leur propre situation et celle des autres membres, ce qui les amène à douter de l'utilité du groupe. Une des premières tâches de l'intervenant est de favoriser le développement d'un climat sécurisant, caractérisé par l'absence de jugement et l'acceptation de l'autre, qui va amener les membres à se sentir à l'aise de s'exprimer (Toseland et Rivas, 2005). Commencer la rencontre en faisant référence aux réactions habituellement observées chez les membres peut contribuer à normaliser leur attitude et à atténuer leurs comportements d'évitement (Rooney et Chevanec, 2006). Il est également utile de revenir sur les normes de fonctionnement en distinguant celles qui ont un caractère obligatoire de celles qui peuvent être modifiées. Si certains membres expriment ouvertement leur frustration devant le caractère obligatoire du groupe, l'intervenant peut leur rappeler qu'ils ont le choix de se retirer du groupe, bien que cette décision comporte des conséquences négatives. Cependant, s'ils choisissent de demeurer dans le groupe, leur décision implique une adhésion aux normes du groupe, comme convenu lors du contact pré-groupe (Edelwich et Brodsky, 1992). Une fois les aspects non négociables clarifiés, l'intervenant a intérêt à aborder dès que possible les droits des membres, les objets sur lesquels ils peuvent se prononcer et les thèmes sujets à négociation (Rooney, 1992).

Dans son modèle d'entrevue motivationnelle de groupe, Rossignol (2001) précise que la première rencontre permet aux membres du groupe de faire connaissance et d'explorer les raisons les ayant poussés à se joindre au groupe. L'intervenant cherche à déterminer les éléments de la balance décisionnelle des clients, à vérifier leur niveau de confiance et leur ambivalence face au changement. Barber (1991) propose un processus en six étapes pour guider l'intervention avec les personnes non volontaires. Bien que développé dans le contexte de l'intervention individuelle, ce processus peut être transposé à l'intervention de groupe. Il se présente ainsi :

- Clarifier le contexte (*clear the air*), en expliquant les paramètres de l'intervention et en invitant les membres à exprimer leurs sentiments concernant le fait de se trouver dans cette situation de participation non volontaire au groupe ;

- Déterminer les préoccupations et intérêts légitimes des membres en s'informant de leurs craintes et appréhensions concernant l'intervention et en précisant que certains aspects de la démarche seront négociés en groupe de façon à minimiser les risques d'une intervention ayant des conséquences négatives ;

- Clarifier les aspects non négociables du processus en revenant sur les motifs sous-jacents à la présence dans le groupe, en recadrant les contraintes comme des opportunités de développement, en précisant les éléments inacceptables et en spécifiant les éléments obligatoires du processus ;

- Déterminer les aspects négociables du processus en invitant les membres à reconnaître, à l'intérieur des éléments obligatoires, l'éventail des possibilités relatif aux objectifs et à la nature des activités ;

- S'entendre sur un contrat en tenant compte des intérêts légitimes des membres, des aspects non négociables du processus et de la marge de manœuvre. L'intervenant peut s'appuyer sur les techniques de l'entrevue motivationnelle pour faciliter les prises de décision relatives au contenu du contrat ;

- S'entendre sur les indicateurs de progrès, en précisant, entre autres, comment la démarche d'intervention sera évaluée, comment les membres et l'intervenant vont s'y prendre, juger si l'intervention est efficace, ce qui sera fait si les normes établies ne sont pas respectées et sur quelle base sera prise la décision de terminer l'intervention et de dissoudre le groupe.

Rooney et Chevanec (2006) suggèrent 10 interventions lors de la phase de début pour amener les membres à s'engager envers le groupe et favoriser le développement d'un sentiment d'inclusion : 1) clarifier ce qui est non négociable, 2) soutenir les choix positifs faits jusqu'à maintenant, 3) fournir du soutien émotionnel, 4) relever les propos qui laissent transparaître les sources de motivation, 5) reconnaître explicitement les préoccupations et les craintes que les membres peuvent ressentir à cette étape, 6) associer chaque membre à la démarche du groupe, 7) soutenir l'inclusion au groupe, 8) mettre les membres en lien les uns avec les autres, 9) rappeler, sans être menaçant, les enjeux de la participation au groupe, et 10) recadrer la résistance comme de l'ambivalence.

Le début d'une intervention avec des membres non volontaires comporte un niveau de complexité important pour les intervenants qui se retrouvent souvent aux prises à une résistance ou une passivité imprévues. Faisant référence à l'intervention dans le domaine de la protection de l'enfance, Lewis (1984) mentionne que l'intervention en contexte non volontaire peut conduire à trois types de réponses : la coopération illusoire de la personne qui répond passivement aux exigences, la passivité impuissante de la personne qui se laisse totalement prendre en charge, et l'opposition agressive, qui se caractérise par un refus de se plier aux demandes. Diverses réactions peuvent également se retrouver chez l'intervenant qui doit composer avec des personnes non volontaires. Ainsi, Barber (1991) distingue trois attitudes possibles de l'intervenant social : 1) la concession, qui caractérise l'intervenant mal à l'aise avec les contraintes, sentant le besoin de s'excuser et cherchant à éviter les conflits en consentant aux demandes du membre non volontaire, 2) l'oppression, qui se traduit par l'utilisation de tactiques rigides visant à obliger le membre à se soumettre à l'autorité, et 3) la négociation et la gestion de conflit, attitude fondée sur les principes de la résolution de conflit et qui vise, notamment, à maximiser les possibilités d'autodétermination à l'intérieur des contraintes statutaires. Il va de soi que l'attitude consistant à aborder directement les conflits et à les résoudre au sein du groupe est celle qui offre les meilleures perspectives de succès.

## La phase de travail

Normalement, l'évolution du processus d'intervention devrait se faire en parallèle avec la progression des stades de changement chez les membres, de sorte qu'à la phase de travail, ils devraient minimalement se trouver au stade de contemplation. L'intervenant doit donc poursuivre son exploration de l'ambivalence en amenant les membres à prendre conscience des idées, des préoccupations, et des sentiments communs. Dans le modèle de Rossignol (2001), à cette étape, il s'agit essentiellement de revérifier l'engagement et la motivation des membres dans la mise en œuvre de leur plan de changement, lequel comprend les éléments suivants : les changements qu'il veut faire, les raisons primordiales pour lesquelles il veut faire ces changements, les étapes qu'il planifie pour y arriver, la façon dont les autres peuvent l'aider (qui et comment), les éléments de mesure du succès et les éléments qui peuvent interférer avec le plan. Rooney et Chevanec (2006) mentionnent qu'à cette étape, les membres doivent être accompagnés dans la mise en œuvre des actions qu'ils ont planifiées afin de corriger leur situation problématique. L'intervenant doit donc mettre l'accent sur leur responsabilité dans le choix et la mise en œuvre de ces actions tout en les confrontant, si nécessaire, aux conséquences négatives pouvant résulter d'actions inappropriées. Il a intérêt à adopter une position qui maximise le contrôle des membres et accroît leur sentiment de compétence. Par exemple, il peut souligner qu'ils sont les mieux placés pour aider les autres membres puisque, en étant dans la même situation, ils peuvent plus facilement comprendre ce qu'ils vivent. Toseland et Rivas (2005) soulignent également l'importance pour l'intervenant de reconnaître les sentiments et les réactions des membres, ce qu'il peut faire en misant sur des communications directes et authentiques. Ainsi, l'expression de la colère et de la frustration ne doit pas être freinée ; les émotions négatives doivent être exprimées de façon à pouvoir ensuite recentrer les membres sur les changements qu'ils peuvent apporter à leur situation.

Il est utile de cerner les motifs sous-jacents à la résistance : est-ce une façon d'exprimer leur frustration face à l'obligation de participer au groupe ou de l'inquiétude face à l'issue incertaine de l'intervention ? Par ailleurs, il est généralement utile de revenir sur les conséquences concrètes des comportements qui ont entraîné pour le membre l'obligation de participer au groupe. Il ne s'agit pas de blâmer ou d'adopter une position moralisatrice, mais d'examiner les faits avec réalisme, d'explorer les situations d'ambivalence et de soutenir les membres dans les processus de changement (Rossignol, 2001). À cet égard, il est souhaitable d'amener les membres à décrire avec leurs propres mots les conséquences négatives de leurs comportements problématiques. Dans cette démarche, l'intervenant doit encourager les demandes mutuelles et la confrontation positive, puisque la sollicitation émanant des autres membres est généralement plus efficace que celle exprimée par l'intervenant (Edelwich et Brodsky, 1992). Selon Edelwich et Brodsky (1992), la confrontation positive présente six caractéristiques : 1) elle est sollicitée plutôt qu'imposée, 2) elle est exprimée avec délicatesse, 3) elle est descriptive plutôt qu'évaluative, 4) elle est spécifique et concrète, 5) elle est énoncée dans un climat de confiance, et 6) elle est communiquée à un moment où le membre est réceptif au message. Parmi les moyens utilisables pour confronter, dans un climat positif, les membres à leurs réactions d'évitement et à leur résistance, il y a le recours à des membres ayant terminé avec succès le processus d'intervention. Les témoignages de ces « anciens » sont généralement bien acceptés puisqu'ils peuvent faire état de leur propre cheminement et servir de modèles.

## La phase de dissolution du groupe

Comme pour l'ensemble des groupes, la phase de dissolution est axée sur la réaction à la fin du groupe, le maintien des acquis, les suites à donner et l'évaluation des résultats. Cependant, avec les populations non volontaires, la fin de l'intervention peut être assujettie au respect de certaines conditions ou à l'atteinte d'objectifs spécifiques. Par exemple, la participation à un groupe de parents reconnus comme n'ayant pas les habiletés nécessaires pour répondre aux besoins de leur enfant pourrait être conditionnelle à l'acquisition de certaines techniques éducatives. De même, la dissolution d'un groupe pour conjoints violents pourrait être conditionnelle à l'acquisition de stratégies non violentes de résolution de conflits. Par ailleurs, si la fin du groupe peut être vécue comme une forme de libération d'une contrainte externe, elle peut également s'accompagner d'une grande insécurité à cause du risque de rechute dans d'anciens comportements. Le maintien des acquis constitue donc un enjeu central dans ce type de groupe, en raison des conséquences très négatives de ces comportements. Il est donc particulièrement important de revenir avec les membres sur leur ambivalence, leurs inquiétudes et leur sentiment de confiance face à l'avenir. En outre, il est utile de les mettre en contact avec d'autres ressources qui pourront, au besoin, prendre la relève et continuer de les accompagner dans leur cheminement. Dans son modèle, Rossignol (2001) suggère différentes pistes d'exploration lors de la dernière rencontre : les relents d'ambivalence ; les étapes concrètes suivies par les membres ; les succès et les demi-succès, et leur niveau de confiance.

Dans les groupes de personnes non volontaires, l'évaluation constitue un impératif, et ce, pour plusieurs raisons. D'une part, les données sur l'efficacité des interventions sur ces personnes sont encore très limitées, et celles disponibles considèrent généralement les résultats comme plutôt mitigés, entre autres, à cause du fort taux d'abandon. D'autre part, le recours à une procédure formelle d'évaluation permet d'atténuer les biais que peut introduire la position d'autorité de l'intervenant sur l'appréciation des résultats de l'intervention par les membres, et il transmet à ces derniers l'importance accordée à l'évaluation de leur cheminement. Enfin, les intervenants ont la responsabilité sur le plan éthique d'évaluer leur action et de baser leurs interventions sur des données probantes quant aux meilleures pratiques dans leur domaine (Rooney et Chevanec, 2006).

## 8.4   Les groupes à court terme

On entend par groupe à court terme la présence de deux ou plusieurs personnes qui interagissent dans un contact en face à face sur une question d'intérêt commun, pendant un nombre limité de rencontres. Habituellement, l'intervention de groupe est présentée sous la forme d'un ensemble de rencontres qui s'étalent sur plusieurs mois, pendant lesquels les étapes de développement du groupe ont le temps de s'actualiser. Toutefois, les réalités de la pratique, tant du point de vue des organismes que de la clientèle servie, apportent des contraintes de temps avec lesquelles il faut composer. Plusieurs auteurs contemporains traitant du travail social de groupe (Glassman et Kates, 1990 ; Brandler et Roman, 1999 ; Shulman, 2006 ; Steinberg, 2004) soutiennent qu'une intervention de groupe de courte durée, voire d'une seule rencontre, peut bénéficier de la vision et des connaissances acquises sur le travail de groupe.

Quelques précisions s'imposent dès le départ. On considérera généralement « à court terme » des groupes qui durent entre une et cinq rencontres. Afin de permettre une interaction, le nombre de participants est restreint, le minimum pouvant même être de trois, et le nombre de membres y est généralement stable. Donc, il ne s'agit pas d'un groupe ouvert et le nombre limité de participants précise aussi la différence avec un grand groupe ou une assistance. Enfin, la conception du groupe à court terme outrepasse la notion des étapes d'une rencontre, telle qu'on la trouve généralement dans la définition des interventions de groupes.

Plusieurs buts peuvent être visés par la création d'un groupe à court terme. On peut très bien penser à un but d'information ou d'éducation : par exemple, la formation de bénévoles, de proches aidants ou la préparation à un emploi. Le soutien social peut aussi être visé : supposons ici un contexte hospitalier où des personnes sont en attente d'une intervention chirurgicale majeure. Elle peut aussi bien se prêter à un contexte de crise (par exemple, une intervention de postvention dans une école à la suite du suicide d'un élève) ou pour la sensibilisation et la mobilisation en fonction d'un travail collectif de plus grande ampleur.

## 8.4.1 Quelques enjeux

Des éléments organisationnels ou relatifs à la population servie peuvent orienter l'intervenant vers un groupe de courte durée. D'autres éléments militent aussi en sa faveur. Ainsi, il peut être privilégié avec des personnes qui refuseraient de participer à un groupe à long terme, car la mobilisation de leur énergie dans un temps limité correspond beaucoup plus à leur réalité et à leur mode de vie. On peut également supposer que les participants seront encouragés à travailler plus rapidement, et qu'ils accepteront, dans les circonstances, d'aller directement au cœur du problème en laissant tomber quelques résistances. La dépendance à l'intervenant, souvent mentionnée dans des groupes à plus long terme, risque moins d'être présente. Enfin, les circonstances de temps vont aussi limiter les taux d'abandon, la durée de l'intervention étant bien fixée dès le départ.

Les avantages ci-dessus ne doivent pas faire croire que ce mode d'intervention est un passe-partout. Au contraire, il doit être choisi avec clairvoyance, et l'intervenant a avantage à anticiper les défis inhérents à un groupe à court terme. Ainsi, le réalisme est une règle de base dans la sélection du but et il faut être conscient que ce qu'on peut faire est forcément limité. En conséquence, les contenus abordés dans les rencontres seront nécessairement moins nombreux. Du côté des membres, on peut difficilement espérer une profondeur de relation semblable à celle d'un groupe de plus longue durée. Certaines personnes, plus prudentes et moins habituées au contexte des groupes, ont besoin de plus de temps pour s'impliquer ; dans leur cas, les contacts peuvent rester plus superficiels. Les membres vont-ils accepter d'aborder des questions ayant pour eux un caractère d'intimité et qu'ils ne se sentent pas prêts à aborder publiquement ? Contrairement à ce qu'on pourrait croire, le groupe à court terme n'est pas plus facile : il exige de l'intervenant des évaluations rapides et des gestes concrets.

## 8.4.2 Faire de l'intervention de groupe ou non ?

Dans cet ouvrage, nous avons présenté plusieurs éléments permettant au groupe de se développer comme une entité qui outrepasse l'ensemble des individus participants. On peut ainsi déterminer plusieurs actions fort simples qui favorisent un tel développement. Par exemple, demander aux membres de se présenter élimine un anonymat incompatible avec un climat de groupe. Comme dans tout autre groupe, les premières interactions s'établissent entre l'intervenant et les membres : permettre aux membres de se parler entre eux et de faire des liens entre le contenu de leurs interventions conduira aussi à cet esprit de groupe. Élément bien important, mais facilement omis : les participants doivent être face à face, dans un cercle ou dans une position qui s'y rapproche, de façon à avoir un contact visuel, ce qui ajoute à l'échange les éléments de la communication non verbale. Également, en lien avec les circonstances de temps et avec la volonté d'y inclure une vision de groupe, le nombre de personnes doit permettre l'intimité ; par exemple, Steinberg (1997) mentionne entre trois et huit personnes. Enfin, l'intervenant qui s'inscrit dans cette perspective favorisera le développement d'un leadership interne, ce qui est tout à fait visible dans un groupe durant quelques rencontres.

Le développement du groupe sera toutefois freiné par des interventions qui s'opposeraient à ce qui précède. Les membres qui ne se présentent pas les uns aux autres ne sentiront pas un intérêt à la connaissance mutuelle ; si la seule activité est un cours donné par l'intervenant, toute l'attention sera centrée sur son expertise et sur le contenu ; si les personnes n'ont pas de contact visuel, l'échange sera limité à l'écoute des propos ; si les seules interactions encouragées sont entre les membres et l'intervenant, il sera impossible pour les membres de ressentir les ressources dont dispose le groupe ; enfin, si les chances de participer sont très limitées, il sera impossible de développer un leadership interne qui est une composante essentielle de la maturation de tout groupe.

L'attitude de l'intervenant est ici à la base d'une intervention à court terme : il doit croire en une approche de groupe, dans laquelle il ne fait pas que considérer une multiplicité d'individus. Il doit également croire qu'il est possible de faire quelque chose d'utile dans le temps à sa disposition. Enfin, point essentiel, l'intervenant ne doit pas penser qu'il peut tout faire seul et que sa seule responsabilité se limite au contenu à discuter ; au contraire, l'implication des membres, et donc le développement de l'aide mutuelle, reste ici une composante incontournable.

Pour qu'existe cette aide mutuelle dont tout groupe a le potentiel, certains postulats doivent être respectés, comme le rappelle Steinberg (2004). Le but du groupe, qui doit être réaliste et important pour les membres, doit aussi être bien clarifié et faire l'objet d'un consensus. Des façons d'interagir des membres doivent se développer. Les membres, comme l'intervenant, doivent prendre conscience des forces présentes dans le groupe, pas seulement des difficultés. Enfin, l'expression des forces des membres exige un positionnement de l'intervenant qui partage et décentralise son autorité, acceptant une position plus périphérique.

Outre la clarification d'un but réaliste et important, d'autres implications sont importantes dans l'intervention. Ainsi, le groupe doit être assez petit pour que les membres y trouvent leur place et s'y sentent à l'aise. Très ouvertement, il faut discuter de ce qui est réaliste dans les limites de temps. Dans une optique d'aide mutuelle, l'utilisation du « nous » est encouragée dès le départ tout comme est énoncée la conviction que les membres ont des éléments utiles à partager. De différentes façons, il y a lieu d'encourager les comportements d'aide mutuelle. Ainsi, les personnes qui prennent des risques doivent être soutenues : « Jean, ce n'était pas facile pour toi de parler de cela, peut-être est-ce la première occasion pour toi de le faire » ; tout comme celles qui ont des comportements aidants « Jacques, je pense que tu as trouvé les mots pour aider Jean à s'exprimer ». Tout comme les gens profitent de sentir qu'ils sont « dans le même bateau », il est utile de mentionner que les différences (d'âge, de race, de condition sociale) vont aider à comprendre différentes facettes de la situation.

Pour le but assigné au groupe, comme pour d'autres décisions importantes, le consensus représente généralement le mode de prise de décision souhaité en raison de son impact sur l'évolution du groupe. Mais compte tenu des limites de temps, il n'y a pas lieu de rechercher le consensus à tout prix dans les prises de décision : s'assurer que chacun a pu s'exprimer, déterminer un compromis ou une décision acceptable même non idéale, accepter les différences d'opinion font davantage partie de la réalité des groupes à court terme.

## 8.4.3 Les habiletés et les groupes à court terme

Comme nous l'avons fait pour les thématiques traitées dans ce chapitre, nous allons aborder la question des habiletés selon les phases de planification, de début, de travail et de fin.

Un groupe à court terme exige une bonne planification, l'exigence du temps réduisant la marge d'erreur de l'intervenant et la possibilité de corriger l'orientation de son intervention. Même à plus petite dimension, les tâches déjà définies pour cette phase doivent être considérées. Ainsi, l'intervenant doit prendre une décision éclairée sur l'opportunité de mettre un groupe sur pied.

Afin de pouvoir en faire part à son organisme et aux membres potentiels, il a avantage à formuler les buts, d'autant plus qu'ils doivent dans les circonstances être à la fois limités, atteignables et significatifs pour les membres. Les procédures doivent aussi être claires, car elles seront communes. Certaines décisions sont importantes à cette étape, comme la grandeur du groupe, le nombre de rencontres ou les critères de sélection des membres. Dans la mesure du possible, le groupe doit être réuni dans un environnement positif respectant l'intimité des personnes (tout ne peut pas se faire dans la salle d'attente !). Élément souvent oublié à cause des contraintes de temps, la préparation personnelle de l'intervenant y a aussi sa place, afin d'aborder les phases suivantes dans le meilleur esprit possible.

Lorsque le groupe débute, l'intervenant a un rôle central. Il doit être « porteur de la flamme », et encourager la participation. Certaines tâches restent donc essentielles, comme celle de se présenter, de décrire son rôle, de permettre aux membres de se présenter d'une façon signifiante. Il faut énoncer clairement le but du groupe et aller chercher des réactions correspondant aux besoins des membres. Même s'il doit être adapté à la réalité du groupe à court terme, l'esprit d'un contrat doit être respecté en matière de but, d'activités et de règles de fonctionnement. Pour certains membres, il est important d'énoncer pourquoi ils sont rencontrés en groupe plutôt qu'individuellement, et de décrire ce qui est attendu d'eux ; ici, la façon de faire de l'intervenant sera sans doute plus éloquente que les paroles, pour aborder l'implication des membres, leur ouverture ou l'importance de leur contribution. La détermination des résistances et l'acceptation des incertitudes font partie d'une approche qui respecte l'aide mutuelle.

Même pendant la phase de travail, l'intervenant doit continuer d'assumer une direction active. Il doit travailler rapidement pour aider les membres selon le temps dont il dispose. Cela exige une certaine rigueur (qu'il ne faut pas confondre avec autoritarisme) pour garder le groupe concentré sur la tâche et s'en tenir au contrat convenu. Outre la tâche, l'intervenant porte une attention équivalente au développement de l'esprit de groupe et au sentiment d'appartenance. Concrètement, il encourage les interactions directes entre les membres ; il note et renforce les comportements d'entraide ; son rôle peut progresser vers la facilitation, dans la mesure où les membres participent au leadership du groupe ; il est prêt à accepter les imprévus et les remises en cause de son autorité, parfois subtiles ; au moment opportun, il revient avec les membres sur le but du groupe et son fonctionnement.

Comme dans le cas des groupes de plus longue durée, il est ici difficile, mais combien essentiel, de conserver une durée suffisante pour la phase de fin. Aussi, l'intervenant doit souvent revenir à un rôle plus central afin que se réalisent les tâches nécessaires. Ainsi, il faut résumer ce qui a été fait et déterminer ce qui reste inachevé, situation fréquente dans de telles circonstances de manque de temps. Aussi y a-t-il lieu d'anticiper des étapes ultérieures pour les membres. Enfin, en fonction des membres eux-mêmes et d'une potentielle répétition du groupe, une évaluation, même sommaire s'impose et elle a souvent trait à l'atteinte des buts et à la satisfaction des membres sur leur participation à l'expérience.

## SYNTHÈSE

Ce chapitre a abordé quatre contextes particuliers dans lesquels peut se réaliser l'intervention de groupe :

1) En présence de deux intervenants qui agissent comme coanimateurs ;

2) Avec des personnes qui proviennent de communautés culturelles différentes ;

3) Avec des membres non volontaires ;

4) Dans le cadre d'une intervention à court terme.

Malgré l'absence de fondements théoriques pouvant en soutenir l'application, la coanimation est de plus en plus utilisée. Plusieurs raisons d'ordre pédagogique, professionnel et organisationnel peuvent expliquer cette situation. La coanimation fournit en effet un contexte qui facilite la formation des étudiants, permet le soutien mutuel des intervenants, favorise le travail interdisciplinaire et permet de tirer profit de la diversité des expertises. Plusieurs auteurs reconnaissent que la coanimation comporte des risques qu'il faut tenter d'éviter. Il est ainsi nécessaire de procéder à une planification rigoureuse, de faire preuve de souplesse dans les rôles pendant l'intervention et de prévoir un temps suffisant pour l'évaluation. Pour le succès de la coanimation, il est essentiel que les intervenants discutent ouvertement de tous les aspects de leur pratique, afin de pouvoir travailler de concert avant, pendant et après leur démarche d'intervention.

Bien que l'intervention de groupe soit une méthode particulièrement intéressante pour le développement de services adaptés aux enjeux culturels, le travail au sein de ce type de groupe comporte des exigences particulières. Ainsi, l'intervenant doit être en mesure de cerner l'influence des facteurs liés à l'ethnie et à la race sur le fonctionnement du groupe et doit être capable d'intervenir en étant sensible à la diversité culturelle. Pour y arriver, au moment de la planification de son intervention, il doit porter une attention spéciale à la réalité culturelle particulière des membres potentiels et à son propre positionnement par rapport aux différences culturelles. Lors de la phase de début, il doit être à l'affût des sources de tensions d'origine raciale ou ethnique au sein du groupe et être en mesure de discerner si les tensions présentes sont attribuables aux caractéristiques des membres composant le groupe, à la nature du groupe ou à des facteurs externes. La phase de travail doit se caractériser par le souci de faire en sorte que les membres du groupe reconnaissent les éléments positifs de leur culture et qu'ils en soient fiers. En outre, le processus de groupe doit viser à renforcer et à mobiliser les ressources de la communauté. Comme dans tous les groupes, au moment de la dissolution, il est important de porter une attention particulière à la réaction des membres et de les accompagner de façon que les acquis faits au sein du groupe soient transposés dans leur quotidien et qu'ils se maintiennent au fil du temps.

L'intervention de groupe apparaît comme une méthode de choix pour l'intervention auprès de personnes non volontaires. En tant que contexte permettant aux membres d'être en contact avec des personnes qui vivent une situation similaire à la leur et pour lesquelles ils peuvent être à la fois aidants et aidés, le groupe peut faciliter la reconnaissance du problème, accroître le désir de changement et simplifier le développement de comportements plus acceptables.

L'intervention de groupe avec les personnes non volontaires présente cependant des particularités à toutes les étapes du processus d'intervention, puisqu'une attention particulière doit être accordée au sentiment d'obligation ressenti par le membre, au stade de changement où il se situe et à son ambivalence face au changement. Dans cette section, nous avons dégagé certaines de ces particularités.

Le groupe «à court terme» correspond aux interventions qui durent de une à cinq rencontres. Dans ce type de groupe, le nombre de participants est restreint et l'effectif y est généralement stable. Plusieurs buts peuvent être visés par un tel type de groupe : formation, soutien social, résolution de crise, sensibilisation, mobilisation. Bien qu'il comporte des avantages, ce mode d'intervention n'est pas un passe-partout. Il doit être choisi avec clairvoyance et réalisme. En outre, il exige une bonne planification puisque la marge d'erreur de l'intervenant est réduite. Néanmoins, c'est une formule intéressante de plus en plus utilisée.

## EXERCICES

1. Faites une liste des principaux comportements qui vous caractérisent lorsque vous vous trouvez dans un groupe. Selon cette information, déterminez cinq traits que devrait idéalement posséder la personne avec laquelle vous aimeriez faire de la coanimation.

2. Quelle serait votre réaction si les personnes suivantes vous proposaient de coanimer un groupe avec elles :
   • Votre superviseur de stage ou votre supérieur immédiat ;
   • Un étudiant en stage ;
   • Un intervenant ayant une longue expérience en intervention de groupe.

3. Faites-vous une représentation mentale de quelques peuples que vous connaissez ; par exemple, les Autochtones, les Asiatiques, les Latino-Américains, les Européens de l'Est, les Africains. Écrivez spontanément les 10 ou 15 premiers mots qui vous viennent en tête pour décrire chacun de ces peuples. Analysez chaque mot en indiquant s'il s'agit d'un terme positif (+), négatif (-) ou neutre (0). Que se dégage-t-il de cet exercice ?

4. Remémorez-vous une phrase négative déjà entendue à propos des peuples mentionnés au point 3. Notez les sentiments et pensées qui vous viennent à l'esprit à l'évocation de cette phrase négative. Remémorez-vous une phrase positive déjà entendue à propos de ces peuples. Notez les sentiments et pensées qui vous viennent à l'esprit à l'évocation de cette phrase. Quelles réflexions cet exercice vous suggère-t-il ?

5. On vous demande de mettre sur pied un groupe s'adressant à des jeunes reconnus coupables d'un acte criminel mineur en vertu de la *Loi sur le système de justice pénale pour les adolescents*. Déterminez des aspects particuliers de la préparation de projet.

## LECTURES COMPLÉMENTAIRES

TOSELAND, R.W. et RIVAS, R.F. (2005). « Leadership », dans *An Introduction to Group Work Practice,* 5ᵉ éd. Boston : Pearson/Allyn and Bacon, p. 92-126. Chapitre 4 de l'ouvrage.

WICKHAM, E. (2003). « Co-leadership », dans *Group Treatment in Social Work.* Toronto : Thompson Educational Publishing, p. 113-122. Chapitre 10 de l'ouvrage.

FARLEY, O.W., SMITH, L.L. et BOYLE, S.W. (2006). « Services with minorities », dans *Introduction to Social Work.* New York : Pearson/Allyn and Bacon, p. 324-340. Chapitre 17.

ROONEY, R. et CHEVANEC (2006). « Involuntary groups », dans Garvin, C.D., Gutiérrez, L.M. et Galinsky, M.J. (dir.), *Handbook of Social Work with Groups.* New York : The Guilford Press, p. 212-226.

KOSOFF, S. (2003). « Single sessions groups : applications and areas of expertise ». *Social Work with Groups,* 26 (1), p. 29-45.

# Conclusion

C et ouvrage a présenté les éléments essentiels à une utilisation rigoureuse de la méthode du service social des groupes. Outre les éléments à prendre en considération pour analyser le fonctionnement d'un groupe, le texte a traité des quatre principales phases du processus d'intervention et a abordé quelques contextes particuliers d'utilisation de la méthode de groupe.

Certains aspects importants du service social des groupes, dont la discussion dépasse les limites de cet ouvrage, n'ont pas été élaborés, mais méritent d'être brièvement évoqués. Il s'agit notamment de l'enseignement de l'intervention, de la recherche évaluative, des particularités de l'action avec certaines populations, des théories et des modèles d'intervention en groupe et des questions éthiques.

Les revues spécialisées comme *Social Work with Groups*, *Groupwork* ou *Small Group Research* présentent de nombreux articles sur les modalités de formation au travail de groupe, sur l'utilisation du groupe dans un processus de formation et sur les possibilités de faire de l'intervention de groupe avec une classe. Un autre thème fréquent et plus fondamental est la présence d'un enseignement spécifique sur la méthode de groupe dans un programme de formation en service social. La préparation à l'intervention de groupe peut-elle s'inscrire dans une perspective intégrée ou généraliste qui se situe au-delà de la classique division par méthodes d'intervention? Enseigne-t-on le service social des groupes ou un contenu beaucoup plus axé sur la psychothérapie de groupe? La formation à l'intervention de groupe est-elle en croissance ou en régression dans les écoles de service social? La réponse à de telles questions déborde les objectifs du présent ouvrage, mais le lecteur intéressé peut consulter à ce sujet l'ouvrage de Kurland et Salmon (1998).

Par ailleurs, l'évaluation (des besoins, diagnostique, formative et des effets), dont il a été question dans cet ouvrage, aurait pu faire l'objet d'un chapitre particulier. Une revue spécialisée (*Small Group Research*) porte sur la recherche sur le petit groupe et d'autres revues du domaine (*Research on Social Work Practice*, *Social Work with Groups*) ont publié des numéros thématiques sur ce sujet qui suscite un intérêt croissant (Tolman et Rose, 1994 ; Rose et Feldman, 1986). Dans les écrits recensés, c'est évidemment l'évaluation des effets qui est le plus fréquemment abordée (Saint-Jacques, Ouellet et Lindsay, 1994). On insiste également de plus en plus sur la rencontre nécessaire entre la recherche et la pratique et sur l'intérêt d'études d'implantation dans la perspective de la réalisation de nouveaux projets (Tard *et al.*, 1997).

Les théories et les modèles d'intervention en service social des groupes constituent également un thème important. Au Québec, le modèle de réciprocité a connu un essor intéressant depuis les années soixante-dix, tant dans la pratique que dans la formation universitaire. En même temps, de nombreuses interventions de groupe, facilement accessibles et couvrant diverses problématiques, ont été proposées, ce qui a permis l'essor du modèle d'éducation structurée, dans lequel l'animateur a davantage un rôle d'expert et d'enseignant (Turcotte et Fournier, 1994). Le modèle cognitif behavioral, fondé sur les théories de l'apprentissage, a quant à lui l'avantage d'intégrer de façon régulière une procédure d'évaluation ; c'est pourquoi on le trouve de plus en plus fréquemment dans les recherches empiriques sur l'intervention de groupe (Tolman et Molidor, 1994). Enfin, plusieurs auteurs, insistant sur l'intérêt de viser des objectifs qui dépassent le membre lui-même et ses relations interpersonnelles, se sont orientés vers une perspective d'action sociale mettant l'accent sur les liens entre le groupe et le contexte sociopolitique dans lequel il s'inscrit (Breton, 2004 ; 1996 ; 1990 ; Mullender et Ward, 1991). Le lecteur intéressé trouvera une présentation des principales théories en intervention de groupe dans Fatout (1992), Garvin, Gutiérrez et Galinsky (2004) et Roberts et Northen (1976).

Pour ce qui est des particularités de l'action auprès de certaines populations, on peut trouver des publications axées sur les enfants (Corey et Corey, 2002 ; Ainsworth et Fulcher, 2006), sur les adolescents (Malekoff, 2004), sur les adultes (Kaplan, 1988) et sur les personnes âgées (Burnside et Schmidt, 1994 ; Salmon et Graziano, 2004 ; Ward, 2007). Ces spécificités, on le comprendra, débordent largement les fins du présent ouvrage.

Une dimension qui mérite une attention particulière est l'éthique en travail de groupe. On s'est intéressé au cours des dernières années aux particularités de l'éthique professionnelle lorsque la méthode de groupe est utilisée, et ce, tant en service social que dans les disciplines connexes (Bouchard, 2003 ; Northen, 1998). Mentionnons simplement ici, à titre exploratoire, quelques aspects éthiques que soulève la pratique de groupe. Premièrement, citons la confidentialité qui prend une coloration particulière en groupe. Comme le manquement à la confidentialité peut avoir des conséquences fâcheuses, ce sujet doit être discuté explicitement avec les membres afin de devenir une norme partagée et considérée essentielle à la démarche du groupe. Deuxièmement, l'information sur l'intervention : il incombe à l'intervenant de fournir aux membres de l'information sur la nature de la démarche d'intervention : buts du groupe, modalités utilisées, rôles des membres et de l'intervenant, risques associés à la participation, qualifications de l'intervenant, etc. Troisièmement, les valeurs : il est important que l'intervenant saisisse bien ses valeurs et opinions personnelles, car elles ont un effet sur son rôle et peuvent colorer son travail, et celles des membres ; en effet, il peut y avoir divergence sur ce plan entre l'animateur et le groupe, ou entre les membres eux-mêmes. Quatrièmement, la distribution des services : les membres doivent être traités avec équité et leurs droits doivent être protégés. Ainsi, il faut proscrire les menaces physiques et les pressions exercées par les pairs. Chaque personne doit avoir la possibilité d'interagir à l'intérieur du groupe et d'en utiliser les ressources. L'autodétermination des personnes doit être respectée, même si cela exige souvent une négociation entre les membres, ou entre l'un d'eux et le reste du groupe. Une recherche effectuée au Québec a permis d'explorer les dimensions éthiques associées à l'intervention de groupe auprès des conjoints violents, et plus particulièrement la nature des dilemmes éthiques observés, la résolution de ceux-ci, le processus décisionnel et le soutien à l'intervenant aux prises avec un dilemme éthique (Rondeau *et al.*, 1997).

Dans ce volume, il a souvent été question des groupes formés par des intervenants, pour un temps limité et dans le but d'atteindre des objectifs correspondant aux besoins des participants ou à l'accomplissement de tâches. D'ailleurs, le premier chapitre illustre comment le groupe peut être utilisé pour satisfaire les besoins des personnes (thérapie, éducation, soutien social) ou pour accomplir des tâches (travail d'équipe, action sociale visant plus que le simple bénéfice des membres). Mais, d'autres situations d'intervention peuvent être éclairées par les concepts du service social des groupes.

Une première situation a trait au travail avec les familles et avec les réseaux sociaux. La famille est un groupe naturel dans lequel il faut apprendre à décoder les normes, les rôles, les modes de communication, etc. Plusieurs auteurs tels Garvin (1986) et Hines (1988) se sont intéressés aux similitudes, sur les plans de l'analyse et du traitement, d'une vision systémique dans le travail avec les groupes, d'une part, et avec les familles, d'autre part.

Une autre situation rencontrée par l'intervenant correspond au travail dans des contextes fondés sur la vie de groupe. Les écoles, les maisons de transition, les centres d'accueil et les maisons d'hébergement sont des exemples de ce type de contexte. Ces différentes structures varient en taille, en composition, en mode de direction et d'animation et en stabilité dans le temps, mais leurs dimensions groupales doivent souvent être prises en considération pour la compréhension de certains événements (Shulman, 2006 ; Nadelman, 1994).

Enfin, les intervenants de groupe collaborent de plus en plus avec des associations d'entraide dont les membres vivent une même difficulté. Les personnes peuvent présenter des troubles du comportement, avoir des problèmes d'excès de consommation, des maladies physiques ou mentales. Elles peuvent aussi être des proches ou des aidants naturels de personnes en difficulté qui trouvent avantage à partager leur vécu. Différents auteurs (Kurtz, 1997 ; Lavoie et Stewart, 1995) ont défini les ressemblances et les différences entre ces groupes et les groupes de soutien et de thérapie. Le rôle de l'intervenant professionnel à qui on demande la collaboration est ici particulier puisque, plutôt que d'être un leader formel, il agit comme consultant à différentes étapes de la vie du groupe. Néanmoins, ses compétences concernant les groupes lui sont utiles, même s'il n'anime pas directement.

Les tendances actuelles, notamment avec la prolifération des groupes virtuels, laissent entrevoir un bel avenir pour la méthode de groupe. Il reste à souhaiter que les relations entre la pratique et la recherche permettront un accroissement des connaissances en service social des groupes qui rejailliront sur la formation des futurs intervenants. Ainsi, l'œuvre de Simone Paré, au Québec, aura des retombées dignes de cette pionnière.

# Bibliographie

Ainsworth, F. et Hansen, P. (2005). « Evidence based social work practice : A reachable goal ? », dans A. Bilson (dir.), *Evidence-based Practice in Social Work*. London : Whiting & Birch Ltd, p. 51-67.

Alarie, F. et D. Rose (1989). « Expérience de groupe auprès d'enfants témoins ou victimes de violence ». *Intervention*, 83, p. 58-63.

Alissi, A. et Casper, M. (1985). « Time as a factor in groupwork : Time-limited group experiences ». *Social Work with Groups,* 8 (2), p. 3-16.

Alter, C. et Evens, W. (1990). *Evaluating your own practice : A guide to self-assessement*. New York : Springer.

Amado, G. et Guittet, A. (1991). *Dynamique des communications dans les groupes*. Paris : Armand Colin.

Anderson, J. (1979). « Social work practice with groups in the generic base of social work practice ». *Social Work with Groups*, 2 (4), p. 281-293.

Anderson, J. (1984). *Counseling Through Group Process*. New York : Springer.

Anderson, J. (1986). « Integrating research and practice in social work with groups ». *Social Work with Groups*, 9 (3), p. 111-124.

Anderson, J. (1997). *Social Work with Groups : A Process Model*. New York : Longman.

Andersson, G., Carlbring, P., Holmstrom, A., Sparthan, E., Furmark, T., Nilsson-Ihrfelt, E., Buhrman, M. et Ekselius, l. (2006). « Internet-based self-help with therapist feedback and in vivo group exposure for social phobia : A randomized controlled trial ». *Journal of Consulting and Clinical Psychology*, 74 (4) p. 677-686.

Attkisson, C.C. et Greenfield, T.K. « The Client Satisfaction Questionnaire-8 and the Service Satisfaction Questionnaire-30 », dans M. Maruish (dir.), *Psychological Testing : Treatment Planning and Outcome Assessment*. Lawrence Erlbaum Associates : San Francisco, 1994, p. 402-420.

Aubry, J.M. et St-Arnaud, Y. (1967). *Dynamique des groupes*. Montréal : Éditions de l'Homme.

Bales, R. (1954). *Harvard Business Review*, 32, p. 44-50.

Bales, R.F. (1950). *Interaction Process Analysis : A Method for the Study of Small Groups*. Chicago : University of Chicago Press.

Balgopal, P. et Vassil, T.V. (1983). *Groups in Social Work : An Ecological Perspective*. New York : MacMillan.

Bank, A.L., Argüelles, S., Rubert, M., Eisdorfer, C. et Czaja, S.J. (2006). « The value of telephone support groups among ethnically diverse caregivers of persons with dementia ». *The Gerontologist*, 45 (1), p. 134-138.

Barber, J.G. (1991). *Beyond Casework*. Houndmills : London : Macmillan.

Barker, R.L. (1999). *The Social Work Dictionary*, 4ᵉ édition. Washington, D.C. : NASW Press.

Beal, G.M., Bohlen, J.M. et Raudabaugh, J.N. (1969). *Les secrets de la dynamique des groupes*. Paris : Chotard.

Beauchamp, A., Graveline, R. et Quiviger, C. (1976) *Comment animer un groupe*. Montréal : Éditions de l'Homme.

Beaudoin, G., Côté, I., Delisle, R., Gaboury, M.-C., Guénette, N. et Lessard, G. (1998). « L'intervention de groupe au service des enfants exposés à la violence conjugale ». *Intervention*, 107, p. 19-32.

Behroozi, C.S. (1992). « Groupwork with involuntary clients : remotivating strategies ». *Groupwork*, 5 (2), p. 31-41.

Berg, I.K. (1996). *Services axés sur la famille : Une approche centrée sur la solution.* Saint-Hyacinthe : Edisem.

Berman-Rossi, T. (1993). « The task and skills of the social worker across stages of group development ». *Social Work with Groups,* 16 (1-2), p. 69-81.

Bertcher, H.J. et Maple, F. (1977). *Creating Groups.* Beverley Hills, Calif. : Sage.

Bertcher, H.J. et Maple, F. (1985). « Elements and issues in group composition », dans M. Sundel, P. Glasser, R. Sarri et R. Winter (dir.), *Individual Change Through Small Groups,* 2e édition. New York : Free Press p. 180-203.

Berteau, G. (2006). *La pratique de l'intervention de groupe : Perceptions, stratégies et enjeux.* Québec, Les Presses de l'Université du Québec.

Berteau, G., Côté, I. et Lindsay, J. (1994). « Un regard sur l'évolution du service social des groupes au Québec et ailleurs », dans *Actes du colloque « À la lumière de 50 ans d'action sociale ».* Université Laval, p. 115-124.

Besson, C. (1990). « Les groupes à court terme ». *Service social,* 39 (1), p. 160-167.

Bilides, D.G. (1990). « Race, color, ethnicity, and class : Issues of biculturalism in school-based adolescent counseling groups ». *Social Work with Groups,* 13 (4), p. 43-58.

Bisno, H. (1988). *Managing Conflict.* Beverly Hills, Calif. : Sage Publications.

Blake, R.R. et Mouton, J.S. (1964). *The Managerial Grid.* Houston, Tex. : Gulf Publishing.

Bloch, S. et Crouch, E. (1985). *Therapeutic Factors in Group Psychotherapy.* Oxford : Oxford University Press.

Boehm, W.W. (1959). « Objectives of the Social Work Curriculum of the Future ». *Curriculum Study 1.* New York : Council of Social Work Education.

Boisvert, D., Cossette, F. et Poisson, M. (1995). *Animation de groupes.* Cap-Rouge, Québec : Presses interuniversitaires.

Bolduc, A. (1996). « L'intervention de groupe auprès des personnes atteintes de brûlures ». *Service social,* 45 (3), p. 137-152.

Bouchard, J. (2003). *La nature, la fréquence, le degré de difficulté perçu et la résolution des dilemmes éthiques rencontrés par les travailleurs sociaux en intervention de groupe.* Mémoire de maîtrise. Québec : Université Laval, École de service social.

Boudreau, A. (1998). *Les retentissements de la coanimation sur le développement de l'aide mutuelle dans un groupe de soutien.* Essai de maîtrise. Québec : Université Laval, École de service social.

Boulanger, M. et Saint-Pierre, A. (1980). « Le traitement des difficultés de relation entre parents et adolescents par l'intervention de groupe ». *Service social,* 29 (1-2), p. 88-96.

Braaten, L.J. (1991). « Group cohesion : A new multidimensional model ». *Group,* 15 (1), p. 39-55.

Brandler, S. et Roman, C.P. (1991). *Group Work : Skills and Strategies for Effective Interventions.* New York : Haworth Press.

Brandler, S. et Roman, C.P. (1999). *Group Work : Skills and Strategies for Effective Interventions,* 2e édition. New York : Haworth Press.

Brehm, J. (1989). « Psychological reactance : Theory and applications ». *Advances in Consumer Research,* vol. 16.

Brehm, J.W. (1966). *A Theory of Psychological Reactance.* New York : Academic Press.

Brehm, S.S. et Brehm, J.W. (1981). *Psychological Reactance : A Theory of Freedom and Control.* New York : Academic Press.

Breton, M. (1985). « Reaching and engaging people : Issues and practice principles ». *Social Work with Groups,* 8 (3), p. 7-21.

Breton, M. (1990). « Leçons à tirer de nos traditions en service social des groupes ». *Service social,* 39 (1), p. 13-26.

Breton, M. (1991). « Toward a model of social work practice with marginalized populations ». *Groupwork,* 4 (1), p. 31-47.

Breton, M. (1994). « On the meaning of empowerment and empowerment-oriented social work practice ». *Social Work with Groups,* 17 (3), p. 23-37.

Breton, M. (1996). « Plaidoyer contre les monopolisations professionnelles ». *Intervention,* 102, p. 10-19.

Breton, M. (1995). « The potential for social action in groups ». *Social Work with Groups,* 18 (2-3), p. 5-37.

Breton, M. (2004). « An empowerment perspective », dans C.D. Garvin, L.M. Gutiérrez et M.J. Galinsky, (dir.), *Handbook of Social Work with Groups.* New York : Gulford Press, p. 58-75.

Breton, M. (2005). « Learning from social group work traditions ». *Social Work with Groups,* 28 (3-4), 2005, p. 107-119.

Brodeur, N. (2006). *Les stratégies de changement employées par des hommes ayant des comportements violents envers leur conjointe. Mesure et analyse à partir du modèle transthéorique du changement.* Université Laval : thèse de doctorat en service social.

Brown, A. (1979). *Groupwork.* London : Heinemann Educational Books.

Brown, L. (1991). *Groups for Growth and Change.* New York : Longman.

Budman, S., Simeone, P., Reilly, R. et Demby, A. (1994). « Progress in short-term and time-limited group psychotherapy : Evidence and implications », dans A. Fuhriman et G.M. Burlingame (dir.), *Handbook of Group Psychotherapy.* New York : John Wiley and Sons, p. 319-339.

Burgoon, M., Heston, J.K. et McCroskey, J. (1974). *Small Group Communication : A Functional Approach.* New York : Holt, Rinehart and Winston.

Burlingame, G.M., Fuhriman, A. et Mosier, J. (2003). « The differential effectiveness of group psychotherapy : A meta-analytic perspective ». *Group Dynamics : Theory, Research, and Practice,* 7 (1), p. 3-12.

Burns, M.E., Tai, S., Lai, R. et Nazareth, I. (2005). *Interactive Health Communication Applications for People with Chronic Disease.* The Cochrane Database, Art. No. : CD004274. DOI : 10.1002/14651858.CD004274.pub4.

Burnside, I. et Schmidt, M. (dir.) (1994). *Working with Older Adults : Group Processes and Techniques.* Boston : Jones and Bartlett.

Carrell, S. (1993). *Group Exercises for Adolescents. A Manual for Therapist.* Newbury Park : Sage.

Carr-Ruffino, N. (1996). *Managing Diversity : People Skills for a Multicultural Workplace.* Cincinnati, OH : Thomson Executive Press.

Cartwright, D. (1968). « The nature of group cohesiveness », dans D. Cartwright et A. Zander (dir.), *Groups Dynamic : Research and Theory,* 3ᵉ édition. New York : Harper and Row, p. 91-109.

Charnbon, O. (1992). *Questionnaire de satisfaction du client.* http://www.espace-socrate.com/SocProAccueil/Document%5CRehabilitation%5Cee_attkis.pdf.

Chau, K.L. (1990a). « Social work with groups in multicultural contexts ». *Groupwork,* 3 (1), p. 8-21.

Chau, K.L. (1990b). « Introduction : Facilitating bicultural development and intercultural skills in ethnically heterogeneous groups ». *Social Work with Groups,* 13 (4), p. 1-5.

Chau, K.L. (dir.) (1990c). « Ethnicity and biculturalism : Emerging perspectives of social group work ». *Social Work with Groups,* 13 (4), p. 6-20.

Chau, K.L. (1990). « Dynamique culturelle et service social des groupes : Pratique clinique en milieux multiculturels ». *Service social,* 39 (1), p. 27-40.

Cheung, S.-K., Sun, S.Y.K. (2001). « Helping processes in a mutual aid organization for persons with emotional disturbance ». *International Journal of Group Psychotherapy,* 51 (3), p. 295-308.

Cohen, M.B. et DeLois, K. (2001). « Training in tandem : Co-facilitation and role modeling in a group work course ». *Social Work with Groups,* 24 (1), p. 21-36.

Cohen, B.-Z. (2002). *The home visit as an aid to assessment in strengths-based social work.* Communication prononcée lors de la Conférence internationale des écoles de service social, Montpellier, France.

Comeau, Y., Duperré, M., Hurtubise, Y., Mercier, C. et Turcotte D., (2006). « Les transformations de l'organisation communautaire en CLSC (1988-2004). Quelques conclusions d'une recherche », *Interaction communautaire,* nᵒ 73, p. 18-21.

Compton, B. et Gallaway, B. (1989). *Social Work Processes,* 4ᵉ éd. Homewood, Calif. : Dorsey Press.

Congress, E.P. (1994). « The use of culturagrams to assess and empower culturally diverse families ». *Families in Society,* 75, p. 531-540.

Copeland, V.C., Koeske, G. et Greeno, C.G. (2004). « Child and Mother Client Satisfaction Questionnaire Scores Regarding Mental Health Services : Race, Age, and Gender Correlates ». *Research on Social Work Practice,* 14 (6), p. 434-442.

Corden, J. et Somerton, J. (2004). « The trans-theoretical model of change : A reliable blueprint for assessment in work with children and families ? ». *British Journal of Social Work,* 34, p. 1025-1044.

Corey, G. (1989). *Theory and Practice of Group Counseling.* Pacific Grove, Calif. : Brooks/Cole.

Corey, G., Schneider Corey, M., Callanan, P.J. et Russell, J.M. (1982). *Group Techniques.* Monterey, Calif. : Brooks/Cole.

Corey, M.S. et Corey, G. (2002). *Groups : Process and Practice,* 6ᵉ éd. Pacific Grove, Calif. : Brooks/Cole.

Corsini, R. et Rosenberg, B. (1955). « Mechanism of group therapy : Processes and dynamics ». *Journal of Abnormal and Social Psychology*, 51, p. 406- 411.

Cosby, S.G. (1992). « Factors influencing self-disclosure patterns of Black college students ». *Dissertation Abstracts International,* 52 (9-B), p. 4970.

Côté, I. (1990). « Intervention de groupe auprès d'enfants de parents divorcés », *Service social*, 37 (1-2), p. 214-223.

Côté, I. (1992). « La coanimation en travail de groupe : De la théorie à la pratique ». *Service social*, 39 (3), p. 157-169.

Côté, N. (1986). « La communication », dans N. Côté, H. Abravanel, J. Jacques et L. Bélanger (dir.), *Individu, groupe et organisation*. Montréal : Gaëtan Morin Éditeur, p. 140-163.

Cournoyer, B.R. et Powers, G.T. (2002). « Evidence-based social work : The quiet revolution continues », dans A.R. Roberts et G.J. Greene (dir.), *Social Workers Desk Reference*. New York : Oxford University Press, p. 798-807.

Cowger, C. (1979). « Conflict and conflict management in working with groups ». *Social Work with Groups*, 2 (4), p. 309-320.

Cox, P.L. (2001). « Transformational leadership : a success story at Cornell University ». *Proceedings of the ATEM/AAPPA 2001 conference*. http://www.anu.edu.au/facilities/atem-aappaa/full_papers/Coxkeynote.html.

Dana, R.H. (1998). *Understanding Cultural Identity in Intervention and Assessment*. Thousand Oaks, Calif. : Sage.

Darveau-Fournier, L. (1990). « Le groupe ici et ailleurs ». *Service social*, 39 (1), p. 5-12.

Daste, B.M. (1980). « Some aspects of group leadership in a school social work training unit ». *Social Work with Groups*, 3 (2), p. 87-94.

Davis, L. (dir.) (1984). « Ethnicity in social group work practice [Special issue] ». *Social Work with Groups*, 7 (3).

Davis, L.E. et Proctor, E.K. (1989). *Race, Gender, and Class : Guidelines for Practice with Individuals, Families, and Groups*. Englewood Cliffs, N.J. : Prentice Hall.

Davis, L.E., Galinsky, M.J. et Schopler, J.H. (1995). « RAP : A framework for leadership of multiracial groups ». *Social Work*, 40 (2), p. 155-165.

Daudelin, H. (1998). « La coanimation », dans Recueil de textes du cours *Service social des groupes*. Québec : Université Laval, École de service social, p. 44-49.

De Robertis et Pascal, H. (1987). *L'intervention sociale collective en travail de groupe*. Paris : Le Centurion.

De Robertis, C. (1987). *Méthodologie de l'intervention en travail social*. Paris : Le Centurion.

De Shazer, S. (1988). *Clues : Investigating Solutions in Brief Therapy*, New York : W.W. Norton & Company.

De Shazer, S. (1991). *Putting Difference to Work*. New York : W.W. Norton.

Deslandes, R. et Turcotte, D. (1996). « Intervention auprès de deux groupes de femmes du deuxième âge en milieu rural ». *Intervention*, 102, p. 48-57.

Deslauriers, J.-P. et Bourget, M. (1997). « Groupe et organisation communautaire : les passerelles de l'intervention ». *Service social*, 46 (2-3), p. 77-100.

Dewey, J. (1910). *How We Think*. Boston : Heath.

Dhooper, S.S. et Moore, S.E. (2000). *Social Work with Culturally Diverse People*. Thousand Oaks, Calif. : Sage Publications.

Dion, K.L. (2000). « Group cohesion : From "field of forces" to multidimensional construct ». *Group Dynamics : Theory, Research, and Practice*, 4 (1), p. 7-26.

Doel, M. (2005). « Difficult behaviour in group ». *Social Work with Groups*, 28 (1), p. 3-22.

Donaldson, Linda P. (2004). « Toward validating the therapeutic benefits of empowerment-oriented ». *Social Work with Groups*, 27 (2-3), p. 159-175.

Dossick, J. et Shea, E. (1988). *Creative Therapy : 52 exercises for groups*. Sarasota, Fla. : Professional Resource Exchange, Inc.

Early, T.J. et Glen Maye, L.F. (2000). « Valuing families : Social work practice with families from a strengths perspective ». *Social Work*, 45 (2), p. 118-130.

Edelwich, J., Brodsky, A. (1992). *Group counseling for the resistant client : A practical guide to group process*. New York : Lexington Books/MacMillan.

Ephross, P.H. (2004). « Working in groups », dans G.L. Greif et P.H. Ephross (dir.), *Group Work with Populations at Risk*. New York : Oxford University Press, p. 1-11.

Essed, P. (1991). *Understanding Everyday Racism : An Interdisciplinary Theory*. Newbury Park, Calif. : Sage.

Eysenbach, G., Powell, J., Englesakis, M., Rizo, C. et Stern, A. (2004). « Health related virtual communities and electronic support groups : systematic review of the effects of online peer to peer interactions ». *British Journal of Medicine*, 328, p. 1166-1172.

Falk, G. (1982). « An empirical study measuring conflict in problem-solving groups which are assigned different decision rules ». *Human Relations*, 35, p. 1123-1138.

Farley, W.O., Smith, L.L. et Boyle, S.W. (2006). *Introduction to Social Work*. 10ᵉ édition. New York : Pearson-Allyn and Bacon.

Fatout, M. (1992). *Models for Change in Social Group Work*. New York : Aldine de Gruyter.

Fike, D.F. (1980). « Evaluating group intervention ». *Social Work with Groups*, 3 (2), p. 41-51.

Fisher, A. (1974). *Small Group Communication*. New York : McGraw Hill.

Flowers, J. (1979). « Behavior analysis of group therapy and a model for behavioral group therapy », dans D. Upper et S. Ross (dir.), *Behavioral Group Therapy, 1979 : An Annual Review*. Champaign, Ill. : Research Press, p. 5-37.

Fraser, M.W. et Galinsky, M.J. (1997). « Toward a resilience-based model of practice », dans M.W. Fraser (dir.), *Risk and Resilience in Childhood. An Ecological Perspective*. Washington, D.C. : NASW, p. 265-276.

Fuhriman, A., Burlingame, G.M. (1999), dans J.R. Price, D.R. Hescheles et A.R. Price, *A Guide to Starting Psychotherapy Groups*. San Diego, Calif. : Academic Press, p. 81-98.

Fuhriman, A., Drescher, S., Hanson, E., Henrie, R. (1986). « Refining the measurement of curativeness : An empirical approach ». *Small Group Behavior*, 17 (2), p. 186-201.

Fuhriman, A., Drescher, S., Hanson, E., Henrie, R. et Rybicki, W. (1986). « Refining the measurement of curativeness : An empirical approach ». *Small Group Behavior*, 17, p. 186-201.

Fulcher, L.C. et Ainsworth, F. (2006). « Creating and Sustaining a Culture of Group Care ». *Child & Youth Services*, 28 (1-2), p. 151-176.

Galinsky, M. et Schopler, J.H. (1994). « Negative experiences in support groups. Social Work in Health Care ». Special Issue : *Social Work in Ambulatory Care : New Implications for Health and Social Services*, 20 (1), p. 77-95.

Galinsky, M.J. et Schopler, J.H. (1980). « Structuring coleadership in social work training ». *Social Work with Groups*, 3 (4), p. 51-63.

Galinsky, M.J. et Schopler, J.H. (1989). « Developmental patterns in open-ended groups ». *Social Work with Groups*, 12 (2), p. 99-114.

Garbarino, J. (1992). *Children and Families in the Social Environment*. New York : Aldine De Gruyter.

Garbarino, J. et Stocking, S.H. (1980). *Protecting Children from Abuse and Neglect : Developing and Maintaining Effective Support Systems for Families*. San Francisco : Jossey-Bass.

Garland, J., Jones, H. et Kolodny, R. (1976). « A model for stages of development in social work groups », dans S. Bernstein (dir.), *Explorations in Group Work*. Boston : Milford Press, p. 17-71.

Garland, J., Jones, H. et Kolodny, R. (1973). « A model for stages of development in social work groups », dans S. Bernstein (dir.), *Explorations in Group Work*. Boston : Milford Press, p. 17-71.

Garvin, C. (1986). « Family therapy and group work : "Kissing cousins or distant relatives" », dans M. Parnes (dir.), *Innovations in Social Group Work : Feedback from Practice to Theory*. New York : Haworth Press, p. 1-16.

Garvin, C., Reid, W. et Epstein, L. (1976). « A task-centered approach », dans R. Roberts et H. Northen (dir.), *Theories of Social Work with Groups*. New York : Columbia University Press, p. 238-267.

Garvin, C.D. (1997). « Beginning a group », dans *Contemporary Group Work*. Toronto : Allyn and Bacon, p. 76-98. Chapitre 4 de l'ouvrage.

Gélineau, L. (1983). « Essai d'intervention de groupe dans un pavillon pour personnes âgées ». *Service social*, 32 (1-2), p. 79-88.

George, R.L. et Dustin, D. (1988). *Group Counseling-Theory and Practice*. Englewood Cliffs, N.J. : Prentice-Hall.

Germain, C. et Gitterman, A. (1996). *The Life Model of Social Work Practice*. 2ᵉ édition. New York : Columbia University Press.

Gitterman, A. (1989). Building mutual support in groups. *Social Work With Groups*, 12 (2), p. 5-21.

Glaser, B.A., Webster, C.B. et Horne, A.M. (1992). « Planning a group : An instructional project for graduate students ». *The Journal for Specialists in Group Work*, 17 (2), p. 84-88.

Glassman, U. (1990). « Teaching ethno-racial sensitivity through groups ». *Social Work with Groups*, 14 (3), p. 127-130.

Glassman, U. et Kates, L. (1986). « Techniques of social group work : A framework for practice ». *Social Work With Groups*, 9 (1), p. 9-38.

Glassman, U. et Kates, L. (1990). *Group Work : A Humanistic Approach*. Newbury Park, Calif. : Sage.

Goldstein, A., Keller, K. et Sechrest, L. (1966). *Psychotherapy and the Psychology of Behavior Change*. New York : John Wiley & Sons.

Green, J.W. (1990). « Cultural awareness in the human services ». *A Multi-Ethnic Approach*, 2ᵉ édition. Boston : Allyn and Bacon.

Greenfield, W. L. et Rothman, B. (1987). « Termination or transformation ? Evolving beyond termination in groups », dans J. Lassner, K. Powell et E. Finnegan (dir.), *Social Group Work : Competence and Values in Practice*. New York : The Haworth Press, p. 51-56.

Greif, G.L. et Ephross, P.H. (dir.) (1997). *Group Work with Populations at Risk*. New York : Oxford University Press.

Grzybowski, B. (1976). « Comment réussir une réunion ». *Psychologie*, 81, p. 7-12.

Gutierrez. L.M. (1990). « Working with women of color : An empowerment perspective ». *Social Work*, 35, p. 149-153.

Hare, A.P., Blumberg, H.H., Davies, M.F. et Kent, M.V. (1995). *Small Group Research : A Handbook*. Norwood, N.J. : Ablex.

Harris, G. et Watkins, D. (1987). *Counseling the Involuntary and Resistant Client*. College Park, Md. : American Correctional Association.

Hatfield, A.B. (1994). « Family education : Theory and practice », dans A.B. Hatfield (dir.), *Family Interventions in Mental Illness. New Directions in Mental Health Services*, 62. San Francisco, Calif. : Jossey-Bass Publishers, p. 3-11.

Hay, I. (2007). *Leadership of Stability and Leadership of Volatility : Transactional and Transformational Leaderships Compared*. http://www.academicleadership.org/emprical_research/Leadership_of_Stability_and_Leadership_of_volatility_Transactional_and_Transformational_Leaderships_Compared.shtml.

Heap, K. (1994). *La pratique du travail social avec les groupes*. Paris : ESF.

Hegar, R.L. et Hunzeker, J.M. (1988). « Moving toward empowerment-based practice in public child welfare ». *Social Work*, 33 (6), p. 499-502.

Henry, S. (1992). *Group Skills in Social Work : A Four Dimensional Approach*, 2ᵉ édition. Itasca, Ill. : F.E. Peacock.

Hines, M. (1988). « Similarities and differences in group and family therapy ». *Journal for Specialists in Group Work*, 13 (4), p. 173-179.

Hogan, M. (2007). *The Four Skills of Cultural Diversity Competence : A Process for Understanding And Practice*, 3ᵉ édition. Boston, Mass. : Thomson Brooks/Cole.

Hogg, M.A., Martin, R., Epitropaki, O., Mankad, O., Svensson, A. et Weeden, K. (2005). « Effective leadership in salient groups : revisiting leader-member exchange theory from the perspective of the social identity theory of leadership ». *Personality and Social Psychology Bulletin*, 31 (7), p. 991-1004.

Home, A. (1996). « Réussir l'intervention de groupe malgré un contexte difficile : mission impossible ? ». *Intervention*, 102, p. 20-29.

Home, A. et Darveau-Fournier, L. (1980). « La spécificité du service social des groupes ». *Service social*, 29 (1-2), p. 16-31.

Home, A. et Darveau-Fournier, L. (1981). *Utilisation des groupes en service social dans la région 03*. Sainte-Foy : Laboratoire de recherche, École de service social, Université Laval.

Home, A. et Darveau-Fournier, L. (1983). « Les groupes de service social à Québec : Recherche et rapports entre théorie et pratique ». *Service social*, 32 (1-2), p. 129-155.

Hoolooman, C.R. et Hendrick, H.W. (1972). « Adequacy of group decisions as a function of the decision making process ». *Academy of Management Journal*, 15, p. 175-184.

Hopmeyer, E. (1990). « Entraide et service social des groupes ». *Service social*, 39 (1), p. 64-75.

Hudson, W.W. (1990). « *WALMYR Classroom Training Package* ». Tallahassee, Fla. : WALMYR Publishing Co., pag. multiple.

Hurdle, D.E. (1990). « The ethnic group experience ». *Social Work with Groups*, 13 (4), p. 59-69.

Janis, I. (1982). *Groupthink : Psychological Studies of Policy Decisions and Fiascoes*. Boston : Houghton Mifflin.

Janis, I. et Mann, L. (1977). *Decision Making : A Psychological Analysis of Conflict Choice and Commitment*. New York : Free Press.

Janzen, C., Harris, O., Jordan, C. et Franklin, C. (2006). *Family Treatment. Evidence-Based Practice with Populations at Risk*, 4ᵉ édition. Canada : Thomson, Brooks/Cole.

Johnson, D.W. (1977). « Distribution and exchange of information in problem solving dyads ». *Communication Research*, 4, p. 283-298.

Johnson, D.W. (1988). *Les relations humaines dans le monde du travail*. Montréal : Éditions du Renouveau pédagogique.

Johnson, D.W. et Johnson, F. P. (2003). *Joining Together: Group Theory and Group Skills*, 7ᵉ édition. Needham Height, Minn.: Allyn and Bacon.

Kalter, N., Pickan, J. et Lesowitz, M. (1984). « School-based development facilitating groups for children of divorce: A preventive intervention ». *American Journal of Orthopsychiatry*, 54 (4), p. 613-623.

Kaplan, K. (1988). *Directive Group Therapy-Innovative Mental Health Treatment*. Thorofare, N.J.: Slack.

Khalsa, S.S. (1996). *Group Exercices for Enhancing Social Skills & Self-Esteem*. Sarasota, Fla.: Professional Resource Press.

Kiesler, S. (1978). *Interpersonal Process in Groups and Organizations*. Arlington Heights, Va.: AHM.

Kirschenbaum, H. et Glaser, B. (1978). *Developing Support Groups*. La Jolla, Calif.: University Associates.

Kivlighan, D.M., Multon, K.D. et Brossart, D.F. (1996). « Helpful impacts in group counseling: Development of a multidimensional rating system ». *Journal of Counseling Psychology*, 43 (3), p. 347-355.

Klein, A. (1970). *Social Work Through Group Process*. Albany, N.Y.: State University of New York at Albany, School of Social Welfare.

Klein, A. (1972). *Effective Group Work: An Introduction to Principle and Method*. New York: Association Press.

Konopka, G. (1983). *Social Group Work: A Helping Process*, 3ᵉ édition. Englewood Cliffs, N.J.: Prentice-Hall.

Kosoff, S. (2003). « Single Session Groups: Applications and Areas of Expertise ». *Social Work with Groups*, 26 (1), p. 29-45.

Kotlyar, I. et Karakowsky, L. (2006). « Leading conflict? Linkages between leader behaviors and group conflict ». *Small Group Research*, 37 (4), p. 377-403.

Kurland, R. et Salmon, R. (1998). *Teaching a Methods Course in Social Work with Groups*. Alexandria, Va.: Council on Social Work Education.

Kurland. R. (2005). « Planning: The neglected component of group development ». *Social Work with Groups*, 28 (3-4), p. 9-16.

Kurtz, L. (1997). *Self-Help and Support Groups*. Thousand Oaks, Calif.: Sage.

Landry, S. (1995). « Le groupe restreint: Prémisses conceptuelles et modélisation ». *Revue québécoise de psychologie*, 16 (1), p. 45-62.

Lavoie, F. et Stewart, M. (1995). « Les groupes d'entraide et les groupes de soutien: Une perspective canadienne ». *Revue canadienne de santé mentale communautaire*, 14 (2), p. 13-22.

Leclerc, C. (1999). *Comprendre et construire les groupes*. Québec: Chronique sociale, Presses de l'Université Laval.

Lecomte, R. (2003). « La nature du travail social », dans Y. Hurtubise et J.-P. Deslauriers (dir.), *Introduction au travail social*. Lyon: Éditions de la Chronique sociale, p. 23-36.

Lee, J. (2001). *The Empowerment Approach to Social Work Practice: Building the Beloved Community*. New York: Columbia University Press.

Legault, G. (dir.) (2000). *L'intervention interculturelle*. Boucherville: Gaëtan Morin Éditeur.

Levi, D. (2001). *Group Dynamics for Teams*. Thousand Oaks, Calif.: Sage.

Levine, B. (1979). *Group Psychotherapy: Practice and Development*. Englewood Cliffs, N.J.: Prentice-Hall.

Levine, B. (1980). « Co-leadership approaches to learning groupwork ». *Social Work with Groups*, 3 (4), p. 35-38.

Levine, B. et Gallogly, V. (1985). *Group Therapy with Alcoholics: Outpatient and Inpatient Approaches*. Newbury Park, Calif.: Sage.

Lewin, K. (1951). *Field Theory in Social Science*. New York: Harper and Row.

Lewin, K. (1959). *Psychologie dynamique: Les relations humaines*. Paris: PUF.

Lewin, K., Lippitt, R. et White, R. (1939). « Patterns of agressive behavior in experimentally created "social climates" ». *Journal of Social Psychology*, 10, p. 271-299.

Lewis, E.A. et Ford, B. (1990). « The network utilization project: Incorporating traditional strengths of African-American families into groupwork practice ». *Social Work with Groups*, 13 (4), p. 7-22.

Lewis, E.A. et Kissman, K. (1989). « Factors linking ethnic-sensitive and feminist social work practice with African-American women ». *Arete*, 14 (2), p. 23-31.

Lewis, H.C. (1984). « Child welfare agencies », dans M. Berger et G.J. Jurkovic (dir.), *Practicing Family Therapy in Diverses Settings*. Washington: Jossey-Bass, p. 180-210.

Lieberman, M.A. et Golant, M. (2002). « Leader behaviors as perceived by cancer patients in professionally directed support groups and outcomes ». *Group Dynamics: Theory, Research, and Practice*, 6 (4), p. 267-276.

Lindsay, J. (1990). *Les types de groupes en service social*, texte inédit. Québec : Université Laval, École de service social.

Lindsay, J. (1991). *La négociation d'un contrat*, texte inédit. Québec : Université Laval, École de service social.

Lindsay, J. (2003). « Le travail social avec les groupes : concepts et pratiques », dans Y. Hurtubise et J.-P. Deslauriers (dir.), *Introduction au travail social*. Lyon : Éditions de la Chronique sociale, p. 95-118.

Lindsay, J. (dir.). *Évaluation des besoins de formation*. Université Laval : École de service social.

Lindsay, J. (dir.). *Le service social des groupes*. Texte inédit.

Lindsay, J. (dir.). *Les phases d'intervention en groupe*. Université Laval : École de service social.

Lindsay, J., Turcotte, D., Montminy, L. et Roy, V. (2006). *Les effets différenciés de la thérapie de groupe auprès de conjoints violents : une analyse des facteurs d'aide*. Université Laval : Cri-Viff.

Linn, L.S. (1975). « Factors associated with patient evaluation of health care ». *Milbank Memorial Fund Quarterly*, 53, p. 531-548.

Littell, J.H. et Girvin, H. (2004). « Ready or not : Uses of the stages of change model in child welfare ». *Child Welfare*, 83 (4), p. 341-366.

MacKenzie, K.R. (1994). « Group development », dans A. Fuhriman et G.M. Burlingame (dir.), *Handbook of Group Psychotherapy*. New York : John Wiley and Sons, p. 223-268.

Magura, S. et Moses, B.S. (1986). *Outcome Measures for Child Welfare Services*. Washington, D.C. : Child Welfare League of America.

Malekoff, A. (2004). *Group Work with Adolescents : Principles and Practice*, 2e édition. New York : Guilford Press.

Marcotte, F. (1986). « Les rôles dans un groupe », dans R. Mayer, H. Lamoureux et J. Panet-Raymond (dir.), *L'action communautaire*. Montréal : Saint-Martin, p. 55-64.

Marsh, J.C. (2003). « Arguments for family strengths research ». *Social Work*, 48 (2), p. 147-149.

Howard, M.O., McMillen, C.J. et Pollio, D.P. (2003). « Teaching evidence-based practice : Toward a new paradigm for social work education ». *Research on Social Work Practice*, 13 (2), p. 234-259.

Mayer, R., Ouellet, F., Saint-Jacques, M.C. et Turcotte, D. (2000). *Méthodes de recherche en intervention sociale*. Montréal : Gaëtan Morin Éditeur.

McGuire, L.E. (2003). « Using Qualitative Methods to Evaluate a Group : Does the Survival Skills for Women Program Increase Self-Sufficiency ? ». *Social Work with Groups*, 26 (4), p. 43-57.

McKay, M. et Paleg, K. (dir.) (1992). *Focal group psychotherapy*. Oakland, Calif. : New Harbinger.

McKenna, K.Y.A, Green, A.S. et Gleason, M.E.J. (2002). « Relationship formation on the Internet : What's the big attraction ? ». *Journal of Social Issue*, 58 (1), p. 9-31.

McKenna, K.Y.A. et Bargh, J. (1999). « Causes and consequences of social interaction on the Internet : A conceptual framework ». *Media Psychology*, 1, p. 249-269.

McKenna, K.Y.A. et Green, A.S. (2002). « Virtual group group dynamics ». *Group Dynamics : Theory, Research, and Practice*, 6 (1), p. 116-127.

MacKenzie, K.R. (1983). « The clinical application of a Group Climate measure », dans R.R. Dies et K.R. MacKenzie (dir.), *Advances in Group Psychotherapy : Integrating Research and Practice*. New York : International Universities Press, p. 159-170.

McKenzie, K.R. (1994). « Group Development », dans A. Fuhriman et G.M. Burlingame (dir.), *Handbook of Group Psychotherapy*. New York : John Wiley & Sons, p. 223-268.

McMurtry, S.L., Hudson, W.W. (2000). « The Client Satisfaction Inventory : Results of an initial validation study ». *Research on Social Work Practice*. 10 (5), p. 644-663.

Meier, A. (2000). « Offering social support via the Internet : A case study of an online support group for social workers ». *Journal of Technology in Human Services*. 17 (2-3), p. 237-266.

Meier, A. (2004). « In-person counseling and Internet self-help groups ; Synthetizing new forms of social work practice », dans G.L. Greif et P.H. Ephross, *Group Work with Populations at Risk*, 2e édition. New York : Oxford University Press, p. 159-180.

Meier, A., Galinsky, M.J. et Round, K.A. (1995). « Telephone support groups for caregivers of persons with AIDS ». *Social Work with Groups. Special Issue : Support groups : Current perspectives on theory and practice*. 18 (1), p. 99-108.

Metcalf, L. (1998). *Solution Focused Group Therapy*. New York : Free Press.

Middleman, R.R. (1980). « Co-leadership and solo-leadership in education of social work with groups ». *Social Work with Groups*, 3 (4), p. 39-50.

Middleman, R.R. (1982). *The Non-verbal Method in Working with Groups: The Use of Activity in Teaching, Counseling, and Therapy*, Hebron, Conn.: Practitioners Press.

Middleman, R.R. (1990). « Habiletés propres au travail social avec le groupe comme entité ». *Service social*, 39 (1), p. 151-160.

Middleman, R.R. et Goldberg, G. (1987). « Social work practice with groups », dans *Encyclopedia of Social Work*, 18e édition. New York: National Association of Social Workers, p. 714-729.

Mireault, G., Drapeau, S., Fafard, A., Lapointe, J. et Cloutier, R. (1991). *Évaluation d'un projet d'intervention auprès d'enfants de familles séparées: Le projet Entramis*. Québec: Département de santé communautaire.

Montminy, L. et Bellevance, J. C. (1996). « Le groupe en contexte de réadaptation ». *Service social*, 45 (3), p. 153-174.

Morales, A. et Sheafor, B.W. (1977). *Social Work: A Profession with Many Faces*. Boston: Allyn and Bacon.

Mucchielli, R. (1975). *Le travail en équipe: Connaissance du problème, applications pratiques*. Paris: ESF.

Mucchielli, R. (1992). *La conduite des réunions*. Paris: ESF.

Mullender, A. (1990). « The ebony project-Bicultural groupwork with transracial foster parents ». *Social Work with Groups*, 13 (4), p. 23-41.

Mullender, A. et Ward, D. (1991). *Self-directed Groupwork – Users Take Action for Empowerment*. Londres: Whiting and Birch.

Murray, E., Burns, J., See, T.S., Lai, R. et Nazareth, I. (2005). « Interactive health communication applications for people with chronic disease ». *Cochrane database of systematic review*, no 4.

Nadelman, A. (1994). « Sharing the hurt: Adolescents in residential setting », dans A. Gitterman et L. Shulman, *Mutual Aid Groups, Vulnerable Populations, and the Life Cycle*. New York: Columbia University Press, p. 163-184.

Napier, R. et Gershenfeld, M. (1993). *Groups: The Theory and Practice*, 4e édition. Boston: Houghton Mifflin.

Nemeth, C. (1977). « Interaction between jurors as a function of majority vs. unanimity decisions rules ». *Journal of Applied Social Psychology*, 7, p. 38-56.

Nguyen, T.D., Attkisson, C.C. et Stegner, B.L. (1983). « Assessment of patient satisfaction: Development and refinement of a service evaluation questionnaire ». *Evaluation and Program Planning*, 6, p. 299-314.

Noble, D.N., Perkins, K. et Fatout, M. (2000). « On being a strength coach: Child welfare and the strengths model ». *Child and Adolescent Social Work Journal*. 17 (2), p. 141-153.

Northen, H. (1988). *Social Work with Groups*, 2e édition. New York: Columbia University Press.

Northen, H. (1990). « Foreword: Ethnicity and biculturalism: Emerging perspectives of social group work ». *Social Work with Groups*, 13 (4), p. 19-20.

Northen, H. (1998). « Ethical dilemmas in social work with groups ». *Social Work with Groups*, 21 (1-2), p. 5-18.

Northen, H. et Kurland, R. (2001). *Social Work with Groups*, 3e édition. New York: Columbia University Press.

Nosko, A. (2002). « Adventures in co-leadership in social group work practice ». *Social Work with Groups*. 25 (1), p. 175-183.

Ohlsen, M., Horne, A.M. et Lawe, C. (1988). *Group Counseling*. New York: Holt, Rinehart et Winston.

Ouellet, F. et Mayer, R. (2000). « L'étude de besoins », dans R. Mayer, F. Ouellet, M.C. Saint-Jacques et D. Turcotte (dir.), *Méthodes de recherche en intervention sociale*. Montréal: Gaëtan Morin Éditeur, p. 257-286.

Papell, C. (1983). « Group work in the profession of social work: Identity and context », dans N. Lang et C. Marshall (dir.), *Patterns in the Mosaic: Proceedings of the 4th Annual Symposium for the Advancement of Social Work with Groups*. Toronto: Committee for the Advancement of Social Work with Groups, p. 1193-1209.

Papell, C. et Rothman, B. (1966). « Social group work models: Possession and heritage ». *Journal of Education for Social Work*, 2, p. 66-77.

Papell, C. et Rothman, B. (1978). « Editorial policy statement ». *Social Work with Groups*, 1 (1), p. 1-3.

Papell, C. et Rothman, B. (1979). « Editorial », *Social Work with Groups*, 2, p. 275-279.

Papell, C. et Rothman, B. (1980). « Relating the mainstream model of social work with groups to group psychotherapy and the structured groups approach ». *Social Work with Groups*, 3 (2), p. 5-25.

Papell, C. et Rothman, B. (1983). « Le modèle du courant central en service social des groupes en parallèle avec la psychothérapie et l'approche de groupe structuré ». *Service social*, 32 (1-2), p. 11-31.

Papell, C. et Rothman, B. (1966). « Social group work models : Possession and heritage ». *Journal of Education for Social Work*, 2, p. 66-77.

Papell, C. et Rothman, B. (1983). « Le modèle du courant central en service social des groupes en parallèle avec la psychothérapie et l'approche de groupe structuré ». *Service social*, 32 (1-2), p. 11-31.

Pâquet-Deehy, A., Home, A., Hopmeyer, E. et Kislovicz, L. (1983). « Étude comparative du service social des groupes à Montréal et à Québec ». *Service social*, 32 (1-2), p. 156-169.

Pâquet-Deehy, A., Proulx, J. et Hamel, C. (1997). *L'évaluation d'une intervention de groupe auprès d'enfants et d'adolescents exposés à la violence conjugale aux Centres de la jeunesse et de la famille Batshaw*. Montréal : Centres de la jeunesse et de la famille Batshaw.

Paré, D.A., Bondy, J. et Malhotra, C. (2006). « Performing respect : using enactments in group work with men who have abused ». *Journal of Systemic Therapies*, 25 (2), p. 64-79.

Paré, S. (1971). *Groupes et service social*. Québec : Presses de l'Université Laval.

Paré, S. (1992). « Quelques aspects de l'histoire du service social des groupes au Québec et ailleurs ». *Cahiers du service social des groupes*, 1.

Parent, M. (1996). « Expérimentation du modèle de groupe autogéré auprès d'étudiantes en options non traditionnelles ». *Intervention*, 102, p. 30-39.

Parsons, R.D. (1995). *The Skills of Helping*. Needham Heights, Mass. : Allyn and Bacon.

Parsons, T. (1964). *The Social System*. New York : Free Press.

Pedro-Carroll, J.O. et Cowen, E.L. (1985). « The children of divorce intervention program : An investigation of the efficacy of a school-based prevention program ». *Journal of Consulting and Clinical Psychology*, 53 (5), p. 603-611.

Peled, E. et Davis, D. (1995). *Groupwork with Children of Battered Women : A Practitioner's Guide*. Thousand Oaks, Calif. : Sage.

Pellegrini, R.J. (1971). « Some effects of seating position on social perception ». *Psychological Reports*, 28, p. 887-893.

Pfeiffer, W. et Jones, J.E. (1972). *The Annual Handbook for Group Facilitators*. La Jolla, Calif. : University Associates Publishers Inc.

Pfeiffer, W. et Jones, J.E. (1974). *A Handbook of Structured Experiences for Human Relations*. La Jolla, Calif. : University Associates Publishers Inc.

Pfeiffer, W. et Jones, J.E. (1976). *Formation aux relations humaines. Un recueil d'exercices à l'usage des responsables, formateurs, enseignants, psychologues*. Strasbourg : Euro-Training.

Pfeiffer, W. et Jones, J.E. (1982). *Le répertoire de l'animateur de groupe*. Québec : Actualisation idh inc.

Pinderhugues, E. (1989). *Understanding Race, Ethnicity, and Power : The Key to Efficacy in Clinical Practice*. New York : Free Press.

Pinsof, W.M. et Catherall, D.R. (1986). « The integrative psychotherapy alliance : Family, couple and individual therapy scales ». *Journal of Marital & Family Therapy*. 12 (2), p. 137-151.

Pollio, D.E. (2002). « The evidence-based group worker ». *Social Work with Groups*. 25 (4), p. 57-70.

Posthuma, B.W. (1989). *Small Groups in Therapy Settings : Process and Leadership*. Toronto : Little Brown.

Postmes, T., Spears, R., Sakhel, K. et De Groot, D. (2001). « Social influence on computer-mediated communication : The effects of anonymity on group behavior ». *Personality and Social Psychology Bulletin*, 27 (10), p. 1243-1254.

Prochaska, J.O. et DiClemente, C.C. (2002). « Transtheoretical therapy », dans J. Lebow (dir.), *Comprehensive Handbook of Psychotherapy*. Volume 4 : Integrative / Eclectic. New York : John Wiley & Sons, p. 165-183.

Prochaska, J.O., DiClemente, C.C. et Norcross, J.C. (2003). « In search of how people change : applications to addictive behaviors », dans P. Salovey et A.J. Rothman (dir.), *Social Psychology of Health. Key Readings*. New York and Hove : Psychology Press, p. 63-77.

Prochaska, J.O., Velicer, W.F., DiClemente, C.C. et Fava, J. (1988). « Measuring processes of change : applications to the cessation of smoking ». *Journal of Consulting and Clinical Psychology*, 56 (4), p. 520-528.

Prochaska, J.O. et Norcross, J.C. (1999). *Systems of Psychotherapy : a Transtheoretical Analysis*, 4e édition. Pacific Grove, Calif. : Brooks/Cole Publishing Co.

Putnam, L.L. (1986). « Conflict in group decision making », dans R.Y. Hirokawa et M.S. Poole (dir.), *Communication and Group Decision Making*. Beverly Hills, Calif. : Sage, p. 175-196.

Reid, K.E.(1997). « Therapeutic factors in groups » et « Program activities », dans *Social Work Practice with Groups. A Clinical Perspective*. Pacific Grove, Calif. : Brooks/Cole.

Richard, B. (1995). *Psychologie des groupes restreints*. Cap-Rouge : Presses interuniversitaires.

Rittner, B. et Hammons, K. (1992). « Telephone group work with persons with end stage AIDS ». *Social Work with Groups*, 15 (4), p. 59-71.

Roberts, R. et Northen, H. (1976). *Theories of Social Work with Groups*. New York : Columbia University Press.

Roffman, R. (2004). « Psychoeducational Groups », dans C.D. Garvin, L.M. Gutiérrez et M.J. Galinsky, (dir.), *Handbook of Social Work with Groups*. New York : Gulford Press, p. 160-175.

Rollnick, S. et Miller, W.R. (1995). « What is motivational interviewing ? ». *Behavioural and Cognitive Psychotherapy*. 23 (4), p. 325-334.

Rondeau, G., Lindsay, J., Beaudoin, G. et Brodeur, N. (1997). *Les dimensions éthiques associées à l'intervention auprès des conjoints violents*. Québec : Université Laval, Centre de recherche interdisciplinaire sur la violence familiale et la violence faite aux femmes.

Rooney, R. et Chevanec, M. (2006). « Involuntary Groups », dans C.D. Garvin, L.M. Gutiérrez et M.J. Glainsky, (dir.), *Handbook of Social Work with Groups*. New York : The Guilford Press, p. 212-226.

Rooney, R.H. (1992) *Strategies for Work with Involuntary Clients*. New York : Columbia University Press.

Rose, S. et Feldman, R. (dir.) (1986). « Research on social group work », numéro spécial de *Social Work with Groups,* 9 (3).

Rose, S.D. (1998). *Group Therapy with Troubled Youth : A Cognitive-Behavioral Interactive Approach*. Thousand Oaks, Calif. : Sage.

Rosenthal, Y. et Bandura, A. (1978). « Psychological modeling : Theory and practice », dans S. Garfield et A. Bergin (dir.), *Handbook of Psychotherapy and Behavior Changes*. New York : John Wiley and Sons, p. 621-658.

Rosnay, J. de (1975). *Le macroscope : Vers une vision globale*. Paris : Seuil.

Rossignol, V. (1999). « L'entrevue motivationnelle : une approche novatrice de la toxicomanie ». *L'intervenant*, 15, 2.

Rossignol, V. (2001). *L'entrevue motivationnelle : un guide de formation*. Montréal : Centre de recherche de l'hôpital Douglas.

Rothman, B. (1980). « Study of patterns of leadership in group work field instruction ». *Social Work with Groups*, 3 (4), p. 11-17.

Rothman, B. et Papell, C. (1990). « Service social des groupes en contexte d'autorité ». *Service social*, 39 (1), p. 45-63.

Rotholz, T. (1985). « The single session group : An innovative approach to the waiting room ». *Social Work with Groups*, 8 (2), p. 143-146.

Rounds, K.A., Galinsky, M. et Steven, L.S. (1991). « Linking people with AIDS in rural communities. The telephone group ». *Social Work*, 36, p. 13-18.

Roy, G. (1991). « Incompréhension culturelle et ajustements de pratique chez les travailleurs sociaux ». *Revue canadienne de service social*, 8 (2), p. 278-291.

Rudestam, K.E. (1982). *Experiential Groups in Theory and Practice*. Monterey, Calif. : Brooks/Cole.

Russel, M.N. (1990). *Clinical Social Work : Research and Practice*. Newbury Park : Sage.

Rycroft-Malone, J. et Stetler, C.B. (2004). « Commentary on evidence, research, knowledge : a call for conceptual clarity ». *Worldviews Evidence Based Nursing*, 1 (2), p. 98-101.

Sabourin, S., Gendreau, P. et Frenette, L. « Le niveau de satisfaction des cas d'abandon dans un service universitaire de psychologie ». *Canadian Journal of Behavioural Science*, 1987, 19, p. 314-323.

Saint-Jacques, M.C., Ouellet, F. et Lindsay, J. (1994). « L'alliance de l'évaluation et de la pratique en service social des groupes ». *Cahiers du service social des groupes*, 8.

Saleebey, D. (2002). *The Strengths Perspective in Social Work Practice*. Boston : Allyn and Bacon.

Saleebey, D. (2002a). « The strengths approach to practice », dans D. Saleebey (dir.), *The Strengths Perspective in Social Work Practice*. Boston : Allyn and Bacon, p. 80-94.

Salmon, R. et Graziano, R. (dir.) (2004). *Group Work and Aging : Issues in Practice, Research, and Education*. Binghamton, N.Y. : Haworth Social Work Practice Press.

Sands, R.G. et Solomon, P. (2003). « Developing educational groups in social work practice ». *Social Work with Groups*, 26 (2), p. 5-20.

Schatz, M.S., Jenkins, L.E. et Sheafor, B.W. (1990). « Milford redefined : A model of initial and advanced generalist social work ».

*Journal of Social Work Education*, 26 (3), p. 217-231.

Scheidel, T. et Crowell, L. (1979). *Discussing and Deciding: A Deskbook for Group Leaders and Members*. New York: MacMillan.

Shechtman, Z., Gluk, O. (2005). « An investigation of Therapeutic Factors in Children's Groups ». *Group Dynamics: Theory, Research, and Practice*. 9 (2), p. 127-134.

Schiller, L.Y. (1995). « Stages of development in women's groups: A relational model », dans R. Kurland et R. Salmon (dir.), *Group Work Practice in a Troubled Society: Problems and Opportunities*. New York: Haworth Press, p. 117-138.

Schiller, L.Y. (1997). « Rethinking stages of development in women's groups: Implications for practice ». *Social Work with Groups*, 20 (3), p. 3-19.

Schopler, J.H. et Galinsky, M.J. (2005). « Meeting Practice Needs: Conceptualizing the Open-Ended Group ». *Social Work with Groups*, 28 (3-4), 49-68.

Schopler, J.H. et Galinsky, M.J. (1994). « Negative experience in support settings ». *Social Work in Health Care*, 21 (1), p. 77-95.

Schopler, J.H. et Galinsky, M.J. (1990). « Can open-ended groups move beyond beginnings ». *Small Group Research*, 21 (4), p. 435-449.

Schopler, J.H., Galinsky, M.J. et Alicke, M. (1985). « Goals in social group work practice: formulation, implantation and evaluation », dans M. Sundel, P. Glasser, R. Sarri et R. Vinter, *Individual Change Through Small Groups*. New York: Free Press, p. 140-158.

Schopler, J.H., Galinsky, M.J., Davis. L.E. et Despard, M. (1996). « The RAP Model: assessing a framework for leading multicultural groups ». *Social Work with Groups*, 19 (3-4), p. 21-39.

Schultz, B.G. (1988). *Communicating in the Small Group: Theory and Practice*. New York: Harper Collins.

Schwartz, W. (1961). *The Social Worker in the Group: The Social Welfare Forum*, New York: Columbia University Press.

Schwartz, W. (1971). « On the use of groups in social work practice », dans W. Schwartz et S. Zalba (dir.), *The Practice of Group Work*. New York: Columbia University Press, p. 3-24.

Schwartz, W. et Zalba, S. (1971). *The Practice of Group Work*. New York: Columbia University Press.

Schwartz, William (2005). « The group work tradition and social work practice ». *Social Work with Groups*. 28 (3-4), p. 69-89.

SCTC (Secrétariat du Conseil du Trésor du Canada) (1991). *Mesure de la satisfaction du client*. Ottawa: Bureau du Contrôleur général Direction de l'évaluation et de la vérification.

Shulman, L. (1976). *Le modèle de médiation: Une technique de travail social avec les groupes*. Paris: ESF.

Shulman, L. (2006). *The Skills of Helping: Individuals, Families, Groups and communities*, 5e édition. Belmont, Calif.: Thomson-Brooks/Cole.

Silbergeld, S., Koenig, G.R., Manderscheid, R.W., Meeker, B.F. et Hornung, C.A. (1975). « Assessment of environment-therapy systems: The Group Atmosphere Scale ». *Journal of Consulting and Clinical Psychology*. 43 (4), p. 460-469.

Simard, P., Beaudoin, A., Champoux, L., Fortin, J., St-Amand, A., Turcotte, D. et Turgeon, J. (2001). *L'accessibilité aux services psychosociaux pour les 0-12 ans en CLSC: Les liens avec les modes d'organisation*. Québec: École nationale d'administration publique et Université Laval.

Siporin, M. (1975). *Introduction to Social Work Practice*. New York: MacMillan.

Sloane, G. (2003). « How did we get here? The importance of sharing with members the reasons for a group's formation and the history of its development ». *Social Work with Groups*, 26 (2), p. 35-49.

Slonim-Nevo, V. (1996). « Clinical practice: treating the non-voluntary client ». *International Social Work*, 39, p. 117-129.

Smokoski, P.R., Rose, S.D., Todar, K. et Bacaleo, M.L. (2001). « Damaging experiences in therapeutic groups. How vulnerable consumers become group casualties ». *Small Group Research*, 32 (2), p. 223-251.

Smokowski, P., Galinsky, M. et Harlow, K. (2001). « Using technologies in groupwork. Part II: Technology-based groups ». *Groupwork*. 13 (1), p. 98-115.

St-Arnaud, Y. (1989). *Les petits groupes: Participation et communication*. Montréal: Presses de l'Université de Montréal.

Steinberg, D.M. (1997). *The Mutual-Aid Approach to Working with Group*. Northvale, N.J.: Jason Aronson Inc.

Steinberg, D.M. (2004). *The Mutual-Aid Approach to Working with Groups Helping People Help One Another*, 2e édition. New York: Haworth Press.

Stempler, B.J. (1993). « Supervisory co-leadership : An innovative model for teaching the use of social group work in clinical social work training ». *Social Work with Groups*, 16 (3), p. 97-110.

Sternbach, J. (2001). « Men Connecting and Changing – Stages of Relational Growth in Men's Groups ». *Social Work with Groups*, 23 (4), p. 59-69.

Tard, C., Beaudoin, A., Turcotte, D. et Ouellet, H. (1997). *L'évaluation de l'action des organismes dans le cadre du programme d'action communautaire pour les enfants (PACE) : Outils pour l'amélioration de la qualité des programmes*. Québec : Université Laval, Centre de recherche sur les services communautaires.

Thomas, H. et Caplan, T. (1999). « Spinning the group process wheel : Effective facilitation techniques for motivating involuntary client groups ». *Social Work with Groups*, 21 (4), p. 3-21.

Thyer, B. (2003). « Social work should help develop interdisciplinary evidence-based practice guidelines, not discipline-specific ones », dans A. Rosen et E.K. Proctor (dir.), *Developing Practice Guidelines for Social Work Interventions : Issues, Methods, and Research Agenda*. New York : Columbia University Press, p. 128-139.

Tierney, S. (2005). « Reframing an evidence-based approach to practice », dans A. Bilson, (dir.), *Evidence-Based Practice in Social Work*, London : Whiting & Birch Ltd, p. 51-67.

Tolman, R. et Molidor, C. (1994). « A decade of social group work research : Trends in methodology, theory, and program development ». *Research on Social Work Practice*, 4 (2), p. 142-159.

Tolman, R. et Rose, S. (dir.) (1994). « Empirical Research on the Outcomes of Social Work with Groups », numéro spécial de *Research on Social Work Practice*, 4 (2).

Toseland, R. (1981). « Increasing access : Outreach methods in social work practice ». *Social Casework*, 62 (4), p. 227-234.

Toseland, R. (1995). *Group Work with the Elderly and Family Caregivers*. New York : Springer.

Toseland, R.W. et Rivas, R.F. (2005). *An Introduction to Group Work Practice*, 5ᵉ édition. Boston : Pearson/Allyn and Bacon. 5ᵉ édition.

Tropp E. (1978). « Whatever happened to group work ? ». *Social Work with Groups*. 1 (1), p. 85-94.

Tsui, P. et Schultz, G. (1988). « Ethnic factors in group process : Cultural dynamics in multi-ethnic therapy groups ». *American Journal of Orthopsychiatry*, 58, p. 136-142.

Tuckman, B.W. et Jensen, M.A. (1977). « Stages of small-group development revisited ». *Group & Organization Studies*. 2 (4), p. 419-427.

Turcotte, D. (1990). « Aide professionnelle et groupe d'entraide : Une démarche combinée pour les parents d'adolescent(e)s ». *Intervention*, 85, p. 64- 72.

Turcotte, D. (1996). « Quelques tendances de l'évolution récente des pratiques en service social des groupes ». *Revue canadienne de service social*, 13 (1), p. 53-74.

Turcotte, D. (1997). « Pour réussir le recrutement des membres : L'importance des alliances avec la communauté ». *Service social*, 46 (2-3), p. 101-126.

Turcotte, D. et Fournier, J.R. (1994). *Les pratiques actuelles en service social des groupes : Nature et contraintes*. Québec : Université Laval, Faculté des sciences sociales, École de service social.

Turcotte, D. et Tard, C. (2000). « L'évaluation de l'intervention et l'évaluation de programme », dans R. Mayer, F. Ouellet, M.C. Saint-Jacques et D. Turcotte (dir.), *Méthodes de recherche en intervention sociale*. Boucherville : Gaëtan Morin Éditeur, p. 327-358.

Turcotte, D., Beaudoin, G. et Pâquet-Deehy, A. (1999). *Les pratiques d'intervention auprès des enfants et des adolescents exposés à la violence conjugale*. Québec : Université Laval, Centre de recherche interdisciplinaire sur la violence familiale et la violence faite aux femmes.

Turcotte, D., Samson, C., Lessard, G. et Beaudoin, A. (1997). *De l'intervention à l'évaluation : La dynamique de réalisation des projets d'action communautaire*. Québec : Centre de recherche sur les services communautaires.

Van Den Bergh, N. (1990). « Managing biculturalism at the workplace : A group approach ». *Social Work with Groups. Special Issue : Ethnicity and biculturalism : Emerging perspectives of social group work*. 13 (4), p. 71-84.

Vernelle, B. (1994). *Understanding and Using Groups*. Leicester : Whiting and Birch.

Vinter, R. (1974). « Program activities : An analysis of their effects on participant behavior », dans P. Glasser, R. Sarri et R. Vinter (dir.), *Individual Change Through Small Groups*. New York : Free Press, p. 233-243.

Waldman, E. (1980). « Co-leadership as a method of training : A student's point of view ». *Social Work with Groups*, 3 (1), p. 51-58.

Wall, V.D., Jr., Galanes, G.J. et Love, S.B. (1987). « Small task-oriented groups, conflict, conflict management, satisfaction, and decision quality ». *Small Group Behavior*, 18, p. 31-55.

Walrond-Skinner, S. (1980). *Thérapie familiale, traitement des systèmes vivants*. Paris: ESF.

Walter, J.L. et Peller, J.E. (1992). *Becoming Solution-Focused in Brief Therapy*. New York: Brunner/Mazel.

Ward, A.D. (2007). *Working in Group Care: Social Work and Social Care in Residential and Day Care Settings*, 2ᵉ édition. Bristol: Policy.

Watzlawick, P. (dir.) (1988). *L'invention de la réalité: Comment savons-nous ce que nous croyons savoir? Contributions au constructivisme*. Paris: Seuil.

Watzlawick, P., Beavin, J.H. et Jackson, D.D. (1972). *Une logique de la communication*. Paris: Seuil.

Weeks, D. (1992). *The Eight Essential Steps to Conflict Resolution*. New York: G.P. Putnam's Sons.

Weil, M. (1985). « Task group skills: The core of community practice », dans M. Leiderman, M.L. Birnbaaum et B. Dazzo, *Roots and New Frontiers in Social Group Work*. New York: Haworth Press, p. 131-148.

Weinberg, H. (2001) « Group process and group phenomena on the Internet ». *International Journal of Group Psychotherapy*, 51 (3), p. 361-378.

Weinberg, N., Uken, J., Schmale, J. et Adameck, M. (1995). « Therapeutic factors: their presence in a computer-mediated support group ». *Social Work with Groups*, 18 (4), p. 57-69.

Weiss, J.C. (1975). « The D-R model of co-leadership of groups ». *Small Group Behavior*, 19 (1), p. 117-125.

Whittaker, J. et Garbarino, J. (1983). *Social Support Network: Informal Helping in the Human Services*. New York: Aldine de Gruyter.

WHO (World Health Organization) (2000). *Client Satisfaction Evaluation*, Workbook 6, WHO/MSD/MSB 00.2g.

Wickham, E. (2003). *Group Treatment in Social Work*, 2ᵉ édition. Toronto, Thompson Educational Publishing.

Wilson S.A. (1980). *Recording Guidelines for Social Workers*. New York: Free Press.

Wilson, G. (1941). *Group Work and Casework: Their Relationship and Practice*. New York: Family Welfare Association of America.

Winefield, H.R. (2006). « Support provision and emotional work in an Internet support group for cancer patients ». *Patient Education and Counseling*, 62 (2), p. 193-197.

Witteman, H. (1991). « Group member satisfaction: A conflict-related account ». *Small Group Research,* 22 (1), p. 24-58.

Wood, J.T. (1977). « Constructive conflict in discussions: Learning to manage disagreements effectively », dans J.W. Pfeiffer et J.E. Jones, *The 1977 Annual Handbook for Group Facilitators*. La Jolla, Calif.: University Associates Publishers, p. 115-119.

Yalom, I. (1983). *Inpatient Group Psychotherapy*. New York: Basic Books.

Yalom, I. (1995). *The Theory and Practice of Group Psychotherapy*, 4ᵉ édition. New York: Basic Books.

Zastrow, C. (2006). *Social Work with Groups: A Comprehensive Workbook*, 6ᵉ édition, Belmont, Calif., Toronto: Thomson Brooks/Cole.

# Index des sujets

**A**

AASWG (Association for the Advancement of Social Work in Groups), 15, 274
abandons, 128-129
acquis, maintien et transfert des, 196-198
action sociale, 12
activités, 62
de la phase de début, 111
utilités des_, 135
aide
à la résolution de problèmes personnels, 110
mutuelle, 4
dynamiques d'_, 107, 108, 109
altruisme, 143, 144, 146
apprentissage, 1, 3, 9, 26-27
attitudes, 171-172

**B**

bases du fonctionnement du groupe, 111, 116
besoins, évaluation des, 107
bouc émissaire, 168, 176-177
but
détermination du_, 72, 81
du groupe, 38, 45, 60

**C**

changements
facteurs de_, 143-144
relatifs au groupe comme entité, 210-211
chef interne, 176
climat
de confiance, 105, 107
du groupe, 51
coanimateur, choix d'un, 221
coanimation, 221-224
avantages de la_,

pour l'organisation, 218-219
pour les intervenants, 217-218
pour les membres, 216-217
éléments à prendre en considération pour la_, 216
limites de la_, 219-220
utilisation de la_, 219
cohésion, 51-53
communication, 3, 54-57, 167-168
composantes de la_, 55
facteurs qui influent sur la_, 56
modèles de_, inadéquats, 138-139
orientée vers l'intervenant, 138-139
compétences, 76, 77, 108
développement des_, 103
comportements individuels problématiques, 173-175
composition du groupe, 40
conclusion, 193
de l'intervention, 30-31, 193-194
phase de_, 212
conflit(s), 180-189
analyser les composantes d'un_, 187-189
au sein du groupe, 180, 183-185
principes d'action lors d'un_, 184-186
processus de négociation lors d'un_, 185-186
réactions aux_, 182
types de_, 181, 182
connaissance de soi, 144
constitution d'une entité groupale, 166

contact pré-groupe, 113-114
contexte
multidisciplinaire, 11
multiculturel, 224-232
contrat
formalisation du_, 119, 121
initial, 98-101
conversations sociales, 179
culturagramme, 229

**D**

début
de l'intervention, 8
phase de_, *voir* phase(s) (de début)
décision, 37
par minorité, 123
par consensus, 123
par majorité, 123
prise de_, 68, *voir* prise(s) de décision(s)
demandes mutuelles, 109
démocratie, 9
dépendance, 180
description des réalités individuelles, 112
détermination
des objectifs, 81
spécifiques, 114-115
du but, 81
développement
des compétences, 140-142
des habiletés sociales, 133-135
d'un climat positif, 169
stades de_, *voir* stade(s) (de développement)
discussion
de sujet tabous, 109-110
incessantes, 179
dossier, 153-159
contenu du, 158,159

dynamique
  d'aide mutuelle, 129
  du groupe, 29, 31

**E**

échelle
  d'atteinte des objectifs,
    208-209
  d'évaluation, 207-208
éclatement du groupe, 180
éléments structurels, 39-41, 56
entraide
  groupe d'_, 198
entrevue motivationelle,
  236-239
espace, 40, 42
espoir, 113, 114, 118, 119
  stimulation de l'_, 118
étude de la demande, 73
évaluation
  de l'intervention, 199
  de la démarche du groupe,
    200-201
  des besoins, 76
  des résultats, 84
  du cheminement du groupe,
    200-201
  échelle d'_, 207-208
  formative, 199
  sur système unique,
    205-206
évolution du groupe, 97
extériorité du groupe, 15

**F**

fonctionnement du
  groupe, 166
  bases du_, 116-117
  modalités de_, 120
force du nombre, 134
formalisation du contrat, 119
formation, 145
  du groupe, 119

**G**

gestion des situations problématiques, 172-173
grille d'observation, 206-207
groupe(s)
  à court terme, 88, 242
  axés sur les habiletés
    sociales, 27-28
  but du_, 38, 45, 60
  climat du_, 51, 56
  cohésion du_, 52, 54
  composition du_, 36, 40, 58
  conflits au sein du_, 7,
    voir conflit(s)
  de croissance, 27
  d'éducation, 26-27

de femmes, 128
définition du_, 34-35
de participation, 28
de socialisation, 27-28
de soutien, 25, 32, 36
de tâche, 20, 21, 36
de thérapie, 25
de traitement, 20, 21, 36
dynamique du(des)_, 29,
  31, 52, 178-180
éclatement du_, 180
éléments structurels du_, 41
évaluation de la démarche
  du_, 200-201
évaluation du cheminement
  de_, 200-201
évolution du_, 58, 62, 68
extériorité du_, 15
fermé(s), 36, 40
fonctionnement du_, 30,
  voir fonctionnement
  du groupe
formation du_, 119
intervention de_, 37, voir
  intervention (de groupe)
membres du_, 46, 50,
  voir membre(s)
ouverture du_, 39, 40
ouvert, 41
psycho-éducationnel, 26
réactions à la fin du_,
  195,196
récréatifs, 27, 28
stades de développement
  du_, 57
structuration du_, 111, 117
structure du_, 52, 63, 117
suites du_, 198
taille du_, 41, 42, 51, 56
thérapie de_, 4, 12, 16
types de_, 35, 36
virtuels, 276

**H**

habiletés, 163-191
  génériques, 164-172
    ayant trait au groupe
      comme entité, 164-169
    utilisées pour l'animation
      de réunion, 169-171
  pour la gestion de situations
    problématiques, 172-189
    comportements indivi-
      duels problématiques,
      173-175
    rôles dysfonctionnels,
      176-178
    dans la dynamique de
      groupe, 178-180

sociales
  développement des_, 144
  groupes axés sur les_, 27
hétérogénéité, 27
histoire du service social des
  groupes, 8
homogénéité, 40, 53

**I**

imitation, 148, 151
ingérence, 173-175
intégration, 143-144
intervenant
  préparation personele
    de l'_, 119-120
  rôles tenus par l'_, 142
intervention
  conclusion de l'_, 193-194
  contexte d'_, 91
  début de l'_, 8-9
  de groupe
    pertinence de l'_, 77-79
    professionnalisation de
      l'_, 10-11
  évaluation de l'_, 199
  individuelle, 3, 11

**J-L**

journal de bord, 153, 205
leader
  autocratique, 47-48
  de style laisser-faire, 48
  démocratique, 48
leadership, 48-50
  orienté vers l'individu, 48
  orienté vers la tâche, 48
  styles de_, 47-48
logique groupale, 126, 127

**M**

maintien des acquis, 196-198
membre(s)
  défensif, 177
  déviant, 176
  divergent, 177
  présentation des_, 111
  recrutement des_, 91, 92, 98
  satisfaction des_, 202
  sélection des_, 92, 95, 97
  silencieux, 176
modalités de fonctionnement
  du groupe, 94, 98
modèle(s)
  à buts sociaux, 13
  de pratique en service social
    des groupes, 13
  de réadaptation, 13
  de réciprocité, 13, 14
  du courant central, 15
  transthéorique, 236

**N**

négociation pour la résolution
  d'un conflit, 185-186
normes, 2, 28, 42-44,
  catégories de_, 43
  dysfonctionelles, 43
  fonctionelles, 43
  formelles, 44, 60
  informelles, 43, 44

**O**

objectifs
  communs, 53, 111, 114, 115
  détermination des_, 111,
    114, 115, 117
  échelle d'atteinte des_,
    208-209
  spécifiques, 114, 115
obstacles à la prise de
  décision, 126
organisme
  position de l'_, 115
  soutien de l'_, 80
ouverture du groupe, 39, 40

**P**

partage d'information, 110
participation
  groupes de_, 27, 28
passage de moments
  délicats, 168
pertinence de l'intervention
  en groupe, 77-78
phase(s)
  de conclusion, 98-99
  de début, 105-130
    activités de la_, 111
    caractéristiques de la_,
      106
    objectifs de la_, 107
  de dissolution, 197-212
  de planification, 87-103
  de travail, 30, 115, 131-161
  du processus d'intervention,
    29
  pré-groupe, 94, 95, 99
planification, 15, 25, 29, 30,
  105, 125, 126
  phase de_, 71-103
populations
  difficiles à atteindre, 234
  non volontaires, 233,
    237, 241
position de l'organisme, 115
potentiel d'aide mutuelle, 5
pouvoir, 47, 50, 52, 61-62
pratique(s)
  en service social
  types de_, 19-28

préceptes de_, 28-29
préparation
  des rencontres, 108, 132
  de l'intervenant, 101
présentation
  des membres, 111
  écrite du projet, 71, 72, 91
prévention, 2, 8, 12
prise(s) de décision(s), 9, 13
  en groupe, 121
  méthode de_, 121
  processus de_, 105
processus
  d'intervention, 1, 15,
    29-30, 105
    phases du_, 29-31, 72
  de groupe, 3, 4, 13, 14, 25
  de prise de décision, 121
programme, 85, 86
professionnalisation de l'intervention de groupe, 10-11
proximité, 110
prudence excessive, 178-179

**R**

rapport, 158-160
réactions
  à la fin du groupe, 195-196
  aux conflits, 182-183
réalisation de la tâche, 167
réalisation de tâches
  difficiles, 110
relation égalitaire, 15
recrutement des membres, 71,
  72, 92
rencontre, préparation des,
  88, 101, 132
résolution
  de(s) conflit(s), 141, 196
  de problème(s), 8, 9, 17
  aide à la_, 110
résistance, 236, 239, 241, 246
retrait, 174-175
révélation de soi, 144, 150-152
rôle(s), 44-46, 61, 176-177
  dysfonctionnels, 176-177
  formel, 44, 46
  naturel, 44
  orientés vers l'aspect
    social, 44
  orientés vers la satisfaction
    des besoins personnels, 44
  orientés vers la tâche, 44
  psychosociaux, 44

**S**

satisfaction des membres,
  201-202
sélection des membres, 72,
  92, 95

sensibilité culturelle, 226-227
sentiment d'appartenance, 34,
  54, 59
service social
  caractéristiques du_, 4
  comme discipline
    professionnelle, 2
  des groupes, 33
  histoire du_, 8
  modèles de pratique en_, 13
  objectifs du_, 1, 7
  pratiques en_, 14-16
  valeurs du_, 5
settlements, 9, 11, 18
situations problématiques,
  gestion des, 172-173,
    178, 189
sociométrie, 33
soutien
  de l'organisme, 72, 81
  émotionnel, 110
  groupes de_, 17, 25
spécification des objectifs
  communs, 111
stade(s)
  de changement, 236,
    238, 240
  de développement
    du groupe, 57-59, 127
stimulation de l'espoir, 118
stratégie d'évaluation des
  résultats, 84
structuration
  du groupe, 117
  de la démarche du groupe,
    136-137
structure du groupe, 52, 116
surinvestissement affectif, 179
styles de leadership, 47-49
syntonisation, 139
systèmes, théorie des, 34

**T**

taille du groupe, 41, 42, 51, 56
temps, 39, 41, 42
théorie(s)
  des systèmes, 34
  psychanalytique, 33
  de réactance, 235, 237
thérapie
  de groupe, 4, 12, 13
  groupes de_, 25
transaction involontaire, 233
transfert des acquis, 196-198

**U-V**

universalité, 144-145
valeurs, 6-8
vie socioaffective, 51-54

# Index des auteurs

**A**bravanel, H., 125
Adameck, M., 18
Ainswoth, F., 78, 274
Alarie, F., 218
Alter, F., 211
Alicke, M., 115
Alissi, A., 16
Alter, C., 207
Amado, G., 86
Anderson, J., 8, 12, 17, 59, 78, 169, 211
Andersson, G., 17
Argüelles, S., 17
Attkisson, C.C., 202
Aubry, J.M., 169

**B**acaleo, M.L., 80
Bales, R.F., 12, 33, 45
Balgopal, P., 216, 22
Bandura, A., 148
Bank, A.L., 17
Barber, J.G., 238, 240
Bargh, J., 18
Barker, R.L., 3
Beal, G., 45
Beauchamp, A., 169
Beaudoin, A., 202
Beaudoin, G., 74, 76, 90, 200, 218
Beavin, J.H., 55
Behroozi, C.S., 234, 235, 238
Bélanger, L., 44
Berg, I.K., 76
Bergeron, J.L., 44, 45, 46, 47, 48
Berman-Rossi, T., 65, 169, 192
Bertcher, H.J., 83, 86, 96
Berteau, G., 12, 14, 164, 190
Besson, C., 88, 118
Bilides, D.G., 226
Bisno, H., 182, 187
Blake, R.R., 48

Bloch, S., 143, 144, 146, 147, 148, 149, 150
Blumberg, H.H., 21
Boehm, W.W., 2
Bohlen, J.M., 45
Boisvert, D., 56
Bolduc, A., 74
Bondy, J., 237
Bouchard, J., 274
Boudreau, A., 219, 221
Boulanger, M., 72
Bourget, M., 22, 171
Boyle, S.W., 2
Braaten, L.J., 53
Brandler, S., 133, 138, 222, 242
Brehm, S.S., 235
Brehm, J.W., 235
Breton, M., IV, 5, 8, 10, 16, 32, 233, 234, 238, 274
Brodeur, N., 236
Brodsky, A., 238, 241
Bronfenbrenner, U., 2
Brossart, D.F., 152
Brown, A., 120
Brown, L., 5, 6, 8, 19, 106, 180
Budman, S., 137
Buhrman, M., 17
Burgoon, M., 181
Burlingame, G.M., 106, 152
Burns, J., 18
Burnside, I., 274

**C**allanan, P.G., 169
Caplan, T., 169
Carlbring, P., 17
Carrell, S., 133
Carr-Rufino, N., 227
Cartwright, D., 52
Casper, M., 16
Catherall, D.R., 155
Champoux, A., 202

Charnbon, O., 202
Chau, K.L., 75, 225, 226
Cheung, S.K., 152
Chevanec, M., 236, 237, 238, 239, 240, 242, 248
Cloutier, R., 218
Cohen, B.Z., 76
Cohen, M.B., 217, 221, 223
Cohen, S.P., 34
Comeau, Y., 22
Compton, B., 141
Congress, E.P., 229
Copeland, V.C., 201
Corcoran, K., 206
Corden, J., 236
Corey, G., 80, 91, 107, 112, 148, 169, 274
Corey, M.S., 80, 91, 107, 112, 148, 169, 274
Corsini, R., 143
Cosby, S.G., 151
Cossette, F., 56
Côté, I., 12, 74, 216, 217, 218, 219
Côté, N., 54
Côté-Léger, N., 44
Cournoyer, B.R., 84
Cowen, E.L., 218
Cowger, C., 183, 184
Cox, P.L., 50
Crouch, E., 143, 144, 146, 147, 148, 149, 150
Czaja, S.J., 17

**D**ana, R.H., 226
Darveau-Fournier, L., 4, 7, 16, 19, 32
Daudelin, H., 216, 223
Davies, M.F., 21
Davis, L.E., 74, 225, 226, 227, 229, 230
De Groot, D., 18
De Robertis, C., 171

De Shazer, S., 207, 233
Delisle, R., 74, 218
DeLois, K., 217, 221, 223
Demby, A., 137
Deslandes, R., 75
Deslauriers, J.-P., 22, 171
Despard, M., 227, 229
Dewey, J., 124
Dhooper, S.S., 225
DiClemente, C.C., 236
Dion, K.L., 51
Doel, M., 189
Donaldson, L.P., 5
Dossick, J., 133
Drapeau, S., 218
Drescher, S., 155
Duperré, M., 22
Dustin, D., 171, 192

Early, T.J., 76
Edelwich, J., 238, 241
Eisdorfer, C., 17
Ekselius, I., 17
Englesakis, M., 17
Ephross, P.H., 2, 74
Epitropaki, O., 47
Epstein, L., 114
Essed, P., 181
Evens, W., 207, 211
Eysenbach, G., 17, 18

Fafard, A., 218
Falk, M., 181
Farley, 2, 9, 41, 37, 248
Fatout, M., 76, 274
Feldman, R., 274
Fike, R., 199, 203
Fischer, J., 206
Flowers, J., 146
Ford, B., 226
Fortin, J., 202
Fournier, J.R., 16, 19, 274
Franklin, C., 84
Fraser, M.W., 76
Frenette, L., 202
Fulcher, L.C., 274
Fuhriman, A., 106, 152, 155
Furmark, T., 17

Gaboury, M.-C., 74, 218
Galanes, G.J., 181
Galinsky, M.J., 17, 35, 76, 80,
    88, 115, 211, 216, 218,
    223, 225, 229, 230, 274
Gallaway, B., 141
Gallogly, V., 117, 235
Garbarino, J., 2, 72
Garland, J., 59
Garvin, C., 114

Garvin, C.D., 5, 8, 12, 19, 86,
    87, 88, 97, 103, 129, 145,
    146, 147, 149, 150, 151,
    213, 274, 275
Gélineau, L., 74
Gendreau, P., 202
George, R.L., 171, 192
Germain, C., 195
Gershenfeld, M., 21
Girvin, H., 236
Gitterman, A., 169, 192, 195
Glaser, B.A., 91, 178
Glassman, U., 117, 137,
    164, 169, 184, 186, 188,
    219, 220
Gleason, M.E.J., 18
GlenMaye, L.F., 76
Gluk, O., 152
Golant, M., 152
Goldberg, G., 4, 32
Goldstein, A., 197
Graveline, R., 169
Graziano, R., 274
Green, G.W., 18
Green, A.S., 18
Greenfield, T.K., 202
Greenfield, W.L., 198
Greeno, C.G., 201
Greif, G.L., 74
Grzybowski, B., 174
Guénette, N., 74, 218
Guittet, A., 86
Gutierrez, L.M., 225, 226, 274

Hamel, C., 218
Hammons, K., 17
Hansen, P., 78
Hanson, E., 155
Hare, A.P., 21
Harlow, K., 17
Harris, G., 235
Harris, O., 84
Hatfield, A.B., 26
Hay, I., 50
Heap, K., 4, 5, 78, 87, 96, 129,
    133, 135, 183, 188, 216,
    217, 218, 219, 221, 222
Hegar, R.L., 76
Hendrick, H.W., 181
Henrie, R., 155
Henry, S., 81, 94, 100,
    195, 217, 218, 219,
    222, 223, 225
Heston, J.K., 181
Hines, M., 275
Hogan, M., 228
Hogg, M.A., 47
Holmstrom, A., 17

Homans, G., 12
Home, A., 4, 7, 16, 19, 32,
    71, 74, 91
Hooloman, C.R., 181
Hopmeyer, E., 16, 146
Horne, A.M., 91
Hornung, C.A., 155
Howard, M.O., 78
Hudson, W.W., 202, 206
Hunzeker, J.M., 76
Hurdle, D.E., 226
Hurtubise, Y., 22

Jackson, D.D., 55
Jacques, J., 44
Janis, I., 125
Janzen, C., 84
Jenkins, L.E., 2
Jensen, M.A., 59
Johnson, D.W., 21, 39, 42, 83,
    121, 123, 124, 125, 127,
    181, 182, 183, 185, 187
Johnson, F.P., 21, 39, 42,
    83, 121, 123, 124, 125,
    127, 185
Jones, H., 59
Jones, J.E., 133, 219, 220
Jordan, C., 84

Kalter, N., 218
Kaplan, K., 274
Karakowsky, L., 50
Kates, L., 117, 137, 164, 169,
    185, 186, 188, 219,
    220, 242
Keller, K., 197
Kent, M.V., 21
Khalsa, S.S., 133
Kiesler, S., 55
Kirschenbaum, H., 178
Kislovicz, L., 16
Kissman, K., 226
Kivlighan, D.M., 152
Klein, A., 7, 80, 82, 97,
    98, 117
Koenig, G.R., 155
Koeske, G., 201
Kolodny, R., 59
Konopka, G., 6, 80
Kosoff, S., 196, 248
Kotlyar, I., 50
Kurland, R., 71, 116, 121,
    124, 178, 273
Kurt, L., 33
Kurtz, L., 276

Lai, R., 18
Landry, S., 34, 45
Lapointe, J., 218

Lavoie, F., 276
Lawe, C., 91
Leclerc, C., 33, 39, 40, 41, 46, 47, 51, 55, 70
Lecomte, R., 2
Lee, J., 5
Legault, G., 75, 226
Legendre, R., 81
Lesowitz, M., 218
Lessard, G., 74, 90, 218
Levi, D., 53
Levine, B., 87, 117, 196, 217, 235
Lewin, K., 12, 34, 47
Lewis, E.A., 226
Lewis, H.C., 240
Lieberman, M.A., 152
Lindsay, J., 12, 19, 84, 120, 144, 152, 162, 213, 217, 221, 274
Linn, L.S., 202
Lippitt, R. 47
Littell, J.H., 236
Love, S.B., 181

MacKenzie, K.R., 137, 155
Magura, S., 204
Malekoff, A., 76, 82, 83, 98, 274
Malhotra, C., 237
Manderscheid, R., 155
Mankad, O., 47
Mann, L., 125
Maple, F., 83, 86, 98
Marcotte, F., 44
Marsh, J.C., 76
Martin, R., 47
Mayer, R., 76
McCroskey, J., 181
McGuire, L.E., 204
McKay, M., 16, 88, 118
McKenna, K.Y.A., 18
McMillen, C.J., 78
McMurtry, S.L., 202
Meeker, B.F., 155
Meier, A., 17, 18
Mercier, C., 22
Metcalf, L., 197
Middleman, R.R., 4, 5, 32, 133, 164, 169, 192, 217, 220
Miller, W.R., 236
Mireault, G., 218
Molidor, C., 274
Montminy, L., 144, 162
Moore, S.E., 225
Morales, A., 5
Moses, B.S., 204

Mosier, J., 106
Mouton, J.S., 48
Mucchielli, R., 51, 86, 169
Mullender, A., 5, 16, 169, 226, 274
Multon, K.D., 152
Murray, E., 18

Nadelman, A., 275
Napier, R., 21
Nazareth, I., 18
Nemeth, C., 123
Nguyen, T.D., 202
Nilsson-Ihrfelt, E., 17
Noble, D.N., 76
Norcross, J.C., 236
Northen, H., 5, 71, 95, 96, 106, 107, 116, 121, 133, 181, 183, 184, 186, 225, 274
Nosko, A., 216, 221, 222, 223

Ohlsen, M., 91
Ouellet, F., 76, 84, 213, 274

Paleg, K., 16, 88, 118
Papell, C., IV, 4, 7, 8, 13, 15, 32, 116
Pâquet-Deehy, A., 16, 19, 200, 218
Paré, S., IV, 7, 10, 237
Parent, M., 16
Parsons, R.D., 231
Parson, T., 33
Pascal, H., 171
Pedro-Carroll, J.O., 218
Peled, E., 74
Pellegrini, R.J., 40
Peller, J.E., 108, 114
Perkins, K., 76
Pfeiffer, W., 133, 219, 220
Pickan, J., 218
Pinderhugues, E., 227
Pinsof, W.N., 155
Poisson, M., 56
Pollio, D.P., 77, 78
Posthuma, B.W., 40, 216, 221
Postmes, T., 18
Powell, J., 17
Powers, G.T., 84
Prochaska, J.O., 236
Proctor, E.K., 226
Proulx, J., 218
Putnam, L.L., 181

Quiviger, C., 169

Raudabaugh, J.N., 45

Reid, K.E., 2, 6, 7, 8, 10, 11, 13, 14, 28, 103, 138, 143, 144, 145, 147, 148, 150, 162, 194
Reid, W., 114
Reilly, R., 137
Richard, B., 34, 35, 70, 124, 125
Rittner, B., 17
Rivas, R.F., 3, 6, 8, 9, 10, 11, 19, 22, 27, 32, 50, 51, 53, 54, 57, 70 ,87, 90, 95, 96, 103, 114, 115, 118, 129, 133, 135, 136, 140, 153, 194, 221, 222, 223, 226, 227, 229, 232, 235, 240
Rizo, C., 17
Roberts, R., 274
Roffman, R., 26, 142
Rollnick, S., 236
Roman, C.P., 133, 138, 222, 242
Rondeau, G., 275
Rooney, R., 236, 237, 238, 239, 240, 242, 248
Rooney, R.H., 233, 235, 238, 239
Rose, D., 80, 218
Rose, S., 274
Rose, S.D., 169
Rosenberg, B., 143
Rosenthal, Y., 148
Rossignol, V., 236, 237, 238, 240, 241, 242
Rothman, B., IV, 4, 7, 13, 32, 15, 116, 198
Rounds, K.A., 17
Roy, G., 226
Roy, V., 144, 162
Rubert, M., 17
Rudestam, K.E., 53
Russell, J.M., 169
Rybicki, W., 155
Rycroft-Malone, J., 77

Sabourin, S., 202
Saint-Jacques, M.C., 76, 84, 213, 274
Saint-Pierre, A., 72
Sakhel, K., 18
Salleebey, D., 76
Salmon, R., 121, 124, 178, 273, 274
Samson, C., 90
Sands, R.G., 26
Schatz, M.S., 2
Schiller, L.Y., 58, 59
Schmale, J., 18
Schmidt, M., 274

Schneider Corey, M., 169
Schopler, J.H., 35, 80, 88, 115, 211, 216, 218, 223, 225, 227, 229, 230
Schultz, B.G., 33, 226
Schwartz, W., 10, 30, 137, 141, 142
Sechrest, L., 197
SCTC, 201
See, T.S., 18
Shazer, S., 233
Shea, E., 133
Sheafor, B.W., 2, 5
Shechtman, Z., 152
Shulman, L., 5, 82, 94, 109, 113, 118, 137, 141, 177, 185, 219, 220, 242, 275
Silbergeld, S., 155
Simard, P., 202
Simeone, P., 137
Siporin, M., 6
Slaone, G., 116
Slonim-Nevo, V., 233
Smith, L.L., 2
Smokoski, P.R., 17, 18, 80
Solomon, P., 26
Somerton, J., 236
Sparthan, E., 17
Spears, R., 18
St-Amand, A., 169, 202
St-Arnaud, Y., 58
Stegner, B.L., 202
Steinberg, D.M., 109, 181, 242, 244, 245

Stempler, B.J., 217
Stern, A., 17
Sternbach, J., 59
Stetler, C.B., 77
Steven, L.S., 17
Stewart, M., 276
Stocking, S.H., 2
Sun, S.Y.K., 152
Svensson, A., 47

Tai, S., 18
Tard, C., 84, 205, 213, 274
Thomas, H., 169
Thyer, B., 77
Tierney, S., 78
Todar, K., 80
Toleman, R., 274
Toseland, R., 3, 6, 8, 9, 10, 11, 19, 22, 27, 32, 50, 51, 53, 54, 57, 70, 87, 90, 95, 96, 103, 114, 115, 118, 129, 133, 135, 136, 140, 153, 194, 221, 222, 223, 226, 227, 229, 232, 235, 240
Tropman, J., 21
Tropp, E., 13
Tsui, P., 226
Tuckman, B.W., 59
Turcotte, D., 16, 19, 22, 72, 75, 76, 84, 90, 93, 144, 162, 200, 202, 205, 213, 216, 218, 274
Turgeon, J., 202

Uken, J., 18

Van Den Bergh, N., 226
Vassil, T.V., 216, 221
Vernelle, R., 41, 51

Wall, V.D., 181
Walter, J.L., 108, 114
Ward, D., 5, 16, 169, 274
Watkins, D., 235
Watzlawick, P., 55, 205
Webster, C.B., 91
Weeden, K., 47
Weeks, D., 182, 184
Weil, M., 171
Weinberg, H., 18
White, R., 47
Whittaker, J., 2
WHO, 201
Wickham, E., 39, 51, 169, 216, 219, 221, 222, 248
Williamson, S.A., 33
Wilson, G., 11
Winefield, H.R., 18
Witteman, H., 180
Wood, J.T., 184, 186

Yalom, I., 80, 87, 113, 117, 143, 144, 152, 183, 221

Zalba, S., 30
Zastrow, C., 162